Psikologi Pendidikan

Psikologi Pendidikan

Pedoman Untuk Guru dan Ibubapa

Zainudin Abu Bakar

PARTRIDGE
A Penguin Random House Company

To order additional copies of this book, contact – Untuk pesanan salinan tambahan buku ini, hubungi
Toll Free 800 101 2657 (Singapore)
Toll Free 1 800 81 7340 (Malaysia)
orders.singapore@partridgepublishing.com

www.partridgepublishing.com/singapore

Isi Kandungan

Dedikasi

Kepada Isteri, anak-anak (Nur Nabilah,
Muhammad Syahmi, Muhammad Syafiq),
ibu dan ayah, adik beradik, keluarga, rakan-rakan, dan guru-guru

*Pengorbanan dan kegembiraan yang dikongsi
bersama memberi inspirasi*

Kata Pengantar

Kerap dilaporkan kejadian seperti bunuh, buli, mencederakan, kurang ajar, mementingkan diri sendiri dalam masyarakat. Ini memberi persoalan kepada proses pembentukan keperibadian yang kita laksanakan selama ini samada di rumah, di sekolah ataupun di dalam masyakarat. Keadaan masyarakat seperti ini menjadi indikator kepada keberkesanan pendekatan pendidikan yang kita amalkan. Baik sebagai ibubapa, sebagai guru, mahupun seluruh masyarakat kita perlu memahami apa sebenarnya matlamat pendidikan yang kita amal dan laksanakan. Dalam konteks pendidikan di sekolah contohnya telah menetapkan matlamat pendidikan secara jelas seperti yang dinyatakan dalam Falsafah Pendidikan Kebangsaan (FPK). Oleh itu setiap peristiwa dan salah laku yang berlaku dalam kalangan masyarakat perlu dilihat sebagai sesuatu yang perlu diperbaiki dan bukan sebagai perkara terpencil yang tidak perlu ditangani. Setiap antara kita sebenarnya bertanggungjawab mendidik dan memberikan contoh terbaik kepada ahli masyarakat lainnya terutamanya kepada generasi muda. Oleh itu kita perlu sentiasa memastikan supaya kita mempunyai pengetahuan dan kemahiran yang sesuai supaya kita dapat melaksanakan tugas sebagai pendidik dengan lebih berkesan.

Imam Al Ghazali pernah menyebutkan "Jika tidak ada ahli-ahli ilmu, tentulah ramai orang menjadi seperti haiwan." Bertitik tolak dari ungkapan ini saya berusaha menjadi penyumbang kepada ilmu pengetahuan terutamanya dalam pendidikan. Buku ini saya tulis sebagai memenuhi hasrat untuk berkongsi pengalaman dan sedikit pengetahuan berkenaan dengan psikologi pendidikan dengan harapan boleh menjadi 'guru dari jauh' kepada kita semua.

Setengah orang berkata ilmu psikologi pendidikan hanya untuk pelajar yang sedang mengikuti program pendidikan sahaja. Tetapi pada saya ilmu ini sebenarnya adalah penting kepada semua orang. Setiap antara kita adalah pendidik. Tanpa mengira di mana dan siapa kita, kita adalah pendidik kepada semua orang. Pendidik kepada keluarga kita, pendidik kepada anak-anak kita, pendidik kepada jiran-jiran kita dan pendidik kepada masyarakat keseluruhannya. Kita sebenarnya saling berkait antara satu sama lain dan saling mempengaruhi. Oleh itu menjadi tanggungjawab kepada kita untuk menjadi pendidik yang terbaik.

Kadang-kadang kita beranggapan bahawa pengalaman yang kita lalui, pengetahuan yang kita ada, kemahiran yang kita miliki sudah memadai untuk kita menjadi seorang pendidik. Namun kita terlupa bahawa seorang pendidik yang baik sentiasa berusaha memantapkan pengetahuan dan kemahirannya untuk mendidik. Oleh itu besar harapan saya buku ini dapat menjadi tambahan kepada pengetahuan dan kemahiran sedia ada kita setidak-tidaknya sebagai bahan perbandingan. Jauh di sudut hati saya beranggapan tulisan ini sebagai sumbangan saya kepada pembangunan insan yang berlandaskan kepada kehendak Allah SWT. Ibubapa saya pernah mengingatkan saya kalau tak mampu memberi dalam bentuk wang ringgit berilah dalam bentuk lain. Justeru penambahan bahan tulisan dan bacaan perlu dijadikan sebagai suatu budaya dan keperluan kepada peningkatan kualiti pendidikan yang kita amalkan.

Perbincangan buku ini dilakukan dengan cara yang mudah iaitu dengan menggabungkan teori-teori dan konsep-konsep berkaitan dengan psikologi pendidikan dengan pengalaman-pengalaman seharian terutamanya pengalaman seharian saya semasa hidup bersama-sama dengan keluarga saya dan juga rakan-rakan. Oleh itu pembacaan maklumat dalam buku ini tidak akan lengkap sekiranya tidak dibaca keseluruhannya.

Bab 1 menerangkan tentang konsep pendidikan secara umum. Bab ini penting kepada pemahaman kita tentang konsep pendidikan dan tanggungjawab berkaitan samada sebagai pendidik mahupun sebagai individu yang dididik. Kefahaman ini penting bagi memastikan kita menjalankan tugas dalam proses pendidikan dengan lebih jelas dan tepat. Kadang-kadang kita terlupa bahawa pendidikan merupakan satu tanggungjawab.

Bab 2 pula menjelaskan tentang kepentingan ilmu psikologi secara keseluruhan. Penguasaan ilmu dan kefahaman bagaimana tanggungjawab mendidik perlu dilaksanakan adalah sangat penting. Perbincangan tentang bagaimana ilmu psikologi pendidikan boleh digunakan sebagai 'alat' untuk membantu kita dalam proses mendidik.

Bab 3 – 5 membincangkan tentang perkembangan individu secara komprehensif. Perkara-perkara berkenaan bukan sahaja aspek perkembangan tetapi juga bagaimana ia berlaku dan pengaruhnya kepada proses pembelajaran. Tanpa pengetahuan berkenaan dengan perkembangan diri individu kita berkemungkinan untuk terlepas pandang pengaruh yang mempengaruhi keberkesanan proses pendidikan terutamanya berkaitan dengan kelebihan dan kekuatan yang ada pada setiap individu.

Bab 6 – 7 menerangkan secara terperinci perkara-perkara berkaitan dengan proses pendidikan. Melalui perbincangan ini diharapkan kita dapat membina kefahaman bagaimana pembelajaran berlaku dan apakah pengaruh-pengaruh langsung yang boleh memberi kesan kepada keberkesanan pembelajaran tersebut. Kefahaman ini tidak lengkap kalau tidak diteruskan dengan perbincangan berkenaan bagaimana proses berfikir berlaku. Ini kerana secara keseluruhan perubahan tingkah laku hasil daripada pengalaman pembelajaran ditentukan oleh keberkesanan proses mental dilakukan.

Dalam bab 9 kita cuba mengutarakan isu personaliti. Dalam bab ini kita dapat lihat kepentingan personaliti kepada pendidikan dan apa pertimbangan yang boleh kita fikirkan dalam memanfaatkan kepelbagaian personaliti yang wujud dalam mendidik. Kerap berlaku kita melupakan bahawa personaliti mempengaruhi proses pembelajaran setiap individu terutamanya dalam perkara cara belajar, kecenderungan, dan mengapa setiap individu memerlukan personaliti yang sihat. Berkaitan dengan itu juga dibincangkan tentang pengaruh disiplin dalam pembelajaran. Tanpa disiplin proses pembelajaran sukar dilakukan kerana ia melibatkan komitmen dan istiqomah dalam melakukan sesuatu.

Namun begitu adalah tidak lengkap jika kita hanya memikirkan dalam perspektif individu yang diajar sahaja. Justeru itu bab 11 khusus membincangkan tentang tanggungjawab kita sebagai pendidik. Bab 12 pula membincangkan tentang apa yang sentiasa disebutkan dalam Islam, iaitu konsep muhasabah. Penulis sengaja menggunakan konsep muhasabah ini sebagai ganti kepada konsep pentaksiran kerana muhasabah sifatnya lebih komprehensif dan berkaitan secara langsung dengan konsep kehidupan sebagai insan.

Perbincangan diakhiri dengan dua bab penting iaitu pengisian kepada pembelajaran dan pendidikan serta apa pentingnya psikologi pendidikan kepada kita sebagai pendidik. Perbincangan-perbincangan ini seharusnya memberikan gambaran secara lebih jelas kepada proses pendidikan yang perlu kita lakukan sebagai memenuhi tanggungjawab yang telah diamanahkan Allah SWT kepada kita. Imam Al Ghazali pernah menyebutkan bahawa:

"Menuntut ilmu itu taqwa, menyampaikan ilmu itu ibadah, mengulang-ulang ilmu itu zikir, mencari ilmu itu jihad"

Di sini juga saya ingin merakamkan perhargaan kepada semua yang terlibat dan menyumbang secara langsung dan tidak langsung kepada penerbitan buku ini. Kecuali yang telah saya nyatakan di dalam teks, saya juga ingin mengucapkan terima kasih sebanyak-banyaknya kepada semua penyumbang kepada sumbangan yang telah diberikan.

Akhir kata dengan ucapan syukur ke hadhrat Allah SWT saya berjaya menyelesaikan buku ini untuk dikongsi bersama dengan anda semua. Harapan saya agar buku ini memberi manfaat yang sebesar-besarnya kepada kita semua. Saya secara peribadi menganggap tulisan ini jauh daripada lengkap kerana saya sendiri merasa bahawa segala maklumat yang disampaikan tidak semestinya benar dan boleh dilaksanakan. Oleh itu besar harapan saya sekiranya terdapat komen dan pandangan terutamanya pengalaman yang kita sama-sama lalui yang ingin diberikan dan dikongsi supaya buku ini dapat dipertingkatkan dari semasa ke semasa. Penggabungan pengalaman sebenar pada hakikatnya akan memudahkan pemahaman dan penguasaan ilmu psikologi pendidikan ini.

Amiin.

Penulis,

Johor Bahru, Johor, Malaysia.
1 Ramadhan 1435H

Bab 1

PENDIDIKAN SECARA UMUM

1.1 Pengenalan

Setiap kali keputusan peperiksaan awam persekolahan seperti Ujian Penilaian Sekolah Rendah (UPSR), Penilaian Menengah Rendah (PMR), Sijil Pelajaran Malaysia (SPM) ataupun Sijil Tinggi Persekolahan Malaysia (STPM) diumumkan ramai ibubapa menerima pujian dan ucapan tahniah. Tidak lupa juga pada masa yang sama ada pelajar yang hanya mendapat keputusan yang sederhana ataupun kurang cemerlang. Kesemuanya melalui pengalaman yang sama – berdebar-debar menunggu keputusan. Namun begitu dalam konteks menanti keputusan peperiksaan anak-anak saya yakin setiap ibubapa dan juga guru-guru di sekolah sudah boleh menjangkakan apakah keputusan yang akan diperolehi. Ini berdasarkan kepada proses persediaan dan pembelajaran anak-anak tersebut sejak dari awal. Tidak keterlaluan kalau dikatakan hanya sebilangan kecil sahaja yang mendapat keputusan di luar jangkaan, samada cemerlang ataupun sebaliknya. Kegembiraan atau kekecewaan yang diterima lebih kepada 'pengesahan' sahaja kerana daripada proses pembelajaran yang dilalui keputusan yang akan diterima telahpun dijangka.

1

Dalam aspek persoalan yang dikemukakan antara lain menjurus kepada bagaimana keputusan cemerlang tersebut diperolehi. Amat jarang yang bertanya bagaimana keputusan kurang cemerlang tersebut diperolehi. Untuk tujuan penambahbaikan sebenarnya kita memerlukan kedua-dua keadaan supaya kita boleh jadikan sebagai contoh. Mungkin kerana dinilai sebagai agak sensitif dan peribadi maka perbincangan tentang kecemerlangan lebih mendapat fokus. Kadang-kadang saya tersenyum memikirkan proses mendapatkan nilai-nilai tersebut. Ada beberapa perkara yang saya rasa perlu dijelaskan dan dikongsi bersama berhubung dengan proses-proses yang berlaku sebelum nilai tersebut diperolehi.

Pertama, kejayaan pelajar-pelajar tersebut adalah rezeki dan ketentuan Allah SWT. Tanpa izinNya adalah mustahil bagi mereka mendapat keputusan tersebut. Benarlah seperti yang dijanjikan oleh Allah bahawa usaha yang gigih tanpa penat lelah disertai dengan memohon ampun dan berdoa kepadaNya setiap hari merupakan kunci utama kepada apa sahaja yang kita lakukan.

Kedua, kesan daripada pengaplikasian cara hidup yang termasuk di dalamnya ilmu psikologi pendidikan dalam keluarga. Proses mendidik dan membimbing anak-anak saya memberikan kefahaman betapa pentingnya kemahiran mendidik kepada ibubapa semasa mendidik anak-anak. Dalam Islam dijelaskan dengan nyata, pendidikan perlu dilakukan dengan ilmu yang mendalam dan tepat. Dan itulah yang sentiasa saya cuba lakukan dalam proses mendidik keluarga saya walaupun saya akui tidak sentiasa berkesan. Mungkin boleh saya kongsi sedikit salah satu pendekatan yang selalu saya amalkan sehingga anak-anak saya mampu membentuk kemahiran berfikir yang tinggi dan kreatif. Perbualan di bawah merupakan Antara perbualan biasa yang akan saya lakukan apabila anak saya meminta sesuatu ataupun meminta izin melakukan sesuatu.

"Ayah! Boleh tak abang pergi keluar dengan kawan-kawan hujung minggu ni?" Anak saya meminta kebenaran untuk keluar bersiar-siar dengan kawan-kawan pada suatu hujung minggu. "Boleh. Tapi cuba berikan 5 sebab kenapa ayah perlu beri dan 5 sebab kenapa ayah tak perlu beri." Balas saya dalam proses memberi keizinan.

Perbualan di atas sebenarnya memberikan maklumat yang cukup komprehensif. Proses bertanya dan meminta izin ada kaitan dengan tanggungjawab sebagai anak. Proses memberikan alasan "boleh" atau "tak boleh" sebenarnya memerlukan proses pemikiran tinggi yang perlu dilakukan oleh anak saya selain daripada mengajar erti tanggungjawab. Oleh itu dalam setiap keadaan yang memerlukan kebenaran mereka akan sentiasa menyediakan sebab-sebab mengapa saya perlu benarkan dan juga sebab-sebab mengapa saya tak perlu benarkan. mereka perlu melakukan penaakulan, pertimbangan dan perbandingan sebelum boleh memberikan alasan kerana setiap alasan yang ingin diberi perlu dibandingkan terlebih dahulu kesesuaian termasuklah kebaikan dan keburukan.

Berbanding memberi izin boleh ataupun tidak boleh secara terus, saya secara "sengaja" merangsang pemikiran yang kritikal kepada anak saya supaya mereka bukan sahaja belajar berfikir tinggi tetapi menjadi individu yang lebih bertanggungjawab. Bayangkan situasi yang lain pula seperti ini yang biasa berlaku dalam keluarga atau di dalam kelas kita. "Warna apa kereta itu?" Apabila anak kita menjawab warna kereta tersebut dengan betul iaitu warna merah. Terdapat dua kemungkinan jawapan yang boleh kita berikan. Pertama, "Pandai anak ayah" atau "tepat sekali." Kedua, "Betul ke? Ayah lihat bukan merah tetapi jingga." Jawapan pertama lebih kepada memberikan pujian tanpa memerlukan aktiviti pemikiran oleh anak kita. Tetapi jawapan kedua akan menyebabkan anak kita membanding, memberikan pandangan, menganalisis, iaitu untuk menyatakan warna kereta tersebut merah dan membetulkan jawapan yang mereka berikan. Ini merupakan dua situasi yang boleh kita berikan kepada anak-anak didik kita dalam merangsang pembelajaran mereka. Justeru segala pengalaman, susah senang, berkesan ataupun tidak semasa saya berusaha membimbing dan mendidik keluarga saya akan saya kongsikan melalui penulisan buku ini.

Saya akan sedaya upaya memaparkan pengalaman sebenar yang saya lalui melalui contoh-contoh yang saya lalui supaya kita sama-sama mendapat manfaat. Akan tetapi satu perkara yang perlu dimaklumi adalah perkongsian pengalaman ini lebih bersifat menambah 'koleksi pengetahuan' dalam proses mendidik dan membimbing dan bukan untuk mengajar, lebih-lebih lagi ingin menunjukkan apa yang saya buat adalah betul dan tepat. Ini kerana saya sentiasa mengakui proses mendidik merupakan proses pembelajaran yang sentiasa berterusan dan tidak akan selesai sekalipun setelah kita meninggal dunia. Dalam perkara yang mudah perkongsian ilmu yang saya lakukan ini tidak lebih dari ibadah saya kepada Allah kerana jika tidak dilakukan sekarang ini mungkin saya tidak akan berkesempatan untuk melakukannya. Saya juga mengakui secara peribadi bahawa saya juga masih lagi melalui proses pembelajaran dan moga-moga perkongsian pengalaman ini memberikan 'insight' terutamanya kepada saya, dalam memahami tanggungjawab sebagai 'khalifah Allah' dimuka bumi ini.

Seperti yang saya nyatakan buku ini ditulis berdasarkan pengalaman-pengalaman peribadi saya yang dihubungkan dengan beberapa prinsip dan teori penting psikologi berkaitan dengan proses yang dikenali sebagai pendidikan. Seperti diketahui, pendidikan akan lebih berkesan apabila individu berkenaan terlibat secara langsung dan aktif dengan pembelajaran tersebut. Apa juga jenis pembelajaran (kita biasanya menggunakan perkataan 'belajar' untuk merujuk kepada proses mempelajari sesuatu) perlu melalui proses-proses tertentu.

Dalam Islam, semua Muslim adalah dituntut untuk belajar dan menimba ilmu. Malahan ianya merupakan sesuatu yang boleh membezakan darjat seseorang dengan orang yang lain. Cuba fikirkan sejenak pengalaman semasa kita mempelajari sesuatu. Apabila ianya merupakan sesuatu yang menarik dan disampaikan dengan jelas dan terang, kita biasanya akan lebih berminat untuk mempelajarinya. Dan ini akan terlihat melalui tindak balas kita dengan sentiasa cuba mempelajarinya secara aktif, bertanya dan berkongsi pengalaman (lain-lain bentuk reaksi kita adalah seperti mendengar dengan penuh perhatian, cuba memahami maklumat yang disampaikan, dalam suasana formal adakalanya mencatat serta membanding dengan pengalaman kita sendiri). Banyak kajian menunjukkan bahawa sekiranya kita tidak terlibat secara aktif dan langsung dalam sesuatu proses pembelajaran seperti berbincang, mencatat, berfikir dan membanding, kita akan cepat lupa dengan apa yang kita pelajari (rujuk Woolfolk, 2007; O'Donnell, Reeve, & Smith, 2007). Malahan kadang-kadang ianya sukar untuk diingat walaupun baru sahaja habis mempelajarinya. Salah satu sebab kenapa kita lupa ialah berlakunya proses "kelapukan" maklumat. Oleh kerana pembelajaran yang kita lalui tidak kita minati maka tidak ada usaha untuk menguasainya, mengingati dan memahami. Kesannya, maklumat, pengetahuan atau kemahiran yang dimiliki jika tidak digunakan secara kerap akan lapuk dan lama kelamaan akan hilang atau dilupakan.

Fikirkan juga bagaimana pengalaman kita semasa membaca akhbar, majalah, atau lain-lain bacaan. Kita biasanya akan memilih tajuk atau topik yang kita rasa menarik untuk dibaca terlebih dahulu. Sebab itulah ada di antara kita yang membaca akhbar daripada bahagian sukan terlebih dahulu kerana kita suka kepada sukan. Oleh itu berita sukan lebih penting dan menarik kepada kita berbanding berita-berita lain. Kita akan lebih mudah memahami dan mengingati berita-berita sukan tersebut kerana kita suka kepada jenis berita tersebut. Kita akan cuba memahaminya dan mendalami apa yang sebenarnya berlaku, sebab musabab, dan mungkin akan berkongsi dengan orang lain tentang berita tersebut. Berita-berita selain daripada sukan akan menjadi kurang penting dan usaha yang kita berikan untuk membacanya menjadi minimum.

Adalah menjadi sesuatu yang umum berlaku iaitu kesukaran untuk memahami dan mengingat apa yang kita baca berkaitan dengan pelbagai faktor seperti minat, usaha yang diberikan dan seumpamanya. Selain itu kesukaran mengingat mungkin juga berlaku berkaitan dengan kemahiran kita membaca dan juga keupayaan kita untuk memberikan tumpuan kepada apa yang kita baca. Walau bagaimanapun, keupayaan kita untuk memahami dan mengingat apa yang kita telah baca sebenarnya banyak bergantung kepada masa dan akitiviti yang kita lakukan semasa kita membaca. Adakalanya kita tidak memberi fokus langsung kepada apa yang kita baca. Walaupun mata kita membaca tetapi fokus fikiran kita tidak kepada bahan bacaan tersebut. Hasilnya menyebabkan apa yang mata kita baca tidak diproses oleh otak kita kerana otak kita pada masa itu sedang memikirkan perkara lain yang mungkin tidak ada kaitan langsung dengan apa yang kita sedang baca.

Apa yang boleh disimpulkan daripada keadaan di atas adalah aktiviti dan keterlibatan kita dalam aktiviti membaca itu sendiri yang tidak hanya melibatkan aktiviti membaca tetapi juga mencakupi aktiviti seperti membanding, meringkas, menceritakan semula, dan berkongsi kefahaman. Namun begitu keadaan ini belum menjamin sesuatu 'pembelajaran' akan atau telah berlaku. Istilah 'pembelajaran' adalah pelbagai mengikut kefahaman orang. Ada yang mengaitkannya dengan sekolah, dalam rumah, universiti dan sebagainya. Menurut kamus bebas Wikipedia (2014), pembelajaran adalah:

> *Pembelajaran adalah proses interaksi pelajar dengan pendidik dan sumber pembelajaran pada suatu lingkungan belajar. Pembelajaran merupakan bantuan yang diberikan pendidik agar dapat terjadi proses pemerolehan ilmu dan pengetahuan, penguasaan kemahiran dan tabiat, serta pembentukan sikap dan kepercayaan pada pelajar. Dengan*

> *kata lain, pembelajaran adalah proses untuk membantu pelajar agar dapat belajar dengan baik. Ianya berlaku dan dialami sepanjang hayat seorang manusia serta dapat berlaku di manapun. Pembelajaran mempunyai pengertian yang mirip dengan pengajaran, walaupun mempunyai konotasi yang berbeza. Dalam konteks pendidikan, guru mengajar supaya pelajar dapat belajar dan menguasai isi pelajaran hingga mencapai sesuatu objektif yang ditentukan (aspek kognitif), juga dapat mempengaruhi perubahan sikap (aspek afektif), serta keterampilan (aspek psikomotor) pelajar. (http://id.wikipedia.org/wiki/Pembelajaran)*

Anita Woolfolk (2007) pula menyatakan pembelajaran sebagai perubahan tingkah laku dan pengetahuan yang biasanya kekal kesan daripada proses pengalaman. Hill (2002) pula menambah perubahan yang dimaksudkan termasuklah yang memang diharapkan ataupun tidak, lebih baik atau sebaliknya, betul atau salah, secara sedar ataupun tidak sedar. Namun begitu aspek sedar ataupun tidak sedar menjadi perbincangan banyak ahli-ahli psikologi untuk mempersetujuinya kerana bagi kebanyakan ahli psikologi, terutamanya ahli-ahli psikologi tingkah laku, mereka mensyaratkan sesuatu proses pembelajaran perlu melalui proses yang disedari, iaitu individu tersebut sedar dan melakukannya.

Kadang kala kita juga belajar melalui pemerhatian. Kita akan cuba atau mungkin terpengaruh untuk mengikuti mana-mana tingkah laku yang kita sukai tersebut. Islam sendiri ada menyebutkan perkaitan pemerhatian dengan peniruan tingkah  laku yang sangat berkesan dalam proses pembelajaran iaitu semasa Nabi Muhammad SAW mengajarkan solat seperti diriwayatkan oleh Bukhari, Muslim dan Ahmad di mana baginda berkata "Solatlah kamu sebagaimana kamu melihat aku bersolat" (TM Hasbi Ash Shiddieqy, 1986). Keadaan ini menunjukkan proses pembelajaran boleh berlaku melalui pemerhatian. Kecenderungan untuk meniru dan mengikuti tingkah laku yang diperhatikan akan lebih kuat terutamanya apabila tingkah laku tersebut dirasakan sesuai atau penting kepada kita.

Jika dilihat daripada cara mana kita belajar ianya dapat dibahagikan kepada beberapa cara iaitu pendidikan secara *formal*, *informal* dan *nonformal*. Mari kita lihat satu persatu cara pendidikan ini secara ringkas supaya kita dapat mengimbas kembali pengalaman kita semasa melalui proses pendidikan tersebut. Perlu ditegaskan di sini bahawa penggunaan perkataan 'guru', 'pendidik', dan 'ibubapa' akan digunakan secara silih berganti dan ianya merujuk kita sebagai pendidik kepada anak-anak didik kita. Guru dan pendidik akan merujuk kepada kita yang berfungsi sebagai guru yang mengajar di sekolah yang bertanggungjawab kepada pelajar-pelajar yang kita didik. Manakala ibubapa merujuk kepada fungsi kita sebagai pendidik di rumah kepada anak-anak kita. Oleh itu fungsi umum yang perlu difahami adalah merujuk kepada pendidik yang melaksanakan proses pendidikan.

1.2 Pendidikan Formal

Pendidikan formal sering dikaitkan dengan suatu proses pembelajaran yang berlaku di institusi formal seperti sekolah, kolej, universiti atau lain-lain institusi. Proses pendidikan jenis ini berlaku secara terancang seperti mempunyai tempat yang tetap, sistem yang teratur, kurikulum yang jelas dan terstruktur, proses pengajaran dan pembelajaran yang jelas, objektif pembelajaran yang jelas, sistem penilaian yang sistematik yang biasanya dikaitkan dengan pemberian sijil atau kelayakan. Sebagai contoh pelajar akan berada di sekolah belajar dengan bimbingan guru untuk memahami dan menguasai sesuatu kemahiran yang antaranya dipanggil mata pelajaran. Pelajar dalam hal ini akhirnya akan dinilai berdasarkan sistem penilaian yang bersifat setara. Coombs (1973) dan Kleiss, Lang, Mietus, & Tiapula (1973) mendefinisikan pendidikan formal sebagai suatu hirarki terstruktur, sistem pendidikan yang mempunyai strata yang kronologikal bermula daripada pendidikan sekolah rendah hinggaah ke universiti termasuklah pelbagai program spesifik sepenuh masa teknikal dan latihan profesional.

Bagi seseorang pelajar, kemahiran membaca yang efektif adalah penting dalam pembelajaran mereka di sekolah. Seseorang pelajar yang mempunyai kemahiran membaca yang baik dan berkesan biasanya mampu memperkembangkan aktiviti membaca mereka dengan aktiviti-aktiviti lain seperti meringkas mengikut kefahaman sendiri, berbincang dengan rakan yang membaca bahan bacaan yang sama ataupun yang berlainan, bercerita dan berkongsi kefahaman dengan rakan-rakan, membanding idea dan kefahaman, mencari contoh dan ilustrasi dan seumpamanya. Semua aktiviti ini akan membantu pelajar berkenaan untuk memahami dan mengingat apa yang dibacanya supaya boleh digunakan pada masa akan datang contohnya dalam ujian atau peperiksaan.

Dalam kegiatan sehari-hari di sekolah pelajar akan terlibat dalam aktiviti mencari, mengkaji, dan memahami tujuan pembelajaran secara jelas serta berupaya menggunakannya dalam konteks lain di masa-masa akan datang berkaitan dengan mata pelajaran yang diajar. Cuba perhatikan contoh seorang pelajar yang cuba membaca buku berkenaan dengan enjin kereta. Pemilihan tentang jenis buku atau bahan yang hendak dibaca akan ditentukan oleh hasil pembelajaran yand ditetapkan dan sejauhmana pengetahuan tentang enijin kereta tersebut ingin dipelajari. Seseorang yang hanya ingin mengetahui tentang

cara-cara memelihara kereta yang asas seperti menukar minyak enjin, menukar palam pencucuh, pemeliharaan tayar, sudah tentu tidak akan memilih buku yang tebal-tebal yang bercerita tentang teknologi kereta. Manakala seorang jurutera automotif akan memilih buku yang boleh memberinya maklumat tentang teknologi kejuruteraan automotif yang terkini bagi membolehkannya memahami secara mendalam selok-belok enjin kereta. Malahan sebagai seorang jurutera automotif yang baik akan sentiasa memastikan selain daripada memahami teknologi kejuruteraan automotif, ia akan mengkaji lebih mendalam hingga ke aspek bagaimana enjin berfungsi secara keseluruhannya dan dengan demikian ia dapat mengetahui dan memahami bagaimana ia dapat memperbaiki dan meningkatkan kemampuan enjin kereta tersebut. Usaha yang dilakukan ini biasanya akan melibatkan kemahiran membuat keputusan terhadap sesuatu perkara kesan daripada kefahaman teori dan praktik enjin. Proses yang dilalui seperti proses pemilihan bahan bacaan, mempelajari, berbincang, bertanya, membanding dan berkongsi kefahaman merupakan antara proses yang berlaku dalam pembelajaran. Kesemuanya itu adalah untuk memastikan individu tersebut mempunyai kemahiran dan kefahaman yang diharapkan, iaitu sama ada pengetahuan dan kemahiran biasa tentang enjin ataupun kefahaman dan kemahiran yang lebih mendalam tentang enjin.

Ini memberikan gambaran bahawa pelajar akan berusaha memperkembangkan potensi diri melalui interaksi formal yang berlaku di sekolah atau institusi. Selaras seperti yang dinyatakan dalam Falsafah Pendidikan Kebangsaan (FPK) pelajar diharapkan dapat menguasai kemahiran pelbagai ilmu yang diajarkan di dalam kelas serta mengguna dan mengaplikasikannya untuk dirinya, keluarga, bangsa dan agama. Melalui proses ini jugalah diharapkan supaya individu pelajar akan menjadi insan yang seimbang dan harmonis.

Kesemua prinsip dan situasi pembelajaran yang dinyatakan akan dibincangkan dengan lebih lanjut dalam bab-bab yang berikutnya. Dalam konteks pendidikan, sebagai seseorang yang dipanggil 'guru' adalah diharapkan kita dapat merancang pelbagai aktiviti pembelajaran untuk 'pelajar' kita dalam usaha membantu mereka melalui proses pembelajaran dengan lebih efisien dan berkesan. Ini sangat penting khususnya dalam kerjaya seseorang guru di mana kefahaman menyeluruh tentang anak-anak didik kita, tentang persamaan dan perbezaan mereka, pengalaman hidup mereka, latar belakang keluarga supaya kita boleh membantu mereka sesuai seperti yang mereka perlukan.

1.3 Pendidikan Informal

Pendidikan informal dapat dikatakan sebagai suatu proses pembelajaran yang bersifat separa struktur. Ianya berlaku dalam banyak keadaan dan tempat seperti di rumah, tempat kerja, sekolah, atau di mana-mana yang melibatkan proses interaksi. Proses interaksi dengan orang lain akan meningkatkan pengalaman dan kefahaman kita tentang hidup dan kehidupan. Beberapa contoh dapat kita lihat cara mana kita belajar bercakap, belajar tentang budaya masyarakat, hikmah dan budi pekerti, ataupun keagamaan melalui interaksi yang berlaku semasa di rumah, sekolah, dan juga dalam masyarakat. Proses ini merupakan suatu proses yang berterusan dan tanpa had masa tertentu. Dalam banyak keadaan pendidikan informal boleh dilihat seperti berikut:

  i. Biasanya berlaku di luar institusi pendidikan formal dan tidak mempunyai sistem yang tersusun dan sistematik.
  ii. Tidak mempunyai kurikulum yang spesifik dan tidak diuruskan secara profesional tetapi berlaku secara spontan, tidak dirancang, tidak tersusun, terutamanya sesuatu yang dipelajari melalui kehidupan seharian.
  iii. Tidak mempunyai pedagogi yang jelas dan terancang secara sistematik mengikut subjek-subjek tertentu, tidak terdapat proses penilaian secara formal berdasarkan pencapaian kelulusan, tetapi ianya lebih kepada proses pemahaman tentang sesuatu perkara untuk keperluan hidup.
  iv. Ianya dialami dan dilalui secara sedar dan semula jadi dalam kehidupan seharian.

Schugurensky (2000) mencadangkan pendidikan informal kepada tiga bentuk iaitu pembelajaran arahan-kendiri, pembelajaran insidental, dan sosialisasi. Ketiga-tiga cara pembelajaran ini berbeza berdasarkan kepada tahap kesedaran and keinginan kita semasa pembelajaran tersebut berlaku. Dalam proses pembelajaran ini kita akan secara sedar mempelajari perkara-perkara yang berlaku disekeliling kita dan cuba memahaminya. Kleis dan rakan-rakan (1973) merumuskan pembelajaran informal sebagai proses orang yang lebih dewasa menterjemah dan menerangkan semua pengalaman seharian yang dilalui kepada orang yang lebih muda (rujuk juga Eaton, 2010, berkenaan dengan pembelajaran literasi).

Sehubungan dengan itu, proses pembelajaran secara informal berlaku sejak dari kita dilahirkan sehinggalah kita meninggal dunia. Bermula daripada rumah, kemudian dalam persekitaran kejiranan, hinggalah ke dalam masyarakat yang lebih luas kita sentiasa memerhati dan mempelajari banyak perkara secara informal. Kadang-kadang kita sampai terlupa bahawa aktiviti keluarga yang kita lakukan seperti melakukan lawatan-lawatan, percutian, keluar makan bersama merupakan proses pendidikan informal yang sangat berkesan dalam mendidik anak-anak di rumah. Melalui aktiviti lawatan bersama keluarga banyak perkara pendidikan boleh disampaikan kepada anak-anak. Beberapa contoh boleh disebutkan di sini seperti kemahiran kekeluargaan, hubungan antara ahli keluarga, kasih sayang, menghargai keindahan alam, menghargai kemakmuran negara, malahan pengawalan masa.

Dalam konteks kawalan masa semasa melakukan lawatan tersebut sebenarnya kita mendidik anak-anak kita belajar mengurus masa melalui aktiviti keluar dan bersiap dalam tempoh tertentu, waktu bersolat, turun untuk makan dan sarapan pagi, masa untuk melakukan lawatan dan lain-lain aktiviti berkaitan. Pendek kata dengan kesedaran dan kemahiran yang tinggi kita dapat memanfaatkan masa percutian tersebut dengan lebih bermanfaat terutamanya dalam proses mendidik anak-anak

kita. Bayangkan kalau kita secara sedar menjadikan aktiviti keluarga kita sebagai satu medan untuk mengembangkan kebolehan berfikir dan bakat anak-anak kita. Keseronokan bercuti bukan sahaja bermanfaat untuk mempelbagaikan persekitaran kepada anak-anak kita tetapi memberi peluang kepada mereka untuk berimaginasi dan berfikir kreatif. Dalam gambar di sebelah menunjukkan bagaimana pembelajaran berlaku secara informal semasa percutian keluarga. Kanak-kanak saling berinteraksi meneroka kereta replika tersebut. Beberapa contoh pembelajaran adalah pembelajaran sosial, iaitu bagaimana berinteraksi, pembelajaran kognitif, iaitu pengetahuan tentang kenderaan, dan yang lebih penting lagi imaginasi berkenaan kereta tersebut seperti bagaimana memandu, tentang mengambil selekoh dan sebagainya. Sebab itu kerap kita perhatikan semasa kanak-kanak bermain-main kita akan dapat lihat mereka berimaginasi seolah-olah mereka sedang memandu kereta tersebut.

1.4 Pendidikan Nonformal

Sedikit berbeza dengan pendidikan formal dan informal, pendidikan nonformal dapat dikatakan berada di antara pendidikan formal dan informal. Ianya merupakan proses pembelajaran yang berlaku dalam lingkungan yang formal tetapi bukan merupakan organisasi yang diiktiraf seperti sekolah, kolej, dan universiti (lihat Eaton, 2010). Contoh paling mudah ialah pendidikan yang berlaku dalam program bengkel, kursus-kursus pendek, seminar dan persidangan dan seumpamanya. Aktiviti seperti ini dilaksanakan dalam suasana formal tetapi tidak dikategorikan sebagai formal kerana tidak memenuhi syarat-syarat kerangka kurikulum dan silibus yang formal. Oleh itu kita akan mempelajari bukan sahaja perkara-perkara yang umum tetapi juga perkara-perkara yang spesifik yang menjadi fokus dan matlamat program tersebut dilaksanakan.

Justeru itu perlaksanaan aktiviti yang dirancangkan tidak terhad kepada tempat-tempat tertentu, tetapi diadakan di mana-mana yang difikirkan sesuai seperti di hotel-hotel, dewan ataupun mana-mana tempat yang mempunyai kemudahan dan peralatan yang mencukupi untuk melaksanakan aktiviti tersebut. Kleiss dan rakan-rakan (1973) juga menjelaskan bahawa pendidikan nonformal sebagai suatu proses pembelajaran yang dilakukan secara terancang dan biasanya dalam jangka waktu tertentu yang pendek. Kursus-kursus pendek, bengkel dan seumpamanya merupakan contoh khusus di mana pendidikan nonformal berlaku. Oleh itu pendidikan jenis ini tidak melibatkan semua orang dan biasanya sesuatu yang berbeza-beza mengikut individu tersebut. Tidak semua pengetahuan yang diperolehi akan diperolehi oleh orang lain bergantung kepada siapa mereka dan kedudukan di mana mereka berada serta dalam organisasi apa.

1.5 Psikologi Pendidikan

Psikologi pendidikan pula merupakan cabang ilmu yang sentiasa cuba membantu proses pembelajaran seseorang dapat dilaksanakan dengan berkesan dan efektif. Sebagai suatu bidang ilmu, kefahaman tentang psikologi pendidikan membolehkan kita memahami konteks variasi individu mengikut kumpulan, etnik, budaya, masyarakat, dan agama. Ini kerana manusia adalah dinamik yang sentiasa berubah-ubah kesan daripada proses kematangan usia dan pengalaman. Justeru kedinamikan inilah yang membuatkan ilmu psikologi pendidikan menjadi lebih menarik dan menjadi keperluan kepada semua orang untuk dipelajari. Secara tidak langsung ianya akan menghilangkan tanggapan bahawa ilmu psikologi pendidikan hanya untuk segolongan orang sahaja, seperti guru-guru ataupun para ilmuan.

Secara lebih luas kefahaman tentang psikologi pendidikan sangat penting kepada semua orang, lebih-lebih lagi kepada individu yang mempunyai tanggungjawab seperti anak isteri, keluarga dan lain-lain, kerana melaluinya kita dapat bukan sahaja memahami tentang proses pembelajaran tetapi juga bagaimana manusia tumbuh dan berkembang, apakah pengaruh-pengaruh yang mempengaruhi pertumbuhan dan perkembangan seseorang, bagaimana membantu proses pertumbuhan dan perkembangan tersebut, bentuk latihan dan kaedah yang bersesuaian, interaksi sosial dan aspek kehidupan lainnya. Anak-anak perlu ditanggapi sebagai mempunyai semua potensi untuk membolehkan mereka belajar. Menjadi tugas kita untuk membimbing mereka dengan cara yang sesuai supaya kecenderungan mereka untuk meneroka tidak terhenti tetapi dengan bimbingan yang betul.  Dengan itu kita akan dapat memahami sesuatu keadaan atau perkara dengan lebih tepat seperti bagaimana pertumbuhan dan perkembangan kanak-kanak, remaja, orang dewasa hinggalah proses menjadi seorang tua. Konsep psikologi pendidikan ini akan dibincangkan dengan lebih jelas dalam bab yang berikutnya.

1.6 Penutup

Pendidikan merujuk kepada proses menguasai dan memahami sesuatu perkara atau kemahiran oleh setiap antara kita supaya menjadi insan yang seimbang dan berguna bukan sahaja kepada diri kita, tetapi juga orang lain dan dunia sejagat. Justeru kefahaman tentang konsep pendidikan yang mendalam, proses, kaedah dan pendekatan akan membantu kita membentuk kepribadian yang tinggi sesuai seperti yang dikehendaki. Sesuatu yang jelas adalah setiap antara kita mempunyai peranan dan tanggungjawab masing-masing untuk membina dan melestarikan tamadun manusia seluruhnya. Selari dengan apa yang dinyatakan dalam agama setiap antara kita mempunyai tanggungjawab kita masing-masing. Guru kepada pelajar-pelajarnya. Ibubapa kepada anak-anaknya. Datuk kepada cucunya. Pemimpin kepada orang yang dipimpin. Peniaga kepada orang yang membeli dan sebagainya. Dalam bahasa yang mudah dapat dikatakan bahawa untuk membolehkan kita berfungsi secara efektif dan berkesan kita memerlukan ilmu pengetahuan yang mendalam dan sesuai. Seperkara yang boleh dinyatakan di sini adalah kita memerlukan peralatan khusus untuk membolehkan kita menjalankan tugas mendidik mereka sesuai seperti diamanahkan iaitu ilmu pengetahuan terutamanya ilmu pendidikan. Justeru dalam penulisan ini fokus utama adalah untuk berkongsi idea dan pengalaman terutamanya dalam menyatakan pentingnya proses menimba ilmu pendidikan supaya kita dapat berfungsi sebagai bukan sahaja pendidik tetapi seorang yang berilmu pengetahuan dan mahir tentang apa yang kita lakukan.

Bab 2

PSIKOLOGI DAN PENDIDIKAN

2.1 Pengenalan

Bila bercerita tentang psikologi ramai beranggapan bahawa psikologi adalah ilmu tentang manusia. Sebab itu bila bercerita tentang psikologi pendidikan kita akan memahaminya sebagai suatu proses pengaplikasian ilmu psikologi dalam pendidikan yang boleh menyumbang kepada pemahaman dan pengamalan dalam proses pendidikan. Sebab itu kita menganggap bidang ilmu ini hanya dipelajari di institusi pendidikan tinggi oleh kita yang ingin menjadi guru sahaja. Kefahaman ini jelas dan mudah difahami kerana pada hakikatnya sehingga kini bidang ilmu psikologi pendidikan banyak dibincangkan di pusat-pusat pengajian tinggi, terutamanya dalam program pendidikan sama ada sekolah rendah, menengah ataupun hingga ke peringkat universiti. Sebagai individu biasa yang tidak mempelajarinya secara formal kita mengambil pendirian bahawa bidang ilmu ini hanya milik sekumpulan orang dan tidak ada kena mengena dengan kita. Kesan daripada itu usaha untuk mengetahui dan menguasai ilmu ini tidak dilakukan sama sekali. Seharusnya kefahaman tentang pentingnya ilmu psikologi pendidikan tidak begitu. Sesiapa sahaja yang mempunyai peranan sebagai pendidik bukan sahaja guru tetapi juga ibubapa, perlu memahami dan menguasai ilmu ini supaya proses pendidikan yang kita lakukan bukan merupakan sesuatu yang berasaskan 'trial and error' tetapi lebih berasaskan kemahiran dan kefahaman yang mendalam. Oleh itu saya rasa perlu untuk kita membincangkan psikologi pendidikan bukan hanya dalam perspektif bidang perguruan tetapi lebih kepada bagaimana ilmu ini boleh membantu kita dalam proses mendidik.

Secara ringkas psikologi pendidikan dapat didefinisikan sebagai ilmu yang mengkaji tentang manusia untuk mengetahui dan memahami corak umum atau prinsip yang menekankan perbezaan di antara individu daripada sudut tingkah laku, kebolehan, minat, kecenderungan dan sebagainya dalam proses pendidikan. Ramai pula berpendapat bahawa psikologi pendidikan adalah pengetahuan yang diperolehi daripada ilmu psikologi yang digunakan dan diaplikasi dalam aktiviti-aktiviti bilik darjah atau sekolah. Anita Woolfolk (2007) mendefinisikan psikologi pendidikan sebagai disiplin ilmu yang membincangkan tentang proses-proses pengajaran dan pembelajaran, melalui kaedah dan teori-teori psikologi. Pendapat-pendapat lain juga bersetuju mengatakan bahawa psikologi pendidikan merupakan bidang ilmu yang menggunakan pendekatan psikologi secara khusus dalam bidang pendidikan (lihat Jordan & Porath, 2006; McCormick & Pressley, 1997).

Namun begitu, ahli-ahli psikologi bersependapat bahawa, dengan meningkatkan kefahaman tentang manusia, kita akan dapat memahami dan menjangkakan bagaiamana seseorang akan bertingkah laku, bagaimana kita boleh mempengaruhinya dan bagaimana kita boleh membantu mereka berkembang dengan cara yang terbaik dan efektif, yang sesuai dengan kemampuannya dan berkesan. Oleh itu secara ringkas dapatlah didefinisikan psikologi pendidikan sebagai suatu usaha menggunakan pengetahuan dan kefahaman psikologi dalam pendidikan. Ianya meliputi proses memahami individu secara keseluruhan supaya dapat membantu proses pembelajaran dengan lebih efektif dan efisien. Apa yang akan kita lakukan sekiranya kita mempunyai anak didik yang mempunyai kepelbagaian tersendiri. Untuk menjelaskan pentingnya ilmu psikologi pendidikan mari kita lihat gambar di sebelah. Sebagai guru apakah pendekatan yang sesuai yang boleh kita gunakan dalam membantu proses pembelajaran mereka. Kalau di rumah kepelbagaian yang wujud dalam kalangan anak-anak kita juga perlu ditangani dengan bijaksana. Bayangkan gambar ini di mana kepelbagaian tersebut bukan sahaja berlaku dalam aspek jantina, tetapi juga kecenderungan dan minat. Keadaan ini menjelaskan bahawa psikologi pendidikan bukan hanya perlu kepada seseorang yang ingin menjadi guru tetapi juga kepada kita semua sebagai pendidik.

Cuba fikirkan sejenak tentang pekerjaan seorang guru di sekolah yang berkaitan secara khusus dalam proses pengajaran pembelajaran dan berkenaan keperluan pengetahuan dan kefahaman yang diperlukan berkaitan dengan individu yang diajar. Kita akan dapati tugas seorang pendidik tidak terhad hanya kepada menyampaikan pengetahuan dan kemahiran yang terkandung dalam silibus pengajaran, tetapi lebih jauh lagi hingga kepada tujuan melahirkan individu yang berguna kepada masyarakat, mempunyai kualiti personaliti dan kebolehan yang sewajarnya. Dalam Falsafah Pendidikan Kebangsaan (FPK) dinyatakan dengan jelas matlamat pendidikan:

> Pendidikan di Malaysia adalah satu usaha berterusan ke arah memperkembangkan lagi potensi individu secara menyeluruh dan bersepadu untuk mewujudkan insan yang seimbang dan harmonis dari segi intelek, rohani, emosi dan jasmani. Usaha ini adalah bagi melahirkan rakyat Malaysia yang berilmu pengetahuan, berakhlak mulia, bertanggungjawab, berketrampilan dan berkeupayaan mencapai kesejahteraan diri serta memberi sumbangan terhadap keharmonian dan kemakmuran keluarga, masyarakat dan negara.

Penyataan di atas menunjukkan betapa pentingnya kefahaman tentang proses pertumbuhan dan perkembangan diri, apakah proses-proses yang mempengaruhinya, bagaimana membentuk proses pembelajaran yang aktif dan berkesan, matlamat pendidikan dan seumpamanya kepada proses pengajaran pembelajaran. Saya ingin menekankan di sini apabila kita menyebut tentang proses pengajaran dan pembelajaran ianya tidak harus hanya dilihat dalam konteks bilik darjah dan sekolah, tetapi perlu dilihat secara lebih luas meliputi proses bagaimana pengajaran pembelajaran itu sendiri berlaku samada di sekolah, di luar sekolah, dalam masyarakat, di rumah atau di mana sahaja. Justeru kefahaman ini sangat penting dalam memahami ilmu psikologi pendidikan secara lebih tepat dan bermakna.

Oleh kerana manusia dijadikan unik dan dinamik, kefahaman tentangnya adalah sangat penting sebelum kita dapat membentuk dan melahirkan individu yang 'seimbang' seperti yang dihasratkan dalam FPK di atas. Abdullah Nashih Ulwan (1990) secara lebih terperinci menggariskan proses pendidikan tidak hanya terhad kepada perkara asas yang biasa seperti guru, pelajar, bahan pembelajaran, tetapi menjangkaui tentang aspek tanggungjawab dan hukum yang dikenakan kepada setiap individu dalam kaitan pembelajaran. Setiap individu mempunyai kewajipan untuk tumbuh dan berkembang sesuai seperti yang dikehendakki oleh Allah SWT. Justeru itu adalah menjadi tanggungjawab semua orang untuk belajar dan mengajar supaya boleh berkembang

Ibnu Khaldun menceritakan ketika Khalifah Harun Al Rasyid menyerahkan anaknya kepada seorang pendidik, ia berkata "Hai Ahmar, aku serahkan anakku kepadamu. Oleh itu terimalah dia dan dia wajib mentaati kamu. Ajarlah dia sesuai seperti yang saya gariskan. Ajarkanlah AlQuran dan sunnah-sunnah Rasul, ajarkan dia tentang adab ketawa, adab menghormati masa supaya akalnya tidak mati. Jangan biarkan dia terlalu banyak berehat tanpa melakukan kerja-kerja berfaedah. Ajarlah dia semampumu dengan pendekatan dan lemah lembut dan hukumlah dia sekiranya dia engkar (Sumber: Abdullah Nashih Ulwan, 1990 – ubahsuai oleh penulis daripada terjemahan asal) menjadi individu yang seimbang. Bermula dengan kesediaan pendidik untuk menyampaikan dan berkongsi ilmu dan kemahiran sehinggalah kepada kurikulum yang disampaikan, kaedah dan strategi yang digunakan serta hasil pembelajaran yang diharapkan. Di sini jelas bagaimana kepentingan ilmu psikologi pendidikan yang boleh digunakan untuk membantu keberkesanan proses pendidikan tersebut.

Setiap individu mempunyai potensi dan kebolehan yang berbeza-beza dan sebagai pendidik kita seharusnya mampu memahami hakikat tersebut serta berusaha bersama dengan pelajar, keluarga mereka dan juga masyarakat supaya kita dapat memastikan mereka berpeluang dan terlibat sama dalam proses pembelajaran. Mari kita lihat beberapa contoh matlamat pendidikan di sekolah di mana sebagai pendidik mereka diharapkan mampu menggalas tugas yang diamanahkan untuk mendidik. Tujuan pendidikan biasanya dapat dikategorikan kepada empat yang utama:

a. *Peningkatan kualiti keagamaan seseorang individu*
b. *Pengetahuan dan kemahiran, termasuklah kebolehan membaca, menulis dan mengira (Prinsip 3M pendidikan)*
c. *Bersifat sosial dan personaliti, seperti yang terkandung dalam nilai-nilai murni pendidikan*
d. *Kemahiran kognitif dan intelektual, umpamanya kebolehan membuat keputusan yang bijaksana, penaakulan dan memahami konsep pendidikan sepanjang hayat.*

Dalam usaha mencapai tujuan-tujuan di atas terlihatlah betapa pentingnya ilmu psikologi dalam membantu proses pendidikan, ataupun setidak-tidaknya bagi membolehkan kita menjawab persoalan-persoalan berikut:

1. *Adakah semua orang mempunyai keupayaan belajar yang sama? Jika tidak, apakah sebab-sebabnya dan apa yang boleh*

dilakukan untuk membantu mereka mencapai yang terbaik
berasaskan kebolehan mereka sendiri?

2. Adakah semua orang mempunyai persamaan dalam cara
    mempelajari sesuatu atau terdapat variasi di antara individu?
    Apakah perbezaan-perbezaan tersebut dan apa yang boleh
    dilakukan oleh seorang pendidik?

3. Adakah terdapat perbezaan daripada segi material yang
    dipelajari berdasarkan perbezaan umur dan kebolehan? Jika
    ya, apa maknanya jika dikaitkan dengan pengajaran yang
    berjaya?

4. Adakah terdapat hubungan di antara latar belakang keluarga
    dengan pengalaman kanak-kanak dan tahap pencapaian yang
    diperolehi di sekolah? Jika ada, apa dia dan apa yang perlu
    dilakukan oleh seorang pendidik?

5. Adakah terdapat hubungan antara latar belakang budaya
    dan etnik kanak-kanak dan cara-cara bagaimana membantu
    mereka belajar?

Berdasarkan persoalan-persoalan di atas maka jelas bahawa
mempelajari ilmu psikologi pendidikan ada penting dan bermanfaat
kepada semua orang kerana ianya dapat membantu mengenalpasti
selok belok aspek pendidikan dengan lebih mendalam dan jelas.
Kefahaman yang mendalam juga akan memastikan kita dapat
menjalankan tugas sebagai pendidik ataupun pembimbing yang
baik kepada anak-anak didik kita.

2.2 Skop Psikologi Pendidikan

Islam telah memuliakan dan mengutamakan manusia lebih
daripada makhluk-makhluk ciptaan Allah yang lainnya. Oleh
yang demikian mereka diberi tanggungjawab mentadbir (sebagai
khalifah):

Dan sesungguhnya telah Kami muliakan anak-anak
Adam, Kami angkut mereka di daratan dan di lautan,
Kami beri mereka rezeki dari yang baik-baik dan Kami
lebihkan mereka dengan kelebihan yang sempurna atas
kebanyakan makhluk yang telah Kami ciptakan - Al
Quran: 17:170 (Sumber: Abdullah Nashih Ulwan, 1990)

Dengan lain perkataan manusia adalah makhluk ciptaan Allah yang unik dan kompleks dan dengan itu adalah mustahil untuk kita dapat mengenalpasti perkembangan setiap individu secara tepat dan menyeluruh. Dalam hal ini ahli-ahli psikologi berpendapat bahawa para pendidik berpeluang untuk memahami dan mendidik individu dengan jayanya sekiranya mereka sentiasa mengambil perhatian dan mengetahui sumber-sumber rujukan dan kajian-kajian yang dijalankan berkenaan dengan manusia dan proses pengajaran pembelajaran. Ini bersesuaian dengan perkembangan ilmu psikologi pendidikan yang sentiasa mengalami pembaharuan dan perkembangan, pengujian dan pengesahan dari semasa kesemasa.

Berdasarkan sifat ilmu psikologi pendidikan yang fleksibel dan sentiasa berkembang, seiring dengan sifat manusia yang unik, kompleks dan dinamik, adalah perlu bagi kita untuk melihat secara realistik diri dan anak didik kita supaya dapat mengaplikasikan ilmu psikologi pendidikan mengikut keperluan dan kesesuaian. Dengan lain perkataan, kita perlu menjadi seorang 'ahli psikologi' bagi membolehkan kita mempelajari anak-anak didik kita dalam situasi sebenar, siapa mereka, personalitinya, tingkah laku, sikap dan lain-lainnya. Dalam hal ini kita seharusnya mampu memastikan bahawa kesesuaian kaedah dan pendekatan pendidikan yang ingin digunakan bersesuaian dan berkesan untuk situasi dan kondisi anak-anak didik kita. Justeru ilmu psikologi pendidikan berupaya membantu kita mengenalpasti permasalahan pengajaran, sifat anak-anak didik kita, pendekatan dan kaedah yang sesuai yang boleh digunakan serta tindakan yang lebih berkesan dalam mencapai matlamat pendidikan.

Secara umumnya kita dapat lihat bahawa ilmu psikologi lebih kepada 'kemungkinan' dan keadah yang bersesuaian untuk sesuatu keadaan dan permasalahan dan bukan merupakan sesuatu pendekatan yang sentiasa betul seratus peratus. Dalam bahasa mudah kita boleh katakana ilmu ini sebagai 'alat' yang boleh kita gunakan semasa mendidik anak didik kita. Begitu juga dengan pembelajaran ilmu ini sebagai suatu subjek atau dipelajari secara sendiri, tidak akan banyak membantu dalam proses pengajaran pembelajaran sekiranya kita tidak faham kenapa kita mempelajari dan memahami ilmu ini. Justeru pengetahuan dan kefahaman tentang ilmu psikologi boleh membantu kita dalam memahami prinsip-prinsip psikologikal yang boleh digunakan semasa melaksanakan proses pendidikan. Banyak buku-buku panduan berkenaan bagaimana proses pengaplikasian psikologi dalam pendidikan perlu dilakukan yang boleh digunakan sebagai panduan (sebagai perbandingan lihat buku Abdullah Nashih Ulwan, *Pedoman Pendidikan Anak Dalam Islam*, buku Imam Al Ghazali, *Ihya Ullumuddin*, buku Anita Woolfolk, *Educational Psychology* dan yang lain-lain).

Shulman (1987) telah mengenalpasti tujuh perkara yang perlu diketahui dan dikuasai oleh setiap pendidik seperti di bawah:

i.   Pengetahuan mendalam tentang perkara yang ingin diajar
ii. Strategi pengajaran umum yang boleh diaplikasi dalam semua keadaan dan perkara
iii. Program dan bahan kurikulum yang sesuai
iv. Pengetahuan khusus tentang kaedah spesifik yang boleh digunakan semasa mendidik individu yang memerlukan perhatian khusus dan juga dalam topic atau perkara tertentu
v.   Latar belakang budaya dan karakteristik anak didik kita
vi. "settings" di mana anak didik kita belajar, dan
vii. Tujuan serta matlamat pengajaran kita.

Mungkin sebagai ibubapa kita seperti tidak memerlukan pengetahuan dan kemahiran di atas, tetapi dalam konteks pendidikan yang lebih luas, sama ada di rumah atau di sekolah, pengetahuan dan kemahiran tersebut mungkin boleh diadaptasi dan disesuaikan dengan konteks pendidikan di mana kita melaksanakannya. Justeru itu, penglibatan secara berterusan iaitu penguasaan teori-teori yang dicadangkan dan juga pengaplikasiannya dalam konteks sebenar adalah penting untuk membolehkan kita menggunakan psikologi pendidikan sebagai alat untuk membantu proses pengajaran pembelajaran kita. Peranan dan tanggungjawab ini sebenarnya sangat penting untuk difahami dan seterusnya dilaksanakan. Dalam sebuah hadis diriwayatkan oleh Imam Al Bukhari dinyatakan:

> *Kami mendatangi Nabi SAW. Kami adalah kaum muda yang berdekatan. Kami tinggal di rumah baginda selama 20 malam. Baginda menyangka bahawa kami sangat mencintai keluarga kami. Baginda bertanya tentang orang yang kami tinggalkan dalam keluarga kami. Kemudian kami memberitahunya. Baginda adalah seorang yang lemah lembut dan penuh kasih sayang. Baginda bersabda, "kembalilah kepada keluarga kami, didiklah mereka, suruhlah mereka dan bersolatlah sebagaimana kamu semua melihat aku bersolat. Apabila waktu solat tiba, maka hendaklah salah seorang di antara kamu melaungkan azan untuk kamu semua dan hendaklah orang yang paling besar di antara kamu menjadi imam"* (Sumber: Abdullah Nashih Ulwan, 1990: 147)

Sekiranya ilmu psikologi dan pendidikan tidak dikuasai maka proses pendidikan sebegini tidak akan dapat dilaksanakan dengan berkesan. Dan yang terpenting tanggungjawab pendidikan yang diamanahkan kepada kita tidak mampu untuk kita laksanakan ataupun sukar untuk dilaksanakan. Untuk memudahkan pemahaman saya rasa elok kita bincangkan beberapa perkara yang biasa dibincangkan dalam psikologi pendidikan. Dengan cara ini kita akan dapat lihat mengapa perbincangan-perbincangan tersebut perlu dilakukan dan apa tujuan utama kepada pemahaman perkara-perkaran tersebut. Ilmu psikologi pendidikan memberikan kita peluang untuk membincangkan perkara-perkara berkaitan dengan pertumbuhan dan perkembangan, kepelbagaian individu, proses pembelajaran yang dilalui, fungsi dan pengaruh pendidik kepada yang dididik dan yang dididik kepada yang dididik.

2.3 Pertumbuhan dan Perkembangan Manusia

Seperti yang dinyatakan dalam FPK bahawa tujuan utama pendidikan adalah untuk membentuk individu yang seimbang dari segi emosi, rohani, jasmani, dan intelek. Oleh yang demikian, untuk memahami seseorang individu, pelbagai aspek perlu diperhatikan dan difahami seperti fizikalnya, kognitifnya, sosial, emosional dan agamanya, dan juga perhubungannya dengan orang lain kerana elemen-elemen inilah yang akan mempengaruhi pembentukan personaliti diri seseorang.

Sebagai pendidik kita perlu memahami sekurang-kurangnya secara umum bagaimana kebolehan dan tingkah laku anak-anak didik kita terbentuk. Usaha ini akan mengarahkan kita kepada memahami bahawa setiap individu adalah berbeza. Selain daripada itu kita juga perlu mengenalpasti kemungkinan-kemungkinan yang akan terbentuk sekiranya proses perkembangan individu anak-anak didik kita tidak dilaksanakan dengan tepat dan betul. Ini bagi memastikan proses perkembangan individu anak-anak didik kita berjalan dengan lancar dan berkesan sesuai dengan matlamat perkembangan yang kita inginkan. Sebagai permulaan elok kita bincangkan perkara-perkara berkaitan dengan proses pertumbuhan dan perkembangan individu yang bukan sahaja dilalui oleh anak-anak didik kita tetapi oleh semua individu termasuk kita sendiri. Sedikit sebanyak diharapkan kita dapat memahami dan lebih mengenali konteks perkembangan dan perkara-perkara yang berkaitan.

Ilmu psikologi pendidikan membincangkan tahap-tahap perkembangan individu sejak dilahirkan sehinggalah ke alam dewasa. Pelbagai teori dan konsep dikemukakan untuk menjelaskan bagaimana pertumbuhan dan perkembangan tersebut berlaku. Sekurang-kurangnya 4 perkara utama perkembangan dibincangkan secara mendalam iaitu perkembangan kognitif atau pemikiran, perkembangan fizikal atau tubuh badan, perkembangan sosial atau interaksi antara individu, perkembangan psikologikal. Perbincangan dan kefahaman berkenaan dengan tahap-tahap tersebut membolehkan kita menjelaskan perbezaan dan persamaan-persamaan yang wujud semasa tumbuh dan membesar. Ini penting kerana setiap tahap mempunyai ciri-ciri dan karakteristik tertentu yang berbeza-beza antara satu sama lain. Perbincangan tentang pertumbuhan dan perkembangan ini akan dilakukan secara beransur-ansur di dalam bab-bab seterusnya.

2.4 Variasi Dalam Pertumbuhan dan Perkembangan Individu

Kita perlu melihat pertumbuhan dan perkembangan individu dalam dua aspek iaitu perbezaan individu dan juga faktor-faktor yang menyebabkan mengapa perbezaan-perbezaan tersebut berlaku. Secara umumnya terdapat dua sebab mengapa pengetahuan tentang hal-hal tersebut penting kepada kita sebagai seseorang pendidik. Pertama, kita perlu mempunyai asas dalam memahami kepelbagaian individu di kalangan anak-anak didik kita untuk membolehkan kita menyediakan pembelajaran yang bersesuaian dengan mereka. Kedua, sebagai pendidik kita perlu mengetahui setakat mana dan cara bagaimana kita boleh membantu mempengaruhi perkembangan tingkah laku anak-anak didik kita. Yang penting kita sentiasa maklum tentang dua perkara tersebut supaya proses pendidikan yang kita laksanakan akan menjadi lebih tepat dan sesuai dengan keperluan anak didik kita.

Seperti dimaklumkan tadi pertumbuhan dan perkembangan berlaku mengikut tahap-tahap tertentu yang berbeza-beza. Setiap tahap mempunyai kriteria dan ciri yang berbeza. Perbincangan yang dilakukan akan memberi peluang kita untuk melihat apakah perbezaan-perbezaan tersebut, mengapa ianya berbeza, dan bagaimana ianya boleh berbeza. Pengetahuan dan kemahiran tersebut penting diketahui kerana ia akan mempengaruhi apakah pendekatan dan strategi yang perlu kita gunakan untuk mendidik. Jika tidak dilakukan maka pendekatan pendidikan yang kita amalkan berkemungkinan tidak sesuai dengan keperluan anak-anak didik kita. Inilah yang biasa berlaku sehingga menyebabkan proses pembelajaran anak-anak didik kita menjadi agak perlahan dan tidak berkesan.

2.5 Kepentingan Latar Belakang Individu Kepada Pendidikan

Matlamat pendidikan seharusnya mengambil kira faktor-faktor keluarga, jiran-jiran, budaya diamalkan, dan agama yang dianuti supaya kita tahu dari mana anak-anak didik kita berasal dan boleh dibentuk 'ahli' yang berguna kepada masyarakatnya. Ini sangat penting terutamanya dalam budaya masyarakat yang mengambil berat tentang nilai ikatan kekeluargaan dan kemasyarakatan serta tanggungjawab. Dengan lain perkataan, adalah sangat penting kepada kita sebagai seseorang pendidik, di samping mendidik kita mengembangkan potensi kebolehan dan kualiti individu anak-anak didik kita, kita tidak seharusnya melupakan kedudukan mereka yang tidak terpisahkan daripada ikatan keluarga, masyarakat, budaya dan agamanya.

Terutamanya di sekolah, perbezaan latar belakang sangat mempengaruhi proses pengajaran yang dilaksanakan. Perhatikan gambar ini untuk memahami kenapa latar belakang individu perlu diambil perhatian. Sekiranya kita gagal memahami perbezaan ini maka proses pengajaran kita akan menjadi agak sukar. Perbezaan-perbezaan tersebut mungkin berkaitan dengan budaya yang diamalkan, agama yang dianuti, gaya pemakanan, cara berfikir, bahasa yang digunakan, dan kebiasaan-

kebiasaan tertentu. Justeru pengetahuan dan kefahaman berkenaan perbezaan latar belakang ini membolehkan kita merancang pendekatan pendidikan yang sesuai untuk mereka. Perkara sama juga berlaku di rumah. Walaupun anak-anak kita dilahirkan dan dididik dalam keluarga kita dan mendapat pendidikan yang sama, sekiranya kita tidak mengambil kira perbezaan yang wujud dalam diri anak-anak kita proses pendidikan yang kita harapkan boleh terganggu.

2.6 Kaitan Antara Belajar dan Mempelajari

Pengetahuan semasa adalah perlu bagi membolehkan kita membantu anak-anak didik kita belajar, bukan sahaja kandungan dalam silibus di sekolah tetapi juga aspek-aspek kemanusiaan yang sejagat. Salah satu aspek yang sering kita terlupa semasa mendidik anak-anak didik kita ialah mengajar 'bagaimana untuk belajar'. Ini kerana banyak perhatian ditumpukan kepada 'apa yang perlu dipelajari'. Kita terlalu terfokus kepada perkara atau kemahiran yang perlu dikuasai oleh mereka tetapi melupakan satu lagi perkara iaitu mendidik mereka bagaimana nak belajar. Pendekatan ini kelak akan menanamkan sikap menganggap pembelajaran bukan sebagai proses sepanjang hayat. Justeru itu pemahaman dan kesedaran tentang prinsip-prinsip pembelajaran adalah sesuatu yang fundamental untuk mencapai matlamat pendidikan. Mendidik individu bagaimana belajar, sekiranya berjaya, akan membentuk sikap dan kebiasaan yang berkekalan dalam diri. Dengan lain perkataan, psikologi pendidikan adalah 'alat' yang sangat penting dalam menjalankan tugas sebagai seorang pendidik, sama ada sebagai guru ataupun sebagai ibubapa. Dengan mengambil kira pengetahuan dan kefahaman yang mendalam tentang pendidikan akan membolehkan kita menjalankan tugas sebagai pendidik dengan lebih berkesan.

Seperkara yang sangat penting adalah perkaitan antara gaya pembelajaran dengan personaliti dan kecenderungan anak didik kita. Personaliti yang berbeza mempunyai gaya pembelajaran dan cara belajar yang berbeza pula. Ilmu psikologi pendidikan sekali lagi memberi kita peluang untuk memahami bagaimana mengaitkan antara cara belajar untuk belajar dengan kecenderungan dan karakter diri mereka. Kadang-kadang mereka tidak berupaya atau belum berupaya untuk menyesuaikan kecenderungan dan personaliti mereka dengan gaya dan cara belajar yang bersesuaian untuk mereka. Justeru kefahaman kita berkenaan pengaruh personaliti dengan belajar cara untuk belajar membantu kita untuk memberikan bimbingan yang lebih tepat dan berkesan.

2.7 Memahami Diri Sendiri Sebagai Individu

Diri sebagai individu tidak ada bezanya sama ada individu itu berfungsi sebagai pendidik ataupun sebagai yang dididik. Ianya merupakan entiti yang tidak terpisahkan. Setiap orang mempunyai kepelbagaian dalam konteks fungsinya. Contohnya, selain sebagai seorang bapa, kita juga mungkin merupakan seorang suami, seorang abang, seorang adik ipar, dan yang seumpamanya. Diri kita sebagai individu merupakan gabungan pelbagai elemen seperti agama yang kita anuti, kebolehan, minat, motivasi, sikap, dan seumpamanya yang bergabung menjadi satu yang menentukan diri kita berbeza dengan orang lain. Gabungan pelbagai ciri ini sentiasa disesuaikan dengan keperluan aktiviti semasa. Peranan sebagai seorang pendidik merupakan satu contoh mudah di mana dalam masa yang sama kita mungkin sahaja mempunyai peranan sebagai suami, atau bapa, atau abang, atau adik, atau pengerusi dalam persatuan, seorang imam, atau seumpamanya. Tanpa mengira tempat dan masa kita sentiasa memainkan peranan yang berbeza-beza.

Dengan demikian, ilmu psikologi pendidikan akan dapat membantu kita melihat selain daripada diri kita sendiri tetapi juga diri anak-anak didik kita. Mungkin kita boleh bertanya beberapa persoalan adakah kita seorang yang sentiasa bimbang tanpa sebab yang nyata atau adakah kita seorang yang boleh dipercayai; apakah situasi-situasi di sekolah atau di mana sahaja yang boleh membuatkan kita marah atau gembira dan mengapa; dan apakah alasan-alasan kita untuk menceburi profesion perguruan?

Justeru ilmu psikologi pendidikan dapat membantu kita mengenalpasti sekurang-kurangnya jawapan kepada persoalan-persoalan di atas dengan cara bertanya kepada diri sendiri dan juga semasa memahami anak-anak didik kita. Melalui ilmu ini juga kita akan dapat membantu membina hubungan yang positif dengan orang lain. Ini kerana pengetahuan yang mendalam tentang diri sendiri dapat membantu kita memahami anak-anak didik kita beserta dengan individu-individu yang berhubungan dengannya seperti ibubapa mereka, adik beradik mereka, dan pengalaman yang mereka lalui. Selain itu kita juga akan dapat berfungsi sebagai pendidik yang tidak hanya berdasarkan pengalaman tetapi juga berpengetahuan dan berkemahiran tinggi.

2.8 Penutup

Malaysia merupakan negara berbilang bangsa. Kepelbagaian agama, budaya dan keturunan menjadikan Malaysia sebagai sebuah negara yang unik dan mencabar. Justeru kepelbagaian ini memerlukan pengetahuan tidak sahaja psikologi pendidikan tetapi juga sosiologi pendidikan. Namun begitu perlu diingatkan bahawa kepelbagaian tersebut juga perlu mengambil kira aspek sosioekonomi, pendidikan setiap individu pelajar khususnya yang melibatkan bandar dan luar bandar.

Kepelbagaian ini sebenarnya menggambarkan kepelbagaian dimensi seperti perbezaan bahasa, adat resam, nilai, agama, pendekatan dalam mendidik anak, hubungan kekeluargaan dan seumpamanya. Perbezaan status sosioekonomi umpamanya mempunyai perbezaan yang ketara bermula daripada keluarga yang sederhana, tahap pendidikan, kawasan lokasi di mana keluarga tersebut berada sama ada pedalaman hinggalah kepada keluarga yang tinggal di bandar, berpendapatan dan berpendidikan tinggi. Cabaran-cabaran ini semakin bertambah dengan pembangunan pesat yang berlaku tidak kira di bandar mahupun di luar bandar. Uniknya kepelbagaian dan perbezaan ini juga dialami oleh para pendidik itu sendiri kerana kita juga tidak lari dari mempunyai kepelbagaian tersebut!

Adalah dimaklumi bahawa persekitaran dan pengalaman di mana individu kanak-kanak membesar mempengaruhi secara langsung perkembangan kebolehan, psikologi, minat dan kecenderungan mereka terhadap pendidikan. Kanak-kanak di bandar umpamanya diandaikan lebih berkemampuan untuk cemerlang di sekolah berbanding rakan-rakannya yang bersekolah di luar bandar. Kajian Gutman, Zameroff & Cole (2003) berkenaan dengan perbezaan pengaruh lokasi bandar dan luar bandar mendapati terdapat perhubungan yang signifikan antara lokasi tempat tinggal dan prestasi. Malahan perbezaan status sosio ekonomi pun boleh memberi kesan kepada prestasi pelajar. Tak kira di mana mereka tinggal ianya didapati mempunyai pengaruh terhadap prestasi. Tanpa menidakkan kelebihan individu yang berada di bandar di mana kemudahan-kemudahan asas yang lebih lengkap dimiliki, kefahaman mendalam berkenaan dengan proses pendidikan terbaik sebenarnya boleh mengurangkan perbezaan tersebut. Pendidik yang berjaya biasanya mampu memanfaatkan sumber sedia ada dengan semaksimum yang mungkin dan boleh mewujudkan kesan yang sama kepada prestasi anak-anak didiknya. Seperti dikatakan tadi sekiranya kita gagal mengambil kira kepelbagaian dan perbezaan yang wujud dalam anak-anak didik kita maka kita tidak akan mampu menyediakan suasana pembelajaran yang kondusif dan sesuai untuk mereka.

Dalam konteks pendidikan di sekolah ketidakberkesanan proses pendidikan yang dilaksanakan mungkin sebahagiannya kerana pihak sekolah gagal mengambil kira perbezaan dan latar belakang pelajar-pelajar tersebut. Mereka mungkin telah dibesarkan dengan cara yang berbeza-beza yang mana jika kita gagal mengambil kira perbezaan ini ianya akan menjejaskan kecemerlangan mereka di sekolah. Satu lagi perkara yang berkaitan dengan perbezaan individu adalah kualiti bahasa yang digunakan. Terdapat perbezaan daripada segi bahasa yang digunakan di rumah dengan bahasa yang digunakan di sekolah. Secara umumnya sekiranya terdapat banyak perbezaan daripada segi bahasa yang digunakan antara rumah dan sekolah, seperti dalam pengucapan dan penulisan, maka pelajar boleh dikategorikan sebagai belajar dengan menggunakan bahasa kedua.

Justeru sebagai sebuah negara yang berbilang kaum, agama, adat resam dan kebudayaan, adalah sangat penting bagi kita untuk mengambil kira semua aspek perbezaan yang wujud. Cadangan 'pendidikan pelbagai budaya' oleh Banks & Banks (2006) merupakan contoh yang baik yang boleh digunakan dalam memahami pendekatan pendidikan dalam negara ini. Menurut mereka pendidikan pelbagai budaya perlu mengambil kira lima dimensi utama iaitu integrasi kandungan, proses pembinaan pengetahuan, pengurangan prejudis, pengukuhan budaya sekolah dan struktur sosial, dan pedagogi sama rata. Melalui kelima-lima dimensi tersebut didapati sesuai diamalkan dalam pendidikan yang mempunyai struktur masyarakat majmuk seperti Malaysia. Justeru dengan mempelajari ilmu psikologi pendidikan ini kita akan menjadi lebih berhati-hati dan prihatin untuk mengubahsuai ekspektasi, pendekatan dan kaedah pengajaran dan pembelajaran supaya sesuai dengan anak-anak didik kita.

Di samping itu kita juga perlu memahami diri kita sendiri sebagai individu supaya dapat mewujudkan sikap fleksibiliti dan adaptasi terhadap peranan kita sebagai pendidik. Setiap individu seperti diketahui mempunyai kecenderungan dan sifat-sifat tersendiri masing-masing. Anak-anak didik kita yang kita didik juga mempunyai kecenderungan dan cirri-ciri yang unik dan tersendiri yang membezakan mereka dengan orang lain. Seperti dinyatakan, kefahaman tentang diri kita dan anak-anak didik kita akan memberikan ruang kepada kita untuk meneroka peluang-peluang yang ada dalam proses pendidikan. Dengan cara memahami keperluan dan tanggungjawab ini memberikan kita kesempatan untuk menilai apa yang kita dan anak-anak didik kita perlukan dan permasalahan-permasalahan yang akan dihadapi sepanjang proses pendidikan tersebut berlangsung. Kita akan lebih memahami proses pendidikan yang bagaimana yang perlu diwujudkan baik di rumah, di sekolah mahupun dalam masyarakat.

Oleh yang demikian pembelajaran psikologi pendidikan adalah penting bagi memahami secara mendalam sensitiviti keperluan diri kita sebagai pendidik dan juga keperluan anak-anak didik kita yang dididik, yang kaya dengan kepelbagaian dan perbezaan-perbezaan. Perkara-perkara berkenaan dengan kecenderungan, minat, perbezaan, kelebihan dan kekuatan, batasan, dan lain-lain perkara berkaitan yang dimiliki oleh anak-anak didik kita perlu diberi pertimbangan sewajarnya supaya kita boleh membantu perkembangan diri mereka secara menyeluruh.

Tanpa kefahaman dan pengetahuan yang mendalam berkenaan perkara-perkara ini proses pendidikan anak-anak kita akan menjadi sukar. Jangan terkejut kalau dikatakan kegagalan kita memanfaatkan kelebihan dan kekuatan yang ada pada anak-anak didik kita akan menyebabkan mereka gagal berfungsi dan berkembang secara menyeluruh dan seimbang.

Bab 3

INDIVIDU ADALAH UNIK

3.1 Pengenalan

Kita mulakan perbincangan dengan membincangkan tentang corak dan prinsip-prinsip umum perkembangan individu sebelum bercerita tentang perbezaan individu, apa yang menyebabkan mereka berbeza dan bagaimana menanganinya. Tidak dinafikan sebagai seorang pendidik kita juga telah membina kemahiran-kemahiran psikologikal berpandukan kepada pengalaman secara langsung alam persekolahan yang pernah kita lalui. Pengalaman yang kita miliki itu memberi kelebihan kepada kita untuk melihat dan memahami mengapa perbezaan tersebut wujud dan bagaimana ianya boleh terbentuk.

Biasanya semasa kita mendidik, kita membawa bersama-sama kita pengetahuan dan pengalaman-pengalaman kita semasa di sekolah, masa kanak-kanak, kehidupan di rumah ke dalam proses pengajaran yang kita laksanakan. Secara disedari ataupun tidak disedari pengalaman dan pengetahuan sedia ada tersebut mempengaruhi cara mana kita mendidik, tindakan yang akan kita lakukan serta juga mempengaruhi cara mana kita bersikap. Di sinilah pentingnya kepada kita jika ingin meningkatkan kemahiran mendidik kita dengan membina kebiasaan umum yang baik dalam

37

diri kita seperti kejujuran, bersifat terbuka, sentiasa belajar dan sentiasa melakukan refleksi diri.

Sebagai pendidik kita tidak harus membentuk kebiasaan menerima dan melaksanakan apa-apa pernyataan dan andaian tentang alam persekolahan tanpa melakukan penilaian sendiri. Kita biasa mendengar kenyataan mengatakan anak lelaki lebih mudah dijaga

> *Pembelajaran sepanjang hayat adalah proses pencarian pengetahuan yang berterusan, dilakukan secara sukarela dan didorong oleh motivasi kendiri. Proses tersebut meliputi semua perkara, pelbagai tahap dan keadaan dan dilakukan sejak dari lahir hinggalah ke akhir hayat (Sumber: Fischer, 2000)*

berbanding anak perempuan, ataupun anak perempuan lebih banyak membantu berbanding anak lelaki. Begitu juga andaian lain yang biasa kita dengar di sekolah seperti "pelajar lelaki lebih pintar berbanding pelajar perempuan dalam mata pelajaran matematik", atau "pelajar perempuan lebih mahir berbanding pelajar lelaki dalam mata pelajaran sains" ataupun lain-lain andaian. Malahan banyak kajian telah menunjukkan bahawa andaian-andaian tersebut tidak selalu benar (rujuk Baron, 1998; Movis Anak Henry Manjat, 2006; Nora Mislan, 2006; Abdul Talib Naim, 2009; Farhati Jasim, 2010). Kajian Gardner (1983) berkenaan dengan kepintaran pelbagai juga menggambarkan proses pengujian saintifik untuk menentukan kepintaran individu perlu dilihat sebagai sesuatu kemungkinan berkenaan dengan potensi seseorang individu. Namun begitu sebagai pendidik kita perlu memanfaatkan pengujian saintifik tersebut untuk membolehkan kita menentukan apakah perbezaan-perbezaan yang wujud, kecenderungan apa yang anak-anak didik kita miliki supaya pemilihan apakah strategi pendidikan yang ingin kita amalkan lebih sesuai untuk mereka. Justeru kesediaan kita untuk mendapatkan pengetahuan dan kemahiran bagaimana pengujian-pengujian tersebut boleh dilakukan adalah kritikal kepada pemanfaatan ilmu ini (banyak buku dan panduan yang boleh diperolehi di pasaran yang boleh kita dapatkan sebagai bahan rujukan. Sebagai contoh lihat buku Barrett & Williams (1990), *Test Your Own Aptitude*. London; Kogan Page Limited).

Mungkin apa yang berlaku adalah kita kurang peka kepada apakah pengetahuan dan kemahiran-kemahiran yang kita perlukan semasa mendidik anak-anak didik kita sehingga budaya membaca amat sukar kita laksanakan. Apa yang boleh diperkatakan di sini adalah sebagai pendidik kita perlu mempunyai suatu sikap yang lebih objektif dan positif supaya ketidakmahiran kita mempengaruhi cara mana kita mendidik, membuat pertimbangan, membuat keputusan, pendekatan ataupun dalam tindakan kita. Kita seharusnya menilai dan membuktikan sendiri betapa pentingnya pengetahuan dan kemahiran mendidik kepada kita dan sebenarnya perlu dikuasai dengan pelbagai cara termasuklah melalui pemerhatian, penilaian kendiri, dan perbincangan secara lebih mendalam, baik dengan cara berbincang dengan rakan-rakan ataupun meningkatkan kefahaman kita melalui pembacaan dan perbincangan. Atau mungkin tidak keterlaluan kalau dikatakan kita melakukan penyelidikan sendiri berkenaan dengan kepentingan kemahiran mendidik anak-anak kepada kita.

Kita sukar mengenalpasti sebab-sebab mengapa seseorang individu itu cemerlang atau sebaliknya. Dalam satu keluarga contohnya, ada anak yang cemerlang dalam akademik, ada yang sederhana dan ada yang rendah walaupun mereka telah dididik dan dibesarkan dalam keluarga yang sama. Dalam konteks ini pakar-pakar psikologi pendidikan sendiripun sukar menentukan mengapa perbezaan tersebut berlaku secara tepat walaupun dengan  menggunakan alat-alat ujian psikologi tertentu. Ini kerana penilaian tentang kebolehan dan kepintaran serta pencapaian pelajar tidak boleh diandaikan kepada satu-satu faktor sahaja. Faktor-faktor seperti keturunan dan persekitaran sebenarnya adalah saling berkait dan berhubungan erat antara satu sama lain dalam mempengaruhi kebolehan dan kepintaran seseorang individu.

Petrill & Wilkerson (2000) menyimpulkan bahawa kebanyakan ahli-ahli psikologi bersetuju bahawa kepintaran dipengaruhi oleh kedua-dua aspek iaitu keturunan dan juga persekitaran. Justeru itu sebagai seorang pendidik kita seharusnya peka kepada aspek-aspek perbezaan tersebut kerana dengan kefahaman tentang maklumat tersebut kita akan dapat merancang pengajaran dan pembelajaran kita dengan lebih tepat dan berkesan. Ini kerana proses mendidik perlu dirancang secara sedar terlebih dahulu dengan baik dan teratur supaya kita tahu apa yang ingin disampaikan dan cara mana ianya perlu disampaikan. Ianya bukanlah suatu proses yang dilaksanakan tanpa disedari ataupun sesuatu yang tidak mempunyai matlamat dan ekspektasi yang jelas tetapi merupakan sesuatu yang bermatlamat dan disampaikan dengan jelas. Setelah itu barulah proses *peneguhan* dan *pengukuhan* boleh dilaksanakan.

Setelah kita menyedari tentang faktor-faktor utama yang mempengaruhi perbezaan individu kita berupaya menyediakan suatu suasana pengajaran dan pembelajaran yang bersesuaian dengan anak-anak didik kita. Salah satu kesilapan yang biasa kita lakukan ialah kecenderungan untuk melihat dan melabel pelajar kita sebagai "malas",

> *Peneguhan* bermakna suatu proses mengukuhkan tingkah laku dengan menggunakan kesan yang diperolehi daripada melakukan tingkah laku tersebut oleh individu supaya ianya sentiasa dilakukan. Proses peneguhan tersebut boleh dilakukan dengan dua cara iaitu secara positif dan secara negatif. **Peneguhan positif** berlaku bilamana tingkah laku tersebut diberikan kesan yang menyeronokkan. Manakala **peneguhan negatif** berlaku apabila tingkah laku yang dilakukan adalah kerana ingin mengelakkan sesuatu hukuman yang tidak menyeronokkan (akan dibincangkan lebih lanjut dalam bahagian teori pembelajaran)

"tidak pandai", "lemah", dan seumpamanya. Sikap ini sebenarnya boleh mempengaruhi cara mana kita bertindak dan berfikir terhadap pelajar kita. Setiap individu adalah unik dan berbeza antara satu dengan yang lain. Ada individu yang dikategorikan sebagai mempunyai keistimewaan kerana perkara-perkara yang dimilikinya seperti pandai, bijak, cemerlang, ataupun yang sebaliknya seperti lembam, bermasalah pembelajaran ataupun terencat akal. Pemberian label kepada individu-individu tertentu kadang kala boleh mendatangkan kesan sama ada positif ataupun negatif.

Dalam Islam kita dianjurkan untuk memberikan label yang baik kepada individu supaya ianya dapat meningkatkan konsep kendiri, estim kendiri dan serta memberi imej yang baik kepada mereka. Oleh itu tujuan dan matlamat memberikan label atau gelaran perlu dinilai semula sama ada bertujuan untuk sesuatu yang positif ataupun untuk sesuatu yang negatif atau memberikan stigma tertentu. Malah kita dilarang memberi label yang tidak elok kepada anak-anak didik kita. Dalam Al Quran surah Al Hujarat ayat 11 disebutkan oleh Allah SWT dengan jelas "Dan janganlah kamu panggil memanggil dengan gelar-gelar yang buruk." Dengan cara ini kita dapat membantu anak-anak didik kita terutamanya tentang keyakinan dan penghargaan kendiri mereka dalam proses pendidikan mereka. Justeru itu dalam usaha mendidik kita perlu berhati-hati semasa memberikan label kerana ianya mungkin boleh memberikan kesan "stigma" yang negatif jika tidak meningkatkan proses pendidikan individu berkenaan (Hardman, Drew & Egan, 2005)

Seperti kita ketahui, cara mana kita bertingkah laku adalah bersifat 'reciprocal', iaitu dipengaruhi oleh orang lain ataupun perkara-perkara lain. Dalam teori kognitif sosial, pengaruh persekitaran, faktor-faktor personal dan tingkah laku dilihat sebagai saling berinteraksi (lihat Bandura, 1997 dan Schunk, 2004). Memang diakui kesukaran-kesukaran yang dihadapi untuk memberi tumpuan kepada setiap individu pelajar setiap kali kita mengajar, terutamanya di kelas dan sekolah yang besar dan pelbagai latar belakang. Akan tetapi ianya tidak bermakna boleh melemahkan usaha kita untuk berbuat sesuatu yang terbaik untuk setiap individu pelajar kita. Setidak-tidaknya kita dapat membantu pelajar-pelajar kita untuk cemerlang dalam persekolahan mereka. Justeru itu sekiranya kita telah menyamaratakan dengan menganggap semua pelajar kita dalam kelas adalah sama, kita perlu menilai semula persepsi dan penilaian kita dengan mengambil kira perbezaan yang wujud di kalangan pelajar-pelajar kita.

Proses pendidikan di atas memberi gambaran bahawa meskipun anak didik kita diberikan pengajaran dan pengalaman yang sama, tahap pencapaian mereka akan berbeza-beza. Kadang kala berlaku di mana mereka akan mencapai tahap yang sama tetapi kebanyakannya setelah kita memberikan penerangan tambahan. Dua pendekatan yang biasa dilakukan adalah, kepada individu yang telah faham dan boleh mengikuti pelajaran dengan baik mereka diminta melakukan aktiviti tambahan sambil memberi ruang individu-individu lain yang agak perlahan untuk menyelesaikan aktiviti mereka dengan bimbingan kita. Setelah itu barulah mereka dapat meneruskan pembelajaran pada topik yang berikutnya. Hasilnya, akan kelihatan seolah-olah mereka akan mencapai tahap kefahaman yang sama tetapi hakikatnya terdapat individu yang akan mudah lupa apa yang dipelajarinya dan perlu mempelajarinya semula ataupun mengingatinya semula hanya kerana pendekatan pengajaran yang berasaskan pencapaian dan bukan kefahaman yang menyeluruh. Justeru sebagai pendidik kita perlu menyedari bahawa proses pendidikan merupakan proses yang panjang dan berterusan. Kita juga perlu maklum bahawa pendidikan tidak terhad kepada peperiksaan-peperiksaan tertentu seperti UPSR, PMR, SPM, STPM, ataupun Sarjana, tetapi meliputi keseluruhan hidup manusia itu sendiri. Implikasinya memerlukan kita untuk memainkan peranan yang lebih positif membimbing, mendidik, dan memberi tunjuk ajar tanpa rasa jemu dan putus asa.

Selain itu contoh yang baik perlu diberikan supaya mereka boleh melihat perkaitan yang jelas antara apa yang kita sampaikan dengan apa yang kita contohkan dalam perlakuan kita ("cakap mesti serupa bikin"). Nabi Muhammad SAW telah menyatakan dengan jelas iaitu percakapan (apa yang kita katakan) perlu selari dengan perbuatan (apa yang kita lakukan). Ini sesuai dengan apa yang dikatakan oleh Allah SWT di mana Dia amat menyukai hambaNya yang konsisten dalam percakapan dan tingkah lakunya. Albert Bandura (1977) telah membuktikan kebenaran ini dalam kajiannya tentang pembelajaran pemerhatian iaitu individu akan terpengaruh dengan apa yang dilihatnya. Pertentangan antara apa yang diajar dan dikatakan dengan

apa yang ditunjukkan atau didemonstrasikan akan hanya menyulitkan dan menyukarkan proses pemahaman dan pembelajaran anak-anak didik kita, kerana menimbulkan kekeliruan tersebut.

3.2 Perbezaan Individu

Tidak ada individu yang dilahirkan sama. Setiap individu mempunyai penampilan dan personaliti yang unik kepada diri mereka sendiri. Kecuali kepada kembar seiras yang mewarisi gen yang serupa, Allah SWT telah menunjukkan perbezaan antara individu dengan individu yang lain melalui pewarisan set genetik yang berbeza-beza oleh setiap individu. Satu contoh yang mudah dapat kita lihat di mana cap jari telah digunakan sebagai tanda pengenalan diri, yang membezakan diri seseorang dengan orang

yang lain! Manusia sejagat dibezakan dengan hanya melihat cap ibu jari yang kecil — maha suci Allah! Malah dalam pengajaran dan pembelajaran, perbezaan yang wujud tidak harus menjadi permasalahan tetapi perlu dilihat sebagai suatu kelebihan yang boleh digunakan untuk membantu proses pembelajaran pelajar.

Secara umumnya pertumbuhan dan perkembangan individu dipengaruhi oleh sekurang-kurangnya tiga perkara yang utama:

i.   Pengaruh genetik yang diwarisi
ii. Persekitaran di mana individu tersebut tinggal
iii. Tahap kesihatan individu berkenaan.

Sejak dilahirkan ketiga-tiga aspek di atas secara berterusan akan saling berhubungan untuk membentuk individu yang akan membezakan dirinya dengan orang lain, sekalipun dalam kalangan keluarga mereka. Perbincangan berikutnya akan melihat aspek perbezaan individu yang biasa ditemui sama ada di sekolah ataupun di rumah. Kefahaman tentang perbezaan ini sangat penting kepada keberkesanan pembelajaran seseorang individu secara keseluruhan.

3.2.1 *Faktor Keturunan*

Kanak-kanak dilahirkan akan mewarisi genetik kedua-dua ibubapanya. Secara fizikal kita akan dapat lihat bagaimana aspek-aspek seperti ketinggian, rambut, warna kulit dan seumpamanya diwariskan kepada anak-anak daripada ibubapanya.

Adalah diakui bahawa, faktor keturunan menyumbang kepada perbezaan kebolehan belajar setiap individu. Banyak kajian telah menunjukkan bahawa faktor keturunan juga mampu menentukan potensi pembelajaran seseorang inidividu sekiranya peluang-peluang untuk belajar dan berkembang tersedia. Oleh yang demikian, dapat dikatakan bahawa adalah sangat penting bagi kita sebagai seorang pendidik mengenalpasti perbezaan-perbezaan yang wujud di kalangan anak-anak didik kita. Dengan cara itu kita akan mampu menyediakan suatu suasana pembelajaran yang sesuai dengan mereka. Dengan lain perkataan, mereka akan dapat mengembangkan potensi mereka ke tahap yang optimum sesuai dengan tahap kebolehan masing-masing. Secara umumnya, kaedah pengajaran yang memerlukan individu bertanya dan mencari jawapan sendiri serta memperkembangkan pengalamannya baik dilakukan secara langsung ataupun tidak langsung melalui buku-buku rujukan, menyelesai masalah dan lain-lain aktiviti intelektual akan lebih berkesan berbanding dengan lain-lain kaedah yang bersifat tradisional. Dengan cara ini mereka akan sentiasa menggunakan seluruh kemampuan dan kebolehan intelektualnya. Justeru itu pengajaran yang member ruang kepada mereka untuk belajar dan berkembang mengikut kadar dan kebolehan masing-masing akan lebih berkesan berbanding pengajaran yang hanya menetapkan sesuatu kemahiran yang sama yang perlu dikuasai oleh setiap individu.

Keadaan ini membuktikan bahawa kebolehan mental individu dipengaruhi oleh faktor-faktor keturunan dan juga pengalaman dan peluang-peluang yang disediakan untuk berkembang sama ada di rumah ataupun di sekolah. Sebagai contoh, kita boleh lihat setengah-setengah individu lebih mampu dan berkecenderungan dalam menyelesaikan aktiviti-aktiviti yang berdasarkan perkataan dan bahasa, manakala ada sebahagiannya pula lebih berminat dan cenderung dalam aktiviti yang melibatkan nombor, bentuk, diagram, peta dan sebagainya. Kajian banyak menunjukkan bahawa di samping pengaruh keturunan, pengaruh lingkungan dan pendidikan juga berupaya mempengaruhi pertumbuhan dan perkembangan kebolehan seseorang individu. Ini bermakna perbezaan individu pelajar tidak boleh diketepikan begitu sahaja, kerana seperti yang dinyatakan pada bahagian terdahulu pendidikan yang mengambil kira perbezaan ini akan lebih berkesan dan berupaya mencungkil dan memperkembangkan potensi individu ke tahap yang optimum. Justeru adalah menjadi tanggungjawab kita untuk memastikan anak-anak didik kita selain daripada mempelajari subjek-subjek diajar, mereka juga diberi peluang untuk belajar membina kemahiran berfikir mengikut kemampuan masing-masing.

Hakikatnya, kita tidak berupaya atau tidak perlu mengubah personaliti asas individu. Apa yang perlu dilakukan adalah bagaimana kita boleh membantu mereka membentuk kebiasaan dan sikap yang positif yang membolehkan mereka memperkembangkan potensi diri dengan lebih berkesan dan menyeluruh. Ini bermakna, sebagai pendidik kita harus mengenali dan mengetahui setiap individu anak-anak didik kita seberapa cepat dan tepat yang boleh supaya kita dapat membantu mereka mengenali diri sendiri dan potensi yang mereka miliki. Sistem pendidikan formal, seperti juga di rumah dan masyarakat, sangat menyumbang kepada pembentukan peribadi inividu yang matang, berpersonaliti yang positif. Sebagai saluran untuk mendidik, sekolah sebenarnya berperanan penting dalam membantu individu pelajar menjadi insan yang berguna kepada masyarakat dan dalam masa yang sama mengawal personaliti-personaliti yang negatif dalam diri mereka supaya tidak berkembang. Justeru sebagai pendidik, kita berkemampuan untuk memahami keunikan setiap individu anak-anak didik kita serta peka dengan keperluan-keperluan yang mereka perlukan untuk menjadi insan yang berguna di dalam masyarakat.

3.2.2 *Faktor Persekitaran*

Sejak lahir, kita hidup dalam persekitaran yang berbeza dengan orang lain. Pengalaman-pengalaman melalui pengalaman berbeza ini sebenarnya menentukan cara mana kita berkembang. Setengah-setengah persekitaran meningkatkan lagi perbezaan di antara kita sehingga menjadikan ianya sukar untuk disamakan dengan orang lain. Mungkin kita masih ingat semasa kita belajar dahulu di mana ada ketikanya kita rasa tidak selesa buat kerja dalam kumpulan tertentu tetapi ada ketikanya kita rasa selesa apabila bekerja dengan kumpulan yang lainnya. Beberapa aspek persekitaran yang sangat berpengaruh dalam mempengaruhi perkembangan kita adalah seperti persekitaran di rumah, di sekolah, dalam masyarakat, budaya setempat dan juga sistem pendidikan.

Pengaruh keluarga termasuklah di mana kita tinggal (persekitaran tempat tinggal, siapa yang sebenarnya menjaga kita – pembantu rumah?), kasih sayang yang diberikan (cukup atau kurang), persekitaran yang sentiasa menggalakkan pembelajaran (kondusif atau tidak kondusif). Pengaruh budaya juga turut mempengaruhi perkembangan kita, agama dan kepercayaan yang kita anuti, amalan seharian merupakan contoh yang paling ketara dalam mempengaruhi perkembangan kita. Begitu juga aspek pendidikan yang kita lalui seperti jenis sekolah, budaya yang diamalkan, sikap terhadap pendidikan, tahap kepintaran, secara tidak langsung akan mempengaruhi perbezaan antara kita dengan orang lain. Jika dikaitkan dengan perkembangan anak-anak didik kita perkara yang hampir serupa boleh kita andaikan berlaku kepada mereka. Justeru kefahaman ini sangat penting terutamanya dalam memahami bagaimana pengaruh persekitaran mempengaruhi perkembangan mereka.

Faktor persekitaran terhadap perkembangan individu dapat dilihat dalam dua keadaan. Kedua-dua faktor tersebut merupakan faktor yang menambahkan lagi 'keseronokan' kita dalam mendidik anak-anak kita. Pertama, faktor yang mengurangkan dan kedua, faktor yang merangsang kepelbagaian individu.

Faktor yang mengurangkan kepelbagaian individu

Di sekolah, faktor ini dapat diwujudkan dengan mengenal pasti latar belakang keluarga yang hampir sama dari segi pendidikan, pekerjaan, pendapatan, budaya, agama, dan bangsa. Sekalipun perbezaan antara individu tetap wujud, persamaan-persamaan ini memudahkan kita sebagai pendidik mengajar dan merancang aktiviti pengajaran kita. Kedua, sistem pengurusan dan penetapan kelas pelajar di sekolah juga dapat membantu mengurangkan perbezaan di kalangan pelajar. Ketiga, sebagai pendidik kita juga dapat mengurangkan masalah perbezaan pelajar dengan melakukan aktiviti berkumpulan atau kelas berpandukan kepada persamaan yang wujud di kalangan pelajar.

Kajian-kajian juga menunjukkan bahawa apabila seseorang diajar dengan cara tradisional seperti hanya diajar dengan cara sehala dan kurang menekankan aspek kemahiran berfikir, mencari dan menggunakan imaginasi kendiri secara kreatif akan mengurangkan kepelbagain kebolehan individu pelajar. Akan tetapi sebaliknya apabila pelajar diajar dengan cara yang lebih demokratik, dengan member peluang yang luas kepada berfikir secara kreatif dan imaginatif, kendiri pelajar akan lebih berupaya membentuk pelajar dengan kebolehan yang berbeza. Ini juga akan membolehkan pelajar-pelajar dengan kebolehan semulajadi memperkembangkan potensi diri ke tahap yang lebih tinggi lagi. Kajian-kajian berkenaan dengan pengaruh strategi pengajaran terhadap prestasi dan perkembangan individu telah banyak dilakukan dan dibukukan (lihat Azilah Abdul Rahman, 2010; Suria Affendy Mohd Zain, 2002; Lim Wan Sin, 2003). Untuk lebih spesifik mungkin boleh dicadangkan pendekatan 'differentiated Instruction' oleh Tomlinson (2005). Pendekatan ini menjelaskan pentingnya kepelbagaian pendekatan pengajaran kerana mengambil kira kepelbagaian yang wujud dalam kalangan individu.

Begitu juga dengan kebolehan intelektual atau kerap disebut kepintaran. Banyak kajian membuktikan bahawa potensi kepintaran semulajadi akan gagal berkembang sekiranya pengajaran di sekolah kurang menekankan aspek kepelbagaian penyelesaian masalah di kalangan pelajar-pelajar (lihat Gardner & Hatch, 1989; Woolfolk, 2007). Justeru sebagai ibubapa kita perlu menyedari hakikat bahawa setiap anak-anak kita adalah berbeza. Mereka perlu dididik dan diajar serta dibimbing dengan menggunakan pendekatan yang bersesuaian dengan karakter dan personaliti mereka masing-masing. Kefahaman tentang ciri-ciri personaliti yang dimiliki oleh anak-anak kita akan memudahkan kita memperkembangkan potensi mereka ke tahap yang optimum. Kefahaman tentang kepintaran pelbagai oleh Gardner (1983) mengukuhkan lagi kenyataan yang telah disebutkan dalam Islam bahawa setiap individu dilahirkan beserta dengan pelbagai kebolehan dan kepintaran untuk membolehkan mereka hidup dan berdikari. Menjadi tugas kita pula sebagai pendidik untuk mengambil kira kepelbagaian tersebut supaya pendekatan pengajaran yang kita amalkan dapat memperkembangankan kepintaran-kepintaran tersebut.

Teori kepintaran pelbagai Gardner menerangkan tentang sekurang-kurangnya lapan kebolehan yang berbeza yang wujud dalam diri setiap individu iaitu matematik-logikal, linguistic (verbal), muzikal, spatial, kelenturan kinestetik, interpersonal (memahami orang lain), intrapersonal (memahami diri sendiri), dan naturalistic (mengamati dan memahami corak-corak semulajadi dan bukan semulajadi serta sistem-sistem yang wujud).

Faktor yang merangsang kepelbagaian individu

Antara faktor umum yang biasa ialah latar belakang keluarga, sekolah dan juga masyarakat. Sebagai contoh, setengah kanak-kanak mempunyai ibubapa yang prihatin seperti memberi tumpuan masa yang mencukupi, sentiasa berkomunikasi, berbincang serta membimbing dalam pelbagai permasalahan dan sentiasa mengambil berat tentang hal-hal pendidikan anak-anak mereka. Terdapat juga ibubapa yang mempunyai latar belakang yang hampir serupa tetapi kurang memberi tumpuan kepada perkembangan anak-anaknya. Mereka bukannya zalim atau tidak prihatin kepada perkembangan anak-anaknya tetapi kurang memahami peri pentingnya rangsangan intelektual kepada anak-anak semasa di rumah. Mungkin juga mereka lupa bahawa mendidik anak-anak merupakan tanggungjawab yang perlu dilaksanakan oleh setiap ibubapa. Dalam Islam dinyatakan dengan jelas bahawa anak-anak merupakan tanggungjawab setiap ibubapa (Abdullah Nashih Ulwan, 1990). Kepelbagaian kefahaman ini sebenarnya boleh meningkatkan perbezaan latar belakang dalam kalangan individu pelajar yang akhirnya akan mempengaruhi pencapaian akademik, pengetahuan yang akan diperolehi di sekolah dan juga kebolehan mengekspresi diri, bermotivasi dan juga minat terhadap sekolah. Justeru individu yang dibesarkan dengan rangsangan intelektual berkemungkinan akan lebih berjaya dalam alam persekolahannya. Kebenaran tentang tanggungjawab ibubapa terhadap anak-anak adalah jelas dan telah dibuktikan dalam banyak kajian seperti kajian Siti Fatimah (2009) yang telah menunjukkan pengaruh ibubapa terhadap pencapaian akademik pelajar. Sebab itu kita sering menyebutkan sekiranya seorang kanak-kanak itu bertingkah laku yang tidak sesuai seperti kasar dan biadap kita akan terus mengaitkan tingkah laku tersebut dengan ibubapanya! Seperti yang disebut kebanyakan orang 'like father like son.'

Selain itu saiz dan gaya di dalam keluarga juga diakui memainkan peranan dalam meningkatkan perbezaan di kalangan pelajar. Pendekatan di dalam keluarga juga sangat menentukan sama ada mereka mengamalkan pendekatan keluarga tradisional ataupun keluarga moden. Bagi kanak-kanak yang membesar dalam kalangan keluarga tradisional dan besar, peluang untuk bergaul dan berkomunikasi dengan orang yang lebih dewasa (abang, kakak, pak cik, mak cik dan sebagainya) akan terbuka luas. Mereka juga berpeluang mempelajari konsep tanggungjawab khususnya dalam hubungannya dengan adik-adik atau kanak-kanak yang lebih muda daripadanya. Manakala bagi kanak-kanak yang berasal daripada keluarga kecil, peluang untuk mempelajari kemahiran-kemahiran tadi semakin minimum, apatah lagi bagi kanak-kanak yang merupakan anak tunggal ataupun ibubapa yang telah bercerai. Kajian berkenaan keluarga yang bercerai menunjukkan kesan negatif seperti sukar tidur, masalah penyesuaian cara hidup yang baru dan seumpamanya (Woolfolk, 2007).

Walaupun begitu tidak dinafikan ada juga kanak-kanak yang berkembang menjadi orang yang lebih bertanggungjawab dan berjaya (Berk, 2005; Hetherington & Kelly, 2002). Sebagai perbandingan mungkin boleh saya kongsikan pengalaman peribadi saya melihat anak-anak yang berkembang dalam keluarga yang bercerai. Apa yang saya lihat perkembangan mereka lebih tidak terarah dan sukar. Keadaan menjadi bertambah buruk apabila antara ibu dan bapa cenderung untuk saling menyalahkan antara satu sama lain sehingga mengakibatkan kanak-kanak tersebut berada di dalam dilema. Kesannya sekarang ini saya dapati mereka menjadi tidak cemerlang dalam akademik. Perhubungan-perhubungan dan pengalaman-pengalaman yang di alami oleh kanak-kanak inilah yang akhirnya akan meningkatkan lagi perbezaan di kalangan mereka. Justeru itu dalam Islam walaupun dibenarkan perceraian adalah sesuatu yang tidak disukai oleh Allah SWT.

Sebagai pendidik, sikap kita terhadap tanggungjawab membesarkan anak-anak memberikan kesan kepada kepelbagaian anak-anak didik kita. Kajian-kajian juga telah menunjukkan bahawa terdapat hubungan yang kuat antara perkembangan individu pelajar di sekolah dengan bahasa yang diamalkan di rumah. Namun begitu, dewasa ini kesedaran tentang pentingnya pengaruh bahasa di rumah dengan pencapaian di sekolah semakin ketara di kalangan ibubapa (rujuk Anita Woolfolk, 2007, dalam aspek *Kepelbagaian Dalam Bahasa*). Mereka sudah mula memberikan rangsangan-rangsangan intelektual kepada anak-anak mereka dengan lebih teratur.

Bagi negara kita Malaysia yang mempunyai kepelbagaian kaum yang sentiasa mengamalkan budaya, bahasa dan agama yang berbeza memerlukan kefahaman yang lebih mendalam lagi. Dua perkara pokok yang perlu difahami oleh semua orang adalah pertama, bahasa sebagai bahasa ibunda, kedua, bahasa sebagai alat perpaduan. Sebagai ibubapa ataupun pendidik kita perlu memastikan anak-anak kita berpeluang melalui proses penguasaan bahasa Malaysia dengan lebih luas lagi supaya dapat memudahkan proses pengajaran dan pembelajaran di sekolah. Malah keperluan berbahasa Malaysia akan membolehkan kehidupan seharian dilalui dengan lebih harmoni terutamanya selepas zaman persekolahan. Kajian-kajian yang dilakukan oleh Revinathan (1995), Zulaikha Mohamad (2001), dan Suraya Saleh (2003) menunjukkan kesan bahasa kepada proses pengajaran dan pembelajaran yang lebih efektif dan efisien.

Faktor budaya dan ekspektasi yang kita wujudkan dalam keluarga juga sedikit sebanyak mempengaruhi sifat-sifat anak-anak didik kita di sekolah. Mereka yang dididik secara tradisional kurang bebas dalam berbincang dan memberi pendapat di rumah dikatakan akan melahirkan individu yang pasif, sentiasa menanti arahan guru dan bersikap malu-malu. Manakala individu yang kita besarkan dalam suasana terbuka yang merangsang pertumbuhan secara optimum berkemungkinan membentuk individu yang mempunyai keyakinan diri, berani mengeluarkan pendapat dan bertanya, dan mereka ini biasanya lebih menonjolkan sifat 'ekstrovert'.

Secara umumnya, faktor persekitaran mempengaruhi pencapaian di sekolah dan juga perkembangan individu. Suatu perkara yang perlu difahami oleh kita sebagai pendidik adalah setiap individu yang kita ajar mempunyai kepelbagaian karakter dan personaliti kesan daripada pengaruh-pengaruh seperti personal keluarga serta persekitaran seperti latar belakang masyarakat, pengalaman-pengalaman yang dialami di mana mereka tinggal.

3.2.3 *Faktor Kesihatan*

Kesihatan berkaitan dengan fizikal dan emosional. Kesihatan yang baik membantu anak-anak didik kita berkembang dengan baik. Beberapa faktor yang mempengaruhi tahap kesihatan individu termasuklah pemakanan, penyakit, latihan, stress, dan situasi kita sendiri sebagai pendidik.

Aspek pemakanan sangat penting dalam mempangaruhi perkembangan individu. Kekurangan zat makanan atau pemakanan yang tidak seimbang akan mempengaruhi proses pertumbuhan individu. Sebagai pendidik kita perlu memahami apakah yang dimaksudkan dengan pemakanan yang sihat dan seimbang. Sebab itu dalam Islam dianjurkan kepada kita untuk mengambil pemakanan yang sihat dan halal pula. Malah Islam sendiri menghendaki umatnya supaya sentiasa bekerja keras demi mengelakkan kemiskinan. Kemiskinan akan menyebabkan kita tidak dapat menyediakan atau mengamalkan pemakanan yang sihat. Sehingga suatu peringkat dinyatakan bahawa "kemiskinan boleh menjuruskan kita kepada kekufuran!"

Pertumbuhan otak contohnya adalah sangat cepat dan pantas semasa di akhir kandungan dan juga sekitar tiga tahun pertama perkembangan bayi. Kekurangan zat makanan ataupun pemakanan yang tidak seimbang akan menjejaskan tahap kesihatan dan perkembangan serta kepintaran otak individu. Kajian Abdul Aziz Yapak (2007) berkenaan dengan rancangan makanan tambahan di sekolah mendapati kualiti makanan yang disediakan memberi kesan kepada minat dan motivasi pelajar untuk mengambil makanan tersebut. Ini memberi makna bahawa keperluan untuk memastikan kanak-kanak mengambil makanan yang mencukupi juga dipengaruhi oleh kualiti makanan yang diberikan. Perlu dinyatakan bahawa tidak semua makanan yang digemari adalah baik untuk pertumbuhan. Sebagai contoh adalah 'makanan segera' yang sememangnya menarik perhatian kanak-kanak untuk memakannya tetapi perlu dipastikan kadar khasiat dan kesihatannya. Selain itu pemakanan yang tidak seimbang juga akan mewujudkan lain-lain keadaan yang berkaitan dengan kesihatan seperti obesiti dan lain-lain penyakit kronik. Kajian Mohd Rozikin Mohd Mokhtar (2008) mendapati ada pengaruh amalan pemakanan terhadap berat badan individu.

Aspek penyakit pula perlu kita tangani dengan serius dan berhati-hati. Penyakit kronik yang dihidapi secara berterusan dan tidak ditangani secara serius akan hanya mempengaruhi proses perkembangan individu. Permasalahan yang dihadapi juga secara tidak langsung akan mempengaruhi tahap emosional dan psikologikal anak-anak didik kita, seperti tahap keyakinan diri, konsep kendiri dan juga penghargaan kendiri mereka secara keseluruhannya.

Penggalakkan aktiviti latihan jasmani pula akan memastikan kekuatan dan kesihatan otot-otot jasmani. Malah kegiatan jasmani yang konsisten dan berterusan membantu meningkatkan metabolisme dalam badan yang seterusnya akan melancarkan peredaran darah, membentuk otak yang cerdas serta mengekalkan ketahanan badan berada pada tahap tertinggi. Akan tetapi, kegagalan untuk melakukan aktiviti jasmani yang baik dan konsisten akan mewujudkan fizikal yang kurang cergas, kurang sihat, banyak lemah dan akhirnya akan mengundang penyakit-penyakit kronik. Namun begitu kalau dilihat dalam perspektif jenis aktiviti fizikal yang dilakukan kita perlu memastikan supaya ianya tidak mendatangkan keburukan. Ada ketikanya aktiviti fizikal yang berlebihan dan terlalu kerap akan menyebabkan kanak-kanak tersebut berasa letih dan ini menyebabkan masa untuk belajar menjadi terganggu. Keadaan akan berbeza sekiranya kanak-kanak itu sememangnya dihasratkan untuk menjadi seorang atlit sebenar yang memerlukan latihan-latihan khusus. Oleh itu sebagai pendidik kita bukan sahaja perlu mendidik anak-anak didik kita kepada aktiviti fizikal yang sihat tetapi juga perlu menunjukkan kepada mereka pengamalan latihan jasmani yang konsisten dalam kehidupan seharian kita. Contoh yang baik berserta dengan penyampaian maklumat yang jelas akan cenderung mempengaruhi anak-anak didik kita untuk mengamalkan kehidupan yang sihat.

Centers for Disease Control and Prevention di Atlanta, USA dalam laman webnya menyenaraikan 8 faedah daripada aktiviti fizikal secara berterusan iaitu dapat mengawal berat badan, mengurangkan risiko penyakit kardiovaskular, mengurangkan risiko beberapa penyakit kanser, menguatkan tulan dan otot, meningkatkan tahap kesihatan mental dan mood, meningkatkan keupayaan melakukan aktiviti seharian dan meningkatkan peluang untuk hidup lebih lama (diperolehi pada 18 Mei 2014 from: http://www.cde.gov/ physicalactivity/ everyone/health/index.html). Dapatan ini selari dengan apa yang disebutkan dalam Islam bahawa bersukan adalah digalakkan dan ia dapat menjadikan tubuh badan sihat. Ini penting terutamanya semasa kita menjalani kehidupan sehari-hari termasuklah untuk beribadah. Justeru itu usaha untuk menjaga kesihatan melalui aktiviti fizikal secara konsisten adalah dianjurkan supaya peluang untuk kita beribadah dengan lebih efektif dapat kita lakukan. Malah aktiviti fizikal ini telahpun dicontohkan oleh Rasulullah SAW melalui aktiviti-aktiviti berkuda, memanah dan berlari yang baginda lakukan.

Salah satu permasalahan yang biasa kita hadapi adalah masalah stress. Dahulu orang melihat stress sebagai fenomena biasa yang dihadapi oleh semua orang dewasa. Namun sekarang ini sudah ada kajian-kajian yang menunjukkan bahawa stress tidak sahaja dihadapi oleh orang dewasa tetapi juga telah dihadapi oleh kanak-kanak! Jangan terperanjat bila kita katakan bahawa harapan dan desakan yang tinggi dan tidak realistik daripada ibubapa atau guru kadang-kadang boleh memberikan tekanan kepada anak-anak didik kita yang seterusnya menyebabkan mereka stress. Justeru itu dapat dikatakan keadaan stress boleh mempengaruhi perkembangan anak didik kita jika tidak ditangani secara betul. Personaliti yang positif akan hanya terbentuk sekiranya mereka dibesarkan dalam suasana yang sihat dan positif. Justeru kewujudan stress dalam diri anak didik kita akan hanya membentuk petanda-petanda seperti ketidakceriaan, murung, bimbang, kesunyian, atau lain-lain petanda yang tidak baik. Kajian Khadijah Anisah Ramli (2001) berkenaan dengan stress mendapati perkaitan yang erat antara stress dengan tahap pencapaian pelajar. Justeru tahap stress yang rendah mempengaruhi tahap kesihatan mental pelajar.

Terdapat juga bukti yang menunjukkan ibubapa yang merokok dan meminum minuman keras akan mempengaruhi perkembangan individu anak-anak yang dilahirkan. Pendedahan secara berterusan anak didik kita kepada asap rokok dan minuman keras secara tidak langsung akan mempengaruhi perkembangan individu mereka. Mereka dikatakan cenderung untuk mendapat penyakit kronik seperti kanser. Dalam satu laporan berkenaan gaya hidup sihat didapati bahawa merokok boleh memberi kesan kepada kesihatan manusia antaranya seperti sistem pernafasan, sistem perkumuhan, sistem imun, sistem otot, organ seksual, keseluruhan badan dan bayi (diperolehi pada 18 Mei 2014 daripada: www.betterhealth.vic.au/).

Usaha kerajaan yang melarang kita untuk merokok dan meminum minuman keras adalah bertepatan terutamanya di khalayak ramai secara tidak langsung dapat mengurangkan aktiviti tersebut. Malahan dalam Islam sendiri ada ulamak yang meletakkan hukum haram kepada aktiviti merokok, iaitu dengan melihat kesan yang ditimbulkan. Di sini dikemukakan 2 fakta yang menunjukkan tentang mudharat meminum minuman keras dan menghisap rokok sehingga dikategorikan sebagai haram. Daripada Ibnu Umar dinyatakan bahawa Rasulullah SAW bersabda, "Setiap yang memabukkan adalah khamar dan setiap khamar adalah haram" (HR Muslim). Hadis ini mengukuhkan lagi pernyataan yang disebutkan dalam Al Quran di mana Allah SWT dengan jelas menyatakan "Janganlah kamu sengaja mencampakkan diri kamu ke dalam bahaya kebinasaan" (QS 2: 195). Dengan lain perkataan laporan perubatan yang dihasilkan adalah mengukuhkan lagi hokum yang telah Allah tetapkan supaya dapat kita jadikan panduan dan amalan.

Namun begitu sebagai pendidik kita tidak seharusnya lupa untuk melihat dan memahami secara mendalam latar belakang anak-anak didik kita. Sebagai contoh, kita mungkin tidak menyedari akan kesusahan yang dialami oleh mereka seperti tinggal di dalam keluarga besar yang tidak selesa, tidak mengamalkan secara sempurna budaya keagamaan, tidak ada budaya pendidikan yang positif, dan tiada perasaan tanggungjawab. Faktor ini seharusnya kita ambil kira secara serius, kerana ianya mampu mempengaruhi personaliti dan sikap mereka terhadap sekolah dan pendidikan serta dalam perhubungannya dengan orang lain. Sebagai pendidik kita seharusnya berupaya menyesuaikan diri dengan situasi dan kondisi di mana kita berada termasuklah di mana kita ditempatkan mengajar. Melalui pengenalan dan pemahaman mendalam terutamanya tentang anak-anak didik kita yang kita ajar, kita akan berupaya merasakan diri kita sebagai sebahagian daripada institusi pendidikan dan faham akan keperluan-keperluan anak-anak didik kita.

Secara ringkas, perkembangan individu mempunyai beberapa falsafah tersendiri yang meliputi aspek-aspek seperti berikut:

i. Perkembangan adalah bersifat pelbagai dimensi mencakupi aspek-aspek seperti fizikal, kognitif, emosional dan sosial.

ii. Perkembangan dipengaruhi oleh tiga aspek utama iaitu keturunan, persekitaran, dan kesihatan.

iii. Perkembangan menggambarkan kesinambungan dan ketidaksinambungan. Oleh keranan perkembangan bersifat gradual, ianya boleh dilihat sebagai berterusan atau tidak berterusan. Berterusan bermakna proses perkembangan mengikut tahap yang saling berhubungan antara satu tahap perkembangan dengan tahap perkembangan yang lain. Manakala tidak berterusan lebih melihat kepada tahap-tahap sebagai suatu proses yang berasingan di mana setiap tahap akan selesai dan terhenti sebelum memasuki tahap yang selanjutnya.

iv. Perkembangan adalah bersifat kumulatif. Pendidikan dan pengalaman yang dilalui sejak daripada lahir akan dikumpul menjadi satu rantaian maklumat yang saling berkait yang unik dan bermakna dalam hidup setiap individu.

v. Perkembangan menggambarkan kestabilan dan perubahan. Perubahan berlaku secara berterusan dalam hidup (Sroufe, Engeland & Kruetzer, 1990). Pakar-pakar psikologi berpendapat bahawa terdapat personality dalam diri individu yang kekal, tetapi akan berubah dari semasa kesemasa dari segi ciri-cirinya sesuai dengan proses perkembangan dan pengalaman yang dilalui sejak kecil.

vi. Perkembangan adalah pelbagai. Setiap elemen dalam diri individu akan berkembang mengikut tahap kematangan dan proses pengalaman yang dilalui oleh mereka.

vii. Perkembangan kadang kala bersifat kitaran dan berulang. Ada kalanya sesuatu tingkah laku atau pengalaman dipelajari dan dialami secar berulangkali mengikut tahap dan konteks yang berbeza.

viii. Perkembangan menggambarkan perbezaan individu. Setiap individu berbeza dari segi tahap kematangan dan kemahiran yang dimiliki.

ix. Perkembangan menggambarkan perbezaan budaya. Perbezaan budaya mempengaruhi perkembangan individu (Julian, McKenry & McKelvey, 1994).

x. Pengaruh-pengaruh perkembangan adalah secara timbal balik ("reciprocal"). Pengaruh perkembangan tidak sahaja datang daripada persekitaran dan orang-orang yang di sekitar, tetapi juga daripada individu yang dalam proses perkembangan (Scarr, 1992).

Oleh yang demikian, sebagai pendidik kita perlu maklum dan memahami falsafah pendidikan dan perkembangan yang wujud supaya memudahkan proses pendidikan anak-anak didik kita secara keseluruhan. Setiap individu perlu dididik berdasarkan kepada kecenderungan dan personaliti mereka masing-masing. Kepelbagaian yang wujud antara mereka seharusnya tidak dijadikan sebagai satu masalah semasa mendidik kerana ia sebenarnya memberikan 'rencah' yang lebih menarik dan mencabar kepada proses pendidikan yang kita laksanakan.

3.3 Penutup

Jelas kepada kita bahawa perkembangan individu memberi makna yang unik kepada proses pendidikan. Apa yang perlu kita fahami adalah setiap individu berkembang mengikut 'acuan' dia masing-masing sehingga menyebabkan ia berbeza antara satu individu dengan individu yang lain. Sebagai pendidik, perbezaan yang wujud seharusnya tidak dijadikan sebagai suatu permasalahan yang besar sehingga sukar untuk dilaksanakan proses pendidikan, tetapi ia hendaklah dianggap sebagai satu cabaran yang perlu dihadapi dan ditangani. Kadang-kadang perbezaan tersebut memberikan lebih cabaran dan 'keseronokan' dalam mendidik kerana ia sentiasa memberi kelainan. Justeru keunikan yang wujud dalam setiap individu memerlukan kita untuk sentiasa memikirkan pendekatan dan strategi yang unik pula semasa mendidik mereka.

Bab 4

INDIVIDU DAN PENDIDIKAN

4.1 Pengenalan

Sebagai seorang pendidik kita berperanan membentuk anak-anak didik kita ke tahap tertinggi yang boleh. Sekolah dan sistem pendidikan dalam hubungan ini perlu menyediakan sarana dan persekitaran yang kondusif bagi membolehkan perkembangan individu berlaku. Justeru kefahaman kita berkenaan perbezaan dan persamaan setiap anak didik kita adalah sangat berguna kepada perkembangan diri mereka dan juga dalam hubungannya dengan orang lain. Dalam hidup bermasyarakat kepintaran dan kebolehan yang berbeza-beza pada setiap individu sebenarnya sangat penting keranan mereka adalah saling memerlukan antara satu sama lain. Peranan kita di sini adalah untuk mengenalpasti dan memahami serta menyeimbangkan perbezaan dan persamaan yang wujud tersebut melalui pengajaran dan pembelajaran yang terancang yang membolehkan mereka berkembang, belajar dan akhirnya menjadi insan yang berguna kepada masyarakat, agama, bangsa dan negara (rujuk Falsafah Pendidikan Kebangsaan). Bab ini boleh dianggap sebagai penghantar kepada tajuk-tajuk seterusnya yang lebih spesifik seperti perkembangan individu dan hubungannya dengan proses pendidikan.

4.2 Perkembangan Manusia Secara Umum

Adalah sesuatu yang menarik kerana perkembangan manusia secara umumnya berlaku dalam corak yang hampir sama. Setiap orang akan melalui proses perkembangan yang sama seperti belajar berjalan dan bercakap, memerhati, mendengar, belajar dan seterusnya membina gaya berjalan dan bercakap sendiri. Begitu juga dalam contoh-contoh lain seperti belajar membaca dan menulis. Namun demikian seperti yang telah dibincangkan, tahap dan perkembangan yang berlaku adalah bagi setiap orang bergantung kepada kebolehan semulajadi dan juga peluang-peluang pendidikan yang terdapat di dalam lingkungan di mana mereka berada.

Allah SWT. telah menentukan setiap orang akan melalui proses yang sama, dilahirkan, membesar, remaja, dan dewasa. Pencapaian umur akil baligh umpamanya akan dialami oleh setiap individu lelaki dan perempuan sekitar usia 9 – 15 tahun. Umur akil baligh pada dasarnya ditetapkan berdasarkan umur kebiasaan kanak-kanak melaluinya. Situasi ini dilalui oleh setiap individu normal di mana dikatakan mereka mencapai kematangan seksual dan berkeupayaan untuk memperoleh keturunan. Adams, Day, Dyk dan Frede (1992) menyebutkan kematangan ini biasanya disertai bukan sahaja secara biological tetapi juga secara psikologikal dan juga social. Walaupun begitu perubahan-perubahan tersebut yang berlaku agak secara tiba-tiba hingga menyebabkan kanak-kanak tersebut mengalami masalah penyesuaian diri. Perubahan ketara tersebut kadang-kadang memberikan tekanan kepada kanak-kanak tersebut terutamanya sekiranya bimbingan daripada orang yang lebih dewasa seperti ibubapa dan guru-guru tidak diperolehi. Secara saintifik faktor-faktor seperti keturunan, persekitaran, pemakanan dan kesihatan akan mempengaruhi lambat atau cepatnya perkembangan seseorang individu. Menjadi tugas kita sebenarnya membantu proses penyesuaian diri anak-anak didik kita supaya mereka boleh melaluinya dengan berkesan dan tidak banyak masalah.

Proses serupa juga berlaku dalam perkembangan kebolehan kognitif individu yang akan dibincangkan dengan lebih mendalam bab yang lain. Namun satu persoalan yang agak menarik untuk difikirkan di sini adalah bagaimana kita mengambil kira faktor-faktor pengaruh perkembangan diri individu seperti yang terlihat dalam dua kes berikut:

i. Adiputra – seorang kanak-kanak yang dinilai pintar dalam matematik yang melepasi batas usia kronologinya (andaian pengaruh keturunan?)

ii. Nor Amalina – pelajar yang bersekolah di sekolah harian biasa dan tidak dikategorikan sebagai sekolah utama mampu mencapai keputusan SPM dengan cemerlang, melepasi andaian-andaian terdahulu tentang jenis sekolah dan kaitannya dengan pencapaian (andaian pengaruh persekitaran?)

Seperkara yang pasti ialah kita sukar untuk memisahkan antara pengaruh keturunan dengan pengaruh persekitaran dan juga kesihatan dalam menggalakkan pertumbuhan kognitif individu. Berdasarkan kajian-kajian yang pernah dilakukan (rujuk Steven Pinker, 2004), ahli-ahli psikologi lebih cenderung membincangkan bagaimana pengaruh keturunan dan persekitaran saling mempengaruhi perkembangan diri seseorang individu dan bukan yang mana lebih dominan. Justeru itu sebagai pendidik sekiranya kita mampu mengenalpasti dan faham corak-corak pertumbuhan individu, kita akan lebih mampu untuk merancang aktiviti-aktiviti pengajaran dan pembelajaran yang sesuai dengan kebolehan sedia ada anak-anak didik kita serta memanfaatkan potensi-potensi sedia ada mereka.

Dalam konteks sekolah, biasanya pengelompokkan atau pengkelasan pelajar-pelajar di sekolah dilakukan berdasarkan aspek-aspek tertentu, terutamanya pencapaian ujian. Walaupun pengkelasan berdasarkan pencapaian ujian tidak menjamin persamaan kebolehan pelajar berlaku sepenuhnya, usaha ini setidak-tidaknya boleh membantu kita mengenalpasti kebolehan-kebolehan anak-anak didik kita. Ini akan membolehkan pengajaran kita dilakukan dengan lebih mudah dan terancang. Manakala di rumah kita kerap "terperangkap" dengan membezakan anak-anak kita ke dalam "kelas-kelas" tertentu seperti pencapaian dalam akademik, sikap, kecenderungan dan seumpamanya. Namun begitu pengkelasan yang kita lakukan di rumah biasanya tidak berlandaskan matlamat dan rasional yang jelas. Ibu atau bapa kadang kala cenderung untuk menyayangi atau melayani seseorang anak lebih sedikir berbanding anak yang lain. Sebagai manusia biasa keadaan ini agak sukar untuk dihilangkan terutamanya apabila ada di antara anak-anak kita yang pandai mengambil hati, lebih mudah dididik ataupun yang cemerlang dalam akademik. Samada disedari ataupun tidak sikap dan perasaan kita terhadap anak-anak kita kadang kala dipengaruhi oleh faktor-faktor sedemikian.

Selain itu, kriteria pengkelasan individu di sekolah biasanya dilakukan berdasarkan kepada umur. Ini berdasarkan kepada andaian bahawa pengelompokkan mengikut umur akan membolehkan perkembangan keperluan yang sama diperolehi atau diwujudkan. Dengan lain perkataan, ianya akan mengurangkan jurang perbezaan di antara anak-anak didik kita serta memudahkan proses pengajaran dan pembelajaran. Namun begitu kita tidak perlu terlalu mengambil kira perbezaan kebolehan individu hanya berdasarkan umur semata-mata. Banyak kajian yang dijalankan (rujuk kajian Piaget (1979) berkenaan dengan perbezaan tahap perkembangan kognitif individu) menunjukkan perbezaan umur tidak boleh dijadikan sebagai batasan yang tepat. Adakalanya kanak-kanak yang lebih rendah umurnya tetapi telah mempunyai kebolehan yang sama dengan kanak-kanak yang lebih tinggi umurnya (rujuk kes Adiputra – kanak-kanak genius matematik). Oleh itu sebagai pendidik kita perlu lakukan apa-apa sahaja aktiviti atau latihan yang sesuai untuk mengenalpasti dan memastikan sama ada andaian kita tentang penggunaan umur sebagai kaedah pemilihan dan pengelompokkan pelajar adalah bersesuaian. Justeru pengetahuan psikologi dapat membantu kita memastikan sama ada kaedah pemilihan tersebut adalah yang terbaik ataupun mungkin terdapat lain-lain kaedah yang lebih sesuai dalam menangani masalah perbezaan individu anak-anak didik kita.

Kemungkinan besar, pemilihan kelas di sekolah dilakukan berdasarkan kepada umur kronologikal. Ini adalah berdasarkan kepada andaian bahawa kebanyakan pelajar akan melalui tahap perkembangan diri dalam masa dan turutan yang lebih kurang sama. Andaian ini mungkin ada benarnya akan tetapi masih bersifat umum. Sungguhpun terdapat persamaan-persamaan yang ketara, perbezaan tetap wujud berdasarkan kepada faktor-faktor keturunan, lingkungan dan kesihatan. Lagipun Allah SWT telah menjadikan individu manusia sebagai unik mengikut keunikannya masing-masing.

Kita boleh menerima pakai penggunaan umur kronologi sebagai yang paling praktikal dan sesuai. Akan tetapi kita tidak harus mengandaikan bahawa setiap individu akan berkembang dan belajar pada kadar dan corak masa yang sama. Pengetahuan psikologi sekali lagi berperanan memberikan panduan tentang perbezaan-perbezaan yang wujud di kalangan anak-anak didik kita. Suatu perkara yang jelas di sini ialah semakin berusia mereka itu semakin meningkatlah perbezaan yang wujud dan semakin kurang berkesanlah penggunaan umur kronologi dalam pengelompokkan dan pengkelasan individu. Kajian-kajian tentang pengaruh persekitaran banyak dilakukan untuk melihat bagaimana ia mempengaruhi perkembangan individu. Kajian Tan Kui Ngor (2006) menunjukkan persekitaran mempengaruhi perkembangan disiplin individu. Begitu juga kajian Mohd Noor Awang (2002) yang menunjukkan pengaruh persekitaran terhadap pencapaian pelajar. Malah dalam aspek perkembangan diri secara peribadi juga menunjukkan pengaruh yang kuat (lihat kajian Shemala Devi Doraisamy, 2011). Ini bermakna, dalam menentukan tahap kebolehan anak-anak didik kita, kita perlu mengambil kira semua aspek termasuklah aspek keturunan dan juga aspek persekitaran.

Kaedah lain yang sering digunakan ialah pengkelasan berdasarkan tahap pencapaian lalu. Kaedah ini mengambil kira rekod pencapaian lalu sebelum dikelompokkan mengikut 'streaming'. Kaedah ini juga mengandaikan bahawa individu pelajar itu akan meneruskan kecemerlangan belajar yang lalu. Sekiranya mereka menganggap belajar itu sesuatu yang mudah, menyeronokkan dan mampu menunjukkan prestasi yang tinggi mereka juga diandaikan akan mampu mengekalkan keadaan tersebut secara berterusan. Sebaliknya, jika mereka beranggapan bahawa belajar itu sesuatu yang sukar, tidak menyeronokkan dan gagal menunjukkan prestasi yang baik, mereka akan diandaikan berkeadaan demikian sekalipun kaedah dan subjek yang dipelajari berubah. Kaedah ini tidak mengambil kira bahawa ada kemungkinan pelajar yang berkembang terlalu cepat sehingga melangkaui batas umur dan kematangan yang seharusnya mereka berada ketika itu (seperti contoh yang ditunjukkan oleh Adiputra). Keadaan yang sama juga berlaku kepada pelajar yang agak perlahan, kerana ada kemungkinan mereka perlahan pada ketika itu tetapi akan berkembang dengan cepat selepas itu. Keadaan ini mengakibatkan wujud kecenderungan di kalangan kita para pendidik untuk menganggap bahawa perbezaan antara individu dalam kelas 'streaming' adalah kecil dan kadangkala melupakannya sama sekali. Justeru itu, adalah penting kepada kita untuk sentiasa peka dan meneliti perkembangan anak-anak didik kita dari semasa ke semasa tanpa terlalu berdasarkan kepada pencapaian lalu mereka.

Namun begitu ada kalanya pemilihan dan pengkelasan pelajar berdasarkan 'streaming' sangat berkesan. Nor Amalina umpamanya merupakan pelajar paling cemerlang pernah dicatatkan dalam pendidikan negara dalam peperiksaan SPM iaitu dengan mendapat 17A1 pada tahun 2005. Sekarang ini dikatakan akan menyelesaikan pelajaran perubatannya pada tahun 2013.. Ini menggambarkan yang andaian bahawa keputusan pencapaian akademik yang lalu masih dapat dijadikan sebagai sandaran untuk menentukan kejayaan atau kegagalan seseorang individu dalam pendidikan. Namun begitu, apabila bercerita tentang perkembangan individu, tidak seharusnya dilihat daripada aspek pencapaian akademik semata-mata. Sebagai individu, pelajar perlu dididik dan dinilai berdasarkan semua aspek. Perlu diingat bahawa matlamat FPK adalah mewujudkan individu yang seimbang dan pembelajaran itu sendiri merupakan proses yang berterusan sepanjang hayat.

Sebagai kesimpulan dapatlah dikatakan bahawa pengamalan pendidikan kita cenderung berdasarkan kepada andaian sahaja iaitu tentang sifat semula jadi individu pelajar dan bagaimana mereka berkembang dan belajar. Dua andaian utama dapat dikenalpasti. Pertama, terdapat suatu corak perkembangan individu yang umum bagi semua individu yang membolehkan mereka diajar, dididik berkenaan dengan pelajaran yang serupa dan dalam masa yang sama. Kedua, penggunaan pencapaian lepas individu diandaikan sangat membantu dalam usaha menentukan dan mengharapkan hasil pendidikan yang akan datang. Justeru itu, sebagai pendidik kita perlu membentuk kebiasaan sentiasa bertanya dan menilai pengamalan pendidikan kita bagi membolehkan kita sentiasa 'up-to-date' dalam pengajaran kita. Schon (1983) menyebutkan, untuk menjadi seorang pendidik yang cemerlang ia perlu mempunyai budaya reflektif, iaitu suatu budaya melakukan refleksi setiap tingkah laku yang dilakukan dalam proses mendidik untuk tujuan penambahbaikan berterusan. Melalui aktiviti reflektif berterusan inilah nantinya mewujudkan 'insight' dalam diri kita sebagai pendidik berkenaan dengan amalan terbaik dalam pendidikan. Selain daripada itu kebiasaan ini juga membolehkan kita mengenali dan memahami anak-anak didik kita dengan lebih dekat dan jelas demi untuk kebaikan proses pendidikan mereka.

Berbalik kepada persoalan asal, adalah jelas bahawa terdapat suatu corak perkembangan yang umum yang berlaku pada setiap individu. Sebagai pendidik kita seharusnya mampu mencerna dan memahami corak-corak perkembangan tersebut supaya kita dapat menghasilkan suatu proses pendidikan yang berkesan kepada anak-anak didik kita. Pengetahuan tentang tahap kebolehan, kepintaran dan personaliti yang berbeza-beza adalah sangat penting kepada proses menyediakan suatu aktiviti pembelajaran yang dapat diikuti oleh setiap individu. Kajian telah membuktikan bahawa perkembangan individu adalah suatu proses interaktif antara faktor keturunan, faktor persekitaran dan faktor kesihatan. Ketiga-tiganya adalah saling berkaitan. Model

Menurut Bronfenbrenner, aspek 'bio' menerangkan tentang pengaruh biological yang dibawa oleh individu semasa proses perkembangan diri. Gen ibu dan ayah akan menjadi asas kepada pengaruh biological ini. Manakala aspek 'ekologikal' menerangkan tentang konteks sosial di mana interaksi dan saling mempengaruhi antara individu dalam masyarakat berlaku. Mulai daripada interaksi yang berlaku semasa dalam keluarga hinggalah kepada interaksi yang lebih luas seperti bersama rakan sebaya, di sekolah dan dalam masyarakat secara keseluruhannya.

bioekologikal perkembangan manusia Bronfenbrenner (1989) menjelaskan perkaitan ketiga-tiganya dengan jelas.

Suatu perkara yang perlu diakui adalah kesukaran untuk memanfaatkan pengetahuan yang dimiliki ke dalam konteks sebenar. Kita kadang kala berasa sukar mendidik anak-anak yang berada pada peringkat yang berbeza, contohnya seperti berada di sekolah rendah dan sekolah menengah, ataupun individu yang berbeza peringkat umur. Dalam konteks di sekolah kesan daripada pengkhususan dalam satu-satu peringkat sama ada menengah atau rendah menyebabkan pengetahuan dan kefahaman tentang perkembangan individu terhad kepada peringkat di mana kita mengajar. Begitu juga sebagai ibubapa di mana kita tidak pernah melalui suatu proses pendidikan yang khusus berkenaan bagaimana mendidik anak-anak perlu dilaksanakan. Buku ini diharapkan dapat menjadi satu rangsangan kepada kita tentang penjelasan secara umum corak pertumbuhan individu anak-anak didik kita. Dengan lain perkataan kita perlu menambahkan pengetahuan kita melalui bacaan-bacaan tambahan dan yang terpenting sentiasa memerhati dan mengikuti perkembangan individu mereka dari semasa ke semasa.

Selain daripada itu permasalahan tentang pengetahuan dan kefahaman perkembangan individu yang wujud juga terletak pada ciri-ciri keunikan pertumbuhan dan perkembangan itu sendiri. Antara yang ketara adalah seperti:

1. Pertumbuhan dan perkembangan *fizikal* tidak hanya melibatkan pertumbuhan badan tetapi juga perkembangan keupayaan melakukan aktiviti-aktiviti yang lebih kompleks menggunakan otot-otot badan, sistem saraf dan lain-lain.

2. Pertumbuhan dan perkembangan *kognitif*, tidak hanya melibatkan kemahiran menyerap dan mengingat pengetahuan dan maklumat tetapi juga kebolehan menggunakan maklumat tersebut dalam proses menyelesaikan masalah sama ada di sekolah ataupun dalam kehidupan sebenar.

3. Perkembangan *sosial*, meliputi perkembangan keupayaan untuk bertingkah laku yang sesuai dengan norma-norma di dalam masyarakat yang membolehkan setiap individu menyesuaikan diri secara berkesan dalam apa juga keadaan dan situasi yang dihadapi

4. Perkembangan *emosional*, meliputi keupayaan individu untuk mengawal dan menyalurkan perasaan dan reaksi-reaksi yang bersesuaian dengan keadaan di dalam keluarga, rakan-rakan, masyarakat dan negara.

4.3 Penutup

Apa yang jelas ialah setiap aspek perkembangan di atas adalah saling berkait. Akan tetapi bagi memudahkan pemahaman tentang proses-proses perkembangan tersebut kita perlu menilai satu persatu secara berasingan. Sebagai contoh, sekiranya perkembangan kognitif seseorang individu berkembang secara normal manakala perkembangan sosial, emosional dan fizikal tidak berkembang secara normal disebabkan oleh faktor-faktor di rumah atau di sekolah, maka individu tersebut tidak akan  dapat memperkembangkan kebolehan kognitifnya ke tahap yang optimum kerana fokus dirinya terganggu oleh kekurangan yang terdapat dalam aspek sosial, emosional dan fizikalnya. Sikapnya terhadap kejayaan dan kegagalan serta kebolehan untuk melakukan aktiviti kelas secara berkumpulan ataupun bersendirian juga akan terganggu, malah akan menjejaskan pencapaiannya secara keseluruhan. Ini menggambarkan bahawa aspek perkembangan individu merupakan proses yang melibatkan semua aspek diri secara bersama-sama. Kegagalan dalam satu-satu aspek akan menjejaskan aspek yang lainnya (sila rujuk FPK berkenaan dengan hasrat pendidikan negara untuk membentuk individu yang seimbang).

Dengan lain perkataan sebagai pendidik kita perlu menyedari keperluan perkembangan diri secara keseluruhan anak-anak didik kita supaya mereka dapat peluang mengembangkan potensi diri mereka ke tahap yang paling optimum. Penumpuan berlebihan kepada satu-satu aspek seperti kognitif dan pencapaian sahaja akan mengakibatkan perkembangan yang tidak seimbang (sebagai contoh, apabila kita terlalu menekankan pencapaian peperiksaan sahaja individu yang kita didik tidak akan berupaya melihat proses pembelajaran sebagai suatu kesatuan yang tidak terpisahkan. Potensi-potensi lain yang mereka miliki tidak dapat diperkembangkan dengan sempurna yang mana akhirnya akan turut menjejaskan potensi kemahiran yang menjadi fokus kita).

 Dalam bab seterusnya akan dibincangkan secara lebih mendalam beberapa aspek penting dalam proses pertumbuhan dan perkembangan individu. Maklumat tersebut diharapkan dapat memberikan kefahaman yang lebih jelas kepada kita para pendidik tentang proses-proses yang berlaku pada diri setiap individu bagi membolehkan kita merancang pengajaran yang lebih tepat dan berkesan. Namun begitu seperti telah dinyatakan di awal perbincangan, kita haruslah sentiasa melakukan refleksi tentang pengetahuan sedia ada kita serta membandingkannya dengan pemerhatian secara langsung di sekolah bagi membolehkan kita berfungsi sebagai pendidik dengan lebih berjaya dan menyeronokkan. Suatu kesilapan yang sering kita lakukan tanpa disedari ialah melakukan perbandingan secara langsung suasana perkembangan anak-anak didik kita dengan suasana pembelajaran dalam zaman kita. Sikap ini kurang sesuai kerana ianya merupakan dua zaman yang berbeza yang mempunyai karakter dan cabaran yang berbeza.

Bab 5

PERKEMBANGAN INDIVIDU

5.1 Pengenalan

Bab ini diharapkan dapat memberikan gambaran secara umum tentang perkembangan diri individu. Perbincangan akan mencakupi turutan dan sifat-sifat umum perkembangan individu dan ini diharapkan dapat memberikan panduan kepada proses pendidikan yang akan kita laksanakan. Maklumat ini diharapkan juga dapat menjadi titik tolak dalam memahami proses perkembangan individu yang lebih jelas serta dapat mengelakkan diri kita daripada menilai perkembangan itu daripada satu sudut tertentu sahaja. Kadang-kadang kita melihat kefahaman berkenaan dengan proses perkembangan individu tidak penting dan tidak ada kaitan dengan proses pendidikan. Sebenarnya ia sangat penting kerana proses memahami perkembangan individu pelajar akan membolehkan kita mempelajari dan memahami pengalaman-pengalaman lalu pelajar tersebut. Selain daripada itu faktor kadar pertumbuhan yang berbeza-beza di kalangan individu juga menghendakki kita memahami sejarah pengalaman dan pertumbuhan mereka dan bagaimana ianya berlaku serta memberi kesan kepada perkembangan peribadi mereka.

5.2 Perkembangan Peringkat Awal Kanak-Kanak

Sejak dilahirkan bayi sentiasa berusaha secara aktif menggunakan deria yang dimiliki untuk meneroka dan mempelajari persekitarannya. Pada peringkat awal mereka mulai belajar mengenai objek-objek dan individu-individu termasuk keluarganya di sekitarnya melalui pernglihatan dan suara tetapi dalam tempoh masa yang singkat sahaja. Lama kelamaan baharulah perhatian dan tumpuan mereka dapat dilakukan dengan lebih sistematik.

Namun begitu, untuk mempelajari bagaimana bayi belajar melihat dan mendengar bukanlah mudah kerana mereka sangat sukar untuk dipelajari. Jika mereka didukung, kepala mereka akan 'terlentuk' ke kiri dan ke kanan, tiada kekuatan untuk tetap tegak. Jika dibaringkan mereka akan kelihatan hendak tidur sentiasa. Jika cahaya terlalu terang mereka akan mengecilkan mata mereka dan jika cahaya suram mereka seakan-akan kembali tidur. Sebab itu lebih kurang 70% masa bayi dihabiskan dengan tidur (Bernstein dan rakan-rakan, 1994). Hanya setelah beberapa hari mereka mulai menunjukkan perlakuan seolah-olah memerhatikan objek sekeliling dan cuba untuk mempelajarinya. Pada ketika inilah sebenarnya waktu yang sesuai bagi kita untuk mempelajari tingkah laku bayi seperti yang dilakukan oleh pakar-pakar psikologi. Ada kajian yang menggunakan objek-objek tertentu atau gambar-gambar yang ditunjukkan kepada bayi untuk menguji dan menentukan cara mana mereka melihat dan memberi respon an berapa lama. Tindak balas seperti pergerakan mata, pergerakan jantung, perubahan-perubahan dalam otak dan seumpamanya telah direkod dan digunakan untuk mencuba memahami bagaimana bayi belajar.

Hasil kajian menunjukkan semasa dilahirkan penglihatan bayi masih terbatas kerana mata dan otak mereka masih belum matang dan belum bersedia. Mata mereka masih belum mempunyai 'fovea' – kawasan di mana imej direkodkan (Bernstein dan rakan-rakan, 1994). Laluan pada sistem saraf yang menghubungkan antara mata dan otak masih belum efisien. Ada yang mengganggarkan pandangan bayi berada pada tahap 20:600, iaitu objek yang boleh dilihat dengan jelas oleh bayi pada jarak 20 kali tetapi dilihat jelas oleh orang dewasa normal pada jarak 600 kaki. Namun begitu pada dasarnya, bayi yang dilahirkan boleh dikatakan 'buta' kerana deria penglihatan mereka belum bersedia.

Semasa minggu-minggu awal kelahiran didapati bayi sangat seronok belajar melihat wajah, di mana mereka akan cuba mengikuti pergerakan wajah dengan pergerakan mata mereka seolah-olah seperti melukis (Johnson dan rakan-rakan, 1991). Kajian Olson dan Sherman (1983) mendapati bayi pada sekitar usia sebulan akan melihat wajah manusia lebih lama berbanding objek-objek lain. Kajian Banks dan Salapatek (1983) juga mendapati bayi akan melihat lebih lama mana-mana yang lebih ketara seperti corak yang mempunyai elemen yang jelas kelihatan, objek yang paling kerap bergerak, sifat yang jelas dan kelihatan berbeza.

Pada peringkat bayi, mereka lebih mudah dan kerap belajar menggunakan deria penglihatan. Mereka akan cuba melihat dan meneroka objek sekeliling secara aktif. Yang menariknya menurut Banks dan Salapatek (1983), bayi akan melihat kepada bahagian-bahagian tepi objek yang dilihat tetapi pada usia dua bulan mereka sudah berupaya melihat keseluruhan objek secara sistematik. Setelah mampu melihat objek secara keseluruhan barulah mereka melihat kepada objek atau benda-benda lain (Hunter dan Ames, 1988).

Berkenaan dengan pendengaran, semasa dilahirkan bayi masih tidak berupaya menggunakannya kerana cecair amniotik semasa masih berada di dalam rahim ibu masih lagi berada di dalam telinga. Selang beberapa hari setelah cecair tersebut hilang bayi mulai berupaya menggunakan deria pendengarannya. Selepas dua dan tiga hari bayi mulai berupaya mendengar suara-suara yang lembut dan membezakan nada-nada yang berlainan pada satu-satu suara (Aslin, Pisoni dan Jusczyk, 1983). Malah mereka berupaya menentukan arah mana suara tersebut datang samada dari arah kiri atau kanan.

Yang menariknya mereka hanya sensitif kepada suara-suara yang jaraknya sama dengan jarak percakapan berbanding dengan lain-lain suara yang jauh. Bayi biasanya akan membuka mata apabila mendengar suara dan akan cuba mencari arah mana datangnya suara tersebut. Berdasarkan gerak mata dan tindak balas yang diberikan oleh bayi, mereka seolah-olah cenderung kepada suara-suara tertentu. Kajian Sullivan dan Horowitz (1983) mendapati bayi seolah-olah suka kepada

Cecair amniotik atau 'air tuban' sifatnya jernih, tetapi sedikit kekuningan yang melingkungi bayi semasa di dalam rahim ibu. Bayi timbul di dalam cecair ini dan 'bernafas' menggunakan cecair ini. Cecair ini membantu bayi:

e. *Bergerak di dalam rahim yang membantu pertumbuhan tulang*
f. *Pembentukan paru-paru*
g. *Mengekalkan suhu di dalam rahim*
h. *Menghindarkan kecederaan yang datang daripada luar rahim – sebagai kusyen daripada hentakan dan gegaran*

(Diperolehi pada 19 Mei 2014: http://nlm.nih.gov/medlineplus/)

nada-nada suara yang tinggi, suara perempuan ataupun kanak-kanak. Bayi juga suka kepada percakapan yang berintonasi tinggi, pelbagai dan ekspresif. Dengan lain perkataan pada tahap ini mereka suka kepada 'bahasa bayi' yang diucapkan oleh orang dewasa kepada mereka. Sebagai ibubapa seharusnya kita dapat memanfaatkan keupayaan belajar bayi kita yang walaupun masih sederhana tapi sangat efektif pada masa itu. Pengenalan kepada suara, bunyi, objek, warna, bentuk dan lain-lain yang pelbagai akan merangsang 'alat pembelajaran' mereka untuk berfungsi dan bekerja. Dengan cara ini mereka akan lebih cepat memulai aktiviti pembelajaran mereka dan kefahaman kita tentang bagaimana bayi belajar akan memudahkan kita menyediakan rangsangan-rangsangan yang bersesuaian dengan mereka.

Amalan melaungkan azan di sebelah kanan dan iqamat di sebelah kiri seperti yang disunatkan dalam Islam contohnya menunjukkan bagaimana kita sebagai pendidik perlu merangsang pendengaran bayi sejak awal lagi. Dan rangsangan itu pula merupakan rangsangan yang terbaik iaitu peneguhan keIslaman dalam diri bayi sejak awal. Al Baihaqi dan Ibnu Sunni meriwayatkan daripada Al Hassan bin Ali menyatakan Rasulullah SAW bersabda bahawa "Barang siapa dikurniakan anak, kemudian menyuarakan azan pada telinga kanannya dan iqamat pada telinga kirinya maka bayi tersebut tidak akan terkena bahaya" (Abdullah Nashih Ulwan, 1990).

Bayi juga suka kepada bau dan rasa-rasa tertentu. Russell (1976) mendapati bayi yang menyusu lebih gemar kepada bau yang dialami pada susu ibunya sendiri berbanding susu ibu yang lain. Kajian Ganchrow, Steiner dan Daher (1983) juga mendapati bayi dapat membezakan rasa antara air, air bergula dan susu berdasarkan kepada reaksi yang berbeza yang diberikan oleh bayi. Tindakbalas menjilat bibir, menghisap lebih lama dan seumpamanya merupakan reaksi gemar yang ditunjukkan oleh bayi. Sebab itu dalam Islam telah digalakkan untuk memberikan manisan seperti madu dan kurma kepada bayi. Ini bertujuan antara lain untuk merangsang deria rasa bayi dan sistem penghadaman mereka. Dari Abu Burdah, Abu Musa berkata "Aku telah dikurniakan seorang anak. Kemudian aku membawanya kepada Nabi SAW, lalu baginda memberikan nama Ibrahim, menggosok-gosokkan lelangit bayiku dengan sebuah kurma dan mendoakannya dengan keberkatan. Setelah itu baginda menyerahkannya semula kepadaku" (Abdullah Nashih Ulwan, 1990).

Berkaitan dengan tindak balas fizikal, tindak balas yang dihasilkan oleh bayi biasanya bersifat spontan atau reaksi yang tidak terancang dikenali sebagai 'tindak balas refleks.' Kebanyakan tindak balas refleks pada peringkat awal ini seperti menghisap, memegang, menarik atau lain-lain dilakukan oleh bayi secara otomatik dan spontan. Hanya setelah otak berupaya mengawal saraf dan otot-otot secara sedar dan terkawal barulah tindak balas refleks yang spontan tadi hilang. Akan tetapi jika tindak balas tersebut tadi masih kekal berterusan mungkin bayi tersebut menghadapi masalah dalam perkembangan otaknya (Bernstein dan rakan-rakan, 1994).

Justeru sebagai pendidik kita perlu menyedari dan faham kecenderungan anak-anak kita pada ketika usia ini supaya kita dapat menggunakan ruang dan cara pembelajaran yang sebaik mungkin. Penggunaan objek, benda-benda yang mengeluarkan bunyi tertentu, alat-alat mainan yang interaktif, kepelbagaian suara dan percakapan merupakan rangsangan-rangsangan yang perlu kita fikir dan sediakan supaya mereka boleh belajar mengenali dunia persekitaran mereka melalui deria yang mereka miliki. Selain itu penggunaan deria yang berterusan dan pelbagai juga akan membantu dan merangsang kanak-kanak untuk belajar dan melatih sistem saraf yang mereka miliki dengan lebih berkesan dan terkawal.

5.3 Perkembangan Kanak-kanak Sehingga Usia 6 tahun

Peringkat ini sangat penting kerana kanak-kanak semakin banyak belajar tentang perkara-perkara yang berkaitan dengannya sebagai individu seperti dirinya sendiri sebagai seorang individu, orang-orang di sekitarnya termasuklah kedua ibubapa dan adik beradik (sekiranya ada), serta dunia persekitarannya.

Pada peringkat awalnya mereka masih menunjukkan karakter individu yang masih bergantung dengan orang lain. Ini dapat dilihat daripada keupayaan untuk mula berjalan dan berlari walaupun tidak stabil dan belum terkoordinasi. Saya masih ingat anak-anak saya semasa mereka berusia sekitar setahun setengah. Apabila memegang sesuatu mereka akan memegangnya dengan kuat. Mereka sebenarnya masih belajar membezakan cara pegangan. Kepelbagaian jenis pegangan tersebut sebenarnya sangat penting kepada mereka untuk dipelajari kerana selepas itu mereka telah mengaplikasikannya kepada kemahiran-kemahiran berkaitan seperti memegang pensil, memegang buku, memegang alat mainan dan sebagainya. Mereka masih belum mampu sepenuhnya dalam menggunakan tangan, iaitu dalam erti kata penggunaan tangan untuk melakukan aktiviti, khususnya aktiviti-aktiviti yang memerlukan ketelitian jari jemari. Dikaitkan dengan kecenderungan yang berbeza sekarang ini saya dapati ketiga-tiga anak saya mengamalkan pegangan yang berbeza semasa menulis!

Dalam konteks interaksi pula saya dapati semasa berusia beberapa lagi anak-anak saya menunjukkan reaksi yang positif kepada rangsangan yang diberikan walaupun belum difahami namun mereka kelihatan gembira dan seronok bersama-sama dengan orang-orang disekelilingnya. Tempoh penumpuan mereka juga masih pendek dan kerap menunjukkan sikap kecewa apabila gagal melakukan sesuatu. Seingat saya mereka semua tidak menghadapi masalah yang besar semasa belajar bercakap. Oleh kerana pada ketika itu mereka dikelilingi oleh orang-orang yang lebih dewasa selain daripada saya dan ibunya iaitu seperti ibu saudara dan bapa saudara menyebabkan interaksi yang berlaku lebih kompleks sifatnya. Justeru pada satu ketika saya dapati perkembangan bahasa mereka sangat cepat. Sebagai contoh anak bongsu saya telah mampu menceritakan kembali dialog cerita 'Ali Baba Bujang Lapok' satu persatu dengan bahasa yang jelas. Suatu perkara yang sangat menarik ialah mereka mempunyai motivasi untuk belajar yang tinggi, tinggi rasa ingin tahu dan sentiasa berusaha menjadi individu yang berdikari. Apa yang mereka perlukan sebenarnya ialah peluang-peluang untuk meneroka dan mencuba yang lebih luas, melatih fizikal dan sosialnya serta memperkembangkan lagi kemahiran bahasa sebagai upaya memahami orang-orang dan persekitarannya. Namun demikian sebelum suasana tersebut berlaku kita perlu memastikan mereka mendapat kasih sayang yang cukup, berasa selamat supaya mereka dapat membentuk keyakinan diri yang lebih kuat dalam meneroka alam persekitarannya yang lebih luas lagi.

Dengan terbinanya keyakinan diri yang tinggi maka ketika memasuki alam persekolahan mereka akan mempunyai keupayaan pengawalan kendiri sehingga mampu melakukan aktiviti-aktiviti seperti berlari, melompat, memanjat dan seumpamanya. Mereka juga akan mampu menggunakan kemahiran otot-otot kecil untuk melakukan aktiviti-aktiviti terkawal seperti memegang benda, mengambil sesuatu, serta melakukan aktiviti-aktiviti yang lebih terkoordinasi seperti menulis, melukis, memotong dan seumpamanya. Keupayaan fizikal mereka juga semakin ketara.

Pada usia ini juga kanak-kanak semakin memperkembangkan keyakinan dan kemahiran bersosial sehingga sedikit demi sedikit berupaya memisahkan diri daripada keterikatan dengan orang-orang yang rapat dengannya. Keyakinan diri sangat penting kepada proses pembelajaran. Semasa anak saya yang kecil mengikuti 'kelas permainan' saya dapati dia agak sukar untuk ditinggalkan berseorangan dan bermain dengan kanak-kanak lain. Saya ingat pada ketika itu usianya baru empat tahun dan mengikuti kelas tersebut di England yang terlalu asing baginya terutamanya daripada aspek bahasa dan tingkah laku. Seperti yang kita maklumi kanak-kanak mempunyai potensi pelbagai yang masih belum berkembang sepenuhnya. Oleh itu permasalahan bahasa dan persekitaran yang berbeza akhirnya dapat dilalui dengan tanpa banyak masalah. Dia sudah mampu bermain dan bergaul dengan kanak-kanak lainnya dan mulai bercakap bahasa Inggeris yang merupakan bahasa yang digunakan di alam kelas tersebut.

Apa yang boleh saya sebut di sini adalah dengan terbentuknya keyakinan diri maka proses pembelajaran semakin mudah untuk dilakukan. Inilah yang berlaku kepada anak-anak saya semasa mengikuti persekolahan di England. Pada peringkat awal mereka tidak boleh ditinggalkan tetapi setelah keyakinan diri mereka terbentuk aktiviti persekolahan mereka menjadi sesuatu yang menyeronokkan pada mereka sehingga pada satu ketika mereka tidak mahu ditunggu lagi oleh saya. Mereka semakin mahir berinteraksi dengan rakan-rakan khususnya dalam bermain dan berkomunikasi dalam ertikata berinteraksi yang sebenar, berkongsi, tolak ansur dan sebagainya. Mereka juga lebih mampu memberi tumpuan dalam tempoh masa lebih lama (10 – 15 minit) dalam melakukan satu-satu aktiviti dan juga mendengar cerita. Seperti kita ketahui kebanyakan kanak-kanak pada usia ini sebenarnya sudah mampu mengenali diri sama ada sebagai lelaki ataupun perempuan melalui kecenderungan yang ditunjukkan dalam pemilihan rakan permainan. Malah mereka sudah boleh mengenalpasti permainan-permainan yang sesuai untuk jantina mereka.

Secara kognitifnya, kanak-kanak pada usia 6 tahun sudah menguasai bahasa yang lebih kompleks dan panjang dan menggunakannya dengan lancar. Semangat dan keghairahan mereka untuk mempelajari sesuatu yang baru dan lebih mencabar juga semakin ketara. Mereka juga sudah dapat memahami dunia lingkungannya dengan lebih jelas serta dengan fungsinya masing-masing. Namun begitu, kajian menunjukkan bahawa pada peringkat ini pemahaman tentang dunia persekitarannya masih bersifat *konkrit* dan *langsung* dan belum mencapai tahap yang lebih abstrak. Pengalaman saya semasa 'berbual' dengan anak-anak saya pada usia ini didapati mereka masih sukar memahami perkara-perkara yang abstrak di sebalik yang nampak. Mereka boleh faham apabila saya katakan mereka boleh beli ais krim tetapi bukan yang mahal kerana kita tidak mampu. Tetapi apabila saya bercerita lebih lanjut apa yang saya maksudkan dengan gaji dan kaitannya dengan tidak mampu mereka tidak memberikan respon kecuali bertanya 'apa itu gaji' dan apa itu 'tidak mampu'. Keupayaan mereka hanya mampu melihat satu-satu aspek sahaja dan masih belum mampu menggabungkannya dengan pelbagai aspek dalam sesuatu masa. Permasalahan ini akan dibincangkan dengan lebih mendalam dalam bahagian perkembangan kognitif.

Sebelum itu, perlu diakui di sini bahawa, secara kognitifnya sejak dari lahir hinggalah ke usia 6 tahun, kanak-kanak sangat memerlukan pengalaman dan latihan secara langsung dan konkrit bagi membolehkan mereka belajar dengan berkesan. Di samping itu peluang-peluang untuk belajar berkomunikasi dan menggunakan bahasa yang lebih sempurna perlu disediakan dengan lebih kerap dan lebih luas. Justeru itu apabila berkomunikasi dengan kanak-kanak usia ini kita perlu berkomunikasi dengan menggunakan struktur Bahasa yang lengkap dan sebutan yang tepat. Perkembangan bahasa anak-anak saya yang saya ceritakan sebelum ini menunjukkan kesan komunikasi lengkap dan tepat. Ini kerana kanak-kanak, terutamanya yang menghampiri usia 6 tahun, mulai mampu melihat sesuatu perkara dalam konteks orang lain. Justeru itulah usia 6 tahun dijadikan batasan bagi kanak-kanak untuk memulakan alam persekolahan. Sebagai pendidik di sekolah kita seharusnya mampu menyediakan suasana pembelajaran yang mengutamakan aktiviti-aktiviti 'hands-on' berbanding banyak mendengar. Perlu difahami juga pada peringkat ini kanak-kanak masih perlu kepada sokongan psikologikal seperti rasa selamat dan kasih sayang supaya mereka dapat mengembangkan potensi diri mereka dengan lebih bebas dan optimum.

Seperti telah dinyatakan sebelumnya, sebagai pendidik kita haruslah peka dan prihatin tentang faktor-faktor keluarga dan persekitaran pelajar-pelajar kita. Daripada sudut perkembangan fizikal umpamanya, meskipun mereka dikelompokkan mengikut umur tertentu yang sama, diletakkan dalam kelas yang sama, mereka masih dibezakan oleh bulan semasa dilahirkan. Ada yang lahir di awal tahun, ada yang pertengahan dan ada yang akhir tahun. Tidak mustahil akan wujud perbezaan keupayaan fizikal kesan daripada perbezaan bulan kelahiran tersebut. Selain daripada itu pengaruh pemakanan yang sihat juga sangat mempengaruhi perkembangan kanak-kanak. Bagi kanak-kanak yang mendapat pemakanan yang cukup, sihat dan berkhasiat, proses perkembangan diri mereka akan berjalan dengan baik. Sudah pasti akan lebih bersedia untuk melakukan aktiviti-aktiviti pembelajaran kelas berbanding dengan rakannya yang kurang memperoleh pemakanan yang sihat dan seimbang. Ada pula keluarga yang telah mengamalkan supaya setiap anak-anak mereka mengambil sarapan pagi dan ada pula yang bersikap tidak ambil peduli dengan pengambilan sarapan pagi. Keadaan ini sebenarnya boleh mempengaruhi 'kesediaan pembelajaran' kanak-kanak semasa di sekolah. Kajian telah menunjukkan bahawa pemakanan yang sihat dan seimbang adalah penting bagi sesuatu aktiviti untuk dilakukan dengan sempurna dan berkesan (lihat kajian Aziz Yapak, 2007 dan Nurul Zatira Roslan, 2009). Oleh yang demikian sebagai pendidik kita perlu peka dengan keadaan ini agar dapat melaksanakan pengajaran kita dengan lebih berkesan dan yang terpenting sekali pelajar kita dapat mengikuti pembelajaran dengan baik dan penuh semangat.

Seperkara lagi yang perlu diambil kira ialah masa rehat yang diberikan kepada pelajar kita di celah-celah jadual pembelajaran yang ketat. Seharusnya pelajar-pelajar mempunyai waktu rehat yang cukup, seperti menikmati makanan yang sihat dan seimbang supaya mereka dapat mengumpul semula tenaga yang telah digunakan untuk membolehkan mereka meneruskan pembelajaran pada hari itu. Kerja rumah yang diberikan juga, walaupun tidak dinafikan sangat penting kepada pemantapan pembelajaran kelas, ia seharusnya diberikan sedemikian rupa dengan perancangan yang rapi dan mengambil kira masa rehat yang dimiliki oleh pelajar.

Pemberian kerja rumah yang tidak dirancang akan menghasilkan situasi di mana masa pelajar dihabiskan sepenuhnya dengan menyelesaikan kerja rumah. Mereka akan merasa terbeban untuk menyiapkan kerja rumah tanpa merasakan bahawa kerja rumah itu sangat penting kepada pengukuhan kefahaman pembelajaran mereka di sekolah. Keadaan ini tidak seharusnya berlaku kerana seperti dikatakan oleh Woolfolk (2007) mereka perlu berasa tanggungjawab menyelesaikan kerja rumah yang betul dan bukan melengkapkan aktiviti semata-mata. Tambahan pula ada di antara kita yang memberikan kerja rumah yang banyak dengan disertakan 'ugutan' kepada sesiapa yang tidak menyiapkan akan dihukum atau didenda. Sedangkan hakikatnya mereka memerlukan masa rehat yang mencukupi bagi membolehkan mereka sentiasa mengikuti kelas pembelajaran di sekolah dengan penuh tenaga dan semangat.

Suatu malam anak saya enggan pergi ke sekolah kerana dia tidak menyiapkan kerja rumah. Apabila disemak tugasan kerja rumah yang diberikan adalah banyak. Dengan masa yang terhad anak saya hanya mampu menyelesaikan sebahagian daripada tugasan tersebut. Oleh kerana guru berkata sesiapa yang tidak menyelesaikan tugasan tersebut akan didenda menyebabkan anak saya enggan ke sekolah. Kadang kala kita terlupa bahawa pemberian kerja rumah yang tidak terancang akan menyebabkan rutin hidup harian anak-anak didik kita terganggu. Bayangkan di sekolah anak-anak didik kita tidak hanya mempelajari subjek yang kita ajar. Bayangkan jika sekiranya setiap subjek diambil memberikan kerja rumah yang tidak terancang maka ia akan menjejaskan proses pembelajaran mereka secara keseluruhan dan jangka panjang.

Dalam pada itu kita juga dikehendaki peka dengan keadaan pelajar-pelajar kita khususnya yang mempunyai kekurangan tertentu yang memerlukan perhatian khusus. Dengan cara itu kita boleh membuat tindakan-tindakan susulan yang sesuai untuk pelajar terbabit seperti merujuk kepada pakar-pakar atau sekolah dengan keperluan khas dan seumpamanya.

Pengalaman yang dimiliki oleh pelajar semasa berada di rumah tidak dinafikan sangat mempengaruhi pembelajaran mereka di sekolah. Islam telah menegaskan dengan jelas peri pentingnya peranan ibubapa dalam mencorakkan personaliti kanak-kanak (rujuk Abdullah Nashih Ulwan, 1990). Lokasi di mana kanak-kanak itu membesar contohnya telah diakui boleh mewujudkan perbezaan yang ketara berhubung pengetahuan yang dimiliki oleh kanak-kanak (perbandingan boleh dibuat kepada kanak-kanak yang tinggal di luar bandar dengan kanak-kanak di Bandar). Sungguhpun dewasa ini kemudahan peralatan dan maklumat boleh dikatakan hampir terdapat di semua kawasan, budaya yang wujud di kawasan-kawasan tersebut sekali lagi mempengaruhi pemanfaatan kemudahan tersebut secara menyeluruh. Justeru itu tahap pengalaman dan maklumat yang dicapai oleh kanak-kanak akan menjadi tidak sama.

Sebagai sebuah negara yang berbilang kaum, kita juga mempunyai cabaran tambahan iaitu pengamalan dan kemahiran berbahasa. Kanak-kanak yang dibesarkan di dalam suasana rumah dan persekitaran yang menggunakan bahasa yang berbeza dengan bahasa yang digunakan di sekolah akan dikategorikan sebagai belajar menggunakan bahasa kedua di sekolah. Laporan 'post-mortem' seorang ketua panitia Bahasa Malaysia di salah sebuah sekolah menengah di Johor Bahru mendapati salah satu kekangan terbesar kepada penguasaan Bahasa Malaysia dalam kalangan pelajar-pelajar adalah bahasa tersebut tidak digunakan kecuali hanya ketika belajar mata pelajaran tersebut. Ini merupakan permasalahan yang sangat menentukan kepada kemahiran berbahasa pelajar-pelajar. Justeru sebagai pendidik kita perlu prihatin dan peka dengan permasalahan yang dihadapi oleh pelajar-pelajar kita ini.

Dalam erti kata yang luas kemahiran berbahasa ini sangat penting bukan sahaja bagi membolehkan pelajar berkomunikasi dengan baik malah untuk mereka mengikuti pembelajaran dengan lebih berkesan. Satu aspek yang sangat erat perkaitannya dengan kemahiran berbahasa ialah kesediaan pelajar untuk bertanya soalan, berbincang dan berbeza pendapat,

> ***Keluarga autoritatif*** *adalah keluarga yang mengiktiraf kedudukan anak sebagai penting dan perlu dibimbing dalam menjalani hidup.*
>
> ***Keluarga autoritarian*** *pula mengamalkan kongkongan dan kawalan dengan anggapan bahawa jika tidak dikawal anak-anak akan menjadi nakal.*
>
> ***Keluarga permisif*** *cenderung memberikan kebebasan tanpa had kepada anak-anak kerana jika tidak dituruti ditakuti anak akan bertingkah laku negatif*

meminta penjelasan dan sebagainya. Memang diakui terdapat keluarga yang mengamalkan budaya berbincang di dalam rumah, sentiasa meluangkan masa berbual, bertanya dan memberi penjelasan apabila diminta oleh anak-anaknya. Sedikit sebanyak budaya ini akan terbentuk dalam diri kanak-kanak itu dan juga akan meningkatkan lagi tahap kemahiran berbahasanya berbanding dengan keluarga yang hanya mengamalkan budaya mengarah dan menurut perintah. Sekiranya ini berlaku kita akan mendapati pelajar kita sukar untuk bertanya atau menyuarakan pendapat semasa melakukan aktiviti kelas. Beberapa corak pendidikan keluarga yang umum yang biasa diamalkan termasuklah keluarga yang mengamalkan pendekatan *autoritatif, autoritarian, permisif* dan sebagainya.

Namun begitu, perbezaan yang wujud dari segi fizikal dan kebolehan agak mudah ditangani oleh pendidik di sekolah berbanding dengan perbezaan yang wujud dalam aspek keluarga dan persekitaran. Sebagai contoh ialah ekspektasi ibubapa apabila menghantar anak ke sekolah. Biasanya ekspektasi keluarga di bandar akan berbeza dengan ekspektasi keluarga di luar bandar. Keluarga yang meletakkan ekspektasi yang kurang sesuai dengan keadaan semasa anak-anak mereka. Mereka mengandaikan suasana yang sama sebagaimana mereka belajar dahulu. Ini secara tidak langsung akan mempengaruhi pendekatan dan sikap mereka terhadap anak-anak mereka, guru yang mengajar dan juga sekolah. Keprihatinan kita sebagai pendidik adalah diperlukan dalam memahami norma yang berlaku dalam masyarakat di mana kita mengajar pada masa itu dan bukan hanya membandingkan dengan semasa kita bersekolah.

Pengalaman membaca dan menulis yang dilalui oleh kanak-kanak semasa di rumah dan persekitaran di mana mereka tinggal juga mempengaruhi sikap dan kemahiran mereka dalam aktiviti membaca dan menulis. Terdapat keluarga yang mengamalkan budaya ilmu di dalam keluarga seperti menyediakan kemudahan-kemudahan bahan bacaan, bercerita dan berbincang tentang apa yang dibaca, melakukan aktiviti-aktiviti menulis dan melukis secara bersama-sama. Kanak-kanak yang mempunyai pengalaman seperti ini lebih berkeyakinan dan berkebolehan dalam aktiviti membaca dan menulis di sekolah berbanding kanak-kanak yang tidak mempunyai pengalaman tersebut.

Selain itu terdapat juga ekspektasi yang berbeza terhadap kanak-kanak lelaki dan kanak-kanak perempuan. Keadaan ini sedikit sebanyak adalah disebabkan oleh persepsi yang berbeza-beza di antara anak lelaki dan anak perempuan terutamanya daripada segi kebolehan dan pemilihan kerjaya. Sebagai pendidik kita seharusnya peka dengan kecenderungan-kecenderungan dan persepsi yang wujud di kalangan pelajar-pelajar kita supaya kita dapat menyediakan suatu suasana pembelajaran yang bersesuaian dengan keadaan diri pelajar secara individu. Persepsi menyatakan pelajar perempuan lebih rajin dan pandai contohnya, perlu ditangani dengan bijaksana supaya tidak mengganggu proses perkembangan pembelajaran kanak-kanak berkenaan. Ini kerana sekiranya persepsi ini diterima dan diakui benar ianya akan mempengaruhi pendekatan proses pengajaran pembelajaran yang akan kita laksanakan. Dengan lain perkataan, sebagai pendidik kita tidak harus terjebak ke dalam dilemma atau persepsi umum tentang anak didik kita kerana baik secara langsung mahupun tidak langsung akan mempengaruhi cara mana kita merancang pengajaran kita. Justeru sebagai pendidik kita perlu mempelajari keadaan dan budaya pelajar kita dengan lebih mendalam serta menilai dan memastikan pengaruh-pengaruh umum tersebut dengan lebih tepat berdasarkan pemerhatian dari semasa ke semasa. Hanya melalui pemahaman yang jelas dan mendalam kita dapat menentukan apakah keperluan-keperluan mereka dan bagaimanakah cara yang terbaik membantu mereka untuk belajar.

5.4 Kanak-kanak Usia Persekolahan Peringkat Rendah

Perlu ditekankan bahawa pembahagian usia di sini hanyalah dilakukan berdasarkan sifat-sifat umum kerana tidak ada batas-batas yang pasti bagi membezakan peralihan dari satu tahap ke tahap yang lain. Usia 6 tahun diambil kira di sini adalah berdasarkan kepada batas usia persekolahan yang diamalkan di negara kita. Kanak-kanak mula bersekolah di usia 6 tahun (prasekolah). Selain daripada itu usia 6 tahun juga diandaikan kanak-kanak mulai mampu belajar secara intelektual seperti belajar secara formal di sekolah.

Pada usia ini kanak-kanak berkembang dengan pesatnya. Baik lelaki mahupun perempuan mereka sudah membentuk keupayaan menggunakan otot-otot kecil dan besar untuk melakukan aktiviti-aktiviti yang lebih terkoordinasi. Mereka juga mulai menunjukkan perbezaan-perbezaan yang ketara dari segi kecenderungan, minat, aktiviti sesuai dengan jantina dan ekspektasi keluarga dan masyarakat. Sebagai contoh kanak-kanak lelaki lebih cenderung kepada aktiviti-aktiviti yang lebih lasak berbanding kanak-kanak perempuan. Sistem amalan yang berlaku di sekolah juga mengarahkan kepada saluran aktiviti yang cenderung berdasarkan jantina mereka. Dari segi permainan juga mulai menampakkan kecenderungan yang boleh diasosiasikan dengan jantina. Kanak-kanak lelaki akan bermain bolasepak sedangkan kanak-kanak perempuan akan bermain bola jaring yang disifatkan lebih sesuai untuk individu perempuan.

Kadang kala permasalahan tentang penglihatan juga semakin ketara pada tahap ini. Terutamanya penglihatan jarak dekat pelajar yang selalunya berkaitan dengan masalah saraf mata. Dalam pembelajaran kelas umpamanya, meskipun masalah penglihatan dapat diselesaikan dengan bantuan kaca mata, tugas kita sebagai pendidik antara lain membantu mengenalpasti pelajar-pelajar yang menghadapi masalah penglihatan. Kita perlu memastikan dalam proses pendidikan yang kita laksanakan masalah penglihatan (sekiranya ada) tidak mengganggu proses pembelajaran kanak-kanak. Kalau dalam bilik darjah posisi pelajar juga sangat menentukan, terutamanya kepada pelajar yang menghadapi masalah penglihatan.

Menjelang akhir tahap ini, kanak-kanak mulai menunjukkan sifat-sifat keremajaan terutamanya di kalangan kanak-kanak perempuan. Kajian telah menunjukkan bahawa proses pertumbuhan kanak-kanak perempuan adalah lebih cepat berbanding kanak-kanak lelaki. Kanak-kanak perempuan biasanya mencapai tahap akil baligh di antara 10 – 11 tahun, iaitu dua tahun lebih awal daripada kanak-kanak lelaki. Pertumbuhan dari segi tinggi kanak-kanak perempuan akan berhenti ketika usia 16 – 17 tahun manakala kanak-kanak lelaki akan terus berkembang sehingga usia 18 tahun. Namun begitu perlu dimaklumi bahawa ada juga terjadi di mana pertumbuhan ini boleh terus berlaku bagi kedua-dua jantina sehingga usia 25 tahun (Woolfolk, 2007). Namun begitu adalah diakui bahawa variasi masa pertumbuhan bagi kanak-kanak pada tahap usia ini adalah besar bergantung kepada faktor-faktor internal dan eksternal masing-masing individu. Dampak kepada pertumbuhan yang pesat ini adalah kepada proses pengajaran dan pembelajaran. Pertumbuhan pesat ini biasanya menyerap tenaga kanak-kanak sehingga mengakibatkan penumpuan dan perhatian mereka terhadap aktiviti pembelajaran terganggu. Oleh yang demikian, sebagai pendidik kita haruslah peka dengan proses pertumbuhan dan perkembangan yang sedang dialami oleh pelajar-pelajar kita. Ini adalah penting kepada kita untuk mengenalpasti factor-faktor penyebab kepada masalah-masalah pembelajaran pelajar kita samada di rumah ataupun di sekolah.

Dapat dikatakan bahawa perubahan-perubahan yang berlaku adalah secara tanpa disedari. Dalam aspek sosial umpamanya, kanak-kanak secara beransur-ansur berasa seronok memperkembangkan perhubungan sosial yang lebih luas, bersama-sama rakan sebaya yang duduk di dalam

Konsep kendiri merujuk kepada kepercayaan dan pengetahun seseorang individu bekenaan dengan dirinya sendiri, tentang idea, perasaan, sikap dan ekspektasi (Pajares dan Schunk, 2001). Setiap individu melakukan aktiviti ini dan mereka yang berupaya melakukan dan memahami dirinya dengan jelas berkemungkinan mencapai tahap 'kendiri sempurna'.

kelas ataupun di kawasan pejiranan. Mereka mulai merasakan bahawa mereka merupakan sebahagian daripada ahli masyarakat. Mereka mulai mempelajari erti persahabatan, memahami reaksi diri dan orang lain, dan sentiasa berusaha melakukan penyesuaian sesuai dengan keperluan dan kesesuaian kelompok atau kumpulan di mana mereka berada. Setiap orang perlu mempelajari dan memahami diri sendiri. Justeru melalui interaksi dan aktiviti yang berlaku mereka mampu mempelajari diri sendiri, kelemahan dan kekuatan supaya dapat membentuk 'konsep kendiri' yang lebih realistik dan bersesuaian dengan dirinya. Justeru maklumat-maklumat yang diterima yang berupa reaksi-reaksi yang ditunjukkan oleh orang lain (keluarga, guru, masyarakat, rakan sebaya) terhadap diri kita dalam berinteraksi akan membolehkan kita mempelajari dan memahami diri kita dengan lebih jelas.

Dalam pada itu, setiap kanak-kanak perlu mendapat 'keperluan psikologikalnya' yang secukupnya bagi membolehkan mereka tumbuh dan berkembang menjadi insan yang seimbang. Keperluan-keperluan ini termasuklah keperluan kasih sayang dan penerimaan oleh orang lain terhadap diri individu. Oleh kerana pembentukan konsep kendiri individu remaja banyak bergantung kepada zaman semasa pra-remaja, adalah penting bagi kita sebagai pendidik, menyediakan peluang-peluang remaja itu untuk membentuk keyakinan diri dan dapat merasakan dirinya sebagai entiti yang berguna dan bermanfaat. Umpamanya dalam aspek akademik, seseorang kanak-kanak berkemungkinan bukan merupakan seorang yang cemerlang, akan tetapi mereka masih perlukan suatu suasana yang dapat membentuk penghargaan kendiri yang positif seperti merasa berguna dan penting bukan sahaja kepada diri sendiri tetapi juga kepada orang lain.

Kanak-kanak tahap ini juga mempunyai kesedaran kendiri yang tinggi. Seperti telah dinyatakan perubahan-perubahan ini dapat diperhatikan melalui pemilihan aktiviti-aktiviti bersama rakan, topik perbualan, cara berperilaku yang 'boleh' atau 'tidak boleh' yang biasanya berkaitan dengan jantina seseorang individu pelajar.

Dalam aspek kognitif, kanak-kanak usia ini secara progresifnya semakin berupaya melakukan aktiviti-aktiviti yang lebih kompleks, membanding pelbagai idea serta melihat perkaitan antara pelbagai perkara (aspek perkembangan kognitif akan dibincangkan lebih mendalam di bahagian lain buku ini). Suatu perkara yang ketara ialah perkembangan bahasa kanak-kanak. Semakin hampir ke usia 12 tahun mereka semakin mampu berkomunikasi menggunakan bahasa yang 'lengkap dan kompleks' dengan tatabahasa yang baik dan betul. Malah mereka boleh juga dikatakan telah mempunyai keupayaan intelektual seorang dewasa. Namun begitu, sebagai pendidik kita tidak harus mengandaikan kanak-kanak tersebut sudah mampu seratus peratus untuk berfikir dan melakukan aktiviti seperti orang dewasa. Ini kerana walaupun mereka telah mempunyai sedikit kemahiran berfikir seperti orang dewasa, mereka masih mengamalkan pendekatan berfikir yang bersifat 'konkrit' dan bukan abstrak. Justeru itu dalam proses pembelajaran mereka sangat memerlukan sesuatu aktiviti yang bersifat praktikal, langsung dan bukan yang terlalu banyak bersifat verbal yang tidak ada kaitan langsung dengan pengalaman mereka.

Andaian kepada permasalahan ini ialah tahap keupayaan mental kanak-kanak usia ini masih bersifat sederhana dan belum matang. Oleh yang demikian suatu perkara yang membantu keberhasilan pengajaran dan pembelajaran kanak-kanak tahap ini ialah dengan memberi sebanyak-banyak peluang kepada mereka untuk belajar secara langsung dan jelas, serta lebih pendedahan kepada aktiviti banyak bertanya soalan dan jawapan. Ini sebenarnya sangat penting bagi membolehkan kanak-kanak tersebut memperkembangkan potensi diri ke tahap pemikiran yang lebih tinggi – penaakulan.

Masalah budaya pemakanan kanak-kanak juga sedikit sebanyak mempengaruhi proses pembelajaran mereka. Seperti telah dinyatakan, ada kanak-kanak yang perlu berjalan kaki ke sekolah terutamanya mereka yang tinggal di kawasan pedalaman ataupun di bandar tetapi rumahnya agak berhampiran dengan sekolah. Malah terdapat juga kanak-kanak yang diberikan tanggungjawab diri yang berlebihan seperti menjaga adik-adik, kerja-kerja di rumah dan sebagainya. Keadaan ini sedikit sebanyak mempengaruhi keupayaan mereka untuk belajar dengan penuh konsentrasi. Kadang kala tanggungjawab berkenaan melebihi daripada kadar kemampuan mereka untuk melaksanakannya. Tujuan asal mungkin supaya dapat mendidik mereka memahami erti tanggungjawab tetapi jika ianya diberikan tanpa kawalan dan perancangan yang betul ianya akan mempengaruhi proses pembelajarannya yang lain, terutamanya di sekolah.

Kedapatan juga kanak-kanak yang mengantuk atau letih apabila memulakan pembelajaran di sekolah. Beberapa faktor diandaikan adalah seperti kurang tidak atau terlalu banyak mengambil sarapan pagi. Kadang kala terdapat keluarga yang kurang memperhatikan masa bermain, masa rehat dan masa tidur anak-anak mereka. Tidak hairan apabila mereka yang lewat tidur walaupun telah seharian penat bermain dan bersekolah. Manakala terlebih makan sarapan pagi juga boleh berlaku apabila kanak-kanak mengambil makanan dengan kuantiti yang sama seperti makan tengahari. Sebagai akibatnya mereka akan merasa letih dan mengantuk semasa belajar di dalam kelas dan ini akan menghilangkan rasa minat untuk belajar.

Tugas kita sebagai pendidik di sini antara lain memastikan pelajar-pelajar kita prihatin tentang gaya pemakanan dan masa rehat mereka. Perbincangan dengan ibubapa juga amat penting bagi memastikan mereka sentiasa prihatin dengan keperluan-keperluan tersebut di rumah. Sehubungan dengan waktu rehat dan makan kanak-kanak di sekolah, ianya juga perlu mendapat perhatian serius, terutamanya di pihak pentadbir sekolah. Kanak-kanak memerlukan tenaga yang cukup untuk membolehkan mereka melakukan aktiviti-aktiviti pembelajaran di sekolah. Oleh itu selain memastikan mereka mengambil makanan yang seimbang dan berkhasiat, waktu yang ditetapkan juga perlu diambil kira. Ini khususnya bagi sekolah-sekolah yang mempunyai bilangan pelajar yang ramai. Suatu hal yang pasti ialah, mereka memerlukan masa yang mencukupi untuk membeli, makan, dan mengembalikan alat seperti pinggan dan sudu semasa waktu rehat sebelum meneruskan pembelajaran mereka.

Ekspektasi ibubapa dan pelajar terhadap sekolah sekiranya tidak jelas juga boleh memberi kesan kepada proses pengajaran pembelajaran di sekolah. Ekspektasi yang biasa berlaku dalam masyarakat kita dewasa ini, malah turut berlaku di kalangan kita sebagai pendidik, ialah dengan menganggap sekolah sebagai tempat di mana kanak-kanak belajar semata-mata untuk lulus peperiksaan dan mendapat kerja yang baik. Keadaan ini sebenarnya akan menggalakkan kanak-kanak kepada pemahaman bahawa kurikulum atau subjek yang dipelajari yang tidak ada sangkut paut dengan peperiksaan akan dianggap seperti membuang masa dan tidak penting. Hasilnya akan terbentuklah sikap acuh tak acuh kepada subjek-subjek yang dianggap tidak penting tadi. Malahan mereka akan sentiasa mengharapkan supaya guru-guru yang mengajar lebih menfokuskan kepada pengajaran yang boleh memastikan mereka lulus dengan cemerlang dalam peperiksaan. Kesan daripada itu, pengajaran yang menarik dan penuh dengan aktiviti akan dianggap sebagai tidak menarik dan membosankan kerana ianya tidak relevan dengan pencapaian peperiksaan. Keadaan ini akan menjadi lebih kompleks apabila ibubapa atau pendidik sendiri menunjukkan sikap yang serupa. Seharusnya kita sebagai ibubapa atau pendidik perlu lebih peka dan prihatin akan keadaan ini agar kita dapat membentuk keyakinan diri bukan sahaja di dalam diri pelajar kita tetapi diri kita sebagai individu dengan merancang dan melaksanakan suatu proses pengajaran dan pemblejaran yang tidak terlalu terfokus kepada peperiksaan tetapi lebih bertumpu kepada pencapaian matlamat FPK secara keseluruhan.

Satu perkara lagi yang tanpa disedari boleh mempengaruhi proses perkembangan kanak-kanak tahap ini ialah anggapan bahawa orang dewasa terutamanya para guru sebagai individu yang pakar dan berkuasa serta tidak boleh berbeza pendapat dalam apa juga keadaan. Persepsi ini sebenarnya boleh mengurangkan kecenderungan kanak-kanak untuk berfikir, bertanya soalan, membuat pemerhatian dan melakukan aktiviti-aktiviti eksplorasi secara bebas. Keadaan ini secara tidak langsung akan mengurangkan keberkesanan penggunaan keupayaan mental secara optimum. Justeru sebagai pendidik kita perlu menyedari akan keadaan ini supaya kecenderungan untuk bersikap 'mengeksploitasi' keadaan tidak berlaku. Ada pelajar yand dididik dengan sikap patuh dan tidak banyak membantah dan ada pula yang dididik dengan sikap terbuka dan sentiasa memberi peluang kepada perkara-perkara baru. Memang diakui di dalam kelas kita akan menghadapi pelbagai karakter kanak-kanak yang mempunyai latar belakang pendidikan keluarga yang berbeza. Bagi kanak-kanak yang sentiasa dididik dengan pendidikan yang demokratik mereka akan berasa kurang selesa atau kurang seronok apabila diajar dengan cara yang pasif dan kurang memberikan peluang kepada aktiviti-aktiviti yang menarik dan mencabar.

Tidak dinafikan bahawa pengaruh-pengaruh sosial terhadap perkembangan kanak-kanak mempunyai kesan yang ketara terhadap perkembangan intelektual mereka. Pengalaman-pengalaman berinteraksi dengan ibubapa dan masyarakat amat mempengaruhi serta membentuk minat kanak-kanak terhadap dunia persekitaran mereka yang lebih luas. Pada tahap ini, kanak-kanak banyak mempelajari tentang dunia di sekitarnya, sekolah, keluarga, hubungan sebab dan akibat sesuatu kejadian, ciptaan Allah SWT, dan juga kemajuan sains dan teknologi. Apabila kanak-kanak didedahkan dengan cerita mitos dan dongeng dan dianggap sebagai benar berlaku, ianya akan dibawa bersama semasa mereka belajar di dalam kelas. Sebagai pendidik kita perlu peka dengan keadaan ini bagi memastikan pelajar-pelajar kita yang mempunyai pengalaman budaya seperti ini dapat dibimbing sesuai dengan keperluan mereka. Kita tidak boleh menidakkan kewujudan budaya ini dalam diri pelajar kita dan masyarakat, tetapi apa yang perlu dilakukan ialah membantu mereka melihat sesuatu fenomena dan perkara dalam perspektif yang lebih luas dan jelas, iaitu yang berkaitan dengan ciptaan Allah dan juga proses-proses yang berlaku disebaliknya.

Kajian membuktikan bahawa terdapat hubungan antara perkembangan intelektual kanak-kanak dengan budaya intelektual yang wujud dalam lingkungan di mana kanak-kanak tersebut tinggal. Ini termasuklah kebolehan memahami dan berfikir tentang bentuk, ruang dan nombor. Oleh yang demikian, keluarga yang terlalu menghadkan aktiviti eksplorasi dalam kalangan anak-anaknya sejak lahir akan menyebabkan potensi penaakulan tentang ruang dan masa di dalam diri kanak-kanak tidak berkembang sepenuhnya. Sedangkan kemahiran dan kefahaman tentang ruang ini merupakan asas yang penting dalam mempelajari ilmu-ilmu seprti matematik, teknikal, dan kebolehan saintifik. Kebolehan untuk berfikir dan bertingkah laku secara kreatif dan imaginatif juga menggambarkan budaya pendidikan yang diamalkan di rumah dan akan dibincangkan dengan lebih lanjut dalam topik perkembangan kognitif.

5.5 Perkembangan Individu Di Tahap Remaja

Berbeza dengan tahap sebelumnya, tahap remaja menggambarkan pertumbuhan dan perkembangan yang sangat ketara di kalangan kanak-kanak. Namun begitu, fokus utama perbincangan dalam bahagian ini ialah tentang sifat-sifat dan ciri-ciri pekembangan tersebut kerana perbezaan umur dan tahap kecepatan walaupun berbeza bagi setiap individu, adalah menunjukkan sifat-sifat yang umum yang berlaku pada setiap individu. Perubahan yang paling ketara pada tahap ini ialah akil baligh, iaitu kesediaan untuk melakukan reproduksi. Perubahan yang paling ketara ialah perkembangan saiz fizikal, suara dan seumpamanya. Biasanya, kanak-kanak perempuan lebih awal mencapai umur akil baligh berbanding kanak-kanak lelaki. Secara perlahan-lahan kanak-kanak tahap ini akan membentuk fizikal sepertimana orang dewasa. Bagi perempuan tahap kematangan ditandai dengan kedatangan 'haid' manakala lelaki ditandai dengan mendapat 'mimpi basah'. Perubahan-perubahan yang begitu ketara ini mengakibatkan rasa 'tidak selesa' dalam kalangan individu tersebut. Walaupun demikian pada tahap ini individu akan mencapai tahap pertumbuhan yang maksimum dalam segala segi.

Kesan daripada perkembangan tersebut, remaja perlu melakukan penyesuaian sosial dan emosional. Remaja yang awal mencapai tahap akil baligh sebagai contoh, akan mengalami kesukaran menyesuaikan dirinya dengan lingkungan, terutamanya dengan rakan-rakan, dengan memilih aktiviti atau tingkah laku yang bersesuaian dengan perkembangan semasa dirinya. Dalam masa yang sama terdapat kecenderungan ibubapa atau orang dewasa lainnya, termasuk para pendidik, yang terlalu mengharap mereka berperilaku seperti orang dewasa lain. Keadaan ini sebenarnya malah memberikan tekanan yang berlebihan kepada individu remaja tersebut. Bagi remaja lelaki yang mencapai usia akil baligh awal akan lebih mudah menyesuaikan diri berbanding perempuan kerana mereka akan kelihatan 'matang' atau 'macho' dalam semua aspek. Manakala remaja perempuan mereka akan menghadapi proses penyesuaian diri yang lebih mencabar. Terutamanya dalam memilih pakaian yang sesuai dengan dirinya seperti yang dianjurkan dalam agama, adalah merupakan sesuatu yang sukar bagi mereka untuk berubah secara mendadak sekiranya tidak dilatih sejak dari awal lagi. Tekanan dan cabaran yang dihadapi oleh remaja ini sebenarnya jika tidak ditangani dan dibimbing akan mempengaruhi tenaga dan penumpuan remaja terhadap pembelajaran di sekolah. Justeru sebagai pendidik kita perlu memberikan bimbingan bahawa perubahan dan penyesuaian yang perlu dilakukan adalah sebagai normal dan akan berlaku kepada setiap orang.

Pada tahap ini kesedaran kendiri individu remaja semakin kuat dan mereka sangat mengambil berat tentang dirinya dan bagaimana orang lain melihat dirinya. Sebelum ini gambaran mental tentang individu ideal yang diingini diperolehi daripada maklumat yang disampaikan oleh keluarga, rakan-rakan, masyarakat, sekolah, dan bahan-bahan bacaan. Mereka membentuk pemahaman tentang dirinya, kelebihan, kekurangan serta penerimaan mereka terhadap dirinya dan bagaimana bertingkah laku di dalam masyarakat. Konsep kendiri ini mempengaruhi tidak hanya berkaitan dengan cara bertingkah laku, tetapi juga sikap dan motivasi mereka yang mana turut mempengaruhi sikap dan tingkah laku belajar mereka di sekolah. Karakter ideal dan karakter sebenar mereka juga sentiasa berubah dari semasa ke semasa sesuai dengan pertambahan pengalaman yang diterima dan akan wujud masalah penyesuaian dalam diri remaja sekiranya terdapat perbezaan yang besar antara karakter ideal dan karakter sebenar mereka. Namun begitu, perlu ditegaskan bahawa walaupun remaja akan dan sentiasa berhadapan dengan masalah penyesuaian mereka biasanya melalui tahap ini dengan jayanya sekiranya mendapat bimbingan dan tunjuk ajar yang betul oleh semua pihak termasuk ibubapa, keluarga, sekolah dan masyarakat.

Pada tahap ini juga penglibatan lebih banyak dalam kumpulan rakan sebaya termasuk rakan di sekolah semakin meningkat. Mereka mulai cuba melepaskan diri daripada ketergantungan terhadap orang dewasa terutamanya kedua ibubapanya. Kadangkala tidak dinafikan akan berlaku perbezaan dan percanggahan budaya dan nilai-nilai moral di antara hubungan dengan orang dewasa dan hubungan dengan rakan sebaya. Di sinilah letaknya peranan orang dewasa membimbing dan memberi tunjuk ajar serta memberi maklumat tambahan bagaimana menyesuaikan diri dengan perbezaan dan percanggahan tersebut agar bermanfaat kepada pertumbuhan dan perkembangan dirinya. Perhubungan dengan kumpulan rakan sebaya juga adalah penting kepada remaja kerana mereka dapat mempelajari perhubungan dengan orang lain, interaksi sosial, menyesuaikan diri dengan orang lain dalam konteks perhubungan yang lebih luas. Apa yang menarik di sini ialah remaja sentiasa melakukan 'eksperimen' segala pengalaman dan pengetahuan yang dipelajari dan diterima daripada orang lain. Perhubungan dan interaksi dengan rakan sebaya ini juga penting kerana remaja merasa lebih selesa disebabkan persamaan umur berbanding orang dewasa. Justeru itu proses sosialisasi menjadi lebih berkesan sekiranya mereka dapat memanfaatkan perhubungan mereka dengan rakan sebaya. Pada ketika ini juga remaja mempelajari peranan seseorang individu berdasarkan jantina kepada perkembangan personality diri kerana ekspektasi masyarakat dan keluarga adalah berbeza-beza. Justeru remaja yang kurang atau gagal bergaul dengan rakan-rakan sebaya akan merasa rendah diri disebabkan kekurangan kemahiran bersosial.

Seperti dinyatakan sebelumnya, pada awal tahap ini kebolehan untuk belajar dan berfikir berdasarkan idea-idea abstrak masih lagi berada pada tahap yang sederhana. Namun begitu secara perlahan-lahan mental mereka membina kebolehan untuk belajar dan berfikir secara abstrak. Mereka mulai mampu untuk berfikir dan menaakul pelbagai perkara dalam satu-satu masa secara serentak. Mereka sudah mampu untuk memahami idea-idea atau perkara yang lebih rumit atau pelbagai serta membuat kesimpulan berkenannya. Secara teknikalnya tahap ini dikenali sebagai 'tahap operasi formal'. Ini berdasarkan kepada kebolehn mereka membanding dan menghubungkait perkara-perkara yang sedang dipelajari dengan pengalaman dan pengetahuan sedia ada mereka.

Perlu diakui bahawa perkembangan kemahiran pemikiran dan penaakulan adalah berbeza-beza bagi setiap individu. Namun begitu bagi kebanyakan remaja mereka didapati mampu mencapai tahap pemikiran orang dewasa apabila memasuki tahap akhir zaman remaja. Sebagai pendidik, apa yang perlu kita fahami adalah kebolehan pemikiran dan penaakulan formal tidak akan berkembang secara sendiri tetapi memerlukan peluang dan bimbingan bagaimana menggunakannya dan seterusnya mengamalkannya. Ini menggambarkan bahawa sungguhpun mereka sudah mulai mampu untuk berfikir secara abstrak mereka masih memerlukan proses pembelajaran sebenar dan praktikal iaitu situasi pembelajaran yang menekankan pengalaman langsung dan bermakna. Apabila asas-asas pengalaman pembelajaran secara langsung ini telah terbentuk maka barulah kita dedahkan mereka dengan aktiviti-aktiviti lain yang berbeza konteks dan situasi atau dihubungkait dengan prinsip-prinsip pembelajaran yang lain. Seperkara yang kerap berlaku ialah kebanyakan kita yang mengajar terlalu mengharapkan pelajar-pelajar kita telah memahami dan menguasai pembelajaran dan pengalaman lalu. Ini sebenarnya walaupun perlu, kadang kala boleh menyukarkan proses pembelajaran pelajar kita terutamanya kepada yang masih tidak mempunyai asas-asas seperti yang kita harapkan.

Pada tahap remaja ini juga dapat dilihat bagaimana perkembangan kebolehan mental individu berkaitan dengan factor kebolehan semulajadi dan juga lingkungan. Kebolehan setiap individu semakin ketara pada tahap ini dari segi kecenderungan terhadap sesuatu mata pelajaran yang dipelajari di sekolah. Seperti dinyatakan di awal perbincangan pengaruh lingkungan boleh mempengaruhi tahap minat pelajar dalam satu-satu mata pelajaran. Justeru itu sekiranya seorang guru mampu memberikan pengajaran yang menarik dan berkesan dengan sendirinya akan dapat mempengaruhi tahap minat pelajar tersebut kepada mata pelajaran yang diajar. Ini termasukalah cara bagaimana mereka belajar. Dalam konteks kebolehan semulajadi terdapat pelbagai keadaan yang wujud di kalangan pelajar. Ada pelajar mampu belajar dan melihat sesuatu perkara dalam konteks yang lebih luas dan menyeluruh dan ada pula yang belajar dan berfikir melalui komponen-komponen secara terpisah-pisah dan terperinci. Keupayaan untuk berfikir secara imaginatif dan kreatif akan meningkat secara berbeza-beza pada setiap individu sehingga ke suatu tahap yang optimum.

Justeru orang dewasa terutamanya sekolah berperanan membantu dan membimbing remaja tumbuh dan berkembang menjadi insan yang seimbang sesuai dengan FPK. Walaupun setiap tahap adalah penting dan saling pengaruh mempengaruhi, tahap remaja dinilai sebgai proses akhir sebelum seseorang individu membentuk jatidiri yang sebenar. Ini kerana apabila melepasi tahap ini proses yang lebih ketara ialah proses pengukuhan diri sebagai seorang dewasa termasuklah bidang kerjaya, sikap, personality dan seumpamanya.

Kajian menunjukkan bahawa individu menempuh pelbagai cabaran semasa melalui zaman remaja. Sekiranya mereka gagal atau kurang berjaya melalui tahap remaja dalam membentuk dan membina keperibadaian ataupun kurang jelas dalam ertikata fungsi sebagai insane yang lebih luas mereka akan sentiasa keliru dengan peranan dan tingkah laku yang patut dijadikan panduan dalam kehidupan sebenar. Suatu keadaan yang biasa berlaku ialah remaja sentiasa menghadapi dilemma dalam berfungsi sebagai individu. Pertama, mereka masih merupakan individu yang memerlukan bimbingan dan sokongan daripada orang dewasa, akan tetapi pada pengamatan orang dewasa mereka adalah orang yang sudah dewasa dan perlu bertingkah laku seperti orang dewasa. Kedua, secara psikologinya mereka masih lagi dalam proses perkembangan diri iaitu dalam mengenali dirinya dengan lebih jelas dan tepat. Justeru bimbingan dan tunjuk ajar daripada orang dewasa adalah sentiasa diharapkan. Jika keadaan ini tidak dapat difahami dan ditangani dengan baik akan menambahkan lagi tekanan proses penyesuaian peranan individu remaja tersebut.

Selain daripada perbezaan pengalaman dan kebolehan yang diperolehi semasa zaman remaja, sistem persekolahan sedia ada juga menuntut komitmen yang tinggi daripada pelaksananya iaitu para pendidik. Kebiasaannya sekolah menengah terletak jika tidak di bandar di kawasan perbandaran yang agak berbeza dengan suasana kampung. Oleh yang demikian pelajar-pelajar yang datang ke sekolah akan terdiri daripada pelbagai latar belakang dan pengalaman. Tambahan pula oleh kerana system pendidikan rendah kebangsaan yang bersifat 'heterogenous' (dalam ertikata bahasa penghantar yang digunakan), kedatangan mereka daripada pelbagai aliran sekolah akan menambahkan kepelbagaian yang sedia ada wujud. Cabaran guru-guru bukan sahaja setakat perbezaan budaya, bahasa, agama dan seumpamanya. Begitu juga dengan latar belakang kita sebagai pendidik yang berbeza dengan latar belakang pelajar-pelajar kita. Adalah diakui tidak ada formula khusus yang boleh diajukan di sini bagi membantu keberkesanan pengajaran kita. Akan tetapi melalui perbincangan ini kita harapkan akan kesedaran dan keyakinan tentang tugas kita dalam memahami kepelbagaian latar belakang pelajar-pelajar kita serta kepentingannya dalam proses pengajaran dan pembelajaran. Secara tidak langsung ianya akan menghindarkan kita daripada membuat andaian-andaian kurang tepat berkenaan pelajar-pelajar kita tanpa menilai dan mempelajarinya terlebih dahulu.

5.6 Penutup

Perkara penting yang perlu kita ketahui adalah perbezaan-perbezaan yang wujud dalam diri anak-anak didik kita tidak hanya merujuk kepada perbezaan kebolehan dan kepintaran tetapi juga meliputi perbezaan umur. Perbezaan tersebut memberi makna yang menyeluruh berkenaan dengan apakah pendekatan pendidikan yang sesuai yang boleh digunakan untuk mereka. Dalam erti kata yang mudah semakin berusia seseorang individu itu maka semakin berpengalaman dan berkemahiran mereka. Cuma kadang kala kita perlu berhati-hati kerana ada berlaku di mana perkembangan umur tidak boleh diambil kira kerana masalah kesihatan seperti cacat. Justeru sikap ambil peduli dan prihatin kita semasa mendidik dapat memastikan tidak ada anak-anak yang terbiar dan tidak terbimbing secara yang sepatutnya.

Di sini dikemukakan beberapa prinsip yang boleh difikirkan bersama berkenaan bagaimana kita boleh mengukuhkan sistem kekeluargaan. Prinsip-prinsip ini merujuk kepada keperluan ibubapa mengamalkan sistem keibupaan yang sesuai dan kondusif untuk membantu perkembangan anak-anak. Dalam banyak keadaan kita kadang-kadang terlepas pandang antara tanggungjawab dan amanah dengan tugasan. Kalau melihat kepada tanggungjawab dan amanah kita akan sentiasa memastikan prose mendidik dilakukan dengan sebaik mungkin. Ini selari dengan prinsip yang dinyatakan dalam Islam di mana setiap bapa akan dipertanggungjawabkan terhadap apa yang telah diamanahkan iaitu termasuklah anak-anak. Oleh itu pendekatan pendidikan dan strategi yang digunakan bukan sahaja digunakan untuk mendidik anak-anak tetapi lebih jauh lagi kepada memastikan amanah yang diberikan dijaga dengan sebaiknya. Manakala apabila hanya memenuhi tugasan kita akan lebih terfokus kepada bagaimana hendak memastikan tugasan tersebut dilaksanakan. Kita akan berasa telah menjalankan tugas kita mendidik sekiranya kita telah melakukan sesuatu.

**Prinsip 1
Perhatian**

Anak-anak memerlukan perhatian secara berterusan. Perkara-perkara berkaitan dengan perhatian emosional, masa kualiti bersama keluarga adalah sangat penting untuk anak-anak merasa mereka dihargai dan diberi perhatian. Wang ringgit dan kekayaan pada ketika ini bukan menjadi persoalan utama kerana perhatian tersebut yang lebih diutamakan

**Prinsip 2
Kefahaman**

Keadaan biasa berlaku di mana anak-anak kehilangan arah, melanggar peraturan dan tidak berdisiplin dan ibubapa perlu mendisiplinkan semula mereka dengan sabar dan berhemah dan bukan dengan rasa marah, kecewa atau zalim. Cara mendisiplin yang berhemah, bertanggungjawab dan penuh kasih sayang berupaya membentuk emosi yang sihat, sentiasa bekerjasama, dan penuh kasih dalam diri anak-anak.

**Prinsip 3
Nyatakan
Kasih sayang**

Ekspresi kasih sayang dan kesungguhan ibubapa dalam mendidik memberikan sumber utama kepada pembentukan emosional diri anak-anak. Mengambil kira bahawa anak-anak membentuk konsep kendiri kebanyakannya daripada bagaimana mereka melihat ibubapa dan keluarga melihat dan menilai mereka maka kita perlu memastikan sumber tersebut diberikan.

**Prinsip 4
Penerimaan**

Anak-anak akan dapat merasakan penerimaan semua ahli keluarga melalui 'attachment' yang terbentuk di dalam keluarga. Melalui ikatan ini mereka akan lebih mudah merasa mereka dihargai, sentiasa diperlukan di dalam keluarga, merupakan individu penting dalam keluarga dan perlu memberi sumbangan kepada setiap aktiviti keluarga. Melalui kefahaman ini mereka akan dapat membentuk rasa tanggungjawab yang lebih tinggi terutamanya apabila mereka berada di dalam masyarakat.

**Prinsip 5
Sokongan**

Kajian psikologi menunjukkan semua emosi yang kita lalui mempengaruhi diri kita secara emosional. Oleh itu setiap tindakan dan tingkah laku anak-anak perlu ada sokongan yang ikhlas supaya mereka lebih bertanggungjawab dengan apa yang dilakukan. Tanpa mengira samada tingkah laku tersebut positif atau negatif mereka perlu dibimbing untuk menjelaskan apa, kenapa, mengapa, bagaimana sesuatu tingkah laku dilakukan.

**Prinsip 6
Berstruktur**

Keluarga yang sentiasa memastikan struktur kekeluargaan yang jelas, selamat secara emosional, mempunyai sistem keibubapaan yang jelas berkecenderungan menghasilkan individu yang mempunyai keyakinan diri dan rasa kekitaan yang tinggi. Oleh itu kita perlu memastikan persekitaran dalam keluarga sebagai suatu persekitaran yang seimbang, jelas peraturan dan undang-undang, sentiasa bersikap adil dan tidak mendesak, serta fleksibel supaya mereka boleh membentuk keperibadian yang mempunyai emosi stabil, penghargaan kendiri yang tinggi, serta fleksibel.

**Prinsip 7
Kepimpinan**

Anak-anak memerlukan contoh terbaik untuk diikuti. Kalau dalam Islam kita mempunyai contoh terbaik iaitu Rasulullah SAW untuk diikuti. Baginda dikatakan mempunyai keperibadian Al Quran. Oleh itu kita perlu menunjukkan contoh keperibadian Rasullullah melalui keperibadian kita sendiri. Perkataan "buat seperti apa yang ayah suruh dan bukan buat seperti yang ayah lakukan" sudah kurang sesuai kerana kita perlu menunjukkan bukan sahaja arahan tetapi contoh.

**Prinsip 8
Berkongsi
Tanggungjawab**

Anak-anak sentiasa inginkan kebebasan setiap masa tetapi mereka masih tidak mampu melihat apa makna kebebasan tersebut dikaitkan dengan tanggungjawab sebagai individu. Oleh itu kita perlu menyediakan persekitaran yang sentiasa menerangkan tentang tanggungjawab. Bukan bermakna melonggarkan peraturan yang sudah kita tetapkan tetapi mendidik mereka bagaimana mematuhi peraturan tersebut dan menjadi seorang yang lebih bertanggungjawab terhadap tingkah laku yang dikeluarkan. Cuma kadang-kadang kita berasa bahawa permasalahan berkaitan dengan tanggungjawab terletak hanya kepada kita sebagai ibubapa. Sedangkan tanggungjawab itu perlu dibentuk di dalam diri anak-anak kita kerana kelak akan diperlukan semasa mereka hidup di dalam masyarakat.

**Prinsip 9
Ekspektasi
Munasabah**

Sekiranya kita ingin membentuk kemahiran berfikir dan emosional dalam diri anak-anak kita perlu memastikan bahawa mereka mempunyai trait psikologi berkenaan penetapan matlamat dan juga mempunyai motivasi kendiri yang tinggi. Dengan kata lain penetapan matlamat yang munasabah akan membantu mereka dalam pembangunan diri. Ekspektasi munasabah dan boleh dicapai memberikan keyakinan kepada mereka untuk sentiasa berusaha. Ini perlu ditambah dengan bimbingan, dorongan, pujian dan peringatan supaya apabila matlamat tercapai mereka lebih bersyukur dan terus berusaha.

**Prinsip 10
Tanggungjawab
Kendiri**

Pemberian tanggungjawab dan saling mempercayai menunjukkan kesediaan kita untuk menerima anak-anak kita seadanya. Proses bimbingan seharusnya bermula dengan apa yang dimiliki oleh mereka dan dikembangkan sebaik mungkin mengikut acuan dan minat mereka. Kegagalan menerima mereka akan menyebabkan kemahiran berkenaan tanggungjawab kepada diri sendiri sukar terbentuk

Bab 6

BAGAIMANA PEMBELAJARAN BERLAKU

6.1 Pengenalan

Bab ini membincangkan beberapa aspek yang berkaitan dengan proses pembelajaran yang berlaku kepada setiap individu manusia. Antara perkara yang menjadi pokok perbincangan termasuklah konsep pembelajaran itu sendiri, pengaruh-pengaruh yang mempengaruhinya, serta bagaimana kita boleh meningkatkan proses pembelajaran di kalangan individu. Kefahaman tentang bagaimana pembelajaran berlaku sangat penting untuk memotivasikan setiap individu untuk terlibat secara aktif dalam proses pembelajaran kerana pembelajaran yang dilakukan secara langsung lebih tinggi keberkesanannya berbanding yang secara pasif.

6.2 Konsep Pembelajaran

Apabila kita berbincang tentang pembelajaran kita kerap menghubungkaitkannya dengan sekolah. Apa yang terlintas termasuklah bagaimana individu kanak-kanak yang belajar dalam suasana formal mempelajari subjek-subjek tertentu yang telah ditetapkan. Proses-proses yang berlaku di dalam kelas seringkali dijadikan contoh kepada pembelajaran ini. Namun begitu, pembelajaran tidak boleh dikaitkan dengan sekolah sahaja. Ianya boleh berlaku dalam semua keadaan, di sekolah, rumah, masyarakat dan di mana sahaja dalam kehidupan seharian kita.

Kita sebenarnya sentiasa belajar dalam kehidupan sehari-hari. Islam telah menjelaskan bahawa proses menuntut ilmu adalah dari rahim ibu hinggalah ke liang lahad. Kita tentu masih ingat bagaimana kita belajar merangkak, berjalan, berlari, bercakap, makan dan sebagainya. Proses pembelajaran yang kita lalui itu mengakibatkan peningkatan dari segi pengetuan dan juga kemahiran. Kadang-kadang pembelajaran tersebut boleh berlaku walaupun tidak diniatkan seperti mana kita datang ke sekolah yang secara jelas bertujuan untuk belajar. Ada kalanya kita berasa gugup dan gementar apabila diminta bercakap di depan orang ramai, berasa takut apabila dinasihatkan oleh doktor untuk membuat pemeriksaan lanjut di hospital, tidak menyukai sesuatu mata pelajaran berbanding mata pelajaran lain, dan seumpamanya.

Pembelajaran secara mudahnya boleh didefinisikan sebagai suatu proses perubahan yang biasanya bersifat kekal kesan daripada proses pengalaman terhadap pengetahuan atau tingkah laku seseorang. Perubahan tersebut boleh sahaja disengajakan, yang betul ataupun yang salah, disedari ataupun tidak. Namun begitu secara umumnya bagi membolehkan perubahan tersebut dikategorikan sebagai pembelajaran ialah ianya perlulah dialami oleh individu tersebut dalam hubungannya dengan orang lain ataupun lingkungannya. Oleh yang demikian perubahan yang berlaku secara semulajadi seperti rasa lapar, penyakit, keletihan dan seumpamanya tidak dapat dikategorikan sebagai pembelajaran. Pelbagai pendekatan dan teori cuba menekankan pendefinisian pembelajaran mengikut bidang masing-masing seperti kognitif, sosial, emosional, dan fizikal. Namun begitu salah satu teori yang begitu popular dan mudah untuk dilihat ialah teori pembelajaran tingkah laku. Mereka beranggapan bahawa hasil pembelajaran adalah kesan perubahan yang berlaku kepada tingkah laku hasil daripada pengaruh persekitaran. Jarvis (2009:25) menegaskan pembelajaran sebagai:

"Kombinasi proses-proses sepanjang hidup yang mana seseorang individu meliputi badannya (genetik, fizikal dan biologikal) dan pemikiran (pengetahuan, kemahiran, sikap, nilai, emosi, makna, kepercayaan dan deria) melalui pengalaman-pengalaman sosial, yang diterjemahkan dan difahami secara kognitif, emosi dan praktikal dan diintegrasi dalam biografi mereka yang sentiasa berubah-ubah secara berterusan."

Aristotle (384 – 322 SM) menyebutkan bahawa kita mengingat sesuatu perkara secara 'bersama-sama', apabila kedua-duanya serupa, apabila kedua-duanya berbeza antara satu sama lain, dan apabila kedua-duanya bersamaan. Salah satu penjelasan yang paling menarik ialah berkenaan dengan prinsip dua perkara yang bersamaan. Prinsip persamaan ini menjelaskan bahawa apabila dua perkara berlaku bersama-sama dengan lebih kerap ianya akan dikatakan mempunyai perhubungan. Begitu juga sekiranya keadaan ini berlaku secara berterusan ia dinilai mempunyai perkaitan. Kemudiannya apabila hanya satu perkara sahaja yang berlaku (dipanggil 'rangsangan') perkara yang keduanya juga akan diingati (dikenali sebagai 'tindak balas'). Daripada sinilah nantinya perkembangan pembelajaran yang melihat perkaitan antara rangsangan dan tindak balas yang mana kita akan memberikan reaksi-reaksi tertentu apabila berhadapan dengan sesuatu situasi atau perkara.

6.3 Motivasi Dalam Pembelajaran

Salah satu perkara yang utama yang mempengaruhi keberkesanan pembelajaran adalah motivasi. Kesediaan pelajar menumpukan perhatian untuk belajar sesuatu banyak ditentukan oleh motivasi mereka. Marilah kita lihat secara lebih mendalam bagaimana memastikan pelajar supaya sentiasa bermotivasi untuk belajar. Perkara pertama yang perlu dipastikan ialah bagaimana membuat mereka rasa berminat menumpukan perhatian kepada pembelajaran. Kadang kala mereka hanya suka untuk belajar pada perkara-perkara yang mereka sukai sahaja.

Sebagai perbandingan mungkin saya boleh kemukakan situasi motivasi untuk belajar dalam kalangan anak-anak saya. Contoh ini merujuk kepada motivasi untuk belajar subjek-subjek yang dipelajari di sekolah. Anak saya yang pertama mempunyai tahap motivasi belajar yang tinggi. Dia tahu bila, bagaimana, berapa banyak dan mengapa dia perlu belajar. Seingat saya amat jarang saya dan isteri saya meminta dia belajar dan melakukan ulangkaji. Anak kedua saya mempunyai tahap motivasi belajar yang pelbagai. Tumpuan belajarnya bercampur dengan lain-lain perkara. Dia sentiasa bermotivasi untuk belajar tetapi dalam masa yang sama mempunyai kecenderungan-kecenderungan lain seperti bermain bolasepak, bermain muzik, melukis dan bermain 'game'. Justeru itu dia memerlukan dorongan dan ingatan untuk mengulangkaji pelajarannya terutamanya apabila peperiksaan tiba.

Begitu juga dengan anak saya yang kecil yang mempunyai tahap motivasi belajar yang lebih pelbagai. Sama seperti abangnya yang mempunyai lain-lain minat terutamanya bolasepak, dia memang sentiasa memerlukan dorongan dan ingatan untuk sentiasa menyemak dan mengulangkaji pelajaran sekolahnya. Satu contoh yang paling klasik yang boleh saya kongsikan adalah setiap kali menyemak kerja-kerja sekolah dia akan tertidur. Sedangkan apabila aktiviti berkait dengan bolasepak dia akan sentiasa bersedia. Perbandingan ini jelas menunjukkan bahawa memahami isu motivasi memerlukan kita mendalami bukan sahaja konsep motivasi itu sahaja tetapi perkara-perkara yang berkaitan dengannya supaya kita boleh menggunakannya dalam mendorong anak-anak kita untuk belajar.

Secara mudah motivasi dapat difahami sebagai keadaan dalaman individu yang meningkatkan, mengarahkan, dan mengekalkan tingkah laku mereka (Woolfolk, 2007). Untuk memudahkan

pemahaman tentang konsep motivasi dengan lebih mendalam cuba
perhatikan persoalan-persoalan berikut:

1. *Pemilihan.* Persoalan yang boleh dikemukakan, mengapa
   terdapat pelajar yang bersungguh-sungguh membuat
   latihan yang diberikan oleh guru sedangkan yang lain sibuk
   bermain dan menontoh televisyen?
2. *Kesegeraan.* Mengapa terdapat individu yang menyegerakan
   kerja yang diberikan manakala ada yang lain
   bertangguh-tangguh?
3. *Keterlibatan.* Ada individu yang benar-benar terlibat secara
   langsung dan bersungguh dalam melaksanakan kerja
   tersebut manakala ada yang lain hanya melihat dan tidak
   mahu terlibat secara aktif?
4. *Kesungguhan.* Mengapa ada individu yang sanggup
   melakukan kerja sehingga selesai walaupun sukar ataupun
   memakan masa yang lama sedangkan yang lain cepat putus
   asa ataupun membuatnya sekerat jalan?
5. *Kefahaman.* Ada individu yang merasakan aktiviti yang
   diberikan sebagai sangat penting bukan sahaja kepada
   orang yang memberikan tetapi juga kepada dirinya sendiri.
   Manakala ada yang lain hanya membuatnya tidak sepenuh
   hati dan bersungguh-sungguh kerana merasakan ianya
   tidak ada kena mengena dengan dirinya.

Dalam keadaan sebenar, motivasi tidak terhad kepada kesediaan
untuk melakukan sesuatu perkara di sekolah, tetapi meliputi semua
aspek kehidupan yang lebih luas. Kita akan melakukan sesuatu
sekiranya kita berasa terpanggil atau perlu untuk melakukannya.
Tidak kira apa jenis aktiviti yang dilakukan, dua faktor yang sangat
mempengaruhi kita untuk melakukan sesuatu iaitu faktor ekstrinsik
dan faktor intrinsik.

Cuba imbas kembali peranan kita semasa mendidik anak-anak
kita. Kita akan dihadapkan dengan pertimbangan-pertimbangan

tertentu semasa melaksanakan tanggungjawab tersebut. Adakalanya kita didorong oleh kefahaman bahawa mendidik merupakan tanggungjawab yang telah diamanahkan kepada kita. Dan ada ketikanya pula kita mendidik anak-anak kita semata-mata untuk memastikan pandangan positif daripada masyarakat. Ada ketikanya pula kita mendidik mereka supaya kelak menjadi orang yang berjaya. Dan yang pasti kita juga mendidik mereka kerana kita tidak mahu mereka menjadi orang susah ataupun menjadi manusia yang jahat di masa hadapan. Setiap masa kita dipengaruhi oleh faktor-faktor ini untuk bertingkah laku. Bukan bermakna ini merupakan sesuatu yang mutlak tetapi hanya untuk melihat bagaimana pengaruh untuk bertingkah laku berpunca.

6.3.1 *Motivasi Ekstrinsik*

Fikirkan sejenak apakah motif kita mempelajari ilmu psikologi pendidikan. Oleh kerana kita telah memasuki tahap pemikiran orang dewasa (pemikiran operasi formal) yang boleh berfikir secara abstrak dan jauh ke hadapan kita akan dapat membuat kesimpulan bahawa keperluan untuk belajar ilmu tersebut kalau di universiti adalah untuk kepentingan kursus perguruan yang anda ikuti supaya membolehkan anda dapat mengajar dengan baik dan berkesan kelak. Manakala sebagai ibubapa ia lebih kepada meningkatkan pengetahuan dan kemahiran mendidik anak-anak. Tanpa mengira sama ada kita berminat atau tidak kita mempelajarinya walaupun pada masa itu kita boleh melakukan kerja-kerja atau perkara-perkara lain yang lebih kita minati. Mungkin banyak faktor yang menyebabkan kita mempelajari subjek, akan tetapi yang paling ketara ialah kerana subjek ini merupakan subjek wajib dalam program perguruan. Kesungguhan kita mempelajarinya juga ditentukan oleh motif yang telah kita tetapkan sama ada untuk sekadar mempelajarinya kerana subjek wajib ataupun kita ingin memperoleh nilai ujian yang tinggi. Kita juga boleh menentukan sama ada motif kita hanya untuk lulus ujian atau untuk mengelakkan daripada gagal ataupun mungkin kita benar-benar merasakan subjek ini penting bagi kita mempelajari bagaimana individu belajar dan bertingkah laku melalui pengajaran kita.

Begitu juga apabila kita melakukan sesuatu semata-mata untuk menyenangkan hati seseorang. Kita akan sentiasa memastikan supaya kita buat perkara-perkara tersebut bersungguh-sungguh supaya dapat memuaskan hati orang tersebut. Kita akan lebih bersungguh-sungguh terutamanya jika kita benar-benar tidak mahu mengecewakan orang tersebut.

Daripada perbincangan di atas dapat kita lihat bahaw motif tingkah laku kita banyak ditentukan oleh kita dan kadang kala di luar konteks ilmu psikologi pendidikan itu sendiri. Motivasi ini dipanggil 'motivasi ekstrinsik' di mana dorongan untuk bertingkah laku bukan berdasarkan matlamat yang ingin dipelajari tetapi didorong oleh faktor luaran. Bagi pelajar-pelajar tahap sekolah menengah, mereka mulai mampu mengenali dan mungkin memahami matlamat jangka panjang pembelajaran yang membuatkan mereka bermotivasi untuk belajar. Justeru itu bagi pelajar yang bermotivasi tinggi mereka akan lebih berjaya jika material pengajaran sesuai dengan motif mereka kerana kepuasan dan keseronokan akan dapat dicapai oleh mereka.

Bagaimanapun, individu lebih muda seperti pelajar sekolah rendah kurang mempunyai pilihan tentang apa yang ingin mereka pelajari di sekolah. Dalam hal ini kita berperanan memikirkan cara-cara lain untuk meningkatkan minat mereka untuk belajar dan bertingkah laku. Beberapa aspek yang boleh kita fikirkan dalam proses mendidik tersebut:

a. Usia dan tahap kebolehan mereka
b. Apa yang secara semulajadi boleh menarik minat dan meningkatkan rasa ingin tahu?
c. Berapa lama mereka boleh memberi penumpuan dalam melakukan satu-satu akitiviti?

d. Apakah yang boleh meningkatkan kebolehan penumpuan mereka?

e. Apakah pengetahuan dan kemahiran yang penting kepada mereka?

f. Apakah pengetahuan dan kemahiran yang telah mereka miliki?

g. Apakah anggapan mereka terhadap rumah, sekolah, dan sebagainya?

Tanpa mengira peranan kita, sebagai pendidik kita memerlukan pengetahuan yang mendalam tentang latar belakang proses-proses perkembangan kanak-kanak khususnya pelajar-pelajar kita sebagai usaha meningkatkan motivasi mereka. Justeru itu, perancangan kita semasa mendidik tersebut mestilah bermula daripada pengetahuan-pengetahuan ini dan bukannya berdasarkan kepada subjek yang diajar semata-mata. Sebagai ibubapa pula kita perlu memastikan bahawa proses pembelajaran yang dilalui oleh anak-anak kita sentiasa mengambil kira kemahiran terdahulu mereka. Adakalanya kita terlalu mendesak anak kita untuk bertingkah laku tertentu tanpa mengambil kira kemahiran sedia ada mereka. Saya pernah menggunakan minat anak-anak saya dalam satu-satu aktiviti sebagai pendorong mereka untuk belajar. Memang diakui perkaitan tersebut bukan sesuatu yang mudah untuk dilakukan tetapi saya dapati ada potensi untuk kita lakukan dalam meningkatkan motivasi mereka untuk melakukan sesuatu perkara seperti belajar.

Sesuatu yang menarik di sini terutamanya kepada kanak-kanak yang masih muda seperti di sekolah rendah, mereka terpaksa melakukan sesuatu tanpa perlu mempersoal semua aktiviti-aktiviti yang diarahkan oleh guru walaupun aktiviti-aktiviti tersebut tidak menarik perhatian langsung. Tanpa disedari mereka sebenarnya agak positif dalam hal ini iaitu dengan mengharapkan kita merancang dan mengatur suasana pembelajaran mereka. Keadaan ini membolehkan mereka mengikuti pembelajaran dengan baik, akan tetapi kita perlu memastikan semua aktiviti-aktiviti pembelajaran yang dirancang mengambil kira kebolehan dan ekspektasi mereka. Dengan lain perkataan, mereka lakukan semua itu kerana ingin belajar seperti orang lain dan tidak mahu dianggap ketinggalan. Sekurang-kurangnya mereka telah menunjukkan naluri ingin tahu mereka dengan sentiasa bersedia mengikuti proses pembelajaran.

Satu situasi di mana kita boleh memanfaatkan sumber dorongan untuk belajar dalam proses mendidik. Cuba fikirkan semula konsep rangsangan dan gerak balas, peneguhan dan dendaan yang dikaitkan dengan tingkah laku. Seorang ayah menyatakan kepada anaknya supaya sentiasa mengulangkaji pelajarannya. Si ayah tersebut telah menggunakan pendekatan konsep peneguhan negatif dalam mendidik. Kepada si anak telah dikatakan bahawa dia perlu belajar supaya dapat bermain bolasepak di waktu petang. Kalau tidak belajar maka dia perlu duduk di rumah sahaja dan tidak dibenarkan bermain bolasepak. Perkaitan ini akhirnya menyebabkan si anak mengulangkaji pelajarannya supaya dia tidak terlepas bermain bolasepak. Dorongan ini sedikit sebanyak membantu anak-anak kita meningkatkan motivasi mereka untuk belajar atau bertingkah laku sesuatu. Perlu ditegaskan pendekatan ini walaubagaimanapun perlu sentiasa dipelbagaikan dan ditukar-tukar. Jika tidak dilakukan dikhuatiri perkara-perkara negatif lain akan wujud!

Sebagai pendidik kita boleh memanfaatkan situasi ini dengan merancang proses pembelajaran sebaik mungkin sesuai dengan keadaan anak-anak didik kita. Semakin meningkatnya usia mereka itu mereka semakin memilih dalam melakukan sesuatu perkara atau aktiviti. Kita tidak harus menganggap bahawa minat atau rasa ingin tahu mereka telah hilang hanya berdasarkan keengganan atau kurang minat mereka dalam melakukan aktiviti yang telah kita rancang untuk mereka. Ini kerana ada kemungkinan aktiviti pembelajaran yang dirancang dan dilaksanakan kurang menarik kepada mereka. Justeru itu, pendidik yang mempunyai minat yang mendalam untuk sentiasa merancang dan melaksanakan proses pendidikan yang menarik dan bersesuaian dengan anak-anak didiknya kerana perancangan yang baik dan tepat akan mampu memastikan penumpuan dan sikap mereka terhadap pembelajaran kekal lebih lama.

6.3.2 *Motivasi Intrinsik*

Motivasi intrinsik pula berlaku apabila isu pembelajaran termasuklah mata pelajaran yang dipelajari begitu menarik perhatian dan berkait langsung dengan diri individu ataupun aktiviti-aktiviti pembelajaran yang dilaksanakan itu sendiri menarik perhatian mereka. Daya tarikan yang berlaku berhubungan langsung dengan diri mereka sama ada memang berminat ataupun memang menyukai subjek tersebut. Sebagai contoh, aktiviti-aktiviti seperti mewarna, melukis dan membuat model-model, begitu menarik kepada kanak-kanak kecil. Begitu juga dengan pembelajaran matematik, kira mengira dan seumpamanya akan menarik minat pelajar-pelajar yang mempunyai latar belakang pengalaman berkaitan dengan kira-kira dan menghitung seperti di kedai-kedai.

Bercerita tentang minat dan kesukaan mungkin saya boleh merujuk kembali situasi anak-anak saya yang menggemari sukan bolasepak. Oleh kerana minat yang mendalam mereka sanggup bangun dan bersedia di awal pagi semata-mata kerana ada latihan atau perlawanan. Maknanya jika kita mampu memikirkan dan menyediakan suasana yang boleh mendatangkan minat sedemikian maka akan mudahlah proses pendidikan yang ingin kita laksanakan. Dengan lain perkataan ia tidak bermakna motivasi intrinsik tidak perlu diusahakan atau dirangsang terutamanya dalam melakukan aktiviti-aktiviti pembelajaran yang benar-benar sukar dan mencabar seperti membuat eksperimen di makmal, penyelesaian matematik, karangan yang bermutu tinggi, perbincangan kritikal tentang sesuatu isu dan sebagainya. Seringkali kita sebagai pendidik perlu memotivasikan anak-anak didik kita supaya pembelajaran berlaku, tetapi apa yang paling penting ialah kita perlu menyedari bahawa kesediaan mereka untuk melakukan aktiviti akan mempengaruhi kesediaannya untuk melakukan aktiviti-aktiviti lain secara berterusan. Hadiah mata pelajaran cemerlang atau ganjaran lain umpamanya boleh menarik minat dan kecenderungan mereka untuk belajar dengan rajin dan konsisten. Kita boleh lihat bagaimana hubungkait antara motivasi ekstrinsik dengan motivasi intrinsik dalam merangsang perilaku positif di sekolah sebagaimana contoh berikut:

> *Pelajar A begitu berminat terhadap kejayaan Pelajar B kerana memenangi hadiah mata pelajaran cemerlang. Oleh itu dia cuba belajar dengan rajin supaya dapat mencontohi pelajar B. sekiranya berjaya dia berasa dapat menggembirakan ibubapanya semasa hari penyampaian hadiah sepertimana yang dilakukan oleh Pelajar B.*

> *Namun begitu, setelah dua peperiksaan dilalui Pelajar A masih gagal mendapat tempat pertama sehingga mulai merasa putus asa. Berkat bimbingan guru, rakan dan ibubapa yang menyedari dan memahami keadaan Pelajar A, Pelajar A telah menemukan kaedah terbaik belajar untuk mendapatkan kecemerlangan. Kesannya dia semakin rajin sehingga akhirnya berjaya mendapatkan hadiah kecemerlangan yang diimpikan itu.*

Di sini dapat dilihat bagaimana interaksi antara motivasi ekstrinsik dan motivasi intrinsik dalam mengekalkan tingkah laku positif pelajar dalam proses pembelajaran. Yang ketara di sini ialah walaupun motivasi intrinsik pelajar adalah kuat, sekiranya tidak dibantu oleh motivasi ekstrinsik, keadaan motivasi pelajar akan menjadi tidak stabil dan terjejas.

6.4 Motivasi Positif dan Motivasi Negatif

Cara lain yang boleh dilakukan dalam menilai tahap motivasi anak-anak didik kita ialah dengan cara melihat sama ada mereka mempunyai motivasi negatif ataupun positif. Motivasi negatif ialah bilamana terdapat hukuman atau dendaan yang kurang menyenangkan berlaku atau akan berlaku sekiranya sesuatu pembelajaran tidak dibuat atau dilakukan. Manakala motivasi positif pula tidak berdasarkan rasa takut, bimbang atau risau yang keterlaluan dan lebih kepada usaha menimbulkan harapan dalam diri pelajar bahawa sesuatu yang menyeronokkan atau menggembirakan akan diperolehi kesan daripada tingkah laku yang dilakukan.

Motivasi negatif tidak selalunya tidak baik kerana ia juga mampu mendorong kepada pencapaian yang lebih tinggi. Takut gagal dalam ujian atau peperiksaan atau dimarahi oleh guru atau ibubapa contohnya boleh juga  dikategorikan sebagai motivasi negatif. Namun begitu perlu diingat bahawa motivasi jenis ini boleh menjejaskan pembelajaran anak-anak didik kita terutamanya dalam jangka masa panjang sekiranya kita terlalu kerap mengamalkannya. Dengan lain perkataan akan wujud ketergantungan dalam diri mereka. Contoh lainnya seperti mereka (ataupun mungkin juga kita) akan lebih berusaha kepada subjek-subjek atau topik-topik tertentu yang dirasakan akan keluar dalam peperiksaan. Keadaan ini akan hanya mewujudkan suatu suasana aktiviti menjawab soalan dan bukan memperkembang rasa ingin tahu mereka serta keupayaan melakukan eksplorasi dalam pembelajaran. Justeru itu, mereka akan menjadi kurang yakin dengan keupayaan mereka sendiri semasa menjawab soalan dan kebimbangan ini boleh penumpuan.

Keadaan ketergantungan ini sekiranya berterusan akan mempengaruhi minat mereka terhadap mata pelajaran tersebut atau menghilangkan minat untuk belajar secara keseluruhan. Begitu juga kepada individu yang merasakan topik-topik tertentu sahaja yang perlu dipelajari yang tidak menarik minat, mereka akan kurang menunjukkan usaha untuk belajar kerana mereka akan merasa terpaksa. Pembelajaran akan lebih menjurus kepada matlamat ekstrinsik semata-mata seperti lulus periksa, tidak dimarahi ibubapa, dan bukan lagi kepada matlamat untuk memahami dan menguasai subjek atau perkara-perkara tertentu. Justeru kewujudan pusat tiusyen perlu difikirkan semula matlamatnya supaya selari dengan matlamat menuntut ilmu dan bukan hanya untuk matlamat jangka pendek seperti lulus periksa semata-mata.

Namun begitu sebagai guru di sekolah kita juga ditugaskan dengan tugasan yang pelbagai seperti kelas yang besar, kokurikulum serta lain-lain aktiviti sampingan, dikhuatiri akan membentu motivasi negatif dalam diri kita sebagai pendidik. Sebagai contoh apabila kita kerap mengandaikan kegagalan sesuatu pembelajaran sebagai berpunca daripada pelajar dan hanya boleh dipertingkatkan oleh pelajar itu sendiri dan bukan orang lain. Sedangkan kadangkala kita terlepas pandang pengaruh tugasan kerja yang kita perlu jalankan telah mempengaruhi sedikit sebanyak motivasi kita untuk mendidik. Begitu juga dengan hukuman dan dendaan yang kadang kala kurang berkesan untuk proses pembelajaran jangka panjang. Oleh yang demikian, kegagalan berterusan dalam belajar perlu diteliti dan dianalisis dengan mendalam bagi membolehkan pendekatan motivasi yang bersesuaian boleh digunakan. Ini termasuklah kepada pengubahsuaian objektif dan aktiviti pembelajaran.

Berbeza dengan motivasi negatif, motivasi positif pula adalah sesuatu proses pendidikan yang tidak semestinya disertai ganjaran setiap masa kerana dalam setiap aktiviti yang dilakukan akan ada yang berjaya dan akan ada yang gagal. Suatu bentuk motivasi positif yang baik ialah apabila anak-anak didik kita mampu menyedari bahawa mereka berupaya dan mencapai sesuatu tahap pembelajaran yang bermakna. Selain daripada itu mereka juga akan berasa dihargai melalui tingkah laku yang dilakukan manakala sebagai pendidik kita perlu merancang pengajaran sesuai dengan mereka. Sebab itu dalam perlaksanaannya kita perlu sentiasa memastikan pendidikan yang dilaksanakan dinilai dalam perspektif menuntut ilmu pengetahuan dan bukan untuk lulus periksa.

Dalam erti kata lain, motivasi positif merupakan manfestasi daripada sikap kita sebagai pendidik terhadap anak-anak didik kita seperti yang terserlah melalui proses pendidikan yang kita lakukan dan juga tahap pengetahuan dan perhubungan ke atas mereka. Kalau dalam konteks sekolah, tidak dinafikan keadaan keseluruhan kelas adalah motivasi utama kita sebagai guru. Kajian menunjukkan bahawa guru yang berjaya dan dihormati pelajar-pelajarnya biasanya seorang guru yang mempunyai sikap positif terhadap pembelajaran terutamanya dalam sikapnya terhadap proses pembelajaran kelas. Sekiranya kita berjaya menunjukkan sikap dedikasi dan tanggungjawab terhadap pengajaran kita akan terlihat daripada kesungguhan kita melakukan persediaan, melaksanakan pengajaran, menyediakan alat bantu mengajar, dan lain-lain yang berkaitan. Sikap ini dengan sendirinya akan turut diperhatikan oleh pelajar yang lama kelamaan akan bersikap sedemikian rupa.

Dalam konteks pendidikan di rumah pula sebagai ibubapa kita perlu memahami bagaimana motivasi positif dan negatif boleh mempengaruhi proses pendidikan yang kita amalkan. Baik dalam perspektif kita sebagai pendidik dan anak-anak kita sebagai individu yang menerima pendidikan kita perlu sentiasa mengambil kira sumber motivasi tersebut. Sebagai 'pemegang amanah' kita perlu memastikan proses pendidikan dilaksanakan dengan penuh kasih sayang dan tanggungjawab terutamanya dalam membantu anak-anak kita melihat ilmu dan kemahiran dalam perspektif yang lebih luas. Dengan kefahaman ini kita akan dapat memastikan anak-anak kita lebih menyukai ilmu dan sanggup menghadapi apa sahaja kesukaran untuk mendapatkan ilmu tersebut. Sebagai contoh boleh kita lihat dalam perspektif pembelajaran pengarahan kendiri. Menurut Knowles (1975) pembelajaran pengarahan kendiri ini terbentuk bilamana individu mulai berinisiatif untuk belajar, menentukan keperluan dan matlamat sendiri, mendapatkan sumber-sumber rujukan, memilih strategi terbaik untuk mempelajari ilmu tersebut dan mengaplikasikannya, dan akhir sekali sentiasa menilai hasil yang dicapai. Keadaan ini menunjukkan kesediaan untuk belajar yang melepasi sempadan seperti hanya untuk lulus periksa atau mengelakkan daripada dimarahi oleh ibubapa.

6.5 Ekspektasi Terhadap Pembelajaran

Suatu perkara yang tidak boleh dipisahkan apabila berbincang tentang motivasi pelajar di sekolah adalah ekspektasi yang mereka miliki tentang pembelajaran. Ini kerana ekspektasi yang dimiliki akan mempengaruhi sikap mereka terhadap pembelajaran. Justeru itu, perancangan pengajaran hendaklah memastikan supaya pelajar dapat merasakan kemajuan yang mereka capai di dalam pembelajarannya. Dengan lain perkataaan, mereka dapat merasakan terdapat kemajuan di dalam proses pembelajarannya sehingga mendorong mereka untuk berusaha dan terus belajar.

Adalah tidak dinafikan, setiap kita akan merancang pengajaran sebaik mungkin yang sesuai dengan keperluan pelajar-pelajar kita walaupun dengan kekangan masa dan keterikatan dengan kurikulum yang telah ditetapkan. Malahan sebagai ibubapa kita juga mempunyai matlamat dan pendekatan tertentu dalam proses mendidik anak-anak kita. Namun, beberapa perkara perlu diambil kira bagi memastikan apa yang kita rancang dapat dilaksanakan dengan berkesan dan jayanya. Pertama, kita tidak harus menganggap bahawa ekspektasi yang dimiliki oleh anak-anak didik kita adalah sama seperti ekspektasi kita. Oleh itu dalam setiap proses pembelajaran peluang-peluang yang lebih luas perlu diberikan kepada mereka terutamanya kepada yang memerlukan bimbingan, penerangan dan latihan. Manakala yang lebih cepat pemahamannya mempunyai peluang untuk melakukan eksplorasi lanjutan sama ada secara sendirian ataupun berkumpulan. Malah mereka juga boleh diberikan pemantapan dengan memberikan tugas tambahan seperti membantu rakan-rakan sekelas yang lain yang memerlukan tunjuk ajar.

Saya pernah melaksanakannya semasa mengajar mengaji Al Quran anak-anak saya. Semasa pembacaan saya meminta mereka saling menyemak bacaan antara satu sama lain dan biasanya yang tua akan menyemak yang lebih muda. Ada ketikanya pula saya meminta si adik menyemak bacaan si abang atau si kakak. Yang menarik daripada aktiviti menyemak ini adalah proses argumentasi yang berlaku antara mereka. Apabila berlaku perbezaan kefahaman semasa membaca terutamanya dalam hal tajwid mereka akan menerangkan kenapa salah dan kenapa betul. Kesan daripada aktiviti tersebut menyebabkan mereka lebih mahir dan berpengetahuan dalam pembacaan Al Quran walaupun masih lagi belum sempurna.

Ini bermakna perancangan pengajaran perlu dirancang sedemikian rupa dengan teliti, apa yang telah dipelajari, apakah penekanan-penekanan atau latihan-latihan lanjutan dan untuk siapa sahaja. Justeru itu, dengan cara merujuk kembali kepada objektif pengajaran kita (jangka pendek dan juga jangka panjang) akan dapat membantu kita merancang dan menilai pengajaran kita secara berterusan. Pendekatan yang dilakukan secara terancang dan sedar boleh memberi kesan kepada pembelajaran anak-anak didik kita. Tanpa perancangan yang betul pendekatan yang kita lakukan akan lebih kepada aktiviti 'trial and error' sahaja.

Kedua, adalah penting bagi anak-anak didik kita mengetahui dan memahami ekspektasi terhadap mereka dalam pelajaran, keperluan-keperluan untuk mempelajarinya dan menguasainya. Pemberitahuan secara lisan tentang objektif pelajaran yang ingin dicapai adalah tidak memadai. Perlu ada penjelasan, perbincangan dan ilustrasi supaya ianya menjadi jelas dan eksplisit kepada mereka. Kita kadang-kadang lupa untuk melihat perkara ini dan sering menganggap mereka akan faham sendiri secara perlahan-lahan. Dalam contoh mengaji Al Quran di atas didapati mereka lebih maklum tentang mengapa perlunya membaca Al Quran dengan betul. Dan yang terpenting adalah menjadikan tabiat membaca

Al Quran sebagai aktiviti rutin yang dilakukan secara berterusan. Melalui pendekatan seperti ini mereka akan dapat melihat kepentingan pembelajaran tersebut secara keseluruhan. Walaupun penjelasan objektif pembelajaran hanya merupakan aspek kecil dalam proses pendidikan, adalah penting bagi kita memastikan mereka jelas dan faham apa, mengapa, dan bagaimana pembelajaran yang diharapkan. Malah ianya dapat membantu kita merancang, memilih, dan menguruskan kandungan pengajaran kita secara lebih logik dan lebih sesuai dengan anak-anak didik kita.

Persediaan pengajaran kita akan menjadi lebih efektif sekiranya kita merancang terlebih dahulu berdasarkan keseluruhan topik atau kemahiran yang ingin dicapai sebelum membahagikannya kepada waktu-waktu pembelajaran tertentu. Mereka juga boleh diberikan gambaran awal keseluruhan topik atau kemahiran yang akan dipelajari merangkumi objektif dan aktiviti yang harapkan secara ringkas dan diperingatkan semula semasa mempelajarinya secara terperinci setiap kali mempelajari topik-topik tertentu. Setidak-tidaknya kita akan dapat menghindarkan proses pendidikan yang bersifat sehala iaitu daripada pendidik kepada orang yang dididik.

6.6 Keperluan Dalam Pembelajaran

Pembelajaran yang berjaya memerlukan keupayaan individu melihat kesesuaian pembelajaran dengan keperluan dirinya, pengetahuan dan kemahiran sedia ada mereka. Malah bagi pembelajaran dan idea-idea yang baru perlulah dihubungkait dengan sesuatu perkara atau pembelajaran yang sudah dipelajari atau sudah terbiasa supaya mereka dapat mempelajari, memahami, dan menguasainya dengan lebih mudah. Contohnya apabila ingin mengajar di peringkat awal sekolah rendah tentang arithmatik seperti operasi tambah dan tolak. Pengajaran seharusnya mengambil kira pengalaman seharian mereka seperti berbelanja bersama keluarga yang sudah tentu mempunyai prinsip-prinsip tolak dan tambah. Pendekatan seperti ini membolehkan mereka melihat konteks pembelajaran operasi tolak dan tambah dalam konteks pengalaman sebenar sehingga mereka merasa lebih menarik dan dapat menjiwainya secara langsung. Kita juga mungkin boleh bekerja bersama-sama mereka dengan memberi peluang kepada mereka mengemukakan contoh mereka sendiri. Dengan cara ini secara tidak langsung mereka akan terlibat secara aktif dalam proses pembelajaran yang dilaksanakan.

Begitu juga dengan perkataan-perkataan baru yang sangat penting kepada memahami prinsip saintifik atau teknikal yang perlu disampaikan dalam suasana yang biasa dialami seperti dalam kehidupan sehari-hari dan praktikal supaya lebih mudah difahami. 'Bahasa kamus' walaupun berguna, kurang sesuai dalam konteks kegunaan pelajar kerana terlalu abstrak dan umum. Perkataan seperti 'proporsi' contohnya diterjemahkan sebagai 'magnitud relatif' yang agak kurang sesuai kerana tidak digunakan dalam bahasa sehari-hari. Oleh itu agak sukar bagi pelajar melihat konsep 'proporsi' dalam konteks yang sebenar yang dimaksudkan dalam subjek berkenaan. Sehubungan dengan itu kajian-kajian juga banyak membuktikan bahawa lupaan sering berlaku dalam pembelajaran khususnya kepada pembelajaran yang terlalu menekankan kepada hafalan dan tidak mengambil kira hubungkait dengan pengalaman dan pemahaman sedia ada pelajar. Kajian-kajian berkenaan dengan pengalaman banyak menunjukkan kepentingan pengalaman hidup sehari-hari kepada proses pembelajaran yang membolehkan individu melihat pembelajaran sebagai sesuatu yang bermakna dalam hidup mereka (lihat Fenwick, 2003 dan Field, 2006). Sebab itu pengalaman yang dilalui adalah sangat penting kepada pembelajaran seseorang. Menjadi tugas kita sebagai pendidik memberikan pengalaman yang bermakna kepada anak-anak didik kita supaya dapat digunakan dalam pembelajaran mereka.

6.7 Kefahaman Sebagai Pendidik

Seperkara yang asas dalam menentukan keberkesanan sesuatu pembelajaran ialah tahap pengetahuan dan kemahiran kita sebagai pendidik dalam mendidik. Adalah penting bagi kita memiliki struktur pengetahuan dan kemahiran yang mendalam tentang pendidikan, termasuklah subjek yang diajar atau kemahiran keibubapaan kalau dalam konteks di rumah. Walaupun diakui kita telah berjaya melepasi tahap pembelajaran formal, dan latihan perguruan kalau sebagai guru, tidak dinafikan masih mungkin berlaku kekurangan kefahaman tentang idea dan prinsip-prinsip pendidikan secara umum. Ini akan mengakibatkan kita kurang mampu melihat kemahiran yang ingin kita sampaikan kepada anak-anak didik sebagai suatu kemahiran yang saling berkait. Kadang-kadang kita tidak sedar bahawa operasi darab adalah merupakan jalan pintas kepada operasi tambah apabila setiap nombor adalah sama.

Adakalanya juga kita tidak sedar mengapa dalam melakukan operasi bahagi kita menukarkan nombor pembahagi ke atas dan kemudian menggunakan proses kira-kira darab. Begitu juga dalam lain-lain mata pelajaran seperti sejarah tentang betapa kompleksnya interaksi faktor-faktor ekonomi dan geografikal, budaya, sosial, sejarah persaingan, ciri-ciri personal dan kumpulan dalam menentukan berlakunya sesuatu peristiwa. Kecenderungan kita memfokus kepada urutan peristiwa sahaja tanpa mengambil kira sebab-sebabnya akan menyebabkan kita kehilangan peluang untuk membantu pelajar-pelajar kita melihat peristiwa sejarah dalam konteks sebenar mereka dan juga membentuk kebiasaan-kebiasaan pembelajaran yang analitik dalam diri. Keadaan yang sama juga berlaku di rumah di mana kemahiran yang ingin diajarkan kepada anak-anak lebih bersifat 'memindahkan' pengalaman yang kita miliki kepada mereka dan bukan sesuatu yang 'perlu' dan 'dirancang.' Seolah-olah kita mempunyai satu kefahaman bahawa apabila kita telah mempunyai keluarga dan anak-anak bermakna kita sudah mempunyai kemahiran dalam mendidik.

Kadangkala kita lupa bahawa dalam proses melaksanakan tanggungjawab sebagai ibu atau bapa kita perlu bersedia daripada segi pengetahuan dan kemahiran bagaimana melaksanakannya. Justeru itu banyak pendekatan yang kita amalkan di rumah lebih kepada penggunaan pengalaman peribadi kita dan mengabaikan perkara-perkara seperti kesesuaian, pendekatan-pendekatan terbaik dan bagaimana untuk melaksanakannya. Sebagai hasilnya kita akan dapati pendidikan yang kita laksanakan lebih cenderung kepada aktiviti menghafal dan bukan merupakan urutan logikal akibat daripada pengaruh-pengaruh yang saling berkaitan tadi.

Adalah diakui bahawa sesuatu konsep proses mata pelajaran hanya akan difahami apabila kita telah mengajarkannya kepada orang lain. Ini menunjukkan bahawa pengajaran di tahap mana sekalipun memerlukan kita sebagai pendidik untuk menganalisis apakah konsep dan pengetahuan yang ingin disampaikan dan tidak hanya terfokus kepada memilih topik-topik di dalam silibus. Ini bagi memastikan pelajar dapat belajar dengan lebih baik. Terdapat corak umum dalam semua bidang ilmu di mana keberkesanan pembelajaran sekarang bergantung kepada keberkesanan pembelajaran terdahulu. Sekiranya mereka mempunyai masalah dalam menguasai kemahiran terdahulu maka proses memahami kemahiran berikutnya akan menjadi sukar. Walaupun hubungan ini tidak jelas dan biasa kita dengar, kita tidak harus mengambil mudah akan kepentingannya tetapi perlulah merancang dan membahagikan topik-topik tertentu sebagai kesatuan yang berkait supaya memudahkan mereka mempelarinya. Tugas ini sebenarnya akan bertambah kompleks dari semasa ke semasa terutamanya apabila pengetahuan yang dipelahari mulai memasuki tahap yang lebih khusus dan mendalam serta kompleks.

6.8 Belajar Untuk Belajar

Adalah penting bagi kita melatih anak didik kita tentang belajar untuk belajar. Proses ini merupakan proses jangka panjang kerana mereka secara perlahan-lahan menyedari bahawa tidak semua aktiviti pembelajaran di dalam kelas akan berjaya dan memuaskan hati mereka seperti yang mereka harapkan. Kaedah yang digunakan dalam mempelajari sesuatu kemahiran atau konsep banyak bergantung kepada harapan yang diletakkan oleh mereka semasa mempelajarinya untuk menunjukkan sama ada mereka berjaya mempelajarinya ataupun tidak. Di sekolah contohnya, sekiranya seorang pelajar hanya dikehendakki untuk menuliskan ringkasan sesuatu peristiwa daripada sesuatu bab ke dalam bukuya, dia hanya akan melihat dan membaca tentang peristiwa itu dan mungkin akan melupakan perkara-perkara yang berkaitan dengan motif dan perkara-perkara berkaitan dengan peristiwa tersebut. Akan tetapi, apabila ianya diharapkan untuk menjelaskannya kepada kelas pandangannya sekiranya dia diandaikan berada di tempat pada masa peristiwa itu berlaku, dia sudah pasti akan mempelajarinya dari sudut pandang orang lain, alasan dan pandangan.

Banyak pengajaran boleh dirancang sedemikian rupa supaya mereka dapat mencari maklumat sendiri dan menggunakannya untuk penyelesaian masalah atau menjawab soalan dan bukan hanya menanti maklumat daripada kita. Dalam bab-bab seterusnya kita akan melihat kepentingan kebiasaan belajar yang positif yang telah dipupuk dan dibentuk oleh kita sejak sekian lama yang menyumbang kepada kualiti proses-proses mental mereka. Semakin banyak bantuan dan bimbingan yang kita berikan kepada mereka dalam mengenalpasti kebiasaan belajarnya, dalam penyelesaian masalah, mencari persamaan, perhubungan dan penjelasan, maka semakin mampu mereka menggunakan proses-proses intelektual mereka dalam situasi yang berbeza-beza. Perlu ditegaskan di sini bahawa aktiviti-aktiviti lanjutan ini akan hanya mampu dilakukan oleh mereka sekiranya mereka telah menguasai kemahiran dan pengetahuan asas pelajaran itu dan juga jika kita berjaya memberikan bimbingan dan membentuk keyakinan dalam diri mereka. Justeru itu, keseimbangan perlu ada antara kaedah-kaedah pembelajaran yang memerlukan mereka mengingat maklumat yang diberikan dengan keperluan menggunakan dan mengaplikasikannya beserta daya imaginasinya untuk belajar dan memahaminya dalam situasi yang baru dan berbeza-beza.

6.9 Had Pembelajaran

Ada beberapa perkara yang perlu diperhatikan semasa kita merancang aktiviti pembelajaran seperti berapa lama sesuatu aktiviti perlu dilaksanakan sebelum beralih atau dikaitkan dengan aktiviti-aktiviti lain. Seperti diketahui, tempoh penumpuan adalah berbeza-beza bergantung kepada umur, tahap kematangan dan juga jenis aktiviti pembelajaran sama ada menarik ataupun tidak. Kanak-kanak kecil memerlukan perubahan aktiviti yang kerap dan memerlukan penumpuan beberapa kali dalam sesuatu masa sedangkan kanak-kanak yang lebih dewasa mampu menumpukan perhatian dalam aktiviti yang dilakukannya untuk jangka masa yang lebih lama. Ini sesuai dengan prinsip umum pembelajaran di mana akan lebih berjaya apabila dilakukan dalam aktiviti yang pelbagai. Ini kerana kepelbagaian aktiviti dalam mempelajari sesuatu topik akan membantu pembelajaran dengan lebih mudah manakala kekerapan perubahan jenis aktiviti akan membantu mengekalkan penumpuan dan motivasi individu.

Melalui pengalaman dari semasa ke semasa kita akan dapat memahami berapa lama anak-anak didik kita mampu mengekalkan penumpuan mereka di dalam satu-satu aktiviti pembelajaran. Kita juga akan mampu merancang pengajaran kita dengan mengambil kira pelbagai aktiviti supaya apabila mereka mulai hilang penumpuan kita boleh menukarkan aktiviti yang sedang dilakukan dengan pelbagai aktiviti baru. Inilah yang saya maksudkan di awal tadi bahawa menjadi seorang ibu atau bapa bukan bermakna kita telah mempunyai kelayakan-kelayakan tertentu dalam mendidik tetapi kita perlu sentiasa bersedia untuk mempelajari dan melengkapkan pengetahuan dan kemahiran kita supaya kepelbagaian pendekatan tersebut dapat kita lakukan.

Satu lagi pertimbangan yang perlu difikirkan ialah berapa banyak kandungan pelajaran perlu diajarkan dalam satu-satu sesi pengajaran. Sekali lagi ianya banyak bergantung kepada usia dan kebolehan anak-anak didik kita dan juga sifat bahan yang dipelajari. Biasanya, pembelajaran akan lebih berjaya sekiranya mereka telah memahami kegunaan dan skop keseluruhan topik yang dipelajari ataupun proses-proses yang terlibat sebelum mempelajarinya satu persatu hingga selesai. Adalah penting bagi keseluruhan topik diajar sebagai satu kesatuan supaya setiap topik yang dipelajari akan saling mengukuhkan dan membentuk asas untuk pembelajaran selanjutnya. Justeru itu adalah lebih baik sekiranya kita dapat merancang keseluruhan topik sebelum membahagikannya kepada topik-topik kecil dan tidak merancang pengajaran kita berdasarkan topik-topik yang terpisah-pisah tanpa menunjukkan kaitan yang jelas.

Kadang-kadang sebagai ibubapa kita cenderung untuk memastikan anak-anak kita menguasai pelbagai pengetahuan dan kemahiran dalam satu-satu masa dan bersifat serta merta. Ambil contoh amalan menjadi kekemasan di dalam bilik tidur. Biasanya ajaran dan bimbingan yang kita berikan dapat diikuti oleh anak-anak kita sesegera yang mungkin. Kalau ingin diterangkan, menjaga kebersihan bilik tidur sebenarnya merangkumkan pelbagai kemahiran lain seperti kebersihan sebahagian daripada iman, sikap suka kepada kebersihan, aspek kesihatan, rangsangan kepada keselesaan untuk belajar dan sebagainya. Kita lupa membezakan proses mempelajari kemahiran dan pengetahuan tersebut perlu dilakukan secara berperingkat-peringkat dan perlahan-lahan. Keadaan ini menyebabkan kita 'tergesa-gesa' mengharapkan anak-anak kita faham dan seterusnya mengamalkan tabiat tersebut.

Sungguhpun perancangan awal yang menyeluruh sebelum mengajar adalah penting, sensitiviti kita kepada reaksi pelajar-pelajar, kesukaran dan pencapaian mereka, serta kesediaan kita untuk mengubah serta mengubahsuai perancangan kita dari semasa ke semasa merupakan ramuan utama kepada membolehkan pembelajaran berlaku. Dan keadaan ini sudah tentu memerlukan suatu suasana pembelajaran yang positif dan dengan keyakinan diri yang tinggi di kalangan pelajar yang melalui bimbingan dan didikan kita sebagai pendidik.

Sebagai kesimpulan dapatlah disenaraikan beberapa pertimbangan yang perlu kita lakukan dalam merancang suatu proses pembelajaran yang berjaya:

1. *Siapakah anak didik kita* - Ini meliputi usia, jantina, tahap kebolehan mereka, tahap pengetahuan dan kemahiran semasa mereka, topik-topik dan aktiviti-aktiviti yang menarik bagi mereka, motif-motif pembelajaran yang boleh digunakan, tahap penumpuan dan semasa yang diperuntukkan di sekolah dalam mempelajari sesuatu topik.

2. *Apakah pengetahuan dan kemahiran yang ingin diajarkan* - Ini perlu dinyatakan secara spesifik seperti objektif pengajaran. Dengan cara ini akan dapat memberikan petunjuk yang jelas bagaimana pengajaran pembelajaran perlu dirancang dan bagaimana menilai sama ada pembelajaran telah berlaku atau pun tidak. Kalau di sekolah objektif yang ingin dicapai perlu dituliskan tetapi di rumah ia tidak perlu. Akan tetapi kedua-duanya perlu dikongsi bersama dengan anak-anak didik kita. Satu contoh dalam pengajaran kelas:

   a. Dalam pengajaran membuat peta – *pada akhir pelajaran pelajar dapat menunjukkan secara relative kedudukan pintu, tingkap, papan tulis, dan meja guru di dalam 'pelan kasar bilik darjah'*

   b. Dalam pengajaran sains – *pada akhir pelajaran pelajar dapat mengenalpasti daripada senarai yang diberikan jenis makanan yang banyak mengandungi protein, yang banyak mengandungi lemak, yang banyak mengandungi karbohidrat, dan menuliskan pernyataan tentang kegunaannya kepada manusia dalam ayat yang dan tepat*

3. *Apakah bahagian-bahagian penting pengetahun dan kemahiran yang diajarkan* - Setiap langkah yang dibuat seharusnya disusun mengikut urutan. Dalam contoh 'a' di atas, urutan yang mungkin adalah sebagai berikut:

   i.   Beberapa buah pelan bilik darjah adalah
   ii. Posisi relatif pintu dan tingkap
   iii. Pelan kasar supaya pelajar-pelajar tahu posisi-posisi sebenar yang terdapat dalam pelan
   iv. Bagaimana menggambarkan pintu, tingkap dan meja dalam pelan
   v.   Pastikan dalam perancangan asas mereka benar-benar faham apa yang perlu dilakukan
   vi. Mereka secara individu melakarkan pintu, tingkap dan meja masing-masing di dalam pelan yang diberikan

Dalam contoh 'b' urutan pengajaran seharusnya sebagai berikut, bergantung kepada tahap kefahaman dan pengetahuan mereka tentang kumpulan dan nutrisi makanan.

   i.   Pastikan mereka tahu kesan-kesan yang timbul akibat dapat ketidakseimbangan dalam pengambilan lemak, protein dan karbohidrat
   ii. Sumber tiap-tiap kumpulan makanan, khususnya yang berkaitan dengan pengalaman dan lingkungan di mana mereka tinggal
   iii. Bagaimana mengenalpasti ciri-ciri setiap jenis makanan
   iv. Contoh umum bagi setiap jenis makanan

Namun begitu, secara semulajadi banyak cara lain yang boleh digunakan bagi mengenalpasti langkah-langkah dan objektif pengajaran, dan ianya bergantung banyak kepada setakat mana tahap pengetahuan dan kemahiran mereka. Kemahiran kita dalam memecahkan kemahiran-kemahiran dan pengetahuan yang ingin diajarkan dalam hal ini adalah sangat penting.

4. *Bagaimana objektif keseluruhan, skop dan kegunaan setiap pengetahuan dan kemahiran disampaikan secara jelas kepada anak-anak didik kita* - Soalan ini dapat memastikan anak-anak didik kita melihat kegunaan topik-topik yang dipelajari dan apa yang diharapkan daripada mereka. Banyak cara boleh digunakan tetapi yang paling efektif ialah pendekatan yang membolehkan mereka melihat dan merasakan bahawa topik yang dipelajari itu sebagai penting untuk diketahui. Dalam contoh 'a' mungkin kita boleh memberitahu bahawa pengetahuan tentang bilik darjah adalah penting supaya mereka dapat menjelaskannya kepada ibubapa mereka terutamanya apabila menghadiri hari terbuka. Dalam contoh 'b' pula, keterkaitan dengan aspek kesihatan mereka secara individu mungkin boleh menarik perhatian, ataupun bagaimana mendapatkan kualiti makanan yang tinggi walaupun dengan menggunakan biaya yang sedikit. Beberapa maklumat penting yang boleh diperolehi iaitu dengan membincangkan secara langsung aspek-aspek yang dipelajari dengan konteks setempat, negeri, negara lain atau sebagainya.

5. *Apakah jenis aktiviti pembelajaran dan penilaian yang akan digunakan* - Ini perlu ditetapkan dan dirancang secara terperinci semasa merancang pendekatan pengajaran yang akan digunakan.

6. *Penggabungan dan hubungkait pelbagai kemahiran dan pengetahuan ke dalam satu* – seperti contoh menjaga kekemasan bilik tidur yang menggabungkan pelbagai

kemahiran ke dalam satu iaitu 'menjaga kebersihan bilik tidur.'

7. *Penilaian pencapaian objektif pembelajaran* – kualiti dan tahap pencapaian pengetahuan dan kemahiran dalam kalangan anak-anak didik kita perlu dinilai setiap masa untuk memastikan keberkesanannya. Ini melibatkan proses refleksi berterusan yang sangat berguna kepada proses pembelajaran, baik kepada anak-anak didik kita mahupun kepada kita sebagai pendidik.

6.10 Penutup

Dalam perbincangan ini diharapkan kita dapat memahami bahawa sebahagian besar pemikiran dan perancangan pengajaran perlu mengambil kira aspek pembelajaran berkesan seperti yang digambarkan dalam 3 aspek terakhir pembelajaran berjaya di atas (5,6,7). Apa yang perlu kita lakukan ialah menyusun idea-idea kita ke dalam perancangan praktikal dan memastikan bahan pengajaran yang mencukupi. Pembelajaran melalui contoh dan bahan yang mencukupi akan menjadi lebih mudah dan berkesan.

Setelah kita mengenali dan memahami anak-anak didik kita secara mendalam usaha mencari jawapan bagi aspek 1 menjadi lebih mudah dan singkat. Malah apabila telah mahir kita boleh melakukannya dengan mudah walaupun dengan hanya melakukannya di dalam mental kita. Namun begitu, perlu ditegaskan juga sebanyak manapun pengalaman dan kebolehan kita mengajar, disiplin untuk menuliskan jawapan kepada soalan-soalan seperti yang dikemukakan di atas akan semakin memastikan pembelajaran berkesan dicapai khususnya apabila kita mempunyai aktiviti pembelajaran yang pelbagai dan kompleks. Apabila telah selesai sesuatu topik adalah perlu bagi kita menilai sama ada pembelajaran tersebut telah berjaya diikuti oleh mereka. Sekiranya belum sempurna, apakah tugas-tugas atau aktiviti tambahan yang perlu dilakukan sama ada secara individu ataupun kumpulan sebelum subtopik atau kemahiran selanjutnya diajarkan.

Begitu juga apabila telah selesai proses pembelajaran tentang sesuatu pengetahuan dan kemahiran, hasil pembelajaran yang diperolehi perlu dianalisis dan segala kesukaran hendaklah dikenalpasti supaya pengajaran dan aktiviti lanjutan boleh dirancang. Secara periodik, kita juga perlu melakukan hubungkait di antara pengetahuan dan kemahiran yang berkaitan supaya dapat mengukuhkan kefahaman anak-anak didik kita dan juga memudahkan mereka mengingat dan mengamalkannya khususnya untuk jangkamasa yang lebih lama. Berikut adalah contoh aplikasi pendekatan pengajaran pengetahuan dan kemahiran yang boleh dicadangkan untuk kita fikirkan atau laksanakan. Pendekatan ini mungkin sesuai untuk dilaksanakan di sekolah, tetapi sebagai ibubapa mungkin boleh juga diaplikasikan dan disesuaikan dengan keperluan pengajaran kita di rumah kerana prinsip-prinsip yang dinyatakan adalah bersifat universal.

* * *

Cadangan Pengajaran dan Pembelajaran yang mengambil kira kepelbagaian pengetahuan dan kemahiran ke dalam satu struktur kemahiran dan pengetahuan yang satu.

1. Dengan menggunakan 7 langkah di atas, rancangkan sekurang-kurangnya 2 topik atau kemahiran yang berbeza yang anda fikir berkesempatan untuk anda ajarkan di dalam kelas.

2. Bahagikan topik atau kemahiran tersebut kepada subtopik yang lebih kecil supaya dapat anda ajarkan sesuai dengan jangkamasa pengajaran kelas. Sedapat mungkin, rancangkan sesuatu subtopik berdasarkan kepada pengajaran subtopik terdahulu.

Perlu diingatkan supaya anda menyimpan rekod pengajaran anda supaya boleh dijadikan rujukan. Jika boleh, bekerja bersama-sama dengan rakan sepelatih anda, melihat dan menganalisis secara konstruktif perancangan dan pengajaran masing-masing.

Dalam proses pengajaran pembelajaran kelas adakalanya memerlukan kita prihatin dengan keperluan-keperluan tertentu pelajar demi menggalakkan mereka bukan sahaja bertanggungjawab tetapi mampu untuk membangkitkan mativasi diri secara kendiri dengan lebih positif. Tugasan-tugasan ataupun latihan-latihan yang diberikan contohnya boleh dijadikan tempat untuk membangkitkan motivasi pelajar supaya lebih positif dan bertanggungjawab. Johnmarshall Reeve (1996) mencadangkan beberapa perkara untuk menggalakkan autonomi dan kekuatan kendiri seperti berikut:

1. Galakkan dan keizinan untuk pelajar membuat pilihan
    -   *Rancang pelbagai cara untuk menghasilkan objektif pembelajaran (kertas, perbincangan, temubual, ujian, dan sebagainya)*
    -   *Galakkan pelajar untuk memilih dan memberikan alasan-alasan kenapa pilihan tersebut dibuat*
2. Bantu pelajar merancang tindakan-tindakan yang perlu dilakukan untuk mencapai matlamat kendiri yang telah ditetapkan
    -   *Bantu pelajar untuk merancang rancangan jangka pendek dan jangka panjang bagaimana untuk mencapai matlamat pembelajaran yang telah mereka tetapkan*
    -   *Pastikan pelajar sentiasa memantau pencapaian matlamat pembelajaran yang mereka tetapkan dengan senarai yang telah dituliskan supaya selari antara apa yang mereka rancang dengan yang mereka lakukan. Dengan cara ini mereka lebih memahami dan sedar segala tindakan yang mereka lakukan perlu selari dengan apa yang telah mereka rancang sebelumnya*

3. Memastikan pelajar sentiasa bertanggungjawab terhadap apa-apa juga hasil daripada pilihan tindakan yang telah dibuat

   - *Sekiranya pelajar memilih untuk bekerja secara kumpulan dan gagal menyiapkan tugasan yang diberikan kerana banyak berbual dan bermain berbanding berbincang mengenai bagaimana menyelesaikan tugasan tersebut berdasarkan perancangan yang telah mereka tetapkan, berikan gred mengikut kualiti tugasan yang dihasilkan*

   - *Cuba bimbing pelajar bagaimana melihat perkaitan antara kualiti tugasan yang dihasilkan dengan kualiti masa dan tindakan yang dilakukan semasa menyiapkan tugasan tersebut supaya mereka dapat melihat perkaitan antara tindakan dengan hasil*

   - *Cuba bantu pelajar melihat perkaitan antara usaha-usaha yang mereka lakukan dengan hasil yang dicapai — perkaitan antara kesungguhan usaha dengan kualiti hasil yang diperolehi*

4. Berikan rasional-rasional yang berkaitan dengan had, peraturan dan kekangan yang wujud

   - *Maklumkan sebab musabab dan alasan peraturan-peraturan yang dikenakan*

   - *Cuba tunjukkan bagaimana mematuhi kekangan dan peraturan yang ditetapkan melalui tindakan yang kita lakukan*

5. Ambil maklum bahawa emosi negatif merupakan reaksi yang biasa berlaku kesan daripada kawalan yang kita kenakan

   - *Maklumkan dan sentiasa bimbing pelajar bahawa sikap sabar, seperti menunggu giliran, berkongsi idea, menerima pendapat orang lain, sebagai sesuatu yang normal dan biasa berlaku*

   - *Maklumkan juga kadangkala proses pembelajaran berlaku juga melalui perasaan bosan, kecewa, keliru, dan keletihan yang dialami semasa menyelesaikan tugasan yang diberikan*

6. Sentiasa berikan maklum balas yang positif dan tidak mengongkong

  - *Tunjukkan bahawa prestasi atau tingkah laku yang kurang baik merupakan sesuatu yang perlu ditangani dan bukan untuk menjadi bahan kritikan*

  - *Cuba elakkan penggunaan perkataan yang berbentuk kawalan seperti "harus", "mesti", "perlu" dan seumpamanya.*

Bab 7

PEMIKIRAN DAN PENDIDIKAN

7.1 Pengenalan

Kebanyakan kita bersetuju bahawa aspek terpenting dalam perkembangan diri individu adalah keupayan mereka untuk berfikir dan belajar. Pengertian tentang proses-proses ini dikenali sebagai intelektual ataupun mental yang meliputi aktiviti-aktiviti seperti memahami, mengingati, menaakul, menyelesai masalah, dan membuat keputusan. Kadangkala ianya diertikan dengan kebolehan memahami dan bertingkah laku pada masa sekarang ataupun masa akan datang dengan menggunakan pengetahuan dan pengalaman yang telah dilalui. Pusat segala aktiviti intelektual ini ialah 'otak'. Ahli-ahli psikologi mendefinisikan aktiviti-aktiviti intelektual sebagai kognisi, iaitu yang mencakupi semua cara bagaimana kita mengenali dan memahami dunia kita, belajar daripadanya, serta memikirkan tentangnya dan bertingkah laku yang sesuai dengan yang diperlukan.

Kita sentiasa berinteraksi dengan persekitaran di mana kita berada beserta semua yang berlaku di dalamnya menggunakan semua pancaindera yang kita miliki seperti mata, telinga, lidah, kulit, otot, hidung, dan sebagainya. Kesemua indera kita membawa informasi yang diterima dalam bentuk 'denyutan elektrik' melalui sistem saraf yang akhirnya berpusat di otak. Di sini maklumat isyarat-isyarat elektrik tadi diterima, disusun dan diklasifikasi serta diberi makna oleh otak, sebahagiannya disimpan sebagai ingatan manakala sebahagiannya lagi ditolak keluar apabila tidak diperlukan atau digunakan sebagai asas kepada tingkah laku lanjutan. Oleh kerana persekitaran dan pengalaman yang kita lalui adalah sangat istimewa dan tersendiri, maka akan wujud perbezaan yang ketara dalam setiap individu dalam cara mana maklumat-maklumat tersebut diproses atau disimpan, cara memberi reaksi dan bertingkah laku.

Sebagai pendidik kita perlu mengetahui bagaimana intelektual anak didik kita atau bagaimana proses-proses kognitif mereka bekerja supaya dapat digunakan atau dimanfaatkan secara optimum. *Pertama*, kita perlu mengetahui apakah kemahiran-kemahiran intelektual yang diharapkan dimiliki oleh mereka dan bagaimana mereka berubah dan dewasa melalui pengalaman-pengalaman di sekolah dan di luar sekolah. *Kedua*, kita juga perlu mengetahui dalam bentuk yang bagaimana kebolehan intelektual mereka berbeza antara satu sama lain. Melalui pengetahuan ini kita akan dapat memenuhi keperluan perbezaan individu dengan memastikan setiap mereka berpeluang belajar sesuai dengan keupayaan dan kebolehan masing-masing. *Ketiga*, kita perlu mengetahui seberapa dalam yang boleh tentang pengaruh-pengaruh luaran, pengalaman-pengalaman, dan aktiviti-aktiviti pembelajaran yang boleh mempengaruhi perkembangan proses-proses kognitif yang efisien. *Keempat*, kita juga perlu mengetahui sama ada boleh atau tidak kita mengukur kebolehan intelektual anak didik kita, dan jika boleh, bagaimana melakukannya dan setakat mana kita boleh mempercayai hasil pengujian tersebut. Pengetahuan-pengetahuan awal tentang perkara-perkara ini sedikit sebanyak akan mempengaruhi sikap dan pertimbangan kita sebagai pendidik.

Sebelum kita membincangkan topik aktiviti intelektual secara lebih mendalam ada baiknya kita bincangkan beberapa aspek yang berkaitan dengannya. Kepintaran contohnya, tidak sama dengan intelek ataupun kognisi, yang lebih merujuk kepada aktiviti-aktiviti intelek dan pemikiran. Kepintaran lebih merujuk kepada sejauhmana keupayaan intelek dan proses-proses kognitif bekerja yang sudah tentu berbeza-beza antara setiap individu. Suatu perkara yang berhubungan terus dengan kepintaran ialah bagaimana kita melakukan perbandingan antara satu individu dengan individu yang lain. Kita mungkin biasa mendengar atau pernah melakukan ujian-ujian kepintaran. Ujian-ujian ini biasa digunakan untuk mengukur kebolehan sebenar mental atau potensi mental atau kualiti mental individu supaya kita dapat sedikit gambaran apa yang boleh kita harapkan di sepanjang proses pembelajaran mereka.

Kebanyakan ujian-ujian yang dilakukan memberikan hasil yang boleh membezakan diri seorang individu pelajar dengan yang lain. Namun begitu perlu diingat bahawa, kepintaran juga memberi makna setiap individu mempunyai kebolehan yang umum yang setara apabila menggunakan intelek mereka. Dengan lain perkataan, setiap orang berupaya untuk belajar dan memahami pelbagai perkara dalam tahap keupayaan yang lebih kurang sama walaupun hasilnya adalah berbeza-beza. Akan tetapi sebelum kita membincangkan dengan lebih lanjut konsep kognitif dan kognisi serta kaitannya dengan ujian-ujian kepintaran ada baiknya kita meninjau secara sepintas satu topik yang tidak kurang pentingnya dalam memahami cara mana seseorang berfikir iaitu teori pemprosesan maklumat. Pengetahuan tentang teori ini sangat penting untuk mengenalpasti bagaimana maklumat diproses oleh setiap individu, dan apakah prinsip-prinsip yang berlaku di sebalik pemprosesan maklumat itu berlaku.

Teori pemprosesan maklumat menjelaskan secara terperinci bagaimana maklumat diproses di dalam otak. Secara umumnya teori ini membahagikan aktiviti otak memproses maklumat berlaku melalui 3 tahap utama iaitu *peringkat deria, peringkat ingatan bekerja* dan *peringkat ingatan jangka panjang*. Pada asasnya semua maklumat pengetahuan dan kemahiran yang diterima oleh semua deria kita sebagai rangsangan. Pada peringkat ini sebenarnya semua deria kita seperti telinga, mata, hidung, mulut dan lidah, tangan dan sebagainya menerima rangsangan yang berbeza-beza.

Dalam satu-satu masa mata menerima maklumat melalui penglihatan, hidung melalui bau, lidah melalui rasa, telinga melalui pendengaran dan tangan serta kulit melalui sentuhan. Semua rangsangan ini diterima secara serentak dan dihantar ke otak melalui sistem saraf untuk dianalisis. Setelah maklumat diterima maka otak akan mula bekerja memproses maklumat-maklumat yang dihantar. Peringkat ini dikenal sebagai peringkat ingatan bekerja. Otak pada peringkat ini akan membuat pertimbangan dan cuba menganalisis maklumat-maklumat tersebut dengan pelbagai cara seperti menghubungkait, membeza, membanding, dan sebagainya dengan maklumat yang sedia tersimpan di dalam otak. Pada peringkat ini biasanya otak akan melakukan pertimbangan berdasarkan dua perkara utama seperti penting atau tidak maklumat tersebut dan ada atau tidak maklumat yang sedia tersimpan dalam otak kerana ini akan mempengaruhi cara mana otak akan bekerja. Kalau maklumat itu dianggap penting maka otak akan sedaya upaya memproses dengan membeza, membanding dan mengaitkan maklumat tersebut terlebih dahulu dengan pengetahuan sedia ada dan melambatkan pemprosesan maklumat yang dianggap kurang penting. Kecuali jika maklumat yang diterima ada berkaitan maka maklumat-maklumat tersebut dianalisis secara bersama.

Sebagai contoh semasa dalam cuaca hujan. Mata kita melihat hujan turun dan dalam masa yang sama telinga mendengar bunyi hujan dan atau guruh, manakala badan merasa sejuk dengan tiupan angin. Kesemua maklumat ini dihantar ke otak untuk diproses supaya tindakan susulan yang perlu dibuat seperti menyediakan payung atau lain-lain kelengkapan boleh disediakan. Kita dapat perhatikan di mana kesemua maklumat yang dihantar adalah saling berkait, iaitu berkenaan dengan hari hujan. Keterkaitan maklumat ini memudahkan kita memahami dan memikirkan tindakan susulan yang perlu kita buat. Dalam konteks pembelajaran penggunaan pelbagai deria dalam satu-satu masa memudahkan pemahaman kita.

Justeru dalam mendidik kita perlu memanfaatkan seberapa banyak deria yang boleh dan rangsangan itu pula perlulah saling berkaitan.

Setelah maklumat berjaya diproses dan difahami dan tingkah laku tertentu telah dihasilkan maka proses penyimpanan maklumat tersebut akan dilakukan. Mengambil contoh hari hujan di atas maka proses menyimpan maklumat tersebut dikenal sebagai proses ingatan jangka panjang (lihat Moreno, 2010). Otak dalam hal ini akan memastikan pengetahuan berkenaan dengan hari hujan disimpan dengan baik supaya dapat digunakan semula pada masa akan datang. Oleh yang demikian apabila hari hujan kita akan menggunakan rangsangan yang diterima dan terus mengaitkannya dengan pengetahuan yang telah kita simpan tadi untuk membuat keputusan dan bertingkah laku. Proses bertingkah laku akan menjadi lebih cepat kerana kita pernah melalui pengalaman hari hujan yang sama. Kadang-kadang ianya boleh berlaku secara automatik di mana kita sudah tidak perlu berfikir lagi apabila hari hujan, apa yang perlu dilakukan dan kenapa. Menariknya, bagi kanak-kanak proses ini perlu dilalui dan dibimbing supaya mereka boleh melakukannya dengan lebih efektif. Tugas kita sebenarnya adalah untuk memastikan proses analisis maklumat oleh otak dalam kalangan anak didik kita dilakukan dengan mudah dan berkesan. Ini selari seperti dinyatakan dalam Islam supaya kita sentiasa mempermudahkan proses pemahaman dan pembelajaran anak-anak didik kita.

Apabila bercerita tentang perkembangan individu kita akan melihat bagaimana seseorang individu lahir dan berkembang. Pandangan ini benar kerana jika dilihat daripada sudut psikologi yang umur perkembangan meliputi perubahan-perubahan tertentu yang berlaku kepada manusia (tumbuh-tumbuhan dan juga haiwan) sejak dilahirkan hinggalah ke akhir hayat. Malah dalam Islam dinyatakan dengan jelas perubahan-perubahan yang berlaku di saat-saat kematian akan mengubah banyak perkara dalam hidup seseorang individu itu. Namun begitu, perubahan yang dimaksudkan tidaklah meliputi semua aspek, kecuali kepada sesuatu yang berubah secara berurutan dan berlaku melalui proses-proses tertentu. Perubahan-perubahan yang berlaku disebabkan oleh penyakit atau lain-lain perkara yang tidak termasuk dalam kategori proses pembelajaran tidak dianggap sebagai perkembangan. Penyakit kronik ataupun penggunaan dadah contohnya, akan mempengaruhi perkembangan individu tidak secara semulajadi. Ahli psikologi juga sependapat, kebiasaannya perkembangan berlaku ke arah lebih baik dan juga tingkah laku yang lebih adaptif, tersusun, terkawal, lebih efektif dan kompleks (Mussen, Conger & Kagan, 1984).

Secara umumnya, banyak perubahan semasa perkembangan individu berlaku adalah disebabkan oleh pertumbuhan dan kematangan. Kematangan merujuk kepada perubahan yang berlaku secara semulajadi yang telah ditentukan oleh pengaruh genetik. Perubahan-perubahan itu pula berlaku mengikut perubahan masa secara relatifnya tidak terpengaruh oleh persekitaran kecuali berkaitan dengan masalah pemakanan ataupun penyakit.

Aspek perkembangan individu dapat dilihat dalam empat kategori yang utama iaitu aspek fizikal, personaliti, sosial dan kognitif. Aspek yang banyak dipengaruhi oleh faktor genetic adalah aspek fizikal. Manakala perkembangan-perkembangan lain walaupun mempunyai asas secara semulajadi, akan dipengaruhi oleh faktor persekitaran. Ianya berlaku semasa proses pembelajaran dalam keadaan di mana kita berinteraksi dengan persekitaran kita. Namun begitu ramai pakar-pakar psikologi berpendapat bahawa proses perkembangan diri kita adalah dipengaruhi oleh kedua-dua faktor secara bersama-sama, faktor keturunan dan juga faktor persekitaran. Bagaimana kita memahami perkembangan diri kita dan bagaimana pengaruh keturunan dan persekitara mempengaruhi adalah sangat penting terutamanya dalam membantu proses pembelajaran anak-anak didik kita. Islam telah menerangkan dengan jelas pengaruh kedua-duanya apabila anak dikatakan akan lahir baik daripada keturunan yang baik dan dalam masa yang sama ibubapa dikatakan sebagai pencorak kepada anak-anak mereka. Ini memberi makna bahawa kita tidak boleh menafikan peranan kedua-dua faktor iaitu faktor keturunan dan faktor persekitaran kepada proses pembelajaran anak-anak kita.

7.2 Perkembangan Otak Manusia

Perkembangan kognitif merujuk kepada perubahan yang berlaku secara perlahan-lahan kepada mental pemikiran kita daripada yang mudah kepada keupayaan kita berfikir lebih kompleks dan sofistikated. Bercakap tentang perubahan mental mungkin ada baiknya kita bercerita sedikit berkenaan dengan bagaimana otak berkembang. Dengan cara ini kita akan dapat memahami sedikit sebanyak perkara-perkara yang berlaku di sebalik proses pemikiran yang kita lakukan.

Sejak masih berusia sebulan dalam rahim ibu otak telahpun berkembang. Sel-sel otak yang dipanggil "neuron" telah terbentuk sekitar 50,000 – 100,000 sel setiap saat. Sel-sel ini berbentuk pelbagai bergantung kepada peranan yang mereka mainkan.

Sel-sel tersebut pada asasnya berfungsi menghantar maklumat melalui "serat" sel ke sel yang lain. Di hujung setiap serat itu terdapat ruang penghantaran dan penerimaan maklumat yang dipanggil "sinaptik". Aktiviti otak sebenarnya merupakan proses perkongsian maklumat antara neuron yang sentiasa berlaku setiap kali kita menerima dan memproses maklumat. Sampailah kita lahir, otak kita diandaikan mempunyai 100 – 200 bilion neuron. Diandaikan juga ketika dilahirkan setiap neuron yang kita miliki mempunyai sekitar 2,500 "sinapsis". Satu kajian menarik dilakukan oleh Blakemore (1977) di mana beliau mengandaikan setiap 1 cm kubik pada *korteks serebral* (akan dibincangkan secara ringkas pada perenggan berikutnya) akan membentuk lebih kurang 10,000 km neuron panjang jika dihubungkan antara satu sama lain! Ini menunjukkan betapa halus dan kompleksnya otak kita dengan neuron yang saling berhubungan antara satu sama lain sepanjang masa.

Pada ketika usia 2 – 3 tahun sinapsis setiap neuron yang kita miliki telah bertambah jumlahnya kepada 15,000. Para ahli psikologi kognitif mengandaikan kanak-kanak pada usia inilah di mana sel neuron kita berupaya untuk memproses pelbagai jenis maklumat yang diterima daripada persekitaran. Menariknya, menurut Bransford, Brown & Cocking (2000), hanya neuron yang sentiasa digunakan akan kekal dan yang tidak digunakan akan dibuang atau mati. Proses pembuangan sel yang tidak digunakan ataupun mati adalah perlu dalam proses pembelajaran kita. Malah terdapat kajian berkenaan kanak-kanak yang terencat akal mendapati salah satu sebabnya ialah kegagalan proses membuang sel-sel neuron yang tidak diperlukan daripada otak (Cook & Cook, 2005). Rajah di sebelah menunjukkan perbandingan perkembangan neuron berdasarkan umur individu.

Terdapat juga kajian yang menunjukkan mengapa seorang yang buta mempunyai daya ketajaman yang tinggi dalam perkembangan pendengarannya. Neuron yang seharusnya berfungsi untuk memproses maklumat berkenaan penglihatan telah tidak digunakan sama sekali kerana buta (Nelson, 2001). Oleh yang demikian ada kalanya sel neuron untuk penglihatan tersebut telah digunakan untuk menghantar maklumat berkenaan dengan pendengaran sahaja. Oleh itu kita akan mempunyai jumlah neuron yang berlebihan iaitu neuron yang sememangnya berfungsi untuk menghantar maklumat pendengaran di tambah dengan

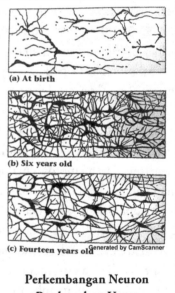

(a) At birth

(b) Six years old

(c) Fourteen years old

Generated by CamScanner

Perkembangan Neuron Berdasarkan Umur

(Sumber: Doughlas A. Bernstein, et al. (1994). *Psychology*. Boston: Houghton Mifflin Company. *Pp. 121.*

neuron yang berfungsi untuk menghantar maklumat penglihatan tetapi telah digunakan untuk menghantar maklumat pendengaran. Kesan daripada itu seseorang yang buta lebih mampu membezakan pelbagai bunyi yang didengari berbanding orang yang tidak buta.

Terdapat dua keadaan berkaitan dengan perkembangan sinapsis pada sel neuron dan juga proses pembuangan. Pertama, proses yang dipanggil "harapan – pengalaman". Proses ini berlaku kerana sinapsis yang terbentuk akan menanti rangsangan daripada kita. Sekiranya sel neuron ini tidak digunakan maka ianya akan dibuang atau mati. Sebagai contoh yang paling mudah ialah bagaimana seorang individu daripada Kelantan yang berusaha bercakap dalam bahasa Inggeris tetapi menghadapi kesukaran menyebut perkataan-perkataan bahasa Inggeris dengan betul dan tepat. Kesukaran ini berlaku kerana kegagalan pada sel neuron untuk digunakan menyebut perkataan dalam bahasa Inggeris. Sel neuron itu tidak dipelbagaikan peranan dan fungsinya sehingga tidak fleksibel dalam melaksanakan tugasnya. Justeru keupayaan untuk lebih pelbagai menjadi semakin terhad dan lama kelamaan sel neuron itu hanya digunakan untuk menghantar maklumat pengucapan bahasa dalam dialek Kelantan dan sukar untuk menyampaikan maklumat berkenaan perkataan dalam bahasa Inggeris. Keadaan menjadi semakin sukar terutamanya apabila individu tersebut semakin dewasa kerana keupayaan untuk bertutur dalam bahasa Inggeris dengan baik bukan lagi hanya dipengaruhi oleh keupayaan sel neuron untuk menghantar dan memproses maklumat tetapi dipengaruhi juga oleh aspek-aspek persekitaran seperti sikap, kebiasaan, dan juga budaya. Hanya usaha yang keras dan kesungguhan yang tinggi akan membantu individu dewasa daripada Kelantan untuk berbahasa Inggeris dengan baik dan tepat.

Proses yang kedua dipanggil "ketergantungan – pengalaman". Sinapsis akan terus terbentuk pada sel neuron kesan daripada pengalaman yang kita lalui. Pembelajaran perkara-perkara baru contohnya akan mempengaruhi pembentukan sinapsis yang lebih banyak, terutamanya apabila kita tidak berupaya memahami atau menyelesaikan sesuatu masalah. Rangsangan yang berlebihan akan menggalakkan pertumbuhan sinapsis pada setiap neuron. Dengan lain perkataan semakin banyak sinapsis yang terbentuk pada setiap neuron semakin efektif dan tepat maklumat yang kita hantar dan kita proses. Oleh itu rangsangan yang positif dan berterusan akan mempengaruhi proses pertumbuhan sel-sel neuron otak kita terutamanya semasa kanak-kanak.

Salah satu komponen terpenting otak adalah *korteks serebral,* iaitu lapisan otak yang melitupi otak secara keseluruhan. Lapisan otak ini berkembang secara perlahan-lahan mengikut fungsi dan peranan. Ada yang lambat dan ada yang cepat. Korteks yang mengawal pergerakan motor fizikal biasanya akan matang terlebih dahulu berbanding korteks yang mengawal pergerakan yang lebih kompleks seperti penglihatan dan pendengaran. Malahan dikatakan korteks yang mengawal emosi dan bahasa hanya mulai berkembang sepenuhnya semasa individu tersebut berada di peringkat sekolah menengah atau lebih atas. Para saintis neuro berpendapat bahawa perkembangan otak adalah berkaitan dengan aspek keupayaan individu menyelesai masalah, merancang, dan membuat keputusan. Justeru pada peringkat kanak-kanak keupayaan menyelesai masalah dan menaakul agak terhad atau tidak wujud sama sekali kerana perkembangan korteks yang menangani tugas tersebut belum sepenuhnya terbentuk. Rajah di bawah menggambarkan secara ringkas bahagian-bahagian otak mengikut fungsinya masing-masing.

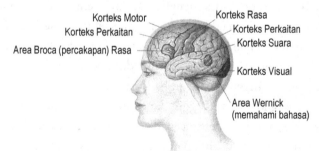

Korteks Motor
Korteks Perkaitan
Area Broca (percakapan) Rasa

Korteks Rasa
Korteks Perkaitan
Korteks Suara

Korteks Visual

Area Wernick
(memahami bahasa)

Septum (mempengaruhi marah dan takut)
Korteks Sereberal (mengawal pemikiran dan fungsi deria, gerakan sedar)
Corpus Callosum (hubungkan antara 2 hemisfera)
Amygdala (pengaruhi marah dan agresi)
Kelenjar Pituatari (mengawal sistem endokrin)
Hippocampus (pembelajaran dan ingatan)
Thalamus (menyalur informasi ke korteks sereberal)
Hypothalamus (kawal suhu, makan, tidur, sistem endokrin)
Otak Tengah (bawa maklumat tentang tidur dan rangsangan)
Pons (salur maklumat antara korteks sereberal dan cerebellum)
Cerebellum (kawal pergerakan otot kecil, keseimbangan bahasa)
Medulla (kawal degupan jantung, pernafasan)
Saraf Tunjang (salur denyut saraf antara otak dan badan, kawal gerakbalas mudah)

Secara ringkasnya korteks sereberal berfungsi mengawal pemikiran dan fungsi deria dan juga pergerakan spontan (Sternberg, 2006). Pengawalan ini penting bagi membantu kita mengawal proses pemikiran kita, terutamanya apabila dikaitkan dengan penggunaan maklumat yang diterima melalui deria terutamanya semasa proses menyelesai masalah. Kawasan hadapan (*frontal lobes*) pula berkaitan dengan proses-proses motor dan pemikiran peringkat tinggi seperti penaakulan abstrak (Stuss & Floden, 2003), yang banyak memerlukan keupayaan otak melakukan visualisasi dan imej mental. Kawasan temporal (*temporal lobes*) banyak mengendalikan pemproses auditori (Murray, 2003), iaitu yang berkaitan dengan suara dan bunyi.

Pengawalan kemasukan maklumat suara dan bunyi sangat penting untuk ditangani kerana ianya akan membantu kita membezakan pelbagai benda dan perkara sama ada dari segi bentuk, sifat, jauh dekat dan seumpamanya. Kawasan parital (*parietal lobes*) pula sangat penting untuk mengawal perkara-perkara yang berkaitan dengan pemprosesan maklumat deria *somato* yang menerima pelbagai maklumat daripada neuron-neuron termasuklah maklumat-maklumat berkenaan dengan sentuhan, rasa sakit, suhu, dan posisi tubuh badan (Culham, 2003). Keupayaan bahagian ini sangat penting bagi membantu kita memproses dan membezakan pelbagai maklumat yang diterima melalui neuron-neuron supaya kita dapat bertindak balas sewajarnya sesuai dengan jenis maklumat yang diterima.

Pada bahagian *osipital* (*occipital lobes*) banyak maklumat berkenaan visual dan penglihatan diproses (De Weerd, 2003). Pelbagai maklumat yang dilihat daripada persekitaran diproses dan difahami sedemikian rupa mengikut pelbagai aspek seperti pemandangan, warna, pergerakan, lokasi dekat jauh, dan bentuk (Gazzaniga et al., 2002). Bahagian ini membolehkan kita memahami persekitaran kita dengan lebih tepat, menentukan perbezaan warna, jarak, bentuk, dan seumpamanya. *Corpus callosum* pula berfungsi menyalurkan maklumat antara dua hemisfera serebral supaya maklumat yang diterima dapat diproses dengan lebih tepat dan disalurkan kepada bahagian yang lebih sesuai.

Pelbagai fungsi mengikut kawasan memberikan gambaran bahawa setiap kawasan (*lobes*) mempunyai kepentingannya masing-masing. Seperti diketahui, setiap bahagian otak akan mengawal pergerakan badan yang berlawanan, kiri mengawal kanan, kanan mengawal kiri. Suatu perkara yang menarik ialah sebelum setiap bahagian otak memainkan peranan mereka masing-masing, kegagalan satu-satu bahagian atau kawasan akan dapat ditampung oleh lain-lain bahagian atau kawasan. Akan tetapi, apabila fungsi otak dilaksanakan mengikut kawasan-kawasan tertentu, kegagalan berfungsi salah satu kawasan akan mempengaruhi prestasi bekerja otak secara keseluruhan. Ini bermakna kawasan otak perlu saling bekerjasama bagi memudahkan proses pembelajaran.

Sebagai contoh dalam proses membaca, dikatakan otak sebelah kanan lebih berupaya memahami makna sesebuah cerita, manakala otak sebelah kiri berupaya memahami konsep ayat dan tatabahasa. Oleh itu untuk membolehkan kita belajar membaca dengan baik kedua-dua bahagian otak perlu saling berhubungan dan bekerjasama supaya proses memahami cerita yang dibaca menjadi lebih mudah dan efektif. Ini memberi implikasi kepada teori terdahulu yang terlalu membezakan peranan yang dimainkan oleh otak kiri dan otak kanan sebagai tidak relevan atau dikatakan dengan istilah sebagai "cerita karut" otak kiri dan otak kanan oleh Keith Stanovich (1998). Oleh itu kita perlu memberi rangsangan-rangsangan yang lebih banyak dan berkualiti tinggi kepada anak-anak didik kita sepanjang masa supaya mereka dapat menggunakan keseluruhan keupayaan bahagian otak berbanding hanya memberi fokus kepada bahagian-bahagian tertentu.

7.3 Konsep Kognisi

Dahulu ramai orang berpendapat bahawa semua individu berpotensi mencapai tahap pencapaian yang sama. Akan tetapi melalui kajian-kajian yang dilakukan didapati bahawa individu mempunyai kepintaran yang pelbagai dan mencapai tahap pencapaian yang berbeza-beza. Persekolahan pula dalam hal ini lebih terfokus kepada membina kemahiran 3M (membaca, menulis dan mengira) di kalangan individu. Akan tetapi tidak dinafikan terdapat pendidik yang benar-benar berusaha membantu proses pembelajaran pelajar-pelajarnya. Walaupun begitu anggapan tentang pengaruh terhadap kegagalan pelajar masih tinggi di samping faktor 'malas' atau masalah disiplin di kalangan pelajar. Keadaan ini menggambarkan bahawa kefahaman manusia tentang kepintaran dan kebolehan individu sentiasa berubah-ubah mengikut peredaran masa dan juga dapatan-dapatan kajian yang terkini. Justeru itu dalam keluarga kita dapat lihat perbezaan dalam perkembangan anak-anak kita, bukan sahaja daripada segi tinggi atau rendah pencapaian, tetapi kepelbagaian daripada segi kecenderungan, cara berfikir, cara bertingkah laku dan sebagainya. Pendidikan yang serupa yang kita dedahkan di rumah diterima dan difahami dengan cara yang pelbagai. Ini memberi makna bahawa bagaimana otak bekerja, menganalisis data dan membuat keputusan adalah berbeza-beza antara satu sama lain.

7.4 Pengaruh Keturunan

Kajian-kajian menunjukkan adanya hubungan antara keturunan dengan pertumbuhan fizikal dan juga perkembangan individu secara keseluruhan. Kajian berkenaan trait-trait fizikal seperti ketinggian, berat, saiz, dan lain-lain juga menunjukkan adanya hubungan antara pengaruh keturunan dengan perkembangan individu. Gen ibu dan bapa secara bersama-sama mempengaruhi pertumbuhan kanak-kanak. Justeru itu terjadi di mana ibubapa yang cerdik cenderung akan melahirkan keturunan yang cerdik dan begitu juga sebaliknya. Namun begitu anggapan ini masih lagi dipersoalkan terutamanya erti kata 'cerdik' itu sendiri. Mungkin ibubapa yang kurang cerdik itu didefinisikan berdasarkan kepada taraf pendidikan yang dilalui. Akan tetapi anggapan ini tidak semestinya benar kerana, terdapat juga kemungkinan di mana ibupapa tersebut tidak bersekolah sama sekali, tetapi tidak bermakna mereka tidak cerdik, hanya mungkin kerana mereka tidak berpeluang untuk bersekolah dan terbukti apabila ramai daripada anak-anak mereka berjaya dalam pembelajaran hingga ke menara gading.

> *Kognisi* bermakna aktiviti memproses maklumat yang meliputi proses memberi perhatian, memahami dan memberi makna, menyimpan ingatan tersebut dan menggunakannya semula. Ini memberi penjelasan mengapa pencapaian seseorang individu berbeza dengan individu yang lain di mana cara mereka memproses maklumat dan pengetahuan adalah berbeza-beza. Setiap tahap dalam pemprosesan maklumat mempengaruhi kualiti kefahaman tentang pengetahuan dan kemahiran yang dipelajari. Sebab itu walaupun diajar dan dididik secara bersama kesan yang dihasilkan adalah berbeza-beza.

Seperti dibincangkan di bab-bab terdahulu, terdapat banyak kajian telah membuktikan pengaruh keturunan terhadap pertumbuhan kanak-kanak. Ini semakin menguatkan keyakinan bahawa pertumbuhan dan kepintaran kanak-kanak tidak hanya dipengaruhi oleh persekitaran tetapi juga oleh keturunan.

7.5 Mengukur Kebolehan Intelektual

Islam telah menyebutkan tentang potensi manusia secara umumnya di mana dalam Al Quran Allah SWT menyebutkan "Katakanlah, Perhatikanlah apa yang ada di langit dan di bumi" (QS 10: 101). Pernyataan ini berkaitan dengan kemampuan mental manusia yang boleh berfikir dan memahami persekitarannya. Namun tidak semua yang berupaya menggunakan potensi sedia ada yang dimiliki sesuai dengan kehendak Allah SWT, walaupun pada hakikatnya Allah SWT telah meningkatkan darjat manusia ke tahap tertinggi berbanding makhluk lainnya. Dalam ayat yang lain Allah SWT menyebutkan "Dan sesungguhnya telah kami muliakan anak-anak Adam, Kami bawa mereka di daratan dan di lautan, Kami beri mereka rezeki daripada yang baik-baik dan Kami lebihkan mereka dengan kelebihan yang sempurna atas kebanyakan makhluk yang telah Kami ciptakan" (QS 17: 170). Ini memberi gambaran bahawa pada hakikatnya manusia mempunyai kelebihan-kelebihan tertentu berbanding makhluk ciptaan Allah lainnya. Hanya kerana 'kesilapan' dalam memproses maklumat maka keluarlah tingkah laku-tingkah laku yang tidak sepatutnya.

Berhubung dengan penerokaan isu kepintaran dan kebolehan intelektual manusia Francis Galton telah melakukan pelbagai kajian untuk memahaminya. Beliau telah mencuba mengenalpasti seawal mungkin kebolehan intelektual kanak-kanak supaya dapat dimanfaatkan semasa dalam persekolahan sebenar (rujuk en.wikipedia. org/wiki/Francis_Galton). Selama bertahun-tahun ahli-ahli psikologi seperti Binet dan Simon mengkaji, mengenalpasti kaedah terbaik menentukan tahap kebolehan intelektual kanak-kanak (rujuk Laurent, et al., 1992). Dengan menggunakan idea taburan normal dan kefahaman tentang setiap individu mempunyai kebolehan intelektual yang tetap, mereka cuba membangunkan ujian-ujian tertentu untuk mengukur kepintaran individu. Ujian dilakukan berdasarkan kelompok umur tertentu bagi membolehkan tahap kepintaran mental seseorang individu dibandingkan dengan umur kronologinya. Umur kronologi bermakna umur sebenar seseorang yang ditentukan berdasarkan tahun mulai dilahirkan. Sekiranya seorang kanak-kanak berusia 10 tahun mampu menyelesaikan ujian yang dikhaskan untuk kumpulan umur 12 tahun maka 'umur mental' kanak-kanak tersebut dikatakan berada pada paras 12 tahun. Umur mental pula berkaitan dengan kebolehan berfikir seseorang yang diukur berdasarkan keupayaan menyelesaikan sesuatu masalah yang diberi. Oleh itu walaupun umur kanak-kanak tersebut masih berusia 10 tahun, jika dia mampu menyelesaikan ujian atau tugasan untuk usia 12 tahun maka kemampuan kepintarannya adalah pada usia 12 tahun iaitu mendahului usianya yang baru 10 tahun. Akan tetapi jika dia hanya mampu menyelesaikan ujian yang dikhaskan kepada kanak-kanak berusia 8 tahun, maka 'umur mental' kanak-kanak tersebut dikatakan berada pada paras 8 tahun dan begitulah seterusnya.

Bagaimanapun, pengiraan secara matematik dapat membantu kita lebih lanjut menentukan kepintaran seseorang individu. Malah tahap kepintaran individu tersebut boleh dibandingkan dengan individu lain tanpa perlu mengambil kira umur krononoginya. Kaedah yang digunakan ialah dengan mengubah umur mental kepada skor peratus. Seseorang yang mempunyai kemampuan umur mental yang sama dengan umur kronologi diberikan skor 100. Oleh itu mengambil kira kanak-kanak usia 10 tahun di atas yang boleh menyelesaikan ujian untuk kanak-kanak usia 12 tahun maka ia dikatakan mempunyai skor kepintaran 120. Kaedah ini biasa dikenali sebagai 'intelligent quotion' (IQ). Kaedah pengiraan adalah seperti berikut:

$$\frac{\text{Umur Mental (12 tahun)}}{\text{Umur Kronologikal (10 tahun)}} \quad \text{X} \quad 100/1$$

$$= \frac{12}{10} \quad \text{X} \quad \frac{100}{1}$$

$$= \quad 120$$

Seperkara lagi yang perlu kita ketahui adalah taburan normal yang bermakna bagaimana rata-rata individu dapat dikelompokkan. Biasanya pengelompokkan ini mengambil kira kumpulan terkecil rendah, kumpulan kebanyakan atau yang umum, dan kumpulan kecil tertinggi. Ambil contoh pencapaian pelajar. Dalam keadaan biasa pelajar yang mendapat cemerlang adalah sedikit dan pelajar yang berpencapaian agak cemerlang dan sederhana lebih ramai. Manakala yang rendah pencapaian juga jumlahnya tidak ramai. Ini merupakan gambaran taburan normal pencapaian pelajar. Taburan ini juga berlaku dalam lain-lain perkara seperti ketinggian, berat badan, dan sebagainya. Berikut adalah taburan normal yang biasa ditemui dalam pengujian kepintaran individu:

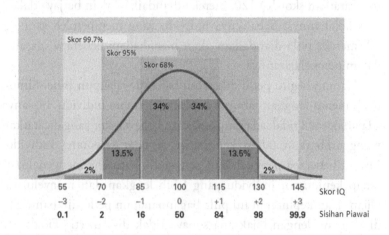

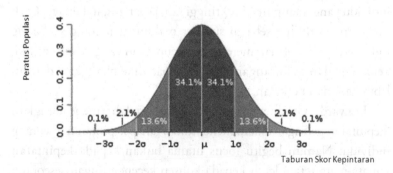

Taburan Skor Kepintaran

Graf Taburan Normal

Berdasarkan andaian bahawa kebolehan intelektual adalah diwarisi, Binet-Simon telah menghasilkan taburan skor berkenaan ujian kepintaran yang sesuai dengan taburan normal. Pembahagian yang piawai telah dikenalpasti iaitu pada aras skor interval 16 seperti di atas. Didapati bahawa proporsi taburan yang paling ketara adalah pada skor purata. Manakala sebahagian kecil individu berada sama ada dihujung tertinggi ataupun terendah, yang menggambarkan kumpulan yang menghadapi masalah mental ataupun kumpulan yang pintar. Setelah skor diperolehi maka dapatlah potensi kebolehan intelektual individu dibandingkan dengan individu lain yang mengambil ujian yang sama. Sekiranya individu itu mencatatkan skor IQ 120, mereka diandaikan akan berjaya dalam persekolahannya. Sebaliknya individu yang memperoleh skor IQ 80, mereka pula diandaikan akan menghadapi beberapa masalah dalam pembelajarannya.

Namun begitu perlu diketahui bahawa walaupun Binet-Simon telah mencadangkan taburan kepintaran antara individu, biasanya adalah normal tidak ada satu kepastian bahawa skor yang dicatatkan menggambarkan tahap kepintaran sebenar seseorang individu. Justeru beberapa pengkaji dan penyelidik berusaha mengenalpasti tahap kepintaran individu yang lebih lengkap dan menyeluruh. Ujian-ujian kepintaran ini pula bagaimanapun perlu difahami dan digunakan dengan bijaksana supaya tidak disalaherti. Tidak ada satu kajianpun yang secara konklusif menyatakan bahawa hanya individu yang mempunyai IQ tinggi sahaja yang akan berjaya. Oleh itu IQ perlu dilihat sebagai sumber maklumat tentang seseorang individu, apa kebolehan mereka, apa keupayaan yang mereka miliki, kekuatan dan kekurangan supaya dapat dikembangkan dengan lebih baik dan berkesan.

Howard Gardner sebagai contoh telah mencadangkan 'kepintaran pelbagai' dalam menentukan tahap kepintaran seseorang individu. Namun begitu focus utama bukan kepada kepintaran semata-mata tetapi lebih kepada konsep kecenderungan seseorang individu itu belajar dan berkembang. Oleh itu ia lebih merujuk kepada usaha memahami keseluruhan personaliti seseorang, kecenderungan-kecenderungan dimiliki dan kekuatan yang ada pada mereka yang biasanya terangkum secara bersama dalam diri setiap individu. Menurut Gardner (1983) setiap individu dilahirkan mempunyai pelbagai kepintaran meliputi sekurang-kurangnya sembilan kepintaran seperti dinyatakan dalam jadual berikut.

Jenis Kepintaran	Kebolehan dan Persepsi
Linguistik	Keupayaan mengguna bahasa sebagai alat komunikasi
Logik-Matematik	Prinsip sebab akibat, logik, operasi pernomboran
Muzikal	Mengenali irama, bunyi dan corak muzik
Kinestetik/Fizikal	Menggunakan keseluruhan badan atau anggota tertentu
Visual – Ruang	Memahami konsep ruang, masa, jarak
Alam Semulajadi	Membezakan pelbagai jenis hidupan dan fungsinya
Intrapersonal	Memahami diri sendiri, siapa, apa kebolehan
Interpersonal	Memahami orang lain sebagai berbeza dengan diri sendiri
Kewujudan	Memikirkan tentang hidup dan dan mati, matlamat hidup

9 Kepintaran Menurut Howard Gardner –
Sumber: www.pbs.org/

Oleh itu kefahaman tentang pelbagai kepintaran yang wujud dalam diri setiap individu akan membolehkan kita memahami kecenderungan dan cara berfikir anak-anak didik kita. Dengan cara mengetahuinya kita akan dapat membantu proses pembelajaran mereka supaya menjadi lebih mudah dan berkesan. Dengan lain perkataan ia bukan bermakna apabila mereka didapati berkecenderungan mempunyai gaya berfikir linguistik maka mereka akan cemerlang sebagai seorang ahli bahasa sahaja. Cuba perhatikan contoh di bawah:

i. Seorang individu yang kuat gaya muzik dan lemah tentang pernomboran akan berkemungkinan membentuk kemahiran numerical dan logikal jika dibimbing dengan menggunakan pendekatan muzik dan bukan hanya melalui belajar pernomboran sahaja.

ii. Individu yang lemah kemahiran tentang ruang dan kuat aspek numerikalnya akan berkecenderungan membina kemahiran ruang apabila dibimbing dan diajar dengan banyak menggunakan pernomboran dan logik.

iii. Individu yang lemah kemahiran kinestetik fizikal tetapi kuat aspek numerikalnya berkemungkinan berupaya meningkatkan keupayaan pergerakan fizikalnya apabila diajar banyak menggunakan perkaitan saintifik dan matematik seperti perkaitan antara latihan, diet dan kesihatan.

Contoh-contoh di atas menunjukkan kefahaman kita tentang kecenderungan kepintaran anak-anak didik kita bukan semata-mata sebagai ukuran tinggi rendah, tetapi menggunakannya untuk membantu mereka belajar sesuai dengan kecenderungan yang ada dalam dirinya. Inilah yang seharusnya kita fahami supaya skor kepintaran tidak digunakan sebagai tanda aras mutlak kebolehan anak-anak didik kita (lihat Howard Gardner (2000), *Intelligence Reframed: Multiple Intelligences for the 21st Century*. Basic Book Inc.)

7.6 Kepintaran Adalah Diwarisi?

Sebelum kita membincangkan perkembangan kepintaran dan kognitif dengan lebih mendalam adalah lebih baik kita lihat kesannya kepada pendidikan secara keseluruhan. Terutamanya di sekolah, sekiranya faktor keturunan mempengaruhi perbezaan individu dan boleh diukur melalui ujian-ujian kepintaran, maka kita akan mempunyai sistem pendidikan yang mengambil kira perbezaan individu tersebut. Pelajar akan dikelompokkan ke dalam aras kepintaran dan kebolehan yang sama bagi memudahkan proses pengajaran pembelajaran dilakukan. Dalam hal ini keperluan sekolah akan sentiasa mengambil kira taburan normal tahap kepintaran individu.

Sejak sekian lama negara-negara seperti United Kingdom telah menggunakan pendekatan ini. Kanak-kanak dinilai berasaskan pencapaian dalam subjek-subjek asas dan ujian-ujian kepintaran sebelum ditempatkan di sekolah-sekolah atau kelas-kelas tertentu. Sungguhpun pendekatan ini semakin hari semakin tidak popular, asas pemikiran pendekatan ini masih lagi ketara dalam system pendidikan yang melibatkan proses pemilihan, pembahagian kelas dan juga sistem peperiksaan umum. Setidak-tidaknya kita sebagai pendidik perlu menyedari tentang pentingnya kefahaman psikologikal dalam proses penentuan kepintaran dan kebolehan dengan berasaskan prinsip-prinsip yang jelas dan bukan berasaskan system rutin yang telah dilaksanakan sejak bertahun-tahun.

Namun begitu sejak kebelakangan ini ahli-ahli psikologi memahami bahawa maklumat keturunan sahaja tidak mampu menerangkan perbezaan kebolehan intelektual individu dengan tepat. Banyak kajian mendapati bahawa tahap kepintaran dan kecemerlangan di sekolah banyak dikaitkan dengan pengaruh kelas sosial pelajar, latar belakang pendidikan dan persekitaran di mana individu tersebut berada. Malahan kajian terhadap kanak-kanak yang dibesarkan oleh keluarga angkat mendapati mereka masih mampu mencapai tahap kecemerlangan dalam pendidikan. Begitu juga dengan kajian terhadap kanak-kanak yang serba kekurangan yang datang dari keluarga yang bukan berpendapatan tinggi mendapati mereka mempunyai kebolehan intelektual yang rendah tetapi boleh berjaya dalam akademik. Ini memberi gambaran bahawa pengaruh terhadap kebolehan intelektual individu tidak hanya dipengaruhi oleh faktor keturunan sahaja tetapi juga faktor persekitaran. Dengan lain perkataan skor yang dicatatkan dalam ujian IQ oleh individu yang mengambilnya tidak harus dijadikan kayu pengukur kepada kecemerlangan akademik mereka.

Sebagai kesimpulan dapatlah dikatakan bahawa bagi faktor keturunan dapat dinilai mempengaruhi perkembangan individu dan ia perlu difahami secara bersama bahawa pengaruh persekitaran juga membantu menyediakan persekitaran yang positif dan kondusif seperti aktiviti dan rangsangan yang diperolehi sama ada di rumah, dalam masyarakat, atau di sekolah. Kedua-dua pengaruh ini secara tidak langsung saling memerlukan antara satu sama lain kerana melalui kefahaman tentang pengaruh hubungan antara keduanya membolehkan kita memperkembangkan potensi anak didik kita ke tahap yang optimum.

Mungkin ada baiknya saya ambil contoh perbincangan berkenaan dengan kepintaran oleh Vernon. Philip Vernon (1979) mencadangkan tiga cara untuk menilai kepintaran iaitu 'kepintaran A', 'Kepintaran B', dan 'Kepintaran C'. *Kepintaran A* adalah kepintaran yang mungkin telah ditetapkan sejak lahir lagi yang dimiliki oleh semua organism hidup termasuk manusia seperti melakukan adaptasi dengan persekitaran. Kepintaran ini mungkin dipengaruhi oleh faktor keturunan tetapi banyak ditentukan oleh system saraf setiap individu tersebut. Manakala *Kepintaran B* merupakan kepintaran sebenar yang dibentuk oleh individu berkenaan semasa proses kehidupan berlangsung kesan daripada interaksi individu tersebut dengan persekitaran. Ianya mungkin meliputi perkara-perkara seperti kecekapan dan kompleksiti system persepsi, pembelajaran, pemikiran dan penyelesaian.

Oleh kerana setiap antara kita terlibat dalam proses penyelesaian masalah sepanjang masa semasa hidup dan berinteraksi, kemahiran pemikiran ini sangat penting dan menentukan keupayaan kita untuk berinteraksi dengan persekitaran kita. Persekitaran yang baik dan kondusif akan membantu memastikan potensi kepintaran individu diperkembangkan. *Kepintaran C* pula berkenaan dengan skor kepintaran yang diperolehi melalui ujian kepintaran. Vernon mencadangkan bahawa pengambilan skor kepintaran ini secara tidak langsung dapat menjadi penanda aras kepada tahap keupayaan setiap individu untuk berinteraksi dengan persekitarannya. Setidak-tidaknya ia dapat memberikan gambaran yang jelas tentang kepintaran seseorang individu walaupun tidak dinafikan tentang tahap ketepatan dan kejelasan sesuatu ujian itu.

Dalam konteks ibubapa, kefahaman ini boleh dibina apabila kita sentiasa bekerjasama dengan sekolah. Melalui perbincangan dan kerjasama yang kita jalinkan kita berupaya mengenalpasti kepintaran anak-anak kita dan memikirkan apakah tindakan-tindakan yang boleh kita lakukan dalam usaha membantu proses pembelajaran mereka dengan lebih mudah dan berkesan.

Sejajar dengan perkembangan sains dan teknologi, pendapat yang hanya berdasarkan skor ujian IQ seperti yang dilakukan oleh Galton, Simon, Binet dan lainnya sudah tidak mampu menerangkan aspek kepintaran dengan tepat dan jelas. Seperti yang saya katakana tadi ujian-ujian IQ mulai dilihat sebagai usaha mengukur kebolehan seseorang dalam aspek-aspek tertentu tetapi bukan mengukur potensi-potensi kepintaran yang diwarisi. Bukti-bukti kajian juga banyak menunjukkan bahawa kita perlu memahami kepintaran itu sebagai kebolehan individu menangani maklumat-maklumat yang diterima melalui semua deria yang dimiliki semasa proses pembelajaran. Melalui kefahaman ini maka kita akan memikirkan pendekatan-pendekatan yang sesuai yang boleh membantu anak-anak didik kita menguruskan maklumat yang diterima semasa pembelajaran menjadi sekumpulan maklumat yang bermakna dan boleh digunakan oleh mereka dalam persekitaran kehidupannya. Ini memberi makna bahawa keupayaan seseorang akan berbeza-beza bukan mengikut peredaran masa sahaja tetapi juga mengikut sifat-sifat dan aktiviti yang boleh dilakukan. Dengan sendirinya perbandingan hanya berdasarkan skor kepintaran anak didik kita dapat kita elakkan dan memahaminya dalam konteks keperluan yang lebih luas.

Jean Piaget (1970) yang banyak mengkaji tentang bagaimana individu didapati sentiasa berusaha memahami dunia dan persekitarannya melalui maklumat-maklumat yang diterima dan diproses dengan menggunakan keupayaan otak mengasaskan teori berdasarkan penjelasan-penjelasan seperti berikut:

1. *Manusia dilahirkan tidak mempunyai maklumat dan pengetahuan tentang dunia dan persekitarannya.* Justeru itu mereka perlu melakukan apa yang dipanggil 'model mental' iaitu suatu usaha memahami maklumat yang mereka perolehi dengan menggunakan otak. Untuk melakukan ini manusia perlu melakukan pelbagai proses pemikiran bagi membolehkan mereka mengingat, membanding pengalaman baru dengan pengalaman lama, menyusun maklumat yang bermakna dalam otak dan menggunakannya semula apabila diperlukan. Dengan lain perkataan individu akan terlibat secara aktif memahami dan menterjemah maklumat-maklumat yang diperolehi dan akan membuang mana-mana yang tidak diperlukan.

2. *Setiap individu mempunyai pengalaman yang berbeza-beza berdasarkan di mana dan bagaimana mereka dibesarkan.* Oleh itu setiap individu akan mempunyai model mental yang berbeza-beza. Justeru itu bagi setiap individu yang datang daripada latar belakang yang sama, budaya dan sebagainya akan mempunyai model mental yang hampir bersamaan, kalaupun tidak sama, dan akan lebih selesa berbual dan berinteraksi.

3. *Setiap individu akan sentiasa bertindakbalas dengan persekitarannya tidak kira di mana mereka berada.* Mereka akan sentiasa memastikan wujud keseimbangan dalam hubungannya dengan persekitaran. Ini termasuklah aktiviti menyesuaikan diri dengan persekitaran ataupun menyesuaikan persekitaran dengan dirinya. Piaget menggunakan konsep '*ekuilibrium*' (keseimbangan)

untuk menjelaskan matlamat yang ingin dicapai oleh setiap individu dalam keadaan menyelesai dan memproses maklumat. Secara ringkas individu yang dahaga akan berusaha mendapatkan air, meminumnya, memproses dan membuangnya semula. Proses mendapatkan dan meminum air tersebut dikategorikan sebagai proses *asimilasi* yang akhirnya menyebabkan individu tersebut hilang dahaga dan berasa selesa (ekuilibrium). Ini merupakan contoh termudah melihat bagaimana proses ekuilibrium berlaku dalam diri individu. Dalam konteks pemikiran ianya lebih merupakan proses adaptasi pemikiran manusia kepada permasalahan yang dihadapinya. Sekiranya masalah yang sedang dihadapi tidak boleh diselesaikan secara langsung dengan menggunakan kemahiran dan pengetahuan yang dimiliki mereka perlu menyelesaikannya dengan menggunakan kaedah lain seperti mendapatkan bantuan daripada orang lain ataupun sumber lain untuk memastikan masalah tersebut dapat diselesaikan. Mereka akan sentiasa berasa tidak selesa selagi masalah tersebut tidak dikuasai atau difahami, ataupun tidak boleh diselesaikan. Akan tetapi sebaliknya jika permasalahan yang dihadapi dapat diselesaikan dengan segera kerana mereka telah mempunyai pengetahuan atau kemahiran mereka akan berasa selesa dan gembira. Proses ini biasanya melibatkan proses asimilasi iaitu menggabungkan kemahiran sedia ada dengan kemahiran yang baru dipelajari.

4. *Kemahiran kognitif tidak terbentuk semasa lahir tetapi berkembang perlahan-lahan seiring dengan kematangan individu tersebut.* Model mental kanak-kanak adalah terhad bukan sahaja kerana kurang pengalaman tetapi juga kerana kemahiran berfikir mereka masih lagi sederhana dalam erti kata semasa memilih, mengurus dan memberi makna kepada pengalaman-pengalaman yang mereka lalui. Piaget mengenalpasti empat tahap utama dalam

perkembangan kognitif individu, iaitu perkembangan *motor deria* (0 – 2 tahun), perkembangan *praoperasi* (2 – 7 tahun), perkembangan *operasi konkrit* (7 – 11 tahun) dan perkembangan *operasi formal* (11 tahun dan ke atas). Beliau mencadangkan pencapaian kepada setiap tahap berdasarkan umur purata dan bukan umur kronologikal semata-mata kerana individu secara berterusan menggunakan pengetahuan-pengetahuan yang mereka miliki tanpa mengira di tahap mana pengetahuan tersebut terbentuk. Yang jelas, daripada satu tahap ke tahap yang lain proses-proses perkembangan kognitif akan semakin kompleks seiring dengan pertambahan pengetahuan dan pengalaman serta kematangan individu berkenaan.

7.7 Kecenderungan Semulajadi Dalam Berfikir

Dalam menjelaskan cara mana kita berfikir, Piaget (1970) menyatakan bahawa kita sebagai manusia mempunyai dua kecenderungan semulajadi semasa berfikir iaitu mengorganisasi dan juga mengadaptasi dengan maklumat dan persekitaran. Kita dilahirkan dengan mempunyai kecenderungan sentiasa mengorganisasi proses pemikiran kepada sesuatu struktur psikologikal dipanggil *skema*. Skema secara bahasanya boleh diertikan sebagai struktur kefahaman pengetahuan yang kita bina dalam otak kita tentang sesuatu perkara, benda, peristiwa dan sebagainya yang memberi makna kepada kita yang kita fahami dan mungkin berbeza dengan orang lain. Kefahaman inilah yang membantu kita menerangkan tentang sesuatu dan juga mempengaruhi bagaimana kita berfikir dan bertingkah laku. Kemahiran mengorganisasi pemikiran dan maklumat inilah yang akan membantu kita berinteraksi dengan persekitaran kita. Skema-skema inilah yang kita kembangkan dari semasa ke semasa dan lama kelamaan menjadi semakin kompleks dan lengkap. Sebagai contoh dapat dilihat tiga skema kemahiran yang berbeza pada diri kita iaitu melihat, mencapai, dan memegang. Pada peringkat bayi kita hanya mampu melihat sahaja tetapi tidak berupaya menggabungkannya dengan kemahiran lain seperti mencapai dan akhirnya memegang. Ketiga-tiga skema ini dilihat sebagai terpisah. Lama kelamaan apabila semakin matang dan dewasa kita mulai berupaya menggabungkan ketiga-tiga skema yang berlainan tersebut sebagai suatu kesatuan – melihat, mencapai dan memegang. Dan dalam masa yang sama kita masih mampu mengekalkan kemahiran tersebut secara berasingan (Miller, 2002).

Struktur skema ini merupakan kotak-kotak pemikiran asas yang merupakan system terstruktur mengenai tingkah laku atau pemikiran kita. Melalui system kotak-kotak pemikiran inilah membolehkan kita mengenali dan berfikir tentang alam persekitaran kita. Skema-skema ini boleh bersifat umum dan juga khusus. Skema khusus contohnya seperti cara memegang pen berbanding skema umum seperti kemahiran menulis. Semakin tersruktur pemikiran dan skema yang terbentuk maka semakin baik dan lengkap tingkah laku yang akan kita keluarkan.

Satu lagi kemahiran yang berkaitan dengan kemahiran mengorganisasi adalah kemahiran mengadaptasi. Kita akan sentiasa melakukan adaptasi dengan persekitaran kita terutamanya apabila pengetahuan dan kemahiran yang kita miliki tidak sama atau tidak boleh digunakan untuk menyelesaikan masalah yang kita hadapi. Dunia yang kita lihat melalui deria penglihatan adalah bersifat dua dimensi, tetapi hakikatnya adalah bersifat tiga dimensi. Keupayaan kita melakukan perkaitan dan adaptasi membantu kita melihat dunia dengan fokus tiga dimensi walaupun mata kita merekodkan imej yang bersifat dua dimensi.

Secara umumnya terdapat dua cara yang umum bagaimana otak kita melakukan adaptasi iaitu *asimilasi* dan *akomodasi*. Proses melakukan asimilasi adalah ketika kita cuba memahami sesuatu perkara dengan menggunakan pengetahuan dan skema yang sedia ada kita ketahui. Proses ini dapat kita lihat apabila kita cuba memahami ikan paus sebagai binatang mamalia berdasarkan kepada sifat-sifatnya yang melahir dan menyusukan anak. Manakala proses akomodasi berlaku ketika permasalahan yang sedang dihadapi tidak dapat diselesaikan dengan menggunakan skema yang sedia ada pada kita. Kita akan cuba melakukan pengubahsuaian dan penyesuaian pemikiran kita supaya sesuai dengan permasalahan yang sedang dihadapi. Proses ini dapat dilihat ketika kita melakukan pengubahsuaian pengetahuan kita dengan menyatakan ikan paus sebagai kumpulan ikan berdasarkan cirri-ciri yang ada sebagai kumpulan haiwan ikan. Dalam keadaan sebenar kita sentiasa melakukan proses asimilasi dan akomodasi semasa kita hidup dan cuba memahami dan menyesuaikan diri dengan persekitaran kita.

Namun begitu ada ketikanya kita akan bertindak tidak menghiraukan maklumat yang datang kepada kita kerana tidak boleh diasimilasi atau diakomodasi langsung. Keadaan ini terutamanya apabila maklumat tersebut tidak boleh difahami langsung. Inilah suatu keadaan yang sangat kritikal dalam pembelajaran anak-anak didik kita di mana sekiranya pembelajaran tentang sesuatu perkara tidak dilakukan dan dipermudahkan maka mereka akan sukar memahaminya. Terlebih penting adalah jika ini wujud kita tidak mahu mereka hilang minat sama sekali untuk belajar dan memahaminya. Justeru proses organisasi, asimilasi dan akomodasi ini menurut Piaget merupakan proses menyeimbangkan pemikiran yang kompleks yang dikenal sebagai proses *ekuilibrasi*. Apabila kita berupaya menyelesaikan masalah dengan menggunakan pengetahuan dan skema yang kita ada maka ekuilibrasi akan wujud. Manakala *disekuilibrasi* akan terbentuk apabila maklumat dan kefahaman yang kita ada tidak boleh membantu kita menyelesaikan masalah yang sedang kita hadapi. Proses penyeimbangan mental ini akan sentiasa kita lakukan dalam hidup kita sehari-hari semasa kita memproses maklumat dan menyelesaikan masalah.

7.8 Perkembangan Kognitif Manusia

Menurut Piaget, setiap individu akan melalui 4 tahap yang umum dalam perkembangan mental. Tahap-tahap tersebut adalah tahap *motor deria*, tahap *praoperasi*, tahap *operasi konkrit*, dan tahap *operasi formal*. Untuk lebih penjelasan tentang tahap perkembangan kognitif yang dicadangkan oleh Piaget mari kita lihat satu persatu dan cuba mendalami apakah perkara-perkara yang berkaitan yang berlaku semasa individu mengalami tahap-tahap tersebut dalam proses perkembangan diri.

i. Tahap Motor Deria

Tahap ini diandaikan berlaku semasa kanak-kanak berusia antara 0 – 2 tahun. Pada tahap ini kanak-kanak secara perlahan-lahan membentuk 'model' tersendiri dalam otak mereka. Namun begitu kebolehan berfikir mereka lebih banyak berkaitan deria, pergerakan dan perasaan. Mereka melalui proses memahami persekitaran dengan menggunakan deria yang mereka miliki seperti rasa, dengar, lihat walaupun pada beberapa hari awal selepas dilahirkan penglihatan mereka masih terbatas, dan hidu. Mereka belum memiliki bahasa yang standard yang boleh membantu mereka berfikir dan memahami sesuatu perkara atau peristiwa. Oleh itu model mental mereka adalah lebih unik dan cenderung bersifat bentuk, pergerakan, bunyi, rupa, rasa, pandangan dan seumpamanya yang agak sukar difahami oleh orang dewasa. Mereka akan sentiasa melakukan 'akomodasi' apabila pengalaman-pengalaman yang baru tidak sama dengan model mental yang mereka miliki.

Sesuatu yang menarik ialah proses akomodasi lebih kerap berlaku pada peringkat ini kerana mereka masih dalam proses pembentukan maklumat yang lebih baik dan kompleks di dalam mental mereka. Oleh itu setiap maklumat akan cenderung dinilai dan dianalisis sebagai maklumat baru yang tiada kaitan dengan maklumat terdahulu yang telah diketahui. Namun begitu secara perlahan-lahan, model mental yang mereka bina semakin tepat dan kompleks seiring dengan kematangan system saraf mereka dan maklumat-maklumat yang diterima.

Saya masih ingat lagi terutamanya apabila anak-anak saya yang baru lahir selepas mulai nampak, saya dan isteri sentiasa menunggu reaksi mata mereka melalui ekspresi muka yang kami tunjukkan. Pelbagai reaksi dan ekspresi muka kami lakukan dan saya dapati mereka mulai belajar ekspresi muka yang saya tunjukkan. Begitu juga dengan suara, saya kerap bercakap dan memperdengarkan bacaan Al Quran untuk merangsang pendengaran mereka dengan sesuatu yang positif. Seperkara lagi yang memang sengaja kami lakukan adalah untuk memastikan mereka dilahirkan dengan penglihatan dan pendengaran yang normal!

Perlu difahami, kanak-kanak pada tahap ini belum mampu melihat dirinya sebagai berbeza dengan orang lain. Malahan sekarang inipun kita masih secara berterusan menggunakan 'kepintaran motor-deria' kita semasa berhadapan dengan pengalaman-pengalaman baru. Sebagai contoh, kemahiran-kemahiran fizikal yang kita miliki seperti membaling bola, mengikat tali kasut, menulis, memandu dan sebagainya adalah kemahiran asas yang biasanya diingati pada peringkat saraf dan otot-otot sahaja dan bukan pada bahagian-bahagian tertentu di dalam otak. Atau dengan lain perkataan setelah melalui proses latihan dan pembelajaran suatu 'pembiasaan' akan berlaku dan melahirkan tingkah laku yang bersifat 'kebiasaan' dan tidak memerlukan banyak maklumat daripada otak untuk melakukan tingkah laku tersebut. Kita tak perlu lagi mengingat semula proses melakukannya satu persatu, tetapi sudah mampu melakukannya secara terus tanpa perlu berfikir. Pada peringkat ini kita juga membentuk kefahaman yang dipanggil "pengekalan objek" iaitu yang menerangkan tentang kita sedar dan tahu bahawa objek di sekitar kita tetap wujud walaupun tidak dapat dilihat atau dialami (Moore & Meltzoff, 2004).

Namun begitu pada masa peringkat motor deria kita tidak begitu memahami kewujudan objek-objek di sekitar kita sehinggalah pada peringkat akhir tahap ini di mana kita sudah boleh memahami dan sedar bahawa objek di sekeliling kita wujud walaupun tidak kelihatan. Saya juga masih ingat anak bongsu saya semasa baru berusia setahun sudah mulai boleh menonton cerita P Ramlee "Ali Baba." Pada usianya 2 tahun dia sudah mampu membuat perbandingan antara keadaan cerita dalam Ali Baba tersebut dengan situasi yang dihadapi dalam hidup sehari-harinya. Rangsangan bersifat visual terbukti mampu membentuk konsep-konsep dan objek-objek tertentu dalam minda kanak-kanak. Kajian-kajian terkini juga mendapati bahawa kita sudah mula membentuk kefahaman pengekalan objek tersebut seawal usia 3 – 4 bulan lagi walaupun pada ketika itu kita belum mempunyai kemahiran menyimpan maklumat di mana objek tersebut berada dan juga koordinasi kemahiran motor untuk mencari objek tersebut (Baillargeon, 1999).

Satu lagi kemahiran yang mulai terbentuk adalah "tingkah laku bermatlamat". Satu contoh yang mudah dilihat semasa kita bermain mainan lego. Butiran lego, terutamanya kepada kita yang berada di awal peringkat deriamotor akan menghadapi masalah dalam bermain dengan butiran lego tersebut, malah kadang-kadang mendatangkan bahaya apabila tertelan. Apabila kita berada pada tahap akhir kita sudah mulai mampu mencantumkan butiran-butiran lego tersebut untuk menghasilkan bentuk-bentuk tertentu hasil daripada keupayaan imaginasi kita pada masa itu. Kita juga berupaya memisahkan butiran-butiran tersebut dengan tujuan menghasilkan bentuk-bentuk yang lain yang baru. Tingkah laku yang kita lakukan sudah mempunyai matlamat yang jelas iaitu menghasilkan sesuatu melalui usaha mencantumkan butiran lego tersebut.

Di sini kita dapat lihat bagaimana kemahiran atau skema-skema asas berkenaan dengan mainan lego dan imaginasi tentang sesuatu perkara atau objek kita mampu untuk berfikir dan menggabungkan skema-skema tersebut melalui tingkah laku mencantumkan butiran lego kepada sesuatu bentuk tertentu. Oleh sebab itu, apabila kita melakukan aktiviti-aktiviti yang dinyatakan tadi, kita sudah tidak perlu memikirkan bagaimana aktiviti tersebut dilakukan, tetapi kita boleh menumpukan pemikiran kita kepada aktiviti yang lebih tinggi dan kompleks dalam aktiviti-aktiviti lainnya seperti 'apa yang ingin ditulis atau diikat', 'arah mana bola tersebut perlu dilontar, bagaimana memandu kereta dengan selamat sampat ke tempat tujuan' dan seumpamanya.

Apa yang perlu difahami adalah kita sebagai orang dewasa perlu memaklumi perkembangan ini dan sentiasa berusaha membantu proses pembinaan minda anak-anak didik. Biasa berlaku salah faham antara proses belajar kanak-kanak usia ini dengan kefahaman ibubapa. Semasa anak-anak saya berusia setahun saya biasa meminta mereka melukiskan sesuatu berdasarkan sesuatu cerita. Pada ketika itu bentuk sebenar pada saya bukan sesuatu ibu. Sebagai contoh gambar ikan yang dilukis ada ketikanya tidak akan berbentuk seperti ikan tetapi saya tetap meminta mereka membuat deskripsi 'gambar ikan' yang mereka luliskan itu. Dengan menggunakan imaginasi kanak-kanak mereka mampu membuat deskripsi ikan yang dimaksudkan.

Menariknya mereka boleh bercerita tentang ikan berenang, menyelam, berwarna, bersaiz kecil atau besar yang saya kira semuanya ini sangat penting kepada perkembangan mental mereka. Sekiranya saya hanya memastikan supaya ikan yang dilukiskan mesti sama dan berbentuk seperti ikan maka saya telah melakukan kesilapan iaitu memaksakan perspektif pemikiran mereka kepada perspektif pemikiran saya. Keadaan ini sebenarnya sesuatu kesilapan besar dan saya sebenarnya mulai menanamkan unsur patuh dan hafalan kepada cara belajar anak saya tanpa memikirkan kemahiran berfikir dan kreativiti dalam belajar.

ii. *Tahap Pra Operasi*

Tahap ini diandaikan berlaku pada sekitar usia antara 2 – 7 tahun. Kebolehan tahap ini pada kebiasaanya telah terbentuk pada masa motor deria lagi, terutamanya pada peringkat akhir perkembangan tahap motor deria. Pada peringkat ini kanak-kanak mulai berupaya menggunakan imej mental dan gambaran mental menggantikan model mental mereka. Mereka mulai berpusat kepada pemikiran berbanding peringkat otot dan organ deria. Mereka juga belajar bahasa verbal dengan lebih pesat, membolehkan mereka menggunakannya sebagai simbol-simbol tentang dunia persekitarannya. Melalui simbol-simbol verbal mereka lebih mampu berfikir secara fleksibel dan juga memahami idea-idea yang lebih kompleks. Penggabungan antara satu keadaan dengan keadaan yang lain sudah mulai mampu dilakukan. Ambil contoh anak bongsu saya tadi, pada usia 3 tahun dia telah mampu menceritakan semula cerita Ali Baba yang ditontonnya. Malah apabila ditanya dia sudah mulai boleh menerangkan kenapa dan bagaimana. Kebolehan-kebolehan ini sebenarnya jika dibentuk membolehkan pembelajaran dan perkembangan intelektual berlaku dengan lebih berkesan.

Pada peringkat praoperasi sebenarnya kita sudah mulai berupaya membentuk kemahiran operasi mental tentang sesuatu tingkah laku. Pada akhir tahap deriamotor kita sudah mempunyai kemahiran melakukan aktiviti dalam dua arah, tetapi masih lagi terikat kepada tingkah laku yang melibatkan aktiviti-aktiviti fizikal. Kemahiran yang dibentuk banyak berasaskan kepada tingkah laku motor atau fizikal pada peringkat awal, tetapi lama kelamaan kepada sesuatu yang lebih simbolik dan abstrak. Walaupun masih belum sepenuhnya menguasai cara pemikiran simbolik, kita sudah berupaya berfikir menggunakan symbol-simbol tertentu berkaitan dengan perkataan, gerak geri, isyarat, imej dan seumpamanya. Salah satu ciri kebolehan tahap praoperasi ialah "fungsi semiotik", iaitu kemahiran melakukan sesuatu tingkah laku berdasarkan symbol-simbol tertentu. Sebagai contoh kita sudah boleh melakukan sesuatu tingkah laku atau watak-watak tertentu berdasarkan pengalaman dan imaginasi yang kita miliki, seperti semasa kita meniru tingkah laku 'power rangers', walaupun watak dan cerita tersebut tidak berada di hadapan mata kita. Ini banyak saya lihat pada anak-anak lelaki saya sehingga kerap berlaku mereka mengenakan pakaian dan berimaginasi bahawa mereka adalah salah seorang daripada 'power rangers' berkenaan.

Ini sebenarnya menjelaskan bahawa kanak-kanak pada peringkat ini seharusnya digalakkan dan diajar dengan memanfaatkan kecenderungan cara mereka belajar seperti ini. Sebagai penjelasan dapat kita katakana bahawa pada peringkat ini *skema* tentang sesuatu berkembang daripada yang spesifik kepada yang lebih umum. Perkembangan ini sesuai dengan perkembangan kemampuan sel-sel otak di mana dikatakan antara usia 2 – 4 tahun kebanyakan kita sudah mampu memperkembangkan perbendaharaan kata antara 200 – 2000 patah perkataan (Woolfolk, 2007). Dengan lain perkataan dapat dikatakan bahawa peluang berimaginasi seharusnya digalakkan dan dibimbing supaya proses pembelajaran yang dilalui lebih berkesan dan menyeronokkan! Dalam masa yang sama kita perlu yakin dan faham bagaimana perkembangan sel otak yang dimaksudkan sebenarnya selari dengan kecenderungan berimaginasi kanak-kanak.

Namun begitu, kanak-kanak pada tahap ini belum berupaya menangani lebih daripada satu aspek pengalaman dalam satu-satu masa. Justeru itu mereka tidak dapat melihat perhubungan antara dua idea yang berbeza secara serentak. Satu contoh yang menarik ialah apabila sekumpulan kanak-kanak usia 7 tahun diberikan 2 biji bola yang dibuat daripada tanah liat. Mereka mengatakan bahawa kandungan tanah liat pada kedua-dua bola tanah liat tadi adalah sama. Akan tetapi apabila salah satu daripada bola tersebut digulung kepada bentuk segitiga atau sosej, kanak-kanak tersebut cenderung mengatakan tanah liat yang berbentuk segitiga atau sosej tadi mengandungi tanah liat yang lebih berbanding yang berbentuk bola. Perubahan daripada bentuk bola kepada sosej yang agak panjang memberikan gambaran bahawa bentuk tersebut mengandungi tanah liat yang lebih banyak. Ini memberi gambaran bahawa masih terdapat kesukaran di kalangan kanak-kanak peringkat usia ini untuk melihat dan memahami konsep 'pengekalan' yang bebas dan tidak terikat dengan bentuk yang dihasilkan. Banyak penjelasan yang boleh dikemukakan tentang contoh ini seperti kekurangan pengalaman dan pengetahuan tentang konsep ruang dan waktu, lebih daripada atau kurang daripada, dan sebagainya.

Keadaan ini dapat saya lihat pada anak kedua saya semasa dia membina kemahiran menyusun lego kepada sesuatu objek. Dia mengalami kesukaran apabila cuba menghasilkan sesuatu yang berbeza dengan apa yang dapat dilihat daripada gambar. Tetapi dia mampu menghabiskan masa berjam-jam memperkembangkan  imaginasinya dengan permainan lego. Seperti kita ketahui alat mainan lego membenarkan anak saya melahirkan imginasinya dengan cara menghasilkan pelbagai bentuk objek. Namun begitu masih jelas menunjukkan keterbatasannya pada perkara yang masih terikat antara imaginasi dan keadaan sebenar. Sebab itu dia mampu menghasilkan sebuah model kereta F1 hanya berdasarkan 'instruction' bagaimana menghasilkan model tersebut daripada ratusan lego yang kecil-kecil dan pelbagai.

Dalam perkataan yang mudah label 'pra-operasi' memberi makna bahawa purata kanak-kanak mampu menggunakan operasi pemikiran logik dalam memahami pengalaman-pengalaman mereka dan menyesuaikannya dengan model mental yang dimiliki. Salah satu sebab adalah kerana otak dan sistem saraf terpusat mereka masih belum matang sepenuhnya. Oleh itu mereka lebih mudah melihat dan memahami jika mereka mengalami atau merasainya secara langsung. Kesukaran ini Piaget katakan sebagai kesukaran "pemusatan" dan "bukan pemusatan" iaitu kesukaran untuk melihat sesuatu keadaan dalam pelbagai perspektif.

Keadaan berpusat inilah pula nantinya kita lihat dalam cara berfikir, kita cenderung untuk memahami sesuatu dalam perspektif kita sahaja. Kecenderungan berfikir sebegini diistilahkan oleh Piaget sebagai "egosentrik" iaitu kemahiran melihat pengalaman yang dialami oleh orang lain dalam perspektif kita sahaja. Kecenderungan ini tidak bermakna kita mementingkan diri sendiri tetapi kita sebenarnya mempunyai anggapan bahawa orang lain juga mempunyai tanggapan dan perspektif sama seperti kita. Kadang-kadang kita sukar untuk memahami bahawa bahagian kanan badan kawan kita adalah sama dengan bahagian kiri badan kita berdasarkan sudut pandang kita semasa berhadapan. Keadaan berpusat ini juga dapat kita lihat semasa kita kecil di mana kita akan berasa seronok bercerita tentang cerita kanak-kanak yang kita suka walaupun pada pandangan orang dewasa cerita tersebut tidak menarik sama sekali. Justeru itu kerap kali kita sukar memahami apa yang dikatakan oleh orang lain, malahan keadaan ini berlanjutan semasa kita dewasa di mana kita kerap kali mengamalkan gaya berfikir "ego memusat". Semasa kita membelikan atau memberi sesuatu barangan kepada orang lain kita beranggapan bahawa mereka akan suka kepada barangan tersebut kerana kita menyukainya.

Sebagai pendidik kita perlu maklum perkara ini kerana jika tidak kita akan menganggap anak didik kita sebagai tak dengar kata atau degil. Dengan kefahaman tentang ciri-ciri perkembangan tahap konkrit ini boleh memastikan kita memanfaatkan pembelajaran dengan contoh-contoh yang bersifat konkrit kepada mereka kerana itulah kemampuan mereka pada masa ini. Kita perlu pastikan penjelasan dan arahan tentang sesuatu perlu disertakan dengan contoh yang jelas dan konkrit. Pembelajaran melalui contoh sebenarnya sesuatu yang perlu kerana anak didik didik kita memerlukan satu gambaran jelas berkenaan dengan tingkah laku ataupun sikap yang perlu mereka bina dan belajar. Sebab itu dalam Islam digalakkan pembelajaran melalui contoh seperti yang dilakukan oleh Rasulullah SAW kerana daripada contoh individu akan dapat membina pengetahuan yang tepat dan jelas. Dengan cara ini juga mereka akan mula belajar berfikir dalam perspektif yang berbeza.

Walaubagaimanapun, kajian mendapati sifat ego memusat kita yang begitu ketara semasa kita kanak-kanak tidak berlaku setiap masa. Ada ketikanya kita berupaya untuk berkongsi pengalaman dengan orang lain. Keadaan ini dapat dilihat semasa kita bercerita tentang sesuatu perkara atau benda dengan ibubapa kita. Kita akan berusaha bercerita tentang perkara atau benda tersebut walaupun ibubapa kita tidak berada di mana semasa perkara atau benda tersebut berlaku (Flavel, et.al., 2002). Seorang ibubapa yang baik dan memahami akan sentiasa berusaha menggalakkan anak-anak mereka untuk menceritakan perkara atau benda yang dialami oleh anak-anak mereka dengan jelas dan terperinci. Budaya ini akan menggalakkan gaya pemikiran kritikal dan reflektif dalam kalangan kanak-kanak. Contoh terbaik adalah cerita anak saya dengan cerita Ali Babanya. Dia mampu bercerita secara terperinci perwatakan dan jalan cerita tetapi masih memerlukan bimbingan berupa persoalan, penerangan, pertanyaan, perbandingan sebelum dia boleh mengatakan siapa salah, sepatutnya bagaimana, dan sebagainya. Dengan lain perkataan, sekiranya kita sebagai pendidik memahami keperluan anak-anak didik kita pada tahap ini kita akan sentiasa cuba membantu mereka memahami proses apa-apa yang dilihat, didengar dan dirasa dalam perspektif yang lebih luas dan pelbagai.

iii. Tahap Operasi Konkrit

Tahap ini diandaikan berlaku sekitar usia 7 – 11 tahun. Kematangan otak dan sistem saraf membolehkan kanak-kanak secara beransur-ansur berfikir lebih daripada satu aspek dalam satu-satu masa (operasi berfikir). Ini bermakna mereka berkemampuan berfikir secara lebih realistik dan model mental bermakna dan dapat meningkatkan kefahaman tentang dirinya dan juga persekitaran. Kanak-kanak tahap ini lebih berkemampuan memahami perubahan bentuk sesuatu objek (seperti tanah liat di atas) yang tidak akan berubah walaupun berubah daripada segi bentuk atau rupa. Mereka juga sudah berkemampuan menggunakan bahasa dalam menjelaskan dan membincangkan permasalahan atau idea dengan orang lain.

Kebolehan ini sangat penting dalam pembelajaran di sekolah. Dalam mata pelajaran matematik contohnya, kanak-kanak praoperasi belum begitu berupaya memahami konsep nombor seperti nombor 12, yang membawa makna sebagai boleh terhasil daripada pelbagai kombinasi dan bukan sahaja nombor 12 semata-mata. Ianya boleh terhasil melalui pelbagai cara seperti kombinasi 4 kumpulan 3 benda, ataupun 2 kumpulan 6 benda, ataupun 10 benda ditambah lagi dengan 2 benda. Mereka sudah mempunyai keupayaan untuk melihat nombor sebagai kuantiti yang berbeza-beza. Setelah mereka berkemampuan untuk berfikir bahawa nombor 12 adalah nombor yang akan kekal sama sekalipun jumlah benda yang terkandung disusun sedemikian rupa, mereka dikatakan mempunyai kemampuan berfikir secara logikal berkenaan nombor 12 tersebut. Dengan kata lain mereka telah menguasai konsep nombor 12, ataupun konsep kuantiti, jika contoh tanah diambil sebagai perumpamaan, yang sebenarnya bebas daripada segi bentuk atau rupa.

Contoh lain yang boleh membezakan pemikiran kanak-kanak praoperasi dan operasi konkrit adalah dalam memahami hubungan kekeluargaan. Kanak-kanak praoperasi agak sukar melihat dan memahami bahawa ibunya adalah berbeza dalam aspek perhubungan dengan orang lain. Mereka sukar memahami bahawa ibunya juga adalah anak kepada datuk dan neneknya, juga merupakan seorang kakak, isteri, mak saudara, kawan, guru dan seumpamanya. Konsep ini bagi kanak-kanak praoperasi adalah kompleks. Justeru untuk memahaminya

memerlukan kematangan kognitif yang dapat melihat dan menilai perhubungan antara satu perkara dengan perkara lain, seorang dengan seorang yang lain, dan juga melihat perhubungan yang wujud tersebut sebagai suatu kesatuan atau menyeluruh.

Kita mulai mampu melihat dunia fizikal sebagai tetap, walaupun elemen-elemen yang ada di dalamnya sentiasa berubah secara semulajadi ataupun transformasi. Menurut Piaget keupayaan kita untuk menyelesaikan masalah pengekalan (konservasi) adalah berdasarkan kepada keupayaan kita untuk memahami aspek-aspek penaakulan berkaitan seperti identiti, tokok tambah dan keterbalikan. Kefahaman tentang identiti membolehkan kita memahami sekiranya tiada penambahan atau pengurangan dilakukan ke atas sesuatu benda, benda tersebut akan kekal sama. Sedangkan kefahaman tentang tokok tambah membolehkan kita memahami konsep perubahan yang memberi kesan kepada perubahan rupa benda tersebut tanpa mengubah sifat hakiki. Manakala kefahaman tentang keterbalikkan membolehkan kita memahami konsep perubahan bentuk atau rupa bukan bermakna perubahan secara hakiki.

Lihat gambar motosikal tadi dan fikirkan bagaimana anak didik kita boleh memahami konsep pengekalan tersebut. Ini memerlukan daya pemikiran yang tinggi untuk memahami tiada perubahan yang berlaku daripada komponen-komponen motor dan enjin tersebut walaupun bentuknya telahpun berubah. Permainan lego merupakan satu lagi contoh berkaitan yang boleh membantu anak didik kita memahami konsep pengekalan ini (lihat kajian Laura E. Berk, 1997, berkenaan dengan kandungan air, tanah liat dan rumput dalam konsep pengekalan).

Selain itu pada tahap ini kita juga sudah mampu melakukan aktiviti klasifikasi. Proses klasifikasi adalah berkaitan dengan keupayaan melihat ciri-ciri yang berbeza pada satu-satu perkara ata benda. Perbezaan antara lelaki dan perempuan contohnya memerlukan kita melihat dan membeza ciri-ciri antara lelaki dan perempuan adalah berbeza. Kemahiran yang berkaitan adalah kemahiran 'penyusunan'. Kemahiran ini memerlukan kita melihat perbezaan antara satu perkara dengan perkara lain. Sebagai contoh dapat kita lihat dalam aktiviti membeza dan menyusun $X < Y < Z$. Kita dapat memahami bahawa X lebih kecil daripada Y dan Z. Malah kita dapat memahami bahawa memahami Y lebih besar daripada X tetapi masih lebih kecil daripada Z. Namun begitu, keupayaan ini masih terhad kepada realiti fizikal.

Perkataan 'konkrit' di sini memberi makna bahawa kefahaman kanak-kanak tentang sesuatu pemikiran atau konsep difahami melalui cara yang 'praktikal' dan maujud. Walaupun mereka berupaya menggunakan pemikiran logik dalam melihat perhubungan antara satu perkara dengan perkara lain, ianya masih terbatas dan terhad kepada perkara-perkara yang boleh dilihat dan nampak. Ini bermakna bahawa dalam proses pengajaran dan pembelajaran mereka perlu diajar dan didedahkan dengan cara yang praktikal dan maujud, iaitu pengalaman-pengalaman, ilustrasi dan demonstrasi sebenar yang boleh mereka alami atau rasai. Dengan lain perkataan mereka memerlukan sesuatu yang 'konkrit' ataupun pengalaman sebenar bagi membolehkan merek membentuk dan memperkayakan konsep pemahamannya.

Menurut Piaget, konsep-konsep seperti 'demokrasi', 'kejujuran', 'matematik, 'agama' dan seumpamanya masih sukar untuk difahami oleh kanak-kanak tahap ini walaupun mereka mulai berupaya menggunakan perkataan-perkataan dalam berbahasa. Biasanya, kefahaman tentang konsep-konsep yang abstrak tersebut lebih dipengaruhi oleh apa yang difahami daripada orang lain. Sebagai contoh mereka boleh melakukan latihan-latihan dalam matematik, tetapi tidak memahami konsep matematik secara keseluruhan. Mereka boleh menyelesaikan masalah-masalah yang diberikan kerana dilatih dan diajar mengenainya tetapi tidak berupaya menjelaskannya secara keseluruhan terutamanya dalam permasalahan aplikasi matematik itu dalam kehidupan sehari-hari (ataupun mungkin dalam proses pengajaran pembelajaran tidak ada usaha dilakukan untuk mendidik dan melatih mereka sedemikian rupa!). Sejak dari awal perkembangan lagi kanak-kanak sentiasa melakukan 'uji-cuba' dalam proses mempelajari dan memahami persekitarannya. Mereka akan mencuba sendiri idea-idea atau penjelasan tentang sesuatu perkara hasil daripada maklumat yang diterima daripada orang lain sebelum dapat merasai sendiri pengalaman melakukan perkara tersebut. Apabila idea atau tunjuk ajar yang dicuba sesuai dan dapat dilaksanakan dengan berkesan mereka akan cenderung untuk terus melakukan atau menggunakannya. Dalam mempelajari percakapan atau bahasa umpamanya, kanak akan menggunakan perkataan-perkataan atau struktur ayat-ayat yang dipelajari dan didengar daripada orang lain. Perkataan 'mengapak' contohnya sentiasa merujuk kepada aktiviti 'membelah'. Sedangkan dalam penggunaan sebenar, mengapak merujuk kepada aktiviti membelah kayu api dengan menggunakan kapak. Akan tetapi bagi mereka aktiviti membelah pada peringkat awal akan dianggap sebagai mengapak.

Oleh yang demikian sekiranya mereka diberikan gambar orang sedang membelah durian menggunakan kapak mereka akan cenderung mengatakan "orang tersebut sedang mengapak durian" dan bukan "membelah durian". Keadaan ini sebenarnya menggambarkan mereka secara tidak sedar telah membentuk 'hipotesis' (mengagak sesuatu tanpa kepastian) dan mencubanya. Jika penggunaan tersebut tidak betul (apabila ditegur oleh orang dewasa tentang kesalahan penggunaan kapak dalam ayat tersebut) mereka akan mencari hipotesis lain sehingga ianya sesuai dan betul dengan konteks penggunaannya. Seperkara yang perlu diketahui, perbezaan antara kanak-kanak praoperasi dan operasi adalah dari segi keupayaan berfikir mereka dengan mengambil kira pelbagai hipotesis dalam satu-satu masa. Namun begitu ianya masih terhad kepada perkara-perkara yang praktikal dan konkrit yang diperolehi melalui pengalaman sebenar mereka.

Berbalik kepada anak kedua saya yang suka bermain lego yang mampu menyelesaikan model F1 daripada ratusan biji lego pada usia 9 tahun menunjukkan keupayaan melihat perkaitan yang sudah terbentuk pada anak-anak peringkat ini. Idea perkaitan antara biji-biji lego dengan gambar-gambar yang dilihat di kaca tv dan juga buku-buku merupakan sesuatu yang unik. Namun begitu pada peringkat ini hipotesis yang dibina biasanya lebih bersifat cuba jaya. Sebab itu semasa anak saya menyiapkan kereta lumbanya kerap berlaku dia memasang, mencabut dan menukar biji-biji lego kerana kurang pasti ataupun tidak berjaya. Walaupun arahan kerja bercetak yang ada digunakan sebagai panduan, penggabungan imaginasi tentang kereta F1 masih lagi digunakan. Namun begitu satu perkara yang unik yang dapat saya perhatikan adalah, kemahirannya membaca dan memahami arahan kerja menghasilkan kereta lumba tersebut. Keadaan ini memberi makluman kepada saya bahawa kanak-kanak pada tahap ini sudah berupaya menerima dan memahami arahan walaupun masih perlu kepada bimbingan dan panduan untuk memudahkan proses pemahaman dan pembelajarannya.

Justeru dari semasa ke semasa kanak-kanak sebenarnya semakin mempertingkatkan kemahiran intelektual mereka dengan membentuk 'model internal' yang lebih kompleks dan fleksibel meliputi pelbagai perkara seperti pengetahuan, kemahiran, konsep dan idea-idea. Semakin kaya maklumat dan kemahiran semakin berupaya kanak-kanak tersebut menyerap dan memahami sesuatu pengetahuan dan maklumat terutamanya dalam membuat keputusan bagaimana berfikir dan bertingkah laku. Sebagai pendidik kita perlu maklum apakah keperluan yang perlu kita berikan supaya anak-anak didik kita boleh melalui proses pembelajarannya dengan lebih tepat dan berkesan. Tanpa kefahaman ini kita sebenarnya hanya membiarkan mereka belajar sendiri tanpa bimbingan yang sepatutnya. Dan yang lebih penting kita sebenarnya gagal memanfaatkan kelebihan-kelebihan pembelajaran yang ada pada mereka pada peringkat ini. Sedikit panduang untuk kita fikirkan bersama semasa mendidik:

1. Sentiasa gunakan bahan-bahan yang konkrit dan alat visual terutamanya apabila melibatkan pembelajaran yang canggih dan kompleks
2. Beri peluang yang berterusan kepada anak didik kita untuk merasai pengalaman dan menguji cuba bahan atau objek
3. Sentiasa memastikan pendidikan yang kita laksanakan disampaikan secara ringkas dan tersusun rapi
4. Gunakan contoh-contoh yang sebenar yang biasa dialami oleh mereka terutamanya semasa menerangkan idea atau konsep yang kompleks
5. Beri peluang kepada anak didik kita untuk belajar mengklasifikasi dan mengelompokkan objek dan idea terutamanya dalam pembelajaran yang kompleks
6. Sentiasa menyampaikan masalah dengan memerlukan pemikiran logical dan analitikal

iv. *Tahap Operasi Formal*

Peringkat ini diandaikan dicapai oleh individu di antara usia 11 dan ke atas. Pada peringkat ini kanak-kanak telah mempunyai keupayaan mengenalpasti prinsip-prinsip umum dan peraturan melalui pengalaman sebenar yang mereka lalui walaupun masih lagi mengamalkan pendekatan pemikiran peringkat terdahulu. Secara perlahan-lahan mereka mulai berupaya menaakul berdasarkan prinsip-prinsip umum berbanding hanya terfokus kepada perkara-perkara yang spesifik dan praktikal sahaja. Mereka sudah boleh berfikir dalam bentuk penaakulan dan menggunakan rangkaian konsep yang pelbagai. Dalam kajian pertanian contohnya, mereka boleh menjangkakan keberhasilan tanaman melalui keupayaan mengambil kira pelbagai faktor dan aspek seperti tanah, cuaca, ketinggian, dan baja. Pengetahuan tentang aspek-aspek di atas digabungkan dengan pengetahuan tentang pengangkutan penghantaran, kos-kos yang terlibat membolehkan mereka membuat penilaian dan keputusan yang tepat apakah ciri-ciri pertanian yang berjaya. Contoh ini sebenarnya memerlukan keupayaan untuk memahami pinsip-prinsip abstrak faktor-faktor dan juga pengetahuan factual yang tepat tentang sesuatu situasi di mana prinsip-pinsip tersebut diaplikasikan.

Contoh klasik yang ingin saya kongsikan sekali lagi adalah kemahiran bermain lego anak saya. Pengalaman dan kemahiran dia membina kereta lumba F1 menyebabkan pada semasa berada dalam darjah lima dan enam dia telah diminta oleh rakan-rakan sekelasnya untuk menyiapkan model haiwan seperti lego dipanggil 'bidaman'. Namun begitu aktiviti ini lebih kompleks kerana tidak ada arahan kerja khusus bagaimana mencantumkannya. Saya dapati setiap kali diminta mencantumkan lego-lego tersebut dia berjaya menghasilkannya walaupun tanpa arahan kerja. Dan yang menariknya jenis binatang bidaman yang dihasilkan pula adalah berbagai-bagai.

Seperkara yang ingin saya tegaskan adalah kita perlu maklum bahawa kemahiran berfikir pada tahap ini adalah sangat pesat berkembang. Kita perlu memanfaatkan sebaik-baiknya apakah keperluan yang mereka perlukan untuk terus memperkembangkan kemahiran berfikir mereka. Saya ambil contoh anak bongsu saya pada ketika usia 8 tahun. Dia mempunyai binatang peliharaan seekor kura-kura yang diletakkan di dalam akuarium kecil. Suatu hari dia membawa kura-kuranya mandi bersama di dalam kolam di depan rumah saya. Semasa bermain dia bercakap sendiri "this pool are just like an ocean to my turtle." Kenyataan yang dia ucapkan sebenarnya berkaitan dengan konsep ruang antara kotak akuarium dengan kolam mandi yang besar. Dalam konteks ini saya boleh katakan sudah wujud pemikiran tentang dimensi seperti konsep besar dan kecil. Oleh itu sebagai pendidik saya rasa perlu maklum dan terus merangsang dengan contoh-contoh yang lebih kompleks dan pelbagai. Keyakinan tentang keupayaan mental mereka perlu ada. Sekiranya kita gagal melihat perkembangan dan keupayaan mental ini dan tidak maklum apakah rangsangan-rangsangan yang perlu diberikan maka anak-anak didikan kita tidak berpeluang memperkembangkan pemikirannya ke tahap yang lebih tinggi dan kreatif.

Perlu diketahui bahawa keupayaan menggunakan penaaklun operasi formal tidak bermakna setiap kesimpulan atau jawapan adalah tepat dan betul. Ini mungkin kerana kekurangan pengalaman ataupun maklumat-maklumat yang diperolehi tidak lengkap. Piaget mengandaikan bahawa semua orang akan berupaya berfikir pada tahap tinggi ini. Namun begitu bukan semua orang menggunakannya secara konsisten, walaupun bagi orang dewasa adalah dimaklumi bahawa pengalaman dan kemahiran tahap operasi konkrit masih lagi penting seiring dengan proses pemahaman tahap operasi formal ini yang lebih banyak terfokus kepada proses peningkatan pengetahuan.

Banyak kajian mendapati bahawa persekitaran intelektual sepert di rumah, sekolah dan masyarakat boleh menggalakkan dan meningkatkan kemahiran penaakulan operasi formal. Begitu juga kepada kanak-kanak yang dibesarkan dalam lingkungan rumah dan sekolah yang kondusif, boleh membentuk kemahiran penaakulan operasi formal mereka sebelum mereka mencapai usia remaja. Dapat kita bayangkan  bagaimana seroknya proses pembelajaran anak-anak didik kita jika kita sebagai pendidik benar-benar faham keperluan mereka pada masa ini dan sentiasa menyediakannya untuk mereka. Peningkatan pengetahuan dan pengayaan kefahaman kita sebenarnya adalah sangat perlu sekiranya kita tidak mahu mereka terlepas peluang semua kelebihan yang mereka ada semasa belajar.

Namun begitu perlu difahami bahawa terdapat perbezaan yang ketara antara individu dalam keupayaan tahap penaakulan mereka. Diandaikan bahawa hanya sekitar 70% individu sahaja yang benar-benar mencapai keupayaan ataupun secara konsisten menggunakan tahap penaakulan tinggi dalam pemikiran (operasi formal). Sedikit panduan bagaimana tahap operasi konkrit boleh diteruskan semasa tahap ini:

1. Teruskan mengguna pendekatan mendidik seperti mengajar individu pada tahap operasi konkrit
2. Beri peluang mereka meneroka dan mengkaji perkara-perkara yang berbentuk hipotetikal
3. Beri peluang kepada mereka menyelesaikan masalah dan juga memberikan alasan atau justifikasi secara saintifik
4. Secara perlahan-lahan ajar mereka konsep-konsep yang lebih umum yang tidak hanya terhad kepada fakta-fakta yang ada dengan memanfaatkan bahan dan idea-idea yang berkaitan dengan kehidupan sehari-hari.

Secara ringkas perbezaan antara keempat-empat tahap perkembangan mental boleh dilihat dalam jadual berikut:

Peringkat	Batasan Umur	Karakteristik
Motor Deria	0 – 2 th	- Mulai menggunakan keupayaan meniru, mengingat dan berfikir - Mulai mengenal bahawa objek kekal wujud walaupun tersembunyi - Mulai berkembang daripada hanya tingkah laku reflex kepada tingkah laku bermatlamat

Praoperasi	2 – 7 th	- Secara perlahan-lahan menggunakan bahasa dan berfikir dalam bentuk yang simbolik - Mampu berfikir operasi pemikiran secara logic yang bersifat satu arah - Ada sedikit kesukaran melihat perspektif orang lain
Operasi Konkrit	7 – 11 th	- Mampu menyelesaikan masalah yang konkrit (nampak) secara logic - Memahami hukum pengekalan dan mampu mengklasifikasi dan menyenarai - Memahami prinsip kebolehbalikan
Operasi Formal	11 – ke atas	- Mampu menyelesaikan masalah yang bersifat abstrak dalam bentuk yang logik - Semakin saintifik dalam pemikiran - Membentuk kesedaran sosial dan identiti

Diubahsuai daripada: B. Wadsworth. (1996). *Piaget's Theory of Cognitive and Affective Development.* Boston, MA: Allyn & Bacon.

7.9 Perkaitan Antara Perkembangan dengan Keupayaan Kognitif

Mari kita lihat apa yang pernah dikatakan oleh Piaget berkenaan dengan kebolehan intelektual individu dan faktor-faktor yang mempengaruhinya. Secara umumnya dikatakan bahawa kebolehan intelektual mempengaruhi aspek pembelajaran secara keseluruhannya. Ujian-ujian kepintaran yang kita bincangkan sebelum ini direka dan dibina pada awalnya untuk menilai kebolehan umum individu yang dikenali sebagai 'g'. Kemudiannya perkembangan ujian dan kefahaman manusia tentang kepintaran semakin berubah dan berkembang iaitu dengan ditemuinya kebolehan dan kepintaran yang bersifat spesifik seperti kepintaran pelbagai yang dicadangkan oleh Howard Gardner (1986). Walaupun Piaget tidak memikirkan tentang konsep kebolehan sebenar dengan kebolehan potensi, beliau mengakui 'g' memainkan peranan penting dalam menentukan keupayaan seseorang membentuk kemahiran menaakul yang membezakan dirinya dengan orang lain.

Dewasa ini kefahaman orang tentang fungsi intelektual berubah kepada pelbagai jenis pemikiran. Guilford (1967) mencadangkan bahawa terdapat perbezaan pada setiap individu dalam aspek berfikir secara kreatif dan imaginatif. Beliau mencadangkan kebolehan-kebolehan tersebut mungkin adalah diwarisi. Secara lebih tepat kemahiran pemikiran tersebut dikenali sebagai kemahiran berfikir 'mencapah' yang biasa dikenali sebagai pemikiran 'divergen', suatu kemahiran berfikir mencapah yang berasaskan pemikiran yang baru dan logik yang kadang-kadang bersifat 'di luar kebiasaan'. Kemahiran pemikiran ini penting untuk melahirkan pemikiran-pemikiran dan idea-idea baru.

Bentuk pemikiran yang sebaliknya pula adalah 'konvergen', iaitu suatu kemahiran berfikir yang bersifat terfokus kepada satu-satu perkara atau kesimpulan. Kajian banyak menunjukkan walaupun kita berupaya menggunakan kedua-dua gaya pemikiran, terutamanya ketika pada usia muda, kebanyakan orang mempunyai kecenderungan untuk menggunakan cara berfikir sama ada divergen atau konvergen. Keadaan ini juga berkaitan dengan kecenderungan satu-satu persekitaran atau amalan pendidikan untuk mengamalkan sama ada divergen ataupun konvergen.

Ironinya gaya pemikiran konvergen lebih kerap ditemui dalam kebanyakan proses penyelesaian masalah. Punca utama yang diandaikan menyebabkan berlakunya keadaan ini adalah persekitaran yang tidak mengamalkan gaya pemikiran divergen. Baik keluarga, masyarakat dan sekolah, mereka lebih cenderung mengharapkan ahli-ahlinya melihat dan mempelajari sesuatu sama seperti mana mereka berdasarkan tradisi yang sedia ada. Mana-mana individu yang agak divergen akan kelihatan janggal dan terasing di dalam persekitarannya.

Sekolah dalam hal ini pula kadang-kadang melihat individu divergen sebagai unik dan maka itu lebih cenderung mengamalkan pemikiran konvergen yang lebih menekankan sesuatu aspek pembelajaran secara spesifik dan dinilai dalam ujian-ujian atau peperiksaan-peperiksaan tertentu. Pemikiran-pemikiran baru dan unik adalah tidak digalakkan dan membazir masa serta menyukarkan untuk silibus pengajaran diselesaikan. Kesan daripada itu peluang bagi individu kanak-kanak untuk mengembangkan potensi divergen dan kreatif akan terbatas. Ini kerana sekuat manapun gaya pemikiran divergen ini diwarisi ianya tidak akan berkembang sekiranya tidak diguna dan diamalkan.

Kebolehan intelektual lain yang disifatkan sebagai diwarisi dan perlu dikembangkan adalah penaakulan 'ruang'. Kebolehan ini adalah berkenaan dengan kemahiran berfikir, memahami dan memanipulasi sesuatu secara mental seperti diagram, ruang dan bentuk. Kemahiran ini berbeza dengan kemahiran verbal yang lebih banyak menggunakan kemahiran berbahasa. Mengambil contoh kebolehan anak bongsu saya membandingkan antara situasi di dalam akuarium dengan situasi di dalam kolam, kebolehan mental ini sangat penting keranan banyak digunakan dalam kehidupan seharian seperti dalam penyelesaian masalah matematik, sains, memahami dan membaca peta, plan, diagram dan juga lukisan.

Justeru itu terdapat perbezaan ketara di antara individu dalam kemahiran 'ruang' ini disebabkan oleh pengaruh-pengaruh seperti budaya, keluarga dan juga sekolah di mana individu tersebut berada. Kajian juga menunjukkan bahawa terdapat perbezaan kemahiran 'ruang' ini antara lelaki dan perempuan walaupun perbezaan tersebut semakin hari semakin tidak terlalu ketara.

7.10 Penutup

Secara keseluruhan dapat disimpulkan bahawa faktor-faktor yang mempengaruhi perkembangan dan pengamalan kebolehan intelektual antara lain adalah:

1. Walaupun batas potensi kebolehan intelektual individu telah terbentuk sejak lahir, perkembangan nya mungkin banyak dipengaruhi oleh peluang dan pengalaman yang dilalui di dalam keluarga (seperti sikap, interaksi, ekonomi, kebiasaan, tradisi), masyarakat dan persekolahan

2. Kebolehan intelektual mungkin mengandungi kebolehan 'g' yang mempengaruhi proses pembelajaran individu. Namun begitu perkembangannya banyak dipengaruhi oleh keluarga, masyarakat, dan sekolah, bagaimana ianya dihargai dan dikembangkan

3. Cara kita mengetahui dan memahami persekitaran kita tidak terhad kepada proses perkembangan inidividu semata-mata, tetapi juga berkembang secara perlahan-lahan dan urutan kematangan mulai daripada yang mudah kepada yang lebih kompleks. Walaupun perkembangan individu bersifat universal, secara spesifik ianya akan berbeza mengikut individu. Justeru rumah, masyarakat dan sekolah seharusnya saling bekerjasama memperkembangkan potensi tiap-tiap ahlinya.

Bab 8

PERKEMBANGAN BAHASA DAN KEMAHIRAN BERFIKIR

8.1 Pengenalan

Dalam bab terdahulu kita telah membincangkan bagaimana kebolehan intelektual manusia berkembang dan sentiasa dipengaruhi oleh faktor-faktor pengalaman yang mereka lalui sepanjang hidup mereka. Namun begitu kita tidak dapat menentukan bagaimana ianya berlaku secara tepat. Kajian-kajian yang dilakukan kepada haiwan walau bagaimanapun telah sedikit sebanyak memberikan gambaran dan maklumat berkenaan dengan pertumbuhan dan perkembangan kebolehan intelektual seseorang (perkembangan otak sebagai contoh). Seperkara yang jelas adalah otak yang sihat dan aktif akan terbentuk dalam suasana persekitaran yang sihat, kondusif yang memberi peluang pembelajaran lebih luas dan sentiasa merangsang kreativiti dan percambahan idea sepanjang masa.

Implikasi daripada keadaan ini kepada para pendidik boleh dilihat dalam pelbagai sudut. Pertama, sebagai pendidik mereka seharusnya mengambil kira pengalaman-pengalaman sedia ada pelajar-pelajarnya seperti pengalaman di rumah, masyarakat dan sekolah sebagai usaha untuk mengetahui dan memahami cara mana yang sesuai untuk membantu mereka belajar dengan berjaya dan berkesan. Kedua, sebagai pendidik kita perlu memastikan aktiviti-aktiviti pembelajaran yang kita rancang memberi peluang yang seluas-luasnya kepada pelajar untuk mengguna dan mengembangkan daya kreativiti, imaginasi, dan kepintaran verbal mereka. Ketiga, sebagai pendidik kita juga tidak harus terlalu terlibat dengan cadangan tahap perkembangan mental Piaget sahaja, tetapi mencuba memahaminya serta memberi peluang kepada pelajar-pelajar untuk terus berkembang mengikut kemampuan masing-masing walaupun melangkaui tahap umurnya. Keempat, sebagai pendidik juga kita perlu memastikan bahawa apa sahaja yang ingin diajar atau disampaikan perlu disampaikan perlu disampaikan dengan secara logik dan jelas sehingga pelajar mampu melihat perkaitan pembelajarannya dengan pengalaman sedia ada mereka. Ini akan memberi kesan kepada prinsip pembelajaran bermakna pelajar. Kelima, para pendidik perlulah menggunakan pengujian dan penilaian yang standard untuk menguji prestasi pelajarnya secara berhati-hati. Ini kerana kepintaran atau kebolehan yang dibina lebih merujuk kepada keupayaan individu pelajar mengaplikasikannya dalam situasi dan masa yang berbeza. Dengan itu pelajar tidak akan hanya diajar dengan maklumat pelajaran berdasarkan kurikulum dan silibus sahaja tetapi lebih berupaya mengaplikasikannya dengan menggunakan kemampuan proses-proses mental dalam konteks yang lebih luas. Keadaan ini berlaku kepada kedua-dua jenis pelajar iaitu yang mempunyai potensi yang tinggi ataupun yang agak sederhana, kerana matlamat akhir yang ingin dicapai walaupun berbeza tetapu melalui proses pembelajaran yang sama.

Seperti diketahui, keperluan manusia dan pertumbuhannya mempunyai persamaan yang hampir semua orang, kecuali perkembangan kebolehan seseorang yang berbeza-beza mengikut individu. Sebagai pendidik kita perlu memahami keadaan sebenar setiap pelajarnya. Tidak ada kelebihan atau kekurangan tentang potensi intelektual individu di seluruh dunia. Walaupun diakui bahawa kemahiran-kemahiran dan kebolehan tertentu banyak berkaitan dengan persekitaran di mana individu tersebut berada.

Kepintaran ruang, mekanikal dan teknikal sebagai contoh, lebih berpotensi untuk berkembang di kalangan masyarakat yang memerlukan kemahiran dan kepintaran tersebut dalam kehidupan sehariannya.

Kajian menunjukkan perbezaan tahap perkembangan kepintaran spatial pada sekurang-kurangnya dia keadaan masyarakat. Budaya masyarakat yang mengamalkan gaya pendidikan yang permisif dengan sedikit ketegasan, bertanggungjawab akan berupaya melahirkan individu yang lebih berupaya melahirkan individu yang lebih berkemampuan dalam kemahiran kognitifnya berbanding masyarakat yang terlalu mengongkong, penuh dengan dendaan, dan kepatuhan mutlak. Terdapat juga kajian yang mendapati perbezaan yang ketara pada kumpulan masyarakat yang dipengaruhi oleh perkembangan semasa dalam masyarakat – kemodenan. Keadaan yang sama juga berlaku kepada kumpulan masyarakat yang perkembangan bahasanya masih bersifat sederhana dan tidak banyak istilah-istilah ilmu yang dimilikki oleh mereka sehingga menyukarkan mereka memahami satu-satu konsep atau istilah sesuatu bahan pembelajaran. Di sinilah pentingnya kefahaman pendidik tentang perubahan-perubahan yang berlaku kepada masyarakat di mana mereka sebagai pendidiknya. Mereka perlu menyedari kesukaran-kesukaran yang dihadapi oleh pelajar-pelajarnya dalam satu-satu kebolehan intelektual atau konsep disebabkan oleh pengaruh persekitaran tersebut. Kesedaran tersebut penting untuk mengenalpasti kelebihan dan kekurangan anak-anak didiknya.

Ada juga kajian yang mengkaji tentang pengaruh persekitaran yang berkaitan dengan kekurangan kemudahan buku, gambar-gambar dan pemodenan kepada sesebuah masyarakat mendapati bahawa mereka akan menghadapi masalah dalam pembelajaran yang banyak berasaskan gambar-gambar. Kajian Deregowski di Zambia dan Ethiopia dan Jahoda dan McGurk di Zimbabwe menunjukkan pengalaman bahan-bahan bergambar telah membantu kebolehan memahami dan menginterpretasi gambar dalam kalangan kanak-kanak.

Perbezaan budaya juga mempengaruhi kebolehan setiap individu sama ada mampu berfikiran divergen ataupun kreatif terutamanya selepas sekolah rendah. Banyak kajian menunjukkan budaya masyarakat yang diamalkan, seperti konservatif dan tradisional, kurang mengamalkan budaya pemikiran yang bebas dan imaginative berbanding masyarakat yang mengamalkan budaya terbuka dan mempunyai latar belakang yang sentiasa mencabar. Matlamat dan amalan pendidikan dalam hal ini boleh mengukuhkan konservatisme atau keaslian dan kebebasan berfikir dalam kalangan pelajar. Kaedah pengajaran contohnya, apabila memberi penekanan kepada penggunaan daya imaginasi dalam berfikir termasuklah keyakinan diri dalam menyatakan dan mempertahankan idea boleh menggalakkan kebiasaan pemikiran fleksibel di kalangan pelajar. Justeru dalam pengujian adalah sangat penting kepada kita sebagai pendidik memikirkan bagaimana ujian yang kita jalankan boleh mencungkil dan menghargai idea-idea pelajar-pelajar. Sekiranya ujian dan penilaian yang dilakukan hanya untuk melihat tahap pembelajaran pelajar dengan menghendakki pelajar memberi jawapan bersifat factual dan langsung daripada nota, perkembangan kebolehan memberi idea dan pendapat tidak akan berlaku.

Pendekatan yang dicadangkan oleh Piaget, Brunner dan lain-lain tidak dinafikan telah menarik banyak kajian-kajian terutamanya yang berkaitan dengan perbezaan budaya, tradisi dan hubungannya dengan kecepatan pertumbuhan kognitif individu. Walaupun terdapat sifat perkembangan kognitif yang universal bagi semua kelompok budaya, kepelbagaian dari segi usia kematangan adalah berbeza-beza mengikut budaya. Perbezaan tersebut lebih ketara pada tahap operasi formal di mana pengaruh persekolahan yang banyak mengambil kira tahap perkembangan kognitif dan sentiasa menyesuaikan pendekatan pengajarannya akan banyak memberikan kesan kepada perkembangan kognitif pelajar. Terdapat kajian yang menunjukkan sekolah yang banyak menekankan keterbukaan dan pendekatan yang bersesuaian dengan tahap perkembangan kognitif pelajar akan lebih menghasilkan suasana pembelajaran yang aktif berbanding sekolah yang hanya menekankan pendekatan tradisional dan hafalan. Justeru itu perbezaan tetap akan wujud tanpa mengira di mana individu itu berada. Ini memberi gambaran bahawa persekitaran dan pengamalan yang diamalkan di sesebuah sekolah dan juga masyarakat adalah sangat penting.

Seperkara lagi yang penting apabila membicarakan tentang perkembangan kognitif adalah kemahiran berbahasa. Bahasa memberi peluang cara merujuk dan berfikir tentang sesuatu perkara atau idea tanpa memerlukan sama ada perkara atau masalah tersebut bersifat konkrit dan boleh dilihat ataupun abstrak dan tidak boleh dilihat. Robinson-Riegler dan Robinson-Riegler (2012) menjelaskan Bahasa sebagai suatu kombinasi set simbol-simbol dan prinsip-prinsip yang membolehkan seseorang berkomunikasi dan memahami. Semakin baik kemahiran berbahasa seseorang semakin berpeluang mereka untuk berfikir dan berkomunikasi secara lebih efisyen dan efektif. Pengalaman-pengalaman baru sentiasa berkaitan dengan pengetahuan dan pengalaman lepas sebelum terbentuk menjadi jaringan idea dan pengetahuan yang lebih baik dan kompleks. Dengan lain perkataan ketepatan dalam pembentukan idea atau pengetahuan banyak dipengaruhi oleh kemahiran kita melihat dan menghubungkait perkara sekarang dengan perkara yang telah lepas.

Satu contoh yang paling mudah ialah semasa kita melihat kanak-kanak belajar tentang 'kucing'. Perkataan 'kucing' akan digunakan apabila mereka bertemu dan melihat binatang kucing yang sebenar. Pada masa yang sama mereka juga akan mendengar orang dewasa menggunakan 'kucing' dalam pelbagai keadaan seperti semasa membezakan jenis kucing ataupun sifat-sifatnya. Sampai ke satu tahap kanak-kanak tersebut akan mampu menggunakan perkataan 'kucing' dengan lebih tepat dan khusus walaupun didedahkan dengan pelbagai jenis, rupa, dan warna kucing tersebut. Contoh ini merupakan ilustrasi ringkas menunjukkan bagaimana pengaruh bahasa dan idea saling berkait dan proses pembentukan pengetahuan.

Semakin luas peluang yang diberikan untuk mendengar dan menggunakan bahasa untuk berkomunikasi maka semakin tinggi keyakinan mereka untuk berfikir dan menaakul. Justeru itulah perkembangan bahasa sangat penting kepada seseorang individu terutamanya yang berkaitan dengan pengalaman yang dimiliki dan dilalui dalam kehidupan sehariannya. Pendidikan dalam hal ini bertanggungjawab untuk membina dan memberi pendedahan kemahiran berbahasa yang lebih luas melalui aktiviti-aktiviti yang dilakukan semasa proses pengajaran dan pembelajaran, termasuklah aktiviti seperti peluang menyampaikan idea, cadangan, komen, kritik, dan berbincang.

Selain daripada itu kita juga perlu memastikan penggunaan perkataan baru dan pelbagai digunakan sepanjang masa supaya proses pemahaman dan pengayaan dalam sesuatu konsep atau perkara dapat diwujudkan. Dengan cara ini pelajar-pelajar lebih berpeluang memahami dan menggunakan pelbagai perkataan dan konsep dalam pelbagai konteks dan situasi dan tidak hanya menghafal dan mengingat. Menurut Piaget pembelajaran dan perkembangan tentang idea dan bahasa memerlukan 'model mental' yang lebih tepat dan pelbagai supaya pelajar boleh memahami dan menggunakannya dalam pelbagai konteks. Secara tidak langsung mereka akan menjadi lebih 'pintar' dan berkebolehan dalam memahami pelbagai pengalaman yang dilalui dalam kehidupan sehariannya. Apabila wujud keadaan ini maka mereka akan lebih mampu untuk menjalani hidupnya dengan lebih efektif dan produktif.

8.2 Perkembangan Bahasa

Bahasa merupakan alat perhubungan. Kemahiran berbahasa memberikan alat kepada individu untuk tujuan komunikasi samada berkomunikasi dengan dirinya sendiri, dengan Allah SWT ataupun juga dengan alam persekitarannya. Secara umumnya Bahasa mempunyai dua elemen asas iaitu *simbol-simbol* seperti perkataan-perkataan dan *set peraturan* iaitu tatabahasa yang menggabungkan simbol-simbol tersebut. Kedua-dua komponen tersebut memberi ruang kepada setiap individu menjadi seorang yang kreatif dan sentiasa terikat dengan peraturan. Menurut Bernstein dan rakan-rakan (1994), manusia mampu membina dan memahami pelbagai ayat dengan hanya berdasarkan antara 50,000 hingga 100,000 patah perkataan (perbendaharaan kata bagi kebanyakan pelajar-pelajar di kolej). Kesemua ayat-ayat yang dibina diartikulasi dan diproses berdasarkan hanya beberapa kategori bunyi. Pemprosesan ayat berdasarkan bunyi perkataan-perkataan ini dilakukan mengikut dua tahap tertentu iaitu *bunyi kepada ayat* dan daripada *struktur muka kepada struktur mendalam.*

8.2.1 *Bunyi Kepada Ayat-Ayat*

Organisasi maklumat berlaku pertama kali pada peringkat bunyi. *Fonem* merupakan unit terkecil bunyi yang mempengaruhi makna pengucapan. Robinson-Riegler dan Robinson Riegler (2012) menjelaskan fonem sebagai kategori bunyi pengucapan yang berbeza-beza dan boleh mengubah makna sesuatu bunyi. Kanak-kanak pada peringkat awal tertarik dengan bunyi-bunyi yang didengar di sekelilingnya. Justeru itu pendengaran kepada bunyi yang pelbagai boleh merangsang pemikiran mereka terutamanya dalam membezakan bunyi-bunyi tertentu kerana setiap bunyi memberi makna yang berbeza-beza. Sebab itu perubahan fonem akan mengubah makna perkataan yang diucapkan sama seperti perubahan huruf dalam perkataan akan mengubah makna perkataan tersebut. 'Buku' berbeza dengan 'baku,' begitu juga dengan 'baru' ataupun 'buru'. Perubahan huruf memberi makna yang jauh berbeza. Adalah lebih bermakna dan berkesan setiap kali kita bercakap dengan anak-anak didik kita hendaklah menyebutkannya dengan sebutan dan bunyi yang jelas dan tepat. Daripada sebutan yang betul dan tepat itu nanti mereka akan belajar membina makna pada perkataan dan ayat-ayat dengan lebih mudah dan tepat.

Walaupun perubahan fonem mempengaruhi makna, fonem itu sendiri tidak mempunyai makna apa-apa sebelum digabungkan ke dalam organisasi yang lebih tinggi iaitu *morfem*. Gabungan fonem-fonem tersebut akan membentuk sesuatu yang lebih bermakna iaitu morfem seperti 'kucing', 'lari' dan seumpamanya. Malahan imbuhan seperti 'mem', 'per', 'kan' walaupun tidak boleh berdiri sendiri tetapi mempunyai makna tersendiri. Oleh itu dapat dikatakan bahawa perkataan merupakan gabungan satu atau lebih morfem. Perkataan itu pula apabila digabungkan membentuk *frasa* seperti 'kucing berlari' dan ayat-ayat lengkap yang diatur berdasarkan peraturan-peraturan tertentu dipanggil *sintaks*. Walaupun begitu, penyusunan morfem yang betul mengikut peraturan sintaks, belum bermakna ayat tersebut akan betul. Perhatikan ayat di bawah:

"Hari akan hujan lebat apabila berlaku banjir"

Ayat di atas mungkin akan bermakna jika disusun seperti di bawah:

"Apabila hujan lebat akan berlaku banjir"

"Banjir akan berlaku apabila hujan lebat"

Inilah yang dinamakan *semantik,* iaitu penyusunan morfem yang akhirnya membentuk ayat yang mempunyai makna. Ini bermakna kita perlu sentiasa memastikan setiap perkataan dan ayat yang kita gunakan disusun dan diucapkan secara lengkap dan betul. Saya masih ingat bagaimana anak-anak remaja bercakap dengan menggunakan *bahasa terbalik*. Mereka menterbalikkan sebutan setiap perkataan walaupun masih mengekalkan susunan ayat yang betul secara sintaksis.

"Kau kusa kacap terlabik" yang seharusnya seperti "Aku suka cakap terbalik"

Perkembangan ini sebenarnya tidaklah merupakan suatu masalah yang besar.setidak-tidaknya mereka faham dengan struktur ayat yang betul walaupun menterbalikkan sebutan setiap perkataan yang digunakan. Adalah tidak keterlaluan kalau kita katakana, jika selain daripada perkembangan bahasa, jika kita berupaya bercakap seperti mereka kita akan diterima sebagai sebahagian daripada mereka. Jika ini berlaku proses pendidikan yang lainnya akan lebih mudah berlaku.

8.2.2 *Struktur Muka dan Struktur Mendalam*

Chomsky (1957) mencadangkan perbincangan tentang bahasa tidak hanya kepada mempelajari bahasa yang manusia gunakan sahaja kerana ia tidak mampu menjelaskan prinsip-prinsip yang mendasari bagaimana manusia menghasilkan ayat-ayat tersebut semasa bercakap. Ayat-ayat seperti "Ahad merupakan rakan karib saya sejak dari zaman sekolah lagi", "jangan sekali-kali berputus asa hanya kerana sekali gagal" dan seumpamanya. Malahan semasa bercakap dengan anak-anak didik kita ada ketikanya kita memberi penekanan kepada satu-satu perkataan ataupun mengulanginya. Adakalanya juga kita menggunakan intonasi-intonasi tertentu sebagai memberi makna yang berbeza kepada ayat yang kita ucapkan. Chomsky mencadangkan analisis tahap abstrak. Daripada analisis ini kita akan dapat melihat *struktur muka* iaitu ayat yang diucapkan oleh individu akan mempunyai makna yang berbeza-beza berdasarkan ekspresi yang diberikan kepada ayat-ayat tersebut – dipanggil *struktur mendalam* yang lebih bersifat abstrak.

Pengalaman saya bersama dengan anak-anak memberikan input berguna berkenaan perkara ini. Perkataan 'haa' yang biasa saya gunakan dalam menyampaikan sesuatu arahan akan berbeza-beza jika saya berikan ekspresi berbeza. Dalam satu ekspresi saya perkataan itu bermakna jangan dibuat lagi, dan dalam ekspresi lainnya saya bermaksud ingin tahu. Anak-anak saya mulai belajar maksud sebenar melalui ekspresi yang saya berikan kepada perkataan dan ayat yang saya ucapkan. Ini bermakna sebagai individu kita perlu memahami bahasa tidak hanya tingkah laku verbal dna peraturan tatabahasa tetapi juga makna yang lebih abstrak pada ayat-ayat tersebut – *perwakilan mental*. Dengan lain perkataan kita akan lebih teliti dan mahir apabila bercakap dan menghasilkan ayat-ayat.

8.3 Perkembangan Bahasa

Bahasa meliputi penggunaan perkataan-perkataan dan peraturan-peraturan tertentu semasa berinteraksi dengan orang lain. Kalau dilihat daripada perspektif kegunaan bahasa adalah bersifat sosial di mana melibatkan komunikasi secara sengaja dan tentang sesuatu antara individu. Justeru itu sejak awal lagi kanak-kanak akan berusaha belajar dan menggunakan pelbagai peraturan berbahasa secara semula jadi dan automatik untuk menghasilkan bahasa yang betul dan menolak bahasa yang tidak betul. Kita boleh mengenal pasti bahasa apa yang digunakan berdasarkan perkataan-perkataan dan ayat-ayat yang diucapkan walaupun kita mungkin tidak memahaminya. Kita juga boleh faham kepada ayat yang tidak betul struktur tatabahasanya. Perkembangan bahasa seperti ini adalah sangat menarik untuk diteliti dan difahami terutamanya dalam mengungkapkan bagaimana proses individu belajar memahami dan menggunakan bahasa.

'Baby talk' merupakan bunyi pertama dikeluarkan oleh bayi dalam mengungkapkan sesuatu. Sehinggalah beberapa bulan selepas kelahiran pengulangan silabi yang sama akan dilakukan seperti 'mamama', 'bababa', 'dadada' dan lain-lain. Walaupun tiada makna sama sekali kepada bayi tersebut, tetapi ianya sangat menyeronokkan kepada kita yang mendengar sebagai ibubapa. Sekitar 9 bulan kanak-kanak mula mengenal bahasa seharian yang digunakan (bahasa ibunda). Mereka mulai berusaha memendekkan sebutan 'baby talk' kepada yang lebih singkat seperti 'ma', 'ba', 'da' dan sebagainya. Mereka juga mulai menggunakan sebutan-sebutan tersebut dengan tujuan-tujuan tertentu seperti meminta, memanggil, marah, gembira, terkejut dan sebagainya (Dore, 1978).

Dengan perkembangan yang lebih kompleks mereka menyertakan sebutan-sebutan tersebut dengan gerak laku.

Ketika 10 – 12 bulan bayi sudah mulai memahami banyak perkataan. Walaupun begitu mereka masih belum berupaya sepenuhnya untuk mengucapkan semua perkataan dan ayat yang mereka fahami tersebut (Huttenlocher, 1974). Justeru itu perkataan yang mudah dan biasa didedahkan di rumah biasanya merupakan perkataan-perkataan pertama yang mereka pelajari. Hanya setelah mencapai usia 12 – 18 bulan barulah mereka mampu bercakap. Penguasaan kata nama yang mudah seperti 'kucing', 'burung', 'ayam' dan lain-lain lebih mudah dilakukan berbanding kata nama yang lebih umum seperti 'haiwan', 'tumbuh-tumbuhan', ataupun yang lebih khusus sifatnya seperti 'bunga ros', 'pokok padi', dan lain-lain (Rosch dan rakan-rakan, 1976).

Walaupun bahasa-bahasa awal kanak-kanak tidak betul menurut perspektif orang dewasa, mereka biasanya menggunakan perkataan yang mudah disebut. Dan jika mereka ingin menerangkan apa maksud mereka, mereka akan menggunakan gerak laku tubuh, intonasi, pengulangan-pengulangan dan ekspresi muka supaya orang dewasa boleh memahaminya. Sebab itu pada peringkat awal mereka sukar membezakan binatang secara tepat seperti 'terbang' untuk merujuk kepada semua serangga, 'kucing' untuk anjing ataupun binatang berkaki empat (Clark dan Clark, 1977). Kesilapan-kesilapan yang dilakukan sebenarnya bukan mereka tidak faham tetapi lebih kepada perbendaharaan kata mereka yang masih terbatas (Rescola, 1981). Tahap 'satu perkataan' ini biasanya berlangsung selama 6 bulan di mana kanak-kanak membina perbendaharaan kata mereka satu persatu dan akan menggunakannya satu persatu juga dalam satu-satu masa tertentu (Bernstein, 1994).

Ketika usia 18 bulan hingga 2 tahun kanak-kanak dikatakan sudah mempunyai sekurang-kurangnya 50 patah perkataan (Bernstein, 1994) dan perkembangan tersebut semakin pesat dengan dianggarkan mereka belajar beberapa perkataan baru setiap hari. Mereka juga mulai belajar menggabungkan beberapa perkataan menjadi frasa-frasa tertentu yang lebih bermakna. Biasanya ayat yang mereka gunakan terdiri daripada ayat 'dua perkataan' yang dipanggil *telegrafik* iaitu penggabungan perkataan yang utama sahaja contohnya seperti "mama buku", "ayah tv" dan lain-lain. Mereka juga mulai menggunakan intonasi dan ekspresi muka yang lebih relevan dan bersesuaian.

Tahap seterusnya adalah tahap 'ayat 3 perkataan' yang masih lagi pada tahap telegrafik, tetapi mulai sempurna. "Mama mana buku". "ayah nak tv" dan lain-lain merupakan contoh ayat 3 perkataan yang biasa kita dengan. Hukum 'subjek-kata kerja-objek' mulai kelihatan. Mereka juga mulai pandai mengucapkan ayat yang sudah ada imbuhan dan juga ayat yang berbeza konteks seperti "kucing itu berlari" ataupun "semalam pergi ke kedai" (Dale, 1976). Namun begitu, walaupun mereka sudah mulai berupaya membezakan konteks ataupun imbuhan, kerap berlaku mereka keliru semasa menggunakannya seperti "tadi pergi sekolah". Walhal 'tadi' bermakna semalam.

Malah kerap juga berlaku dalam memilih perkataan mereka masih sukar untuk membezakan 'tinggi' dan 'rendah' atau 'lebih' dan 'kurang' (Donaldson dan Balfour, 1968). Tidak seperti orang yang sudah remaja yang mampu memahami dan menjelaskan lebih lanjut pembinaan tatabahasa seperti klausa, menghubungkan perkataan, ayat yang lebih panjang (Berk, 2005), kanak-kanak masih lagi berusaha kea rah tersebut. Perkembangan bahasa mereka semakin lengkap bilamana mereka sudah mampu menggabungkan perkataan tertentu dengan imbuhan-imbuhan tertentu, kata sifat dan seumpamanya sehingga membentuk ayat yang lengkap. Pada usia 5 tahun mereka didapati sudah faham makna dan mampu menggabungkan peristiwa ke dalam ayat yang mereka bina, "semalam saya ke sekolah dan makan ais krim dengan kawan-kawan" (Kavanaugh dan Jirkorsky, 1982).

8.4 Pengaruh Latihan, Peniruan dan Peraturan Bahasa

Sungguhpun telah banyak kajian dilakukan, proses kanak-kanak belajar bercakap dengan menggunakan bahasa masih lagi misteri. Yang jelas setiap kanak-kanak belajar bahasa yang didengar dan dituturkan di rumah – bahasa ibunda. Kanak-kanak belajar mengenali perkataan dan ayat-ayat semasa hidup dalam rumah, bersama keluarga dan adik beradik bermain, semasa makan, menonton tv, dan lain-lain aktiviti dengan merujuk kepada objek-objek, tingkah laku-tingkah laku tertentu dan juga label-label yang berkaitan dengan aktiviti seharian. Kajian Tamis-LeMonda dan rakan-rakan (1992) mendapati ibu-ibu yang mahir berbahasa mempengaruhi perbendaharaan kata anak-anaknya. Justeru cara kita berkomunikasi semasa berinteraksi dengan anak-anak kita di rumah mempengaruhi kemahiran berbahasa mereka. Mungkin tidak keterlaluan kalau kita katakan gaya komunikasi yang diamalkan dalam keluarga boleh memberi kesan kepada bukan sahaja kemahiran berbahasa anak-anak tetapi juga kepada budaya atau sikap berbeza pendapat dan bertanya kanak-kanak tersebut!!

Dalam bahagian teori pembelajaran kita akan membincangkan beberapa teori dalam pembelajaran. Dengan menggunakan teori pembelajaran tersebut mungkin boleh kita katakana kanak-kanak belajar sintaksis melalui bagaimana ibubapa melatih mereka di rumah. Hirsh-Pasek, Treiman dan Schneiderman (1984) mendapati bahawa ibubapa biasanya lebih cenderung melihat apa yang dikatakan oleh kanak-kanak dan bukan bentuk ayat yang diucapkan. Apabila kanak-kanak menyebutkan "Amin nak nasi ayah", ibubapa lebih cenderung untuk memberi respon langsung kepada jawapan "bagi pinggan". Ini menunjukkan kita lebih terfokus kepada apa yang dikatakan dan bukan kepada sama ada benar atau tidak ayat tersebut diucapkan. Jika dilihat dalam konteks sebenar kita mungkin boleh memberi respon dengan membetulkan ayat tersebut seperti "Ayah Amin nak nasi."

Senario di atas memberi gambaran bahawa kanak-kanak boleh mempelajari tentang sintaksis melalui peniruan dan contoh. Mereka akan lebih cepat mempelajari bahasa apabila ada usaha daripada kita membetulkan ayat-ayat mereka dan seterusnya memberi respon kepada apa yang diucapkan (Bernstein dan rakan-rakan, 1994). Proses belajar sintaksis ini akan berlaku secara tidak langsung dan bukan seolah-olah seperti belajar bahasa – sesuatu yang membosankan. Satu persoalan yang timbul adalah kanak-kanak masih lagi melakukan kesilapan semasa menggunakan perkataan dan struktur ayat walaupun dengan latihan dan contoh yang kita berikan. Ini memberi gambaran bahawa selain daripada rangsangan latihan, contoh dan peraturan yang kita sampaikan, kanak-kanak itu sendiri perlu melakukan analisis dan perbandingan dalam fikiran mereka sendiri kerana cara mereka berfikir, membina kefahaman dan mengorganisasi maklumat adalah unik dan berbeza dengan orang lain – walaupun ibubapa mereka sendiri.

Proses pembelajaran bahasa yang sebegini sebenarnya memberi makluman kepada kita seolah-olah kanak-kanak ini dilahirkan secara semulajadi mempunyai asas tersebut yang telah diprogramkan sejak awal oleh Allah SWT untuk belajar berkomunikasi. Kesediaan secara biologikal ini dapat dilihat daripada keupayaan menghasilkan ucapan pada mulut, peti suara dan tenggorok setiap individu (Aitchison, 1983) serta bahagian otak yang menguruskan maklumat dalam aspek bahasa. Seperti dicadangkan oleh Chomsky (1957) bahawa setiap manusia dilahirkan dengan 'alat mempelajari bahasa' yang boleh membantu individu untuk mengumpul pengetahuan tentang peraturan berbahasa tanpa perlu melakukannya. Namun begitu alat yang dikatakan dimiliki oleh setiap individu belum menjamin kepada penguasaan berbahasa mereka. Kajian Curtis (1977) kepada seorang kanak-kanak perempuan yang dikurung dan diasingkan selama 13 tahun mendapati walaupun dilakukan proses pemulihan, terapi dan latihan berbahasa, kanak-kanak perempuan tersebut masih gagal menghasilkan ayat-ayat yang bermakna. Ini memberi gambaran bahawa terdapat'masa kritikal' pada kanak-kanak untuk didedahkan kepada bahasa supaya mereka boleh belajar berbahasa. Dengan lain perkataan pendedahan kanak-kanak kepada bahasa adalah sangat penting dilakukan terutamanya pada peringkat awal kanak-kanak kerana jika tidak dilakukan ianya akan memberi kesan kepada perkembangan bahasa mereka kelak.

Isu yang hampir serupa mungkin boleh dilihat dalam konteks pembelajaran 'dual bahasa'. Senario anak-anak saya yang baru pulang dari England dan mulai memasuki alam persekolahan formal di Malaysia boleh dijadikan sebagai contoh. Semasa mengikuti persekolahan dia masih boleh memahami bahasa Malaysia tetapi tidak boleh bercakap menggunakan bahasa tersebut. Pada masa yang sama saya dapati tidak ada guru yang mempunyai kebolehan menangani isu penggunaan 'dual bahasa' dalam pembelajaran. Ini menyebabkan proses pembelajaran anak-anak saya terganggu untuk seketika. Keadaan ini berlaku kerana semua aktiviti yang dilaksanakan, kecuali dalam mata pelajaran bahasa Inggeris, sains dan matematik adalah mengunakan bahasa Malaysia. Walaupun mereka memahami apa yang dibincangkan tetapi mereka masih tidak berupaya untuk berkomunikasi secara verbal dengan bahasa Malaysia. Hasilnya dalam kebanyakan mata pelajaran kecuali bahasa Inggeris, sains dan matematik anak-anak saya mendapat markah yang sangat rendah.

Mungkin satu perkara yang boleh difikirkan adalah bagaimana sebagai pendidik kita boleh menangani masalah 'dual bahasa' tadi tidak mengganggu proses pembelajaran yang dilakukan. Dalam konteks anak-anak saya mereka bukan tidak faham bahasa tersebut tetapi hanya belum mampu untuk berkomunikasi secara verbal. Seharusnya kita mengambil kelebihan-kelebihan yang dimiliki oleh mereka dalam memperkembangkan kemahiran intelektual dan berbahasa mereka. *American Speech-Language Hearing Association,* (2014) menjelaskan beberapa kelebihan yang boleh dimiliki oleh kanak-kanak yang bercakap dua bahasa ini:

1. Boleh belajar perkataan baru dengan lebih mudah
2. Boleh bermain dengan permainan-permainan berirama
3. Boleh memecahkan perkataan berdasarkan bunyi
4. Mampu menggunakan informasi dengan cara baru
5. Meletakkan perkataan-perkataan dalam kategori-kategori tertentu
6. Menghasilkan jalan penyelesaian kepada masalah
7. Mempunyai kemahiran mendengar lebih baik
8. Mampu berinteraksi dengan orang lain (diperolehi pada 28 Mei 2014 daripada: http://www.asha.org/public/speech/development/the-advantages-of-being-bilingual/)

Kajian Whitehurst dan rakan-rakan (1994) mendapati pengalaman-pengalaman di rumah adalah sangat menentukan perkembangan berbahasa dan membaca kanak-kanak, terutamanya pada peringkat awal kanak-kanak. Seperti yang saya katakana di awal tadi, untuk memastikan perkembangan kemahiran membaca pada kanak-kanak di rumah, kita perlu memastikan budaya membaca sebagai sesuatu yang menyeronokkan, mempunyai perpustakaan mini ataupun bahan-bahan bacaan seperti suratkhabar ataupun lain-lain bahan langganan. Justeru itu jenis bahan bacaan yang disedikan adalah sangat penting untuk difikirkan kerana ia akan membentuk pemikiran anak-anak kita secara tidak langsung. Pengalaman yang saya lalui mungkin boleh dijadikan contoh. Setiap bulan saya menyediakan 'elaun buku' kepada anak-anak saya di mana mereka boleh menggunakannya untuk membeli bahan bacaan yang digemari. Tujuan pemberian ini adalah untuk menanamkan minat membaca dalam kalangan diri anak-anak saya. Aktiviti ke kedai buku bersama setiap bulan, bermain 'sahibba' atau 'scrabble' juga boleh menggalakkan budaya membaca. Sebagai maklumat tambahan di sini dibincangkan juga beberapa perkara berkaitan dengan bagaimana proses pemikiran berlaku dalam otak berlaku. Perbincangan ini penting untuk memahami bagaimana otak memproses maklumat atau dengan bahasa mudah berfikir kerana dengan pengetahuan ini kita boleh membantu anak didik kita dalam pembelajaran mereka.

8.5 Pemprosesan Maklumat dan Pendidikan

Seperti diterangkan pada bab terdahulu dibincangkan sekali lagi bagaimana maklumat di proses di dalam otak kita. Kita tahu bahawa kemampuan otak manusia adalah tidak terbatas dan masih lagi 'misteri' kepada kita semua. Walaupun banyak kajian telah dilakukan terutamanya dalam psikologi kognitif, kemampuan otak memproses maklumat masih menjadi satu fenomena yang sukar untuk diterjemahkan. Dalam kajian Halpern (2003) dan Kuhn (1999) mendapati bahawa otak manusia mampu memproses maklumat seperti penyelesaian masalah dan pemikiran kritikal secara efisien dan kerap kali melebihi apa yang boleh dilakukan oleh lain-lain alat dan computer yang canggih. Justeru itu kajian tentang kemampuan otak dan bagaimana pemprosesan maklumat berlaku dijalankan secara berterusan dan intensif. Tujuanya tidak lain dan tidak bukan untuk memahami bagaimana otak bekerja dan bagaimana kita dapat memanfaatkannya dalam proses pendidikan.

Salah satu kajian telah mendapati bahawa maklumat diproses dengan melalui 3 tahap yang utama iaitu *peringkat ingatan deria*, kedua *ingatan bekerja* ataupun kadang-kadang dikenal sebagai *ingatan jangka pendek* dan ketiga *ingatan jangka panjang* (lihat kajian Baddeley, 2001, berkenaan dengan model 3 komponen pemprosesan maklumat dalam otak). Kefahaman tentang bagaimana ketiga-tiga peringkat ingatan saling berkait dan mempengaruhi sangat penting supaya kita boleh membantu anak didik kita menggunakan otak dan pemikirannya semasa belajar. Mari kita lihat ketiga-tiga tahap dalam pemprosesan maklumat tersebut sebelum kita boleh mengaitkannya dengan keperluan kita dalam proses mendidik anak didik kita.

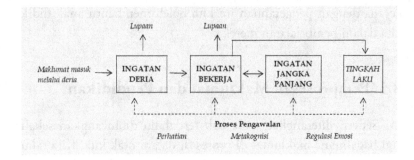

Model Pemprosesan Maklumat
(Diubahsuai daripada Baddeley, 2001)

Sebagai perbandingan, *ingatan deria* adalah berkenaan dengan maklumat yang diterima oleh deria-deria kita dan diterima dalam masa yang sangat cepat, antara ½ - 3 saat. Sebab itu penerimaan dan penumpuan kepada maklumat-maklumat yang diterima oleh deria-deria kita adalah sangat terbatas. Kadang-kadang banyak maklumat yang diterima tidak dapat diberi perhatian menyebabkan maklumat tersebut tidak dapat digunakan atau diproses. Manakala *ingatan bekerja* pula berkaitan dengan aktiviti mental yang memproses maklumat-maklumat yang diterima oleh deria tadi supaya menjadi sesuatu maklumat yang bermakna dan difahami. Aktiviti yang dilakukan oleh otak pada masa ini antaranya adalah menghubungkait dengan maklumat sedia ada, membanding, membeza dan sebagainya supaya maklumat tersebut boleh dikategorikan kepada kateogori tertentu ataupun diberi makna sebelum disimpan di dalam ingatan kekal. *Ingatan jangka panjang* atau ingatan kekal ini merupakan kumpulan maklumat yang disimpan di dalam otak setelah melalui proses analisis maklumat dalam peringkat ingatan bekerja tadi. Ingatan ini sebenarnya tidak terbatas dari segi jumlah berapa banyak dan kadang-kadang tidak dipengaruhi oleh masa! Sebab itu ada maklumat yang boleh kita ingat setelah puluhan tahun disimpan dalam otak.

Dalam membincangkan tentang keupayaan kita berfikir Anderson (2000) telah mengaitkan keupayaan tersebut kepada 'sumber-sumber perhatian' yang terbatas yang dialami oleh setiap individu. Ini berkaitan dengan kebolehan individu mengambil kira pelbagai maklumat yang diterima melalui semua deria yang dimiliki untuk diproses (Kane dan Engle, 2002). Memang diakui semua manusia adalah berbeza antara satu sama lain, tetapi dalam konteks pemprosesan maklumat perbezaan tersebut lebih dipengaruhi oleh keupayaan menggunakan kesemua maklumat yang diterima untuk diproses. Sebab itu Baddeley (2001) mengatakan 'sistem kawalan eksekutif' yang dimiliki oleh seseorang individu akan mempengaruhi keberkesanan maklumat yang diproses. Ada kajian yang menunjukkan bahawa individu yang agak perlahan dalam berfikir boleh dibantu dengan cara meningkatkan kemahiran dan kualiti sistem kawalan eksekutif tersebut. Ini kerana dengan mempunyai sistem kawalan eksekutif yang baik individu akan berkemampuan untuk memilih maklumat yang diterima dengan lebih tepat, memilih cara yang terbaik untuk memproses maklumat tersebut, mengorganisasi dan mengaitkan dengan maklumat sedia ada, dan seterusnya menyimpan maklumat tersebut dalam ingatan jangka panjang untuk kegunaan masa akan datang. Kemahiran inilah yang sepatutnya kita bina dan kita latih dalam diri anak-anak didik kita.

Ambil contoh hari hujan. Deria pendengaran mendengar bunyi hujan berserta dentuman guruh, mata melihat curahan hujan, tangan merasa tiupan angin yang kuat. Keberkesanan memproses maklumat untuk menentukan apakah tindakan susulan yang perlu dilakukan ketika itu bergantung kepada bagaimana maklumat-maklumat yang diterima oleh deria tadi diproses. Bunyi hujan yang kuat disertai dengan dentuman guruh, tiupan angin yang kuat, percikan hujan yang lebat memberi petunjuk apakah tindakan susulan yang perlu dilakukan. Ada yang mengambil keputusan untuk terus berjalan dengan menggunakan payung dan hasilnya menyebabkan beliau basah kuyup. Ada pula yang mengambil tindakan untuk menunggu sehingga hujan teduh kerana menganggap hujan yang lebat disertai dengan guruh dan angina yang kuat adalah bahaya.

Selain itu keberkesanan pemprosesan maklumat ini juga bergantung kepada konsep automatik kesan daripada pengulangan (Stanovich, 2003). Prinsip ini berkaitan dengan kekerapan individu memproses maklumat dan jenis tingkah laku yang dikeluarkan. Sebab itu jika sentiasa mengalami pengalaman hujan lebat yang seperti di atas tadi maka individu yang menunggu hujan teduh akan terus melakukan perkara yang sama kerana hasil yang dialami adalah selamat dan tidak basah. Kerap kali kita lihat bagaimana anak didik kita memilih untuk meniru tingkah laku negatif berbanding yang positif. Keadaan tersebut sebenarnya berkaitan dengan bagaimana rangsangan maklumat yang diterima diproses dengan mengambil kira perasaan dan minat. Kalau kita kaitkan dengan Islam elemen negatif seperti 'syaitan' sering mempengaruhi pertimbangan semasa berfikir. Ditambah dengan kecenderungan kanak-kanak dan remaja yang lebih bersifat naluri dan emosional maka pilihan maklumat lebih kepada memuaskan hati dan keseronokan. Sebab itu kerap kita lihat tingkah laku yang negatif lebih seronok untuk diikuti oleh mereka. Oleh yang demikian sebagai pendidik kita perlu memahami bagaimana otak berfikir, apakah proses-proses yang berlaku, dan bagaimana kita boleh membantu anak didik kita dalam berfikir. Ini penting kepada keberkesanan pemprosesan maklumat yang mereka lakukan supaya boleh menghasilkan ingatan dan tingkah laku yang positif sahaja.

Sebagai pendidik setidak-tidaknya kita boleh membantu anak didik kita dalam aktiviti pemprosesan maklumat supaya mereka menjadi lebih efektif dan berkesan. Dan tidak lupa juga kita perlu memastikan pemprosesan maklumat yang dilakukan oleh mereka dapat menghasilkan tingkah laku dan kefahaman yang positif. Tanpa bimbingan dan pendedahan yang bersesuaian kemahiran berfikir ini tidak akan dapat dicapai oleh mereka terutamanya berfikir pada aras tinggi.

Pertama, sebagai pendidik kita perlu mengambil kira keterbatasan masa dan tempat semasa peringkat ingatan deria dan ingatan berkerja. Oleh kerana tempoh masa penerimaan maklumat tertentu sangat singkat dan terbatas maka kita boleh membantu mereka dalam hal memilih maklumat mana yang paling penting untuk diberi perhatian dan diproses. Pengamatan tentang contoh tingkah laku tidak baik perlu dibimbing supaya mereka boleh memproses dan memahaminya dan diterima sebagai tingkah laku negatif yang tidak perlu dicontohi. Begitu juga semasa belajar baik di sekolah mahupun di rumah. Kalau di sekolah kerap berlaku pelajar diganggu dengan pelbagai rangsangan seperti bunyi bising, maklumat yang tidak jelas, pengajaran yang terlalu cepat dan tidak terstruktur, tidak ada bahan tambahan sebagai bahan bantu, tidak memanfaatkan kemudahan teknologi terkini, maka proses pemahaman tentang topik pembelajaran menjadi sukar dan lambat. Begitu juga dengan di rumah di mana ada ketikanya kita meminta mereka melakukan sesuatu yang tidak kita amalkan. Oleh itu sebagai pendidik kita perlu memastikan rangsangan maklumat yang kita berikan sentiasa berkaitan dan selari dengan apa yang ingin dicapai.

Kedua, salah satu proses yang mempengaruhi keberkesanan pemikiran anak didik kita adalah cara mana semua maklumat di organisasi. Seorang individu yang mempunyai pemikiran yang efektif biasanya mempunyai kebolehan mengorganisasi maklumat dalam ingatan jangka panjang yang baik. Kebolehan mengorganisasi pengetahuan dengan baik akan membantu individu untuk mengingat semula dan menggunakannya semasa memproses maklumat baru yang berkaitan. Ada ketikanya semasa mengajar di dalam kelas kita tidak menstruktur pengajaran kita dengan sistematik dan teratur mungkin kerana kita beranggapan mereka boleh menyusun dan memahaminya dengan mudah. Anggapan ini hanya berlaku kepada individu yang telah mempunyai kefahaman yang tinggi berkenaan dengan topik yang sedang dipelajari kerana jika tidak ia akan tambah menyukarkan proses menganalisis maklumat dan seterusnya menyukarkan proses menyimpan dalam ingatan jangka panjang. Penyimpanan pengetahuan yang sistematik akan membantu individu untuk mengingat semula dan menggunakannya. Malah menurut Alexander (2003) dan Ericsson (2003), kemahiran mengorganisasi pengetahuan ini juga boleh membantu individu menjadi seorang pemikir yang baik di samping menggalakkan pembelajaran.

Ketiga, pemprosesan maklumat secara automatik akan membantu keberkesanan proses pemikiran individu. Melalui pengulangan dan kekerapan latihan tentang sesuatu pembelajaran akan membantu anak didik kita membentuk kemahiran automatik tersebut. Dengan cara ini proses memahami sesuatu topik pembelajaran akan menjadi lebih mudah kerana sentiasa diamalkan dan diulang-ulang. Prinsip latih tubi merupakan salah satu aktiviti yang biasa kita lakukan supaya anak didik kita boleh menguasai kemahiran dan pengetahuan tersebut dengan lebih baik. Banyak contoh yang boleh kita fikirkan bagaimana kita boleh membantu proses pembelajaran anak-anak didik kita supaya menjadi lebih mudah.

Keempat, strategi pembelajaran boleh meningkatkan kemahiran memproses maklumat anak didik kita kerana mereka memproses maklumat lebih mendalam dan boleh menjadi lebih efisien dalam berfikir (Pressley dan Harris, 2006). Dengan lain perkataan seorang individu yang mahir berfikir akan memanfaatkan pelbagai strategi dan pendekatan semasa berfikir. Mereka lebih mampu untuk memilih cara mana yang terbaik dalam memahami sesuatu topik pembelajaran dan apakah maklumat yang diperlukan untuk dijadikan sebagai rujukan. Dalam banyak keadaan kemahiran berfikir individu banyak dipengaruhi oleh kemahiran mereka mengorganisasi maklumat, membuat perkaitan dan membuat penjelasan (Mayer dan Moreno, 2003). Oleh itu sebagai pendidik kita perlu memastikan supaya bimbingan yang diberi kepada anak didik kita tidak hanya kepada pengetahuan dan kemahiran tentang sesuatu perkara tetapi lebih jauh lagi sehingga kepada bagaimana maklumat tersebut disampaikan, apa bahan bantu dan alat bantu yang digunakan, bagaimana maklumat dan pengetahuan yang diajar perlu diproses dan difahami sebelum mereka boleh mengeluarkan tingkah laku yang sesuai dan positif seperti yang kita kehendaki. Tanpa bimbingan ini kita tidak mahu melihat anak didik kita menghadapi masalah dalam belajar dan berfikir yang seterusnya mempengaruhi tingkah laku dan cara mereka berfikir.

8.6 Penutup

Fungsi keluarga pada dasarnya adalah penting terutamanya pada peringkat awal perkembangan bahasa kanak-kanak. Benarlah seperti dikatakan dalam Islam bahawa kanak-kanak dilahirkan ibarat kain putih. Pendedahan positif yang kita lakukan semasa dalam proses mereka belajar akan mendorong kepada hasil yang positif pula. Budaya dan perlakuan yang dicontohkan secara perlahan-lahan akan membentuk budaya dan perlakuan yang kita harapkan. Namun begitu tanpa latihan yang teratur dan sistematik proses pembelajaran kanak-kanak akan menjadi perlahan atau tidak berlaku langsung. Pada penilaian kita seolah-olah telah berlaku pembelajaran tetapi sebenarnya tidak seperti yang kita harapkan selari dengan kehendak yang disebutkan dalam Islam. Seperti kita maklum pengetahuan dan kemahiran yang diajarkan perlu dianalisis dan dikuasai. Maka kefahaman kita bagaimana proses pemikiran berlaku, apa kesukaran dan cabaran yang dihadapi, akan membantu kita merancang pendekatan terbaik bagaimana mempermudahkan mereka belajar.

Kefahaman ini sangat penting supaya kita dapat memastikan anak-anak kita bersedia untuk alam persekolahan yang lebih mencabar dan kompleks. Asas 3M yang mengambil kira kemahiran membaca sebagai salah satu elemen penting memberi makna jika anak-anak kita menghadapi masalah dalam berbahasa, proses pembelajaran mereka akan menjadi sukar dan panjang. Senario anak saya yang memasuki alam persekolahan sedangkan dia masih lagi dalam kekeliruan berbahasa antara bahasa Malaysia dan bahasa

Inggeris menyebabkan proses pembelajarannya sukar dan panjang sehinggalah semasa berada di dalam darjah enam. Selama 6 tahun dia 'struggle' untuk mengikuti hari-hari persekolahannya. Inilah yang berlaku semasa otak berfikir, maklumat yang diterima tidak tersusun, ada yang tidak difahami, guru yang mengajar tidak mengambil kira pengalaman sedia adanya sehingga akhirnya proses pembelajaran menjadi sukar dan tidak menyeronokkan.

Sebagai pendidik kita perlu mengambil kira perkembangan bahasa dan bagaimana anak-anak didik kita berfikir supaya kita dapat membantu mereka dalam proses pembelajaran. Kefahaman tentang bagaimana otak bekerja, bagaimana maklumat diproses dan diingat, bagaimana proses lupaan berlaku dapat membantu kita memberi bimbingan terbaik kepada anak didik kita. Tiada gunanya kita menyediakan bahan pembelajaran yang lengkap dan menarik sekiranya anak-anak didik kita tidak berupaya mengikutinya hanya kerana tidak menguasai bahasa dengan baik. Aktiviti-aktiviti seperti perbincangan kumpulan, memberi pendapat, berbeza pendapat dan sebagainya memerlukan kemahiran-kemahiran tersebut. Di sini dicadangkan beberapa aktiviti yang boleh kita lakukan dalam merangsang pembelajaran dan perkembangan bahasa dan pemikiran anak-anak kita.

1. Kerap bercakap dengan anak-anak didik kita
2. Sentiasa responsif dengan anak didik kita terutamanya apabila mereka cuba berkomunikasi dengan kita
3. Sentiasa dedahkan anak-anak didik kita dengan pengalaman-pengalaman baru
4. Manfaatkan kesemua deria yang dimiliki oleh mereka semasa memahami persekitarannya
5. Perbanyakkan mengguna rutin-rutin berbahasa
6. Galakkan membaca buku secara kerap
7. Semasa membaca galakkan anak didik kita untuk membuat perkaitan

8. Menggunakan bahan visual seperti gambar dan teks
9. Galakkan anak didik kita menuliskan mesej-mesej dengan bahasa mereka sendiri
10. Perbanyakkan permainan yang menggalakkan penggunaan bahasa yang lebih kerap dan kompleks

Bab 9

PERSONALITI YANG SIHAT DAN POSITIF

9.1 Pengenalan

Pembentukan personaliti yang sihat dan positif dalam diri kanak-kanak sentiasa menjadi idaman dan harapan setiap ibubapa, sekolah dan masyarakat. Oleh yang demikian kefahaman tentang proses pembentukan personaliti yang dihajatkan sangat penting demi memastikan harapan yang diletakkan dapat dicapai. Tanpa kefahaman yang jelas ianya akan menyukarkan proses pencapaian membentuk individu yang mempunyai personaliti yang sihat dan positif.

Selain daripada itu kefahaman tentang proses pembelajaran secara lebih jelas juga sangat menentukan. Kebanyakan orang apabila bercerita tentang pengajaran pembelajaran ianya akan tertumpu kepada persekitaran sekolah semata-mata. Kefahaman ini sebenarnya tidak tepat kerana proses perkembangan individu merupakan tanggungjawab semua orang, termasuklah ibubapa, sekolah, dan masyarakat. Dalam Islam dinyatakan tentang peranan ibubapa dalam mencorakkan perkembangan anak-anaknya. Dalam sebuah Hadis yang diriwayatkan oleh Al Bukhari, Rasulullah SAW menyebutkan bahawa "Setiap anak yang dilahirkan, ia dilahirkan dalam fitrah (kesucian) maka kedua orang tuanyalah yang akan menjadikan ia sebagai seorang Yahudi, Nasrani atau Majusi (Abdullah Nashih Ulwan, 1988).

Justeru ibubapa mempunyai tanggungjawab dalam mencorakkan anak-anak mereka sesuai dengan matlamat dan objektif kehidupan yang ditetapkan. Kita telah membincangkan pendapat Bronfenbrenner yang mengutarakan prinsip 'ekologi' dalam membincangkan proses perkembangan individu sama seperti yang dinyatakan oleh Rasulullah SAW sebelum ini. Menurut beliau perkembangan individu dimulai dengan lingkungan persekitaran yang paling hampir iaitu *sistem mikro* (seperti keluarga dan kerabat), *sistem meso* (meliputi jiran tetangga dan juga masyarakat sekeliling), *sistem ekso* (termasuk alam persekolahan) dan *sistem makro* (yang mengambil kira masyarakat yang lebih luas. Perkaitan antara tiap-tiap persekitaran sangat menentukan perkembangan individu.

9.2 Peranan Sekolah

Seperti diketahui, sekolah tidak hanya diharapkan membantu pembentukan diri pelajar melalui proses pengajaran pembelajaran yang dilaksanakan. Pembelajaran kurikulum dan silibus yang ditetapkan sebenarnya merupakan hasrat yang tersurat dan tersirat berkenaan dengan pembentukan personaliti pelajar yang positif. Ini ketara melalui hasrat yang dinyatakan dalam Falsafah Pendidikan Kebangsaan (FPK) di mana proses pengajaran pembelajaran seharusnya berperanan secara berterusan membentuk individu yang seimbang daripada aspek jasmani, emosi, rohani, intelek, dan juga sahsiah. Pencapaian matlamat yang ditetapkan ini tidak akan tercapai sekiranya dalam proses

pengajaran pembelajaran kita tidak mengambil kira aspek yang dinyatakan.

Banyak pendapat mengatakan pendidikan di negara ini lebih menekankan kepada peperiksaan. Boleh dikatakan setiap masa pencapaian akademik pelajar menjadi fokus perbualan dan perbincangan di pelbagai tahap. Ibubapa sentiasa risau dan bimbang dengan pencapaian akademik anak-anak mereka. Sebagai reaksi daripada kerisauan tersebut maka mereka menghantar anak-anak mereka mengikuti kelas-kelas tiusyen. Saya sendiri menghantar bongsu saya ke kelas tiusyen memandangkan perkembangan akademiknya agak perlahan jika dibandingkan dengan rakan sekelasnya. Saya rasa semua ibubapa mempunyai perasaan yang sama seperti yang saya rasakan. Mereka sanggup mengeluarkan biaya untuk mendapatkan khidmat pengajar yang baik di pusat-pusat tiusyen. Ada ibubapa sanggup menghantar anaknya ke pusat tiusyen yang letaknya berbelas kilometer daripada rumah semata-mata untuk mendapatkan guru tiusyen yang mereka anggap terbaik. Ini seolah-olah memberi gambaran bahawa pencapaian akademik adalah merupakan yang utama berbanding aspek-aspek perkembangan yang lainnya. Malah prestasi guru yang dikatakan cemerlang semasa mengajar di pusat tiusyen berbanding semasa mengajar di sekolah juga merupakan satu isu yang perlu difikirkan bersama supaya kecemerlangan dalam mendidik tidak dicampuradukkan dengan lain-lain matlamat (isu ini akan cuba dibincangkan secara terperinci dalam bahagian lain).

Masyarakat pula sentiasa menyanjung dan memandang tinggi kepada pelajar yang mencapai keputusan yang akademik yang cemerlang berbanding yang tidak. Di sekolah pula, banyak fokus dan tenaga diberikan kepada menghasilkan pencapaian yang cemerlang dalam aspek akademik pelajar. Ironinya terdapat pengajaran yang dilaksanakan lebih terfokus kepada peperiksaan dan membantu pelajar hanya untuk lulus dengan cemerlang. Kerajaan pula ada ketikanya terlalu terfokus kepada keputusan akademik semasa pelajar terutamanya semasa peperiksaan nasional seperti UPSR, PMR, SPM, STPM. Perbincangan dan perancangan yang dilaksanakan kadangkala lebih terfokus kepada mewujudkan individu cemerlang dalam akademik. Walaupun beberapa usaha cuba dilakukan untuk menyeimbangkan proses pembelajaran pelajar supaya tidak hanya terfokus kepada peperiksaan akan tetapi, kandungan pembelajaran akan difokuskan kepada prosedur menjawab soalan peperiksaan sehingga terlupa perkaitan antara proses pengajaran dan pembelajaran seharusnya menjurus kepada pencapaian matlamat yang dinyatakan dalam FPK.

Amat menyedihkan apabila wujudnya masalah-masalah personaliti kemudian hari seperti ketidakseimbangan sehingga mengakibatkan berlakunya perlakuan-perlakuan jenayah, sosial, dan seumpamanya. Observasi yang saya lakukan kepada laporan-laporan akhbar utama semasa keputusan peperiksaan nasional (UPSR, PMR, SPM, STPM) menunjukkan fokus perbincangan utama adalah kejayaan cemerlang mendapat jumlah 'A' terbanyak. Boleh dikatakan 'tidak ada langsung' perbincangan yang mengaitkan keputusan tersebut dengan pencapaian matlamat FPK secara langsung. Kalau adapun mungkin masyarakat melihatnya secara tidak langsung dan bukan merupakan suatu matlamat kepada pembelajaran pelajar.

Seperti di ketahui, sekolah tidak hanya diharapkan membantu pelajar mempelajari kandungan kurikulum dan silibus tetapi lebih jauh lagi seperti yang tercatat dalam FPK iaitu pembangunan modal insan yang seimbang. Ini sangat penting kepada kita berkenaan dengan proses pembelajaran individu dan bagaimana pihak sekolah boleh membantu proses tersebut berjalan dengan lancar dan berkesan. Pengetahuan tentang *trait personaliti* ini sangat membantu semasa mengajar pelajar di sekolah. Satu contoh yang mudah dapat kita lihat pada perbezaan yang wujud dalam kalangan anak-anak didik kita di sekolah, terutamanya dalam aspek-aspek personaliti seperti kepintaran, kecerdasan, dan kesungguhan, memberi kesan secara langsung kepada proses pembelajaran yang akan mereka lakukan.

Sekarang ini kita perlu memahami dan mengakui bahawa satu lagi elemen yang turut mempengaruhi adalah trait personaliti tersebut. Kita mengakui bahawa pengajaran dan pembelajaran adalah bersifat *reciprocal,* iaitu timbal balik. Trait individu kita sendiri sebagai pendidik sebenarnya mempengaruhi sikap dan pendekatan kita terhadap anak-anak didik kita dengan kerja-kerja yang mereka lakukan,

> *Trait pesonaliti berkaitan dengan corak-corak atau cara yang biasa kita lakukan semasa bertingkah laku, semasa berfikir dan emosi. Kadang-kadang ada yang mengatakan ianya berkaitan dengan ciri-ciri diri yang kita miliki. Trait-trait tersebut secara relatifnya adalah stabil, tetapi berbeza antara seorang individu dengan individu lain dan sentiasa mempengaruhi cara mana seseorang itu bertingkah laku (lihat Costa dan McCrae, 1992)*

aktiviti pembelajaran yang kita laksanakan dan seumpamanya. Dengan lain perkataan, semasa proses pembelajaran akan berlaku 'pertembungan' antara dua trait iaitu trait kita sebagai pendidik dan trait anak didik kita yang kita didik. Bayangkan kalau kita tidak mempunyai pengetahuan berkenaan dengan trait personaliti individu dan kesannya kepada tingkah laku individu. Bayangkan juga jika trait tersebut sangat berbeza dan bertentangan. Bagaimana boleh kita melakukan kompromi sehingga proses pembelajaran dapat dilakukan dengan tanpa banyak masalah.

Personaliti kadang kala digunakan secara berbeza-beza dan dalam konteks yang pelbagai sama ada dalam konteks psikologi ataupun bahasa seharian. Dalam psikologi, personaliti merujuk kepada suatu koleksi sifat-sifat yang konsisten dan kekal yang ada pada diri seseorang individu. Menurut Bernstein (1994) personaliti bermakna "the unique pattern of enduring psychological and behavioural characteristics by which each person can be compared and contrasted with other people" (p. 483). Sifat-sifat ini termasuklah sifat fizikal, emosional, dan intelektual yang menghasilkan tingkah laku dan reaksi yang konsisten dan ianya berbeza dengan orang lain. Personaliti juga terhasil melalui interaksi dua aspek dalam diri iaitu *temperament* dan pengalaman yang dilalui yang akhirnya membentuk karakter. *Temperament* merujuk kepada kecenderungan yang diwarisi dan dalam proses perkembangannya banyak dipengaruhi oleh persekitaran.

Terdapat bukti yang menunjukkan hubungan antara bahan kimia yang dihasilkan oleh badan seperti hormon, mempengaruhi beberapa trait *temperament*. Contohnya seseorang yang mempunyai kelenjar tiroid yang aktif biasanya akan lebih bertenaga dan memberikan reaksi yang berbeza dengan individu yang mempunyai kelenjar tiroid yang kurang akitf. Dijangkakan juga terdapat perbezaan dalam tindak balas sistem saraf bagi setiap kita sejak dilahirkan. Justeru itu terdapat individu yang memerlukan rangsangan yang lebih daripada persekitaran sebelum mampu menghantar maklumat melalui sistem saraf ke otak untuk diproses sebelum tindak balas dikeluarkan. Karakter pula merujuk kepada cara mana *temperament* dan persekitaran berinteraksi yang ditujukan melalui reaksi dan tingkah laku individu. Oleh itu pengaruh persekitaran sangat menentukan pembentukan karakter yang boleh diterima umum dan sesuai mengikut pandangan masyarakat. Apakah kesannya kepada perkembangan diri dan personaliti anak kita sekiranya dapat dimanfaatkan dengan sebaiknya?

Umum mengakui bahawa perkembangan personaliti tidak jauh berbeza dengan kebolehan intelektual individu, di mana ianya merupakan kesan daripada interaksi antara kecenderungan semasa lahir dengan persekitaran. Kefahaman ini sebenarnya sangat penting kepada semua orang dalam konteks pendidikan anak. Bagaimana interaksi tersebut berlaku tidak begitu jelas, tetapi didapati memang sangat berpengaruh dalam membentuk keperibadian seseorang. Sebagai contoh dapat kita lihat kanak-kanak yang dibesarkan dalam budaya agresif dan sentiasa bersaing akan membentuk individu yang agrasif dan suka bersaing. Saya membiasakan anak-anak saya budaya berbeza pendapat. Sehingga kini mereka kerap "argue" apabila ada perkara atau permasalahan yang tidak sehaluan dengan pemikiran dan pandangan mereka.

Kebanyakan budaya mempunyai persepsi dan jangkaan yang berbeza-beza terhadap jantina. Justeru itu cara kanak-kanak dibesarkan akan dipengaruhi oleh jantina kanak-kanak tersebut. Oleh yang demikian bagi kanak-kanak yang mempunyai tahap keaktifan dan keagresifan yang berbeza akan cuba belajar bagaimana mengendalikan sikap dan tingkah lakunya yang agresif tersebut supaya boleh diterima oleh orang lain. Ketegasan dalam mempertahankan idea merupakan satu contoh kepada keadaan ini. Manakala kanak-kanak yang dibesarkan dalam budaya yang tertutup pula akan mempengaruhi pembentukan trait personalitinya kepada yang lebih tertutup dan lemah (kadang-kadang berkaitan dengan masalah keyakinan diri dan keberanian).

Dalam contoh lain dapat kita lihat dalam konteks pendidikan agama terutamanya di rumah. Kefahaman yang mendalam adalah perlu bagi kita sebagai pendidik untuk dapat mendidik anak-anak kita seperti yang dikehendaki oleh agama. Sekiranya ini tidak wujud, corak, cara dan hasil pendidikan agama yang diharapkan tidak akan dapat dicapai. Secara tidak langsung sebagai guru kita perlu maklum dan mengambil perhatian bahawa kepercayaan agama sangat memberi kesan kepada proses pembelajaran anak-anak didik kita. Atau dengan lain perkataan kita sebagai pendidik mempunyai peranan yang jelas terhadap proses perkembangan anak-anak didik kita (setidak-tidaknya kita dapat mempengaruhi dan menggalakkan trait personaliti yang positif dalam diri anak-anak didik kita). Cara hidup dan bertingkah laku, seperti dalam agama Islam contohnya, mempengaruhi trait-trait personaliti yang ada dalam diri.

Ajaran bagaimana seseorang Islam yang kaya dan perlu berkongsi kekayaan dengan orang lain, melalui sedekah amal jariah dan juga zakat, akan membentuk keperibadian tertentu sebagai seorang Islam yang baik. Keadaan yang sama juga akan berlaku kepada lain-lain penganut agama yang semestinya akan cuba mendidik anak-anak mereka menjadi penganut agama yang baik. Sebagai guru kita harus maklum tentang pengaruh latar belakang keluarga pelajar-pelajar kita terutamanya dalam aspek bertingkah laku dan personaliti.

Banyak kajian menunjukkan tentang kemunginan untuk kita mempengaruhi perkembangan personaliti yang kita inginkan dan mengurangkan perkembangan personaliti yang kita tidak inginkan. Namun tidak dapat dipastikan sejauh mana individu akan bertindak balas sesuai seperti yang kita kehendaki. Apa yang perlu kita maklumi ialah kita mempunyai peluang dalam mempengaruhi perkembangan anak-anak didik kita. Saya boleh katakana adalah benar seperti dikatakan dalam Islam bahawa proses pendidikan merupakan proses berterusan. Kita mungkin mempunyai pengalaman yang serupa di mana proses melatih dan mendidik anak-anak budaya dan kebiasaan yang sihat dan positif tidak dapat dilaksanakan dengan mudah. Ini menunjukkan proses bimbingan perlu dilakukan secara menyeluruh dan berterusan. Jika kita cepat mengharap mereka dapat belajar budaya dan kebiasaan positif dengan cepat dan pantas maka kita akan kecewa kerana mereka tidak dapat melakukannya dengan secara konsisten. Ambil contoh semasa melatih dan mendidik anak-anak kita seperti meletakkan pakaian yang sudah dipakai ke dalam bakul. Masalah yang sering berlaku ialah mereka tidak melakukannya secara konsisten terutamanya semasa ketiadaan kita. Justeru bimbingan yang berterusan akan membolehkan mereka memahami dan akhirnya boleh melakukan meletakkan pakaian yang sudah dipakai ke dalam bakul secara konsisten dan tanpa disuruh.

Selain itu, perkembangan personaliti juga melibatkan pelbagai aspek pembelajaran yang kebanyakannya berlaku tanpa kita sedari. Kita tidak menyedari bagaimana proses kita belajar menjadi seseorang seperti diri kita sekarang. Apa yang sebenarnya berlaku adalah kita menjadi seperti diri kita sekarang ini kesan daripada proses pembelajaran pelbagai perkara yang kita lalui dalam hidup kita. Sejak dari awal kita mempelajari pelbagai tingkah laku yang positif dan juga negatif dalam hidup sehari-hari. Setiap tingkah laku yang dipelajari sangat penting kepada kehidupan kita terutamanya semasa mempelajari perkaitan antara kesesuaian sesuatu tingkah laku dengan norma yang berlaku dalam masyarakat. Justeru kita perlu memahami mana-mana tingkah laku yang diterima dan digunapakai dalam masyarakat dan mana-mana tingkah laku dan sikap yang tidak diterima dan digunapakai dalam masyarakat. Dengan lain perkataan kefahaman inilah yang akan membantu kita dalam proses penyesuaian untuk hidup dalam masyarakat di mana kita berada.

Perkara penting dalam perkembangan personaliti adalah bagaimana kita mengawalnya termasuklah trait-trait temperamen, supaya sentiasa diterima dalam masyarakat. Semasa kanak-kanak, proses memperkembangkan personaliti banyak kita lakukan dengan cara *cuba jaya*. Oleh yang demikian, sekiranya kita dibesarkan dalam persekitaran yang sentiasa konsisten dan stabil berkenaan dengan sikap dan trait-trait yang boleh diterima dalam masyarakat, pembentukan trait dan sikap yang stabil dan seimbang akan lebih mudah kita bentuk. Akan tetapi sekiranya persekitaran tidak menunjukkan atau mengamalkan trait-trait yang konsisten, ianya akan mengakibatkan wujud kekeliruan dalam diri kita. Sebagai contoh dapat dilihat semasa kita cuba mengajar anak-anak kita tentang tingkah laku merokok yang boleh membahayakan kesihatan. Penerangan dan bimbingan tentang bahaya merokok tersebut kita harapkan mereka tidak merokok, tetapi tidak berkesan kerana kita sendiri merokok. Dengan lain perkataan, arahan dan peringatan yang kita berikan seharusnya konsisten dan selari dengan perlakuan kita.

Jika ini tidak diwujudkan maka akan wujud kekeliruan dalam diri anak-anak didik kita, iaitu ketidakselarian antara apa yang didengar dengan apa yang dilihat. Justeru itu dalam banyak keadaan, perkembangan personaliti sentiasa berkait rapat dengan konsep 'disiplin', iaitu usaha menjadikan diri dan tingkah laku supaya sentiasa diterima dalam masyarakat dan juga pada dirinya sendiri. Kerana disiplin itu sendiri antara lain berkaitan dengan sejauh mana kita patuh dan melaksanakan seperti apa yang telah ditetapkan dan diajarkan.

Salah satu cara untuk melihat bagaimana personaliti dan pembelajaran sebagai berkait dapat dilihat melalui bagaimana kita membentuk

Kaedah cuba jaya adalah di mana proses menyelesai masalah dilakukan secara heuristik. Oleh itu pembelajaran tidak berlaku semata-mata daripada kesilapan dilakukan, tetapi cara mana kesilapan tersebut dianalisis, lakukan perubahan dan kemudian mencubanya lagi. Dengan lain perkataan aktiviti cuba jaya adalah usaha mencari cara terbaik daripada pelbagai cara untuk menyelesaikan masalah sehingga masalah tersebut berjaya diselesaikan. Proses pembelajaran ini boleh berlaku dalam semua keadaan. Namun begitu pembelajaran yang melibatkan motor deria lebih ketara di mana pada peringkat awal kita biasanya melakukan kesilapan, barulah kemudian kita memperbaiki kesilapan-kesilapan tersebut dengan cara melakukannya berulang kali sehinggalah kesilapan tersebut berjaya dikurangkan dan seterusnya dihilangkan.

'konsep kendiri'. Konsep kendiri adalah model mental yang kita miliki berkenaan dengan diri kita sendiri (Feldman, 1996). Seperti dikatakan oleh Piaget (1970) setiap antara kita akan membina model mental tentang diri kita sendiri dan akan sentiasa mengubahnya dari semasa ke semasa seiring dengan pengalaman hidup yang kita lalui. Kita akan sentiasa cuba membina model mental supaya apa yang kita faham dan bina itu adalah sama seperti diri kita yang sebenarnya. Antaranya termasuklah berkenaan dengan penampilan dan keupayaan diri, kebolehan mental, pandangan orang tentang diri kita, hubungan kita dengan keluarga, rakan-rakan dan juga guru, harapan dan kebimbangan yang kita miliki.

Konsep kendiri ini juga dibentuk melalui tanggapan dan jangkaan yang diberikan oleh keluarga, rakan-rakan, jiran tetangga, guru, sekolah, kejayaan dan kegagalan kepada kita. Sikap, tanggapan dan jangkaan yang konsisten sebenarnya akan lebih berkemungkinan menghasilkan konsep kendiri yang stabil dan konsisten. Sebagai contoh dapat kita lihat pada sikap kita yang cenderung untuk membantu dan mendorong kejayaan pelajar, kita akan sentiasa berusaha membantu dan memberi maklumat tambahan kepada pelajar kita supaya menjadi lebih yakin dan bersungguh-sungguh dalam pembelajaran mereka. Sedangkan guru yang hanya memberi pujian kepada yang berjaya sahaja akan mewujudkan konsep kendiri yang negatif dalam kalangan pelajar yang tidak berjaya, yang akhirnya dalam jangka masa panjang akan membentuk suatu konsep kendiri yang tidak stabil dan konsisten dalam diri pelajar.

Apabila meningkat remaja, proses ini akan lebih banyak dipengaruhi oleh perhubungan dengan rakan sebaya. Dalam banyak keadaan, semasa remaja anak-anak kita cenderung untuk dikenali sebagai ahli atau rakan dalam sesebuah kumpulan rakan sebaya. Keadaan ini menjadikan pengaruh rakan sebaya sebagai penting dan tidak harus diketepikan. Kumpulan rakan sebaya merupakan kumpulan yang mempunyai pengalaman dan minat yang sama, yang di bentuk hasil daripada sumber yang sama sehingga membolehkan mereka saling memahami dan berkongsi pengalaman. Malahan kadang-kadang anak-anak kita akan merasa lebih selesa dalam kumpulan rakan sebaya mereka untuk berkongsi pengalaman dan masalah berbanding orang lain, termasuk kita sebagai pendidik. Hanya keterbukaan dan sikap sedia berkongsi kita yang akan membuka ruang kepada mereka untuk sedia berkongsi masalah dan pengalaman dengan kita.

Saya ingat pada suatu hari rakan saya mengatakan seorang lagi rakan saya sebagai dikenali ramai orang. Respon saya adalah "sebelum kita dikenali ramai orang kita perlu mengenali orang lain terlebih dahulu." Berbalik kepada persoalan tadi keterbukaan dan kesediaan berkongsi pengalaman adalah bersifat timbal balik dan dua hala.

Sebagai guru atau pentadbir di sekolah kita perlulah memahami bahawa setiap individu cenderung untuk bertingkah laku berdasarkan konsep kendiri yang mereka miliki. Justeru sebagai guru kita perlu bersikap sesuai dengan keadaan pelajar kita terutamanya yang bersangkutan dengan aspek pembinaan keyakinan diri. Adalah tidak sesuai sekiranya kita membiarkan pelajar-pelajar kita membina kefahaman sama ada tinggi atau rendah berkenaan diri mereka masing-masing.

Penting bagi kita membantu mereka membina konsep kendiri yang lebih positif berkenaan dengan diri mereka, meskipun mereka mempunyai kelemahan dan had-had tertentu dalam melaksanakan sesuatu tugasan atau dalam subjek-subjek tertentu. Apa yang penting supaya mereka merasa diri mereka sebagai penting dan dihargai. Kesannya mereka akan bertingkah laku sesuai dengan kelebihan dan kekurangan yang mereka miliki. Keadaan ini akan lebih membantu perkembangan konsep kendiri positif dan konsisten dalam diri mereka.

Cara lain dalam memahami perkembangan personaliti dapat juga dilihat berdasarkan konsep 'pencapaian keperluan' Abraham Maslow (1970). Beliau menyokong pernyataan bahawa manusia dilahirkan mempunyai keperluan asas yang perlu dipenuhi terlebih dahulu sebelum dapat membentuk personaliti yang positif dan efektif. Keperluan asas yang perlu dipenuhi disusun mengikut kepentingan dan peringkat. Manusia perlu memenuhi keperluan asas mereka terlebih dahulu sebelum mampu untuk memenuhi keperluan yang seterusnya. Dengan lain perkataan kualiti pencapaian tiap-tiap tahap menentukan bagaimana proses perkembangan personaliti terbentuk.

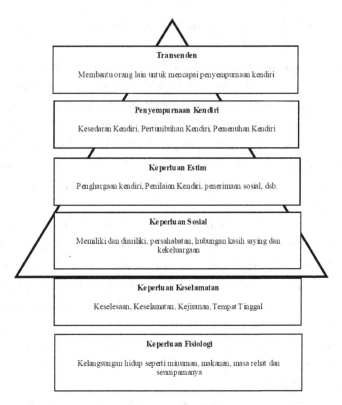

Sumber: Diubahsuai daripada A. Maslow (1970). *Motivation and Personality*. New York: Harper & Row.

Empat keperluan asas yang dinyatakan dikenali sebagai 'keperluan kekurangan' yang mana sekiranya tidak dipenuhi, personaliti individu tidak akan berkembang secara maksimum. Keperluan-keperluan asas ini dinilai sangat penting sebelum individu dapat bergerak memikirkan lain-lain keperluan yang lebih atas. Pada dasarnya kita memang memerlukan keperluan-keperluan asas seperti makan, minum, tempat tinggal, keselesaan sebelum kita dapat bertingkah laku dengan lebih positif. Kekurangan daripada keperluan-keperluan tersebut menyebabkan kita tidak berada dalam situasi dan kondisi yang memungkinkan pembentukan konsep kendiri yang berkesan.

Keperluan kedua pula merujuk kepada keperluan keselamatan. Setelah kita berjaya memenuhi keperluan asas barulah kita berupaya untuk memikirkan keperluan keselamatan. Dengan erti kata yang lain kita sudah mempunyai bekalan yang cukup bagi membolehkan kita memikirkan perkara yang lebih kompleks. Keperluan yang dimaksudkan termasuklah keperluan fisiologikal dan juga psikologikal. Beberapa contoh yang boleh kita berikan di sini termasuklah keperluan pekerjaan yang stabil, simpanan kewangan, persekitaran tempat tinggal dan kejiranan yang selamat dan tenteram.

Keperluan ketiga pula merujuk kepada perasaan kasih sayang yang boleh memberi kesan kepada perkembangan emosional. Keperluan sosial ini bermakna bagaimana kita hidup bersama-sama dengan orang lain. Perasaan sayang dan menyayangi sebagai contoh, memerlukan keperluan yang diperlukan dalam hidup ini. Justeru itu keperluannya dinilai sebagai bukan yang paling asas kerana lebih merujuk kepada bagaimana kita menempatkan diri dan menyesuaikan diri kita dengan persekitaran. Persahabatan, perhubungan intim antara lelaki dan perempuan yang diikat dengan perkahwinan, hubungan kekeluargaan dan rakan sebaya merupakan contoh yang paling ketara diperlukan dalam hidup kita.

Pada peringkat keperluan keempat kita mulai memikirkan diri kita secara lebih terperinci. Setelah kita berupaya memenuhi keperluan-keperluan asas yang sebelumnya kita mulai memikirkan siapa diri kita sebenarnya, kenapa berkeadaan sebegini serta hubungan kita dengan orang-orang yang di sekitar kita. Kita mulai membentuk konsep kendiri tentang diri kita yang semakin hari semakin kompleks dan lengkap. Kita mulai tahu apa kekuatan dan kelemahan yang kita miliki, dan yang terpenting mengharapkan kita dihargai seperti seadanya. Walaupun keempat-empat tahap keperluan di atas di nilai sebagai berbeza-beza, ianya sangat penting kepada pembentukan personaliti yang sihat dan juga berupaya menyesuaikan diri dengan kehidupan dengan lebih baik dan berkesan.

Keperluan terakhir adalah bagaimana kita mulai memikirkan proses mencapai kesempurnaan diri. Maslow mengatakan tahap ini sebagai tahap keperluan perkembangan atau pertumbuhan. Pada tahap ini kita perlu mengetahui semua potensi diri supaya dapat dikembangkan dengan sewajarnya. Justeru itu, menurut Maslow, kita lebih cenderung memikirkan diri kita, apa-apa perkara yang masih perlu dan juga telah dicapai sepanjang kita hidup. Isu memenuhi kepuasan hidup dengan apa yang dimiliki menjadi isu yang pokok pada tahap ini. Dengan lain perkataan kita telah dapat mengenalpasti dengan lebih tepat apakah kekuatan dan kelemahan yang kita ada dan bagaimana menanganinya. Kita lebih memahami kehidupan kita dan bagaimana memanfaatkannya dengan sebaik mungkin. Kita juga menjadi individu yang mandiri terutamanya yang berkaitan dengan tanggungjawab terhadap diri dan juga orang lain.

Wahba dan Bridwall (1976) bagaimanapun meragui sama ada hirarki keperluan ini berkedudukan secara berurutan. Malah ada yang mempersoalkan adakah manusia akan dapat mencapai titik terakhir iaitu penyempurnaan kendiri dalam perjalanan hidupnya. Namun begitu tidak dinafikan teori keperluan ini banyak memberikan panduan dan pandangan bagaimana memahami perkembangan individu dengan lebih baik, terutamanya dalam proses pendidikan dilaksanakan. Kita sebagai pendidik juga perlu mengambil kira teori ini dalam proses merancang dan mendidik anak-anak didik kita, tentang keperluan mereka adakah sudah dipenuhi ataupun tidak. Ini kerana sekiranya keperluan tidak dipenuhi, proses pembelajaran pelajar menjadi terganggu. Dalam perkataan yang lain, pelajar-pelajar kita perlu memiliki keperluan-keperluan asas sebelum mereka bersedia dan mampu untuk melakukan pembelajaran.

Pelajar perlu mendapat cukup keperluan makanan yang sihat dan berkhasiat serta persekitaran yang kondusif untuk membolehkan perkembangan dan pembelajaran efektif boleh berlaku. Mereka juga memerlukan persekitaran yang selamat dan selesa supaya mereka merasa selamat, bebas daripada rasa bimbang secara psikologikal dan juga fizikal supaya mereka bersedia mengembangkan potensi diri secara optimum. Di rumah kita perlu menyediakan persekitaran yang selesa dan kondusif. Keperluan perlu mencukupi, sesuatu yang halal perlu dipastikan, dan corak didikan juga perlu positif.

Kita kadang-kadang lupa bahawa persekitaran yang tidak sihat seperti tidak mendidik anak-anak kita dengan cara dan pendekatan yang betul, tidak menyediakan keperluan yang mencukupi akan memberi kesan kepada perkembangan anak-anak kita baik dalam jangkamasa pendek lebih-lebih lagi dalam jangkamasa yang panjang. Di sekolah pula kadang-kadang kita terlepas pandang, terutamanya semasa mengajar, kita memberi bimbingan dan komen yang kurang sesuai dan tidak terancang akan mengakibatkan pelajar-pelajar kita merasa kecewa dan tidak selesa sehingga akhirnya boleh memberi kesan kepada prestasi pembelajaran mata pelajaran yang diambil dan juga perkembangan personaliti mereka secara umum. Kadang-kadang sehingga menyebabkan mereka tidak suka kepada kita dan juga mata pelajaran yang kita ajar. Lebih membimbangkan sekiranya keadaan itu membentuk perasaan benci kepada pembelajaran dan persekolahan secara umum dan akhirnya merosakkan pembentukan personaliti mereka dan masa hadapan mereka!

Keperluan kasih sayang juga penting kepada pelajar supaya mereka dapat merasakan mereka disayangi dan dihargai serta sentiasa diperlukan baik di rumah, di sekolah, mahupun dalam masyarakat. Sebagai guru di sekolah kita perlu peka keadaan ini dan sentiasa mengambil berat pelajar-pelajar kita. Ada kalanya ita dapati pelajar kita agak pendiam, pasif dan tidak banyak menimbulkan masalah kepada proses pengajaran kita, tetapi pada hakikatnya mereka menghadapi masalah berkaitan dengan keperluan-keperluan yang kita bincangkan di atas tadi. Malahan sifat-sifat sedemikian bukan merupakan matlamat kepada pengajaran kita, kerana kita mengharapkan kerjasama dan penglibatan pelajar dalam proses pengajaran dan pembelajaran supaya mereka mempelajari sesuatu!

Sikap pendiam mereka mungkin sahaja berpunca daripada kekurangan kasih saying yang kita maksudkan. Mereka mungkin tidak mendapat perhatian sepenuhnya semasa di rumah, ataupun mungkin di dalam kelas itu sendiri. Justeru itu ada ketikanya semasa membuat penilaian prestasi pelajar kita, kita perlu melihatnya dalam perspektif mereka dan bukan semata-mata dibandingkan dengan orang lain di dalam kelas mereka. Apa yang penting adalah membantu mereka melihat perkembangan pencapaian mereka berdasarkan kemampuan mereka sendiri. Kesannya akan lebih positif dan dapat menghasilkan pembentukan konsep penghargaan kendiri yang lebih positif. Keadaan ini akhirnya akan membantu membentuk perkembangan diri dan pembelajaran yang positif serta personaliti yang sihat.

Penyempurnaan kendiri pula hanya akan tercapai setelah kesemua keperluan telah dipenuhi. Pencapaian peringkat peyempurnaan kendiri ini pula akan dapat meningkatkan keupayaan menyelesai masalah dan berdikari dalam diri individu. Rumah dan sekolah dalam hal ini perlu mengambil kira peluan dan ruang yang secukupnya kepada setiap individu pelajar supaya dapat belajar tentang tanggungjawab kepada diri dan juga orang lain dengan lebih jelas. Dengan kata lain penyempurnaan keperluan psikologi ini akan membentuk individu pelajar yang seimbang, dan dapat sentiasa menyesuaikan diri dengan penuh keyakinan.

Walaubagaimanapun, kita di sekolah tidak harus terlalu menekankan kepada usaha memenuhi keperluan individu pelajar semata-mata seperti dicadangkan oleh Maslow, tanpa mengambil kira perbezaan karakter tiap-tiap individu pelajar. Kita perlu melihat kelemahan dan kelebihan yang ada pada mereka supaya kita dapat membantu mereka mengembangkan potensi diri secara sebenar dan menyeluruh. Memastikan keperluan individu dalam hal ini tidak banyak membantu kerana reaksi atau tingkah laku serta kecenderungan pelajar adalah berbeza. Ada pelajar agak agresif. Ada pula yang agak temperamen dan emosional dan ada pula yang terlalu mengikut perasaan apabila bertingkah laku. Mereka seolah-olah tidak sedar tentang apa yang mereka lakukan, baik semasa belajar di dalam kelas mahupun di luar kelas.

Malah ada pula yang kadang-kadang terlalu mengikut rasa sehingga dalam membuat kerja-kerja rumah atau perbincangan kelas mereka cenderung untuk melakukanya tanpa pertimbangan yang wajar dan jelas. Piaget (1970) ada menyebutkan tentang kesukaran individu kanak-kanak dan remaja dalam melihat perkaitan antara sebab dan akibat. Tanpa bimbingan yang baik mereka cenderung melihat kepada perlakuan sahaja tanpa mengaitkannya dengan kesan atau akibat yang akan diperolehi hasil daripada tingkah laku yang dikeluarkan. Ini sebenarnya membuang masa mereka dan tidak efektif. Kita perlu membimbing tentang pentingnya pertimbangan yang jelas dalam setiap tingkah laku yang dilakukan. Biasa berlaku di mana pelajar yang kelihatannya agresif dan tergesa-gesa dalam membuat latihan atau tugasan, sebenarnya merupakan pelajar yang bijak! Kepandaian mereka tersembunyi di sebalik sikap dan tingkah laku mereka yang tidak konsisten dan jelas.

Oleh itu, sebagai guru kita perlulan membantu pelajar kita supaya mereka sedar dan dapat melihat tentang keupayaan dan karakter mereka yang tidak kelihatan melalui pendekatan yang positif semasa mengajar. Tugas ini merupakan suatu tugas yang menarik dan mencabar kepada kita, terutamanya dalam usaha mengenalpasti keupayaan-keupayaan 'tersembunyi' dalam kalangan pelajar-pelajar kita. Justeru ianya menjadi penting kerana berkait rapat dengan pendekatan dan strategi pengajaran dan pembelajaran yang akan kita gunakan semasa mengajar.

Adakalanya pelajar kurang tekal dan cepat putus asa apabila menghadapi masalah-masalah tertentu dalam pembelajaran. Keadaan ini boleh berlaku disebabkan oleh pelbagai sebab. Mungkin di masa lepas mereka tidak pernah melakukan usaha ataupun mereka berusaha tetapi tidak dihargai atau diterima sama sekali baik oleh guru semasa di sekolah atau ibubapa semasa di rumah. Kesannya menyebabkan mereka kurang minat untuk berusaha dan lebih banyak menunggu arahan ataupun menyendiri. Kita sebagai guru boleh membantu pelajar dengan cara memberi kefahaman yang mendalam serta galakkan yang positif supaya mereka mendapat semula keyakinan dan minat yang hilang untuk belajar. Dengan lain perkataan penerimaan dan penghargaan kita terhadap usaha atau kerja yang dilakukan walaubagaimana sekalipun hasil kerja tersebut adalah sangat penting kerana ianya memberikan mesej bahawa kita sentiasa menghargai kerja-kerja yang dihasilkan.

Selain itu terdapat juga trait yang tidak elok kepada perkembangan pelajar yang perlu kita tangani. Kita tentu biasa melihat, malah sentiasa menginkan, pelajar yang sentiasa ingin mencapai pencapaian yang tinggi dan sentiasa berusaha gigih untuk mencapainya. Pada kita mungkin ini sesuatu yang baik dan positif dan peru ditanamkan dalam diri semua pelajar kita. Ini terutamanya apabila jenis pelajar sebegini berjaya mencapai kecemerlangan akademik yang mereka telah tetapkan. Sebaliknya, kita haruslah membantu mereka supaya lebih fleksibel dan seimbang dalam proses pembelajaran mereka. Belajar bukan hanya untuk lulus periksa!

Sekiranya kita gagal untuk membimbing mereka ke arah perkembangan yang lebih seimbang, kelak akan wujud situasi di mana mereka merasa kecewa yang teramat sangat sekiranya matlamat yang mereka tetapkan tidak dapat mereka capai. Justeru mereka perlu melihat belajar sebagai bukan sahaja untuk lulus periksa tetapi lebih daripada itu, iaitu proses perkembangan diri. Oleh itu mereka perlu dibimbing untuk melihat dan menerima bahawa usaha yang kuat dan penetapan matlamat yang tinggi belum tentu menjamin matlamat yang mereka tetapkan akan tercapai. Keseimbangan melihat situasi dalam perkembangan pembelajaran inilah yang sangat penting untuk mereka kuasai supaya boleh membentuk peribadi yang lebih fleksibel dan seimbang, iaitu tidak melihat pembelajaran sebagai untuk lulus periksa sahaja.

Satu lagi contoh bila mana kita melihat pelajar yang sentiasa melanggar peraturan, seperti bertingkah laku agresif dan sentiasa bersikap negatif. Walaupun telah dan sentiasa dikenakan hukuman dan dendaan mereka secara konsisten terus melakukan tingkah laku salah tersebut, dan kadang-kadang memilih untuk ponteng sekolah. Perkara ini sering mendatangkan masalah kepada kita, pihak sekolah, masyarakat, dan malahan kepada ibubapa di rumah. Keadaan ini jika dilihat dalam konteks keperluan manusia Maslow dapat dikaitkan dengan keperluan kepada kejayaan, penghargaan dan penerimaan kendiri. Dendaan dan hukuman secara berterusan kadangkala tidak memberi kesan yang positif dalam menangani masalah ini.

Oleh itu kefahaman yang jelas serta pendekatan yang sesuai adalah diperlukan supaya kita dapat membantu pelajar memahami mengapa mereka berperilaku sedemikian dan berusaha menyelesaikan masalah mereka sendiri. Sebagai ibubapa atau guru, kita perlu menyedari bahawa kaedah, kefahaman dan pendekatan yang khusus dan sesuai tentang masalah perkembangan personaliti adalah diperlukan. Memahami pelajar kita secara individu akan membantu kita memahami permasalahan personaliti yang timbul dengan lebih jelas. Tanpa kefahaman yang jelas sudah tentu kita akan mengalami kesukaran dalam mendidik mereka. Keadaan yang sama juga berlaku dalam konteks di rumah.

9.3 Personaliti Pendidik

Biasa dikatakan bahawa untuk menjadi seorang guru kita haruslah dipilih, dilatih dan dilantik bukan hanya berdasarkan prestasi akademik, tetapi juga trait personaliti yang dimiliki yang mana sangat diperlukan semasa mereka berinteraksi dengan pelajar semasa mengajar. Walaupun banyak usaha telah dilakukan, termasuklah dengan mengadakan ujian-ujian tertentu dan temubual untuk mengenalpasti trait-trait tertentu, tidak banyak yang boleh dilakukan untuk mendapatkan

calon-calon guru yang benar-benar sesuai menjadi seorang guru. Ini kerana trait-trait personaliti khusus seseorang guru adalah sukar untuk ditentukan. Kesannya maka terdapat pelbagai trait personaliti guru yang dihasilkan sama seperti pelbagainya trait pelajar yang diajar di sekolah.

Dalam banyak keadaan, pemilihan profession perguruan dipengaruhi oleh pelbagai faktor. Antara faktor yang begitu ketara ialah pilihan pekerjaan yang terdapt di dalam pasaran kerja. Ada individu yang benar-benar menginginkan menjadi seorang guru sejak semasa di bangku sekolah lagi. Maka apabila tamat alam persekolahan mereka terus memohon program perguruan. Tidak banyak yang saya temui sepanjang pengalaman saya terlibat dalam interview pengambilan pelajar-pelajar untuk program perguruan calon-calon yang benar-benar berkeinginan menjadi guru. Pernah sekali pada tahun 2007 saya menemubual seorang calon yang benar-benar ingin menjadi seorang guru. Walaupun pelajar tersebut memperoleh 'A' dalam semua matapelajaran SPM dan juga STPM dia tetap ingin memohon untuk menjadi guru kerana itu merupakan minatnya sejak kecil. Sebenarnya calon-calon sebegini yang kita harapkan untuk menceburi bidang perguruan supaya dapat meningkatkan martabat profesion perguruan ke tahap lebih tinggi.

Ada pula yang memilih profesion perguruan secara kebetulan. Proses mereka memilih dan memasuki program perguruan hanya dilakukan pada saat-saat akhir sama ada pengaruh rakan ataupun ibubapa. Ada juga yang memasuki bidang perguruan sebagai pilihan terakhir. Mereka tidak berminat dengan program perguruan, tetapi mungkin kerana peluang pekerjaan lain yang terhad maka mereka memilih program perguruan. Ini menyebabkan pasaran kerja profesion perguruan semakin sengit dan kompetitif. Walau apapun sebab dan alasan yang digunakan dalam memilih profesion perguruan, kita perlu menyedari peranan dan tanggungjawab yang besar yang perlu kita pikul semasa menjadi seorang guru. Seorang doctor perubatan sekiranya gagal dalam pembedahan hanya akan menyebabkan seorang pesakit meninggal dunia. Seorang jurutera sekiranya tidak amanah akan menyebabkan bangunan runtuh, yang mungkin akan mengakibatkan ribuan orang dalam bangunan tersebut meninggal dunia. Akan tetapi seorang guru yang gagal menjalankan tugas dengan amanah dan gagal mendidik pelajar yang diajar akan mengakitkan kemusnahan generasi manusia. Ini kerana melalui gurulah lahirnya jurutera, doktor, dan lain-lain pakar. Pendidikan yang gagal akan menyebabkan mereka berkembang menjadi doktor yang tidak seimbang, jurutera yang rasuah dan tidak jujur dan seumpamanya. Dan yang lebih teruk lagi adalah ianya berterusan daripada generasi kegenarasi!

Selain itu kurikulum program pendidikan juga perlu disemak dan dikemaskini supaya sentiasa menekankan keperluan-keperluan semasa dan juga dapat membentuk personaliti guru seperti yang dikehendaki apabila selesai belajar kelak. Justeru penyediaan kurikulum dan perancangan program yang bersesuaian adalah sangat penting demi memastikan trait-trait yang diperlukan untuk menjadi seorang guru dapat dipupuk dan dikembangkan. Sungguhpun diakui bahawa program dan kurikulum yang dibentuk tidak mampu memastikan mereka membentuk personaliti yang diperlukan, setidak-tidaknya dapat membantu bakal guru tersebut menyedari dan mengembangkan personaliti yang diperlukan.

Walau apapun alasan memilih profesion perguruan kita perlu memastikan personaliti seorang guru dapat kita bentuk untuk memastikan mereka dapat menjalankan tugas sebagai seorang guru yang amanah dan bertanggungjawab. Perhubungan antara diri mereka sebagai guru dengan pelajar, dengan rakan sekerja, dengan ibubapa, dan dengan masyarakat perlu dimaklumi merupakan suatu keperluan yang tidak boleh dinafikan. Perhubungan yang baik akan menghasilkan suasana pendidikan yang lebih positif dan kondusif. Dengan lain perkataan mereka seharusnya mengambil peluang sepanjang mengikuti program perguruan supaya dapat melihat diri mereka bukan sahaja daripada kacamata mereka secara peribadi, tetapi bagaimana diri mereka daripada perspektif pelajar yang mana sangat penting dalam mengenalpasti apakah trait personaliti yang perlu dikembangkan.

Berhubung dengan konsep kendiri kitapun mempunyai konsep kendiri yang tersendiri. Walaupun kita mempunyai kecenderungan untuk bertingkah laku dengan cara dan gaya yang tertentu, kita perlu memahami apakah aspek-aspek tertentu yang perlu dikembangkan dan dipertingkatkan untuk membolehkan kita menjadi seorang pendidik yang baik. Apabila kita sudah memahami kualiti diri kita, pembentukan model mental berkenaan karakteristik seorang pendidik dapat kita bentuk. Dengan lain perkataan kita akan dapat membandingkan kualiti diri yang kita miliki dengan kualiti ideal sebagai seorang pendidik yang baik. Melalui perbandingan ini kita dapat melakukan penambahbaikan dan memperbaiki diri ke arah menjadikan diri kita seperti pendidik yang kita idam-idamkan. Kalau sebagai guru di sekolah satu contoh yang paling baik untuk diikuti dan perlu kita ikuti adalah Standard Guru Malaysia (SGM).

Melalui standard yang ditetapkan ini kita sekurang-kurangnya dapat memastikan trait-trait personaliti yang minimum yang perlu kita bentuk bagi membolehkan kita menjadi guru yang kompeten mengikut acuan yang ditetapkan oleh Kementerian Pelajaran Malaysia (KPM). Manakala sebagai ibubapa kita perlu sentiasa bermuhasabah untuk memperbaiki diri dan meningkatkan kemampuan kita sebagai seorang pendidik kepada anak-anak kita. Contoh terbaik seorang pendidik adalah Rasulullah SAW yang kita kasihi. Apa yang paling penting ialah keikhlasan kita untuk membandingkan kualiti diri kita dengan kualiti sebagai seorang pendidik yang baik. Daripada keikhlasan kita inilah nantinya kita dapat membentuk diri kita menjadi seorang pendidik yang bukan sahaja ditetapkan oleh KPM tetapi yang terpenting seperti yang diharapkan oleh pelajar-pelajar yang akan kita ajar kelak, ataupun sesiapa sahaja yang menjadi tanggungjawab kita termasuk anak-anak kita.

9.4 Penutup

Implikasi kepada keadaan ini memerlukan kita untuk lebih sensitif terhadap peranan kita sebagai pendidik tanpa mengira siapa dan di mana kita berada. Perbezaan antara setiap individu anak-anak didik kita perlu dimaklumi seperti perbezaan dari segi psikologikal, fizikal, mental dan keagamaan. Dengan lain perkataan kita perlu sensitif kepada perbezaan latar belakang diri anak-anak didik kita yang mana ianya sangat mempengaruhi kesediaan belajar mereka. Malahan sebagai pendidik kita sendiri mempunyai kecenderungan-kecenderungan tertentu. Justeru kefahaman dan kesedaran tentang bagaimana kita boleh lebih sensitif dengan perbezaan latar

Saya pernah berbual berkenaan dengan keberkesanan mendidik anak-anak di rumah. Seorang bapa bertanyakan tentang perbezaan tingkah laku yang wujud antara anak-anak beliau. Ada yang patuh dan ada yang tidak. Tanpa menidakkan keberkesanan cara dan pendekatan yang beliau amalkan saya hanya memberi pandangan iaitu mungkin sudah sampai masanya beliau melihat semula proses pendidikan yang beliau amalkan. Daripada refleksi tersebut mungkin semua persoalan yang beliau kemukakan akan terjawab, kerana beliau akan melihat semula semua pendekatan yang dilaksanakan. Sebagai penutup saya hanya mengingatkan iaitu untuk berjaya dalam mendidik ada dua prinsip mudah yang perlu dilakukakn oleh setiap pendidik iaitu pertama, mengakui kesilapan yang dilakukan semasa mendidik dan kedua, bersedia memperbaikinya walaupun terpaksa mengubah kebiasaan yang biasa diamalkan.

belakang yang kita miliki dibandingkan dengan lain-lain ibubapa atau rakan sekerja dan juga pelajar-pelajar kita supaya kita dapat mencapai matlamat pendidikan dengan lebih baik dan menyeluruh. Tanpa kefahaman ini adalah agak sukar bagi kita untuk bekerjasama dengan anak-anak didik kita mencapai matlamat pendidikan yang telah kita tetapkan. Ini kerana matlamat pendidikan seharusnya dikongsi bersama antara pendidik dengan anak didik supaya masing-masing dapat memahami dan bekerjasama untuk mencapai matlamat tersebut.

Apa yang boleh disimpulkan adalah kita perlu memahami semua anak-anak didik kita, implikasi trait-trait personaliti mereka serta sentiasa memastikan keperluan-keperluan individu untuk belajar sentiasa diwujudkan seperti yang telah dibincangkan dalam bahagian terdahulu, perbezaan latar belakang budaya yang mencerminkan arah proses pembelajaran yang akan berlaku. Budaya-budaya seperti kebebasan bersuara, tegas, mengongkong, dan seumpamanya memberi panduan kepada kita sebagai pendidik bagaimana proses pengajaran pembelajaran boleh dirancang dan dilaksanakan. Paling tidak kita perlu faham bahawa personaliti sebagai corak-corak habitual dan kualiti tingkah laku anak-anak didik kita yang diekspresikan dalam bentuk fizikal, aktiviti berfikir dan sikap yang membezakan mereka dengan orang lain. Kajian tentang personaliti menunjukkan dua perkara utama iaitu pertama, berkenaan dengan perbezaan individu berdasarkan karakteristik personaliti tertentu, dan kedua berkenaan dengan kepelbagaian ciri seseorang individu secara menyeluruh. Apapun jenis personaliti anak-anak didik kita ianya memberi penjelasan bahawa mereka mempunyai ciri yang berbeza yang perlu ditangani dengan cara yang betul. Bersama ini dicadangkan beberapa perkara untuk difikirkan sebagai usaha memahami kepelbagaian personaliti yang dikaitkan dengan proses pembelajaran di sekolah dan juga di rumah.

* * *

Di rumah

1. Perhatikan perbezaan yang wujud dalam kalangan anak-anak kita? Apakah perbezaan yang ketara yang ada?
2. Catatkan dan bincangkan beberapa perkara dalam kalangan anak-anak kita:
    a. Siapa yang lebih berani bercakap?
    b. Siapa yang suka meminta tolong orang lain?
    c. Siapa yang sentiasa berbincang apabila ingin membuat keputusan?
    d. Siapa yang sentiasa membuat keputusan secara sendiri?

Di sekolah

1. Di dalam kelas, catatkan karakteristik anak-anak didik kita:
    a. Yang sentiasa ceria dengan situasi dan pengalaman baru
    b. Yang ceria dan gembira
    c. Mudah berkawan
    d. Jarang meminta tolong kecuali perlu
    e. Percaya kepada guru dan rakan
    f. Sentiasa memberi pendapat
    g. Sentiasa mempunyai idea-idea baru
    h. Kooperatif
    i. Boleh mengawal tingkah laku kendiri
    Senaraikan juga mereka yang mempunyai karakteristik yang berlawanan dengan seperti yang di atas.

2. Apa yang akan kita lakukan sekiranya anak-anak didik kita mempunyai konsep kendiri negatif? Bandingkan pendapat kita dengan cadangan pada nombor 4 di bawah.
3. Nilai konsep kendiri kita berdasarkan senarai nama pelajar mengikut karakteristik yang dicadangkan di atas (a – i). nilaikan setakat mana ianya positif ataupun negatif

4. Cadangan membentuk konsep kendiri positif pelajar:

    a. Pastikan perancangan pengajaran pembelajaran berada dalam aras kemampuan yang boleh dicapai oleh pelajar kita supaya mereka dapat merasakan pencapaian mereka dengan lebih jelas.

    b. Pastikan mereka merasa dihargai dan disayangi dengan cara memberikan galakkan dan perhatian.

    c. Terima mereka seadanyam, berikan komen-komen yang jujur dan ikhlasa tanpa melupakan pujian kepada tingkah laku atau kerja yang baik, bantu mereka semasa mereka menghadapi masalah.

    d. Sentiasa minta idea dan pandangan mereka supaya mereka merasa dihargai dan dihormati.

    e. Sentiasa menghormati mereka tanpa mengambil kira kebolehan dan tahap pencapaian mereka.

    f. Sentiasa menunjukkan perhatian dan kesabaran yang tinggi.

    g. Beri peluang mereka untuk berdikari dan bekerja berdasarkan kemampuan dan kebolehan mereka supaya mereka dapat membentuk keyakinan dan percaya diri.

Bab 10
DISIPLIN DAN PERKEMBANGAN MORAL

10.1 Pengenalan

Satu persoalan umum yang perlu kita fikirkan adalah komitmen kita terhadap apa yang kita lakukan. Dengan lain perkataan, sejauhmana kita berdisiplin dalam melaksanakan sesuatu tingkah laku atau aktiviti. Kerisauan tentang kita tidak mampu berdisiplin sebenarnya merupakan permasalahan semua orang, guru, pelajar, ibubapa dan masyarakat. Sekiranya kita merujuk kepada perkaitan dalam pengajaran pembelajaran, permasalahan disiplin sangat penting kepada guru dan juga pelajar, supaya mereka boleh sentiasa terlibat dalam proses pembelajaran dengan lebih berkesan dan berterusan. Sebagai permulaan adalah lebih elok kita bincangkan secara terperinci apa itu disiplin serta kepentingannya dalam proses pengajaran pembelajaran

10.2 Tingkah Laku Disiplin

Secara mudah disiplin merujuk kepada kesedaran semulajadi yang bertujuan untuk melatih seseorang melalui kepatuhan dan tingkah laku mengikut peraturan ataupun norma. Konsep disiplin biasa dikaitkan dengan perspektif negatif kerana bentuk hukuman dan dendaan yang dikenakan. Oleh itu disiplin biasa dirujuk kepada tingkah-tingkah laku yang dilakukan dalam usaha untuk mencapai sesuatu matlamat. Kadang-kadang disiplin juga dikaitkan dengan pengawalan diri seseorang individu dalam melakukan sesuatu. Justeru dalam proses melakukan tingkah laku seseorang individu akan dihadapkan dengan dua keadaan iaitu pertama, tingkah laku yang perlu dilakukan sesuai dengan peraturan dan norma kehidupan manusia dan kedua, tingkah laku yang dilakukan oleh individu yang dinilai oleh individu tersebut sebagai betul dan perlu. Pertentangan antara dua keadaan inilah yang mewujudkan pertimbangan dalam diri individu untuk memilih mana-mana yang sesuai untuk dilakukan dan perlu dilakukan secara konsisten. Justeru bimbingan memainkan peranan penting dalam memastikan setiap anak didik kita memilih tingkah laku yang sesuai dan seterusnya mengamalkannya secara konsisten dan berterusan.

Dua perkara yang sentiasa berkaitan apabila membincangkan tingkah laku bermasalah iaitu hukuman dan disiplin. Apabila anak didik kita melakukan kesalahan bimbingan dan tunjuk ajar daripada kita adalah amat diperlukan. Cuma yang menjadi persoalan adalah bagaimana mereka boleh belajar daripada kesilapan yang mereka lakukan. Cuba kita bandingkan antara hukuman dan disiplin, dan apa potensi kesan yang boleh ditimbulkan daripadanya. Seperti kita ketahui hukuman adalah tindakan pencegahan yang mempunyai dendaan sekiranya dilakukan. Tindakan ini seolah-olah menunjukkan rasa kecewa dan terdesak pendidik dengan tingkah laku yang dilakukan.

Sebab itu dari segi kesan ia boleh menyebabkan anak didik kita berasa diri mereka sebagai 'jahat' atau 'tidak baik.' Atau juga untuk menunjukkan kita 'berkuasa' atas mereka samada mereka suka ataupun tidak. Pendidik yang mengamalkan pendekatan autoritarian kerap menerapkan hukuman dan apabila ditanya jawapan yang biasa diberikan adalah 'sebab saya kata' sehingga menyebabkan mereka tidak ada pilihan dalam bertingkah laku. Keadaan ini juga boleh menyebabkan mereka sukar mempelajari dan memahami mengapa tingkah laku tersebut tidak boleh dilakukan. Kefahaman tersebut sebenarnya penting terutamanya apabila anak didik kita dihadapkan dengan situasi dan kondisi yang sama dalam bertingkah laku. Jangan terperanjat sekiranya pendekatan hukuman berterusan boleh membentuk sikap kasar dan ganas anak didik kita di masa akan datang.

Sedangkan disiplin memberi fokus kepada mendidik anak-anak kemahiran baru seperti mengawal tingkah laku, menyelesai masalah dan mengurus perasaan. Sebab itu fokus utama adalah kepada bagaimana mereka boleh belajar daripada kesilapan yang mereka lakukan dan mencari jalan penyelesaian yang lebih baik sekiranya berlaku lagi di masa hadapan. Setiap kesilapan tingkah laku yang dilakukan diberikan masa untuk belajar memperbaikinya. Pendidik yang mengamalkan pendekatan autoritatif biasanya memberikan peluang anak-anak mereka menilai semula kesilapan yang dilakukan dan memikirkan apakah alternatif terbaik yang boleh diambil sebagai ganti kepada tingkah laku yang tidak sesuai tadi. Apabila diberikan kesan negatif daripada tingkah laku tersebut ia sesuatu yang munasabah dan mudah difahami. Sebab itu penggunaan pujian dan ganjaran/hadiah biasa digunakan untuk menggalakkan pembinaan kefahaman dalam kalangan anak didik kita supaya mereka bertingkah laku bukan untuk mendapat perhatian tetapi tingkah laku yang sememangnya perlu dilakukan. Oleh itu pendekatan disiplin positif akan lebih berpotensi menghasilkan individu yang lebih bertanggungjawab, konsisten dengan tingkah lakunya, terutamanya kepada dirinya sendiri.

Dalam konteks persekolahan pula disiplin merujuk kepada tanggungjawab setiap individu untuk mematuhi norma-norma tertentu yang telah ditetapkan oleh pihak sekolah. Tanggungjawab ini pula berkaitan dengan faedah yang diperolehi oleh individu pelajar sebagai ahli dalam organisasi sekolah dan juga kebaikan yang diperolehi dalam konteks pembangunan diri. Sebagai pelajar mereka perlu menerima dan mematuhi peraturan yang telah dinyatakan dan ditetapkan di sekolah supaya proses pembangunan insan dapat dilaksanakan tanpa banyak masalah. Setiap orang mempunyai pengalaman hidup yang penuh dengan peraturan dan norma, baik semasa berada di rumah ataupun dalam masyarakat.

Peraturan dan norma itu pula diwujudkan untuk memastikan kelestarian dan kelangsungan hidup kita di dunia ini. Ini sesuai dengan sifat kita sebagai manusia yang sentiasa memerlukan orang lain dan peraturan-peraturan tertentu yang akan menjadi "pembimbing" kita menjalani hidup ini. Selain itu, semasa kita sebagai pelajar kita juga ingin diterima sebagai sebahagian daripada ahli sekolah di mana kita bersekolah. Oleh itu kita akan sentiasa berusaha mengikut dan mematuhi peraturan dan norma yang telah ditetapkan. Sebarang pelanggaran akan mengakibatkan kita dihukum, didenda atau disingkirkan daripada organisasi sekolah tersebut. Kes-kes seperti inilah yang kita katakan sebagai pelanggaran disiplin ataupun masalah disiplin.

Antara faktor kemungkinan berlakunya pelanggaran disiplin tersebut adalah perbezaan yang wujud dalam diri kita. Setiap kita berkemungkinan mempunyai kefahaman yang berbeza-beza terhadap konsep disiplin bergantung kepada latar belakang diri kita. Mungkin sahaja peraturan yang ditetapkan diterjemah dan difahami mengikut kefahaman kita peribadi. Ini terutamanya untuk peraturan-peraturan yang dianggap tidak jelas dan kabur, ataupun yang tidak menguntungkan kita. Hasil terjemahan dan pemahaman yang berbeza-beza inilah menyebabkan berlakunya pelanggaran disiplin. Kita sebagai gurupun kadang kala memahami sesuatu peraturan berdasarkan kefahaman kita, yang kadang-kadang tidak tepat atau tidak sesuai dengan kefahaman pihak sekolah.

Disiplin dalam konteks ini boleh disifatkan sebagai proses "sosialisasi" individu agar belajar mematuhi, menolak tingkah laku yang tidak sesuai dan seterusnya belajar membezakan yang mana betul dan yang mana salah, yang mana buruk dan yang mana baik, dan juga yang mana boleh dan yang mana tidak boleh. Kita akan belajar perbezaan dan persamaan keperluan individu dan kelompok dan bagaimana menangani situasi sekiranya terdapat perbezaan antara keperluan kita dengan organisasi sekolah. Kebanyakan peraturan dan tingkah laku yang diharapkan dinyatakan secara jelas melalui buku-buku peraturan yang bertulis. Peraturan ini biasanya diturunkan daripada kementerian, kepada jabatan, dan ke pejabat pendidikan daerah dan seterusnya ke sekolah untuk dipraktikkan. Namun begitu ada juga peraturan-peraturan yang tidak tertulis tetapi telah menjadi norma, budaya dan amalan di sekolah tersebut sejak turun temurun lagi.

Proses sosialisasi ini pula merujuk kepada bagaimana kita dilatih untuk bertanggungjawab terhadap apa yang kita lakukan. Pengalaman yang dilalui semasa di rumah, sekolah dan masyarakat akan membolehkan kita belajar erti tanggungjawab tersebut. keadaan yang biasa berlaku termasuklah ganjaran yang diterima sekiranya berbuat baik dan dendaan dan hukuman sekiranya berbuat salah atau melanggar peraturan. Proses ini dengan kata lain adalah usaha membimbing dan membentuk diri kita supaya menjadi individu yang lebih bertanggungjawab, yang bukan sahaja dapat menyumbang kepada perkembangan diri tetapi kepada pembangunan masyarakat secara keseluruhannya. Selain itu proses sosialisasi juga memberi peluang kepada kita mengenali dengan lebih dekat dan seterusnya memperkembangkan potensi-potensi diri yang kita miliki ke tahap yang lebih tinggi. Beberapa contoh yang boleh dikemukakan seperti sikap positif, motivasi, keberanian, kesungguhan dan seumpamanya.

Perkara yang serupa boleh juga kita lihat dalam keluarga bagaimana konsep disiplin didedahkan. Prinsip asasnya adalah supaya anak-anak boleh mempelajari apa itu disiplin, apa pentingnya, dan bagaimana melakukannya. Setiap hari ibubapa akan mendedahkan kepada anak-anak mereka pelbagai perkara khususnya yang berkaitan dengan kehidupan. Pendedahan secara berterusan ini meliputi perkara-perkara yang berkaitan dengan di rumah, di sekolah, dalam masyarakat dan di mana-mana sahaja.

Solat 5 waktu sehari semalam contohnya merupakan pendedahan tentang disiplin yang sangat klasik yang boleh kita gunakan untuk melihat bagaimana kanak-kanak mempelajari konsep disiplin. Begitu juga dengan lain-lain aspek yang berkaitan dengan tanggungjawab menjadi manusia yang berguna dalam masyarakat.

10.3 Disiplin Dalam Bilik Darjah

Disiplin dalam kelas adalah sangat penting dan perlu dikekalkan supaya kita dapat memastikan kondisi yang kondusif untuk pengajaran dan pembelajaran. Ini berkaitan dengan keupayaan pengurusan kelas kita. Kadang-kadang pengurusan kelas yang baik boleh dilakukan oleh kita dengan cara menetapkan peraturan dan dendaan yang keras yang perlu dipatuhi oleh pelajar sepanjang proses pengajaran pembelajaran berlangsung. Pendekatan ini adakalanya berkesan sekiranya kita dapat mengambil kira keperluan psikologi dan perkembangan pelajar. Jika tidak, perkara yang lebih negatif akan berlaku, seperti terpaksa mengenakan dendaan atau hukuman yang keras atau seumpamanya sepanjang masa supaya proses pengajaran pembelajaran dapat dijalankan tanpa banyak gangguan. Dalam keadaan sebegini menyebabkan pembelajaran yang kita harapkan menjadi sukar untuk dicapai, malah proses perlaksanaan menjadi tidak lancar. Dan ini merupakan suatu amalan yang tidak baik kepada proses pengajaran dan pembelajaran kita.

Dalam keadaan lain, diakui bahawa untuk menjadikan pembelajaran berkesan, penglibatan pelajar dalam kelas perlu diambil kira. Namun begitu ada ketikanya berlaku kita memberikan "kerja-kerja tambahan" semata-mata untuk memastikan pelajar mempunyai kerja untuk dilakukan bagi mengelakkan mereka berbuat bising atau mengganggu pembelajaran kelas dan bukan kerana keperluan membuat latihan-latihan tersebut. Tugasan ini sebenarnya sangat kurang mengambil kira proses pembelajaran pelajar. Dengan lain perkataan, tugasan tambahan yang boleh juga dipanggil sebagai "kerja sibuk" hanyalah bersifat pengulangan atau latih tubi yang memerlukan sedikit sahaja proses pemikiran. Kerja-kerja sebegini biasanya boleh mewujudkan kebosanan dalam kalangan pelajar. Perlu diakui bahawa bagi setengah-setengah pelajar mereka memang menyukai kerja-kerja latih tubi sebegini kerana mereka boleh menilai kemampuan mereka menyelesai dan menjawab soalan latih tubi yang diberikan. Manakala bagi setengah pelajar pula aktiviti seperti ini boleh disifatkan sebagai 'hukuman' kepada mereka dan mereka melakukannya dalam keadaan terpaksa. Sedangkan kita sebagai guru pula lebih cenderung memberi latihan untuk memastikan pelajar tetap duduk di tempat masing-masing dan tidak berbuat bising tanpa memikirkan aktiviti-aktiviti yang lebih mencabar minda mereka seperti berbincang, bersoal jawab, mengeluarkan pendapat dan seumpamanya. Seharusnya aktiviti latih tubi ini dirancang dan dilaksanakan sedemikian rupa supaya pelajar memahami apakah matlamat sebenar tugasan tersebut dilaksanakan.

Kita juga perlu memastikan kelas yang tersusun dan terorganisasi seharusnya dirancang sedemikian rupa oleh kita sebagai guru dengan mengambil kira aktiviti-aktiviti yang positif dan aktif supaya proses pengajaran pembelajaran berjalan dengan lebih menyeronokkan. Setidak-tidaknya matlamat kepada perancangan aktiviti-aktiviti yang lebih aktif dirancang daripada kefahaman bahawa yang diharapkan oleh pelajar-pelajar kita daripada proses pengajaran pembelajaran yang dilaksanakan. Kefahaman sebegini akan mewujudkan perkongsian matlamat pendidikan yang dikongsi bersama oleh kita dan pelajar dan akhirnya akan memastikan baik kita sebagai guru ataupun pelajar-pelajar kita akan sentiasa sibuk dengan aktiviti pengajaran pembelajaran dan bukan aktiviti yang tidak berkaitan dengan matlamat pendidikan yang ingin dicapai. Dengan lain perkataan suasana pembelajaran kelas akan menjadi sibuk dan aktif dan dipenuhi dengan aktiviti-aktiviti seperti soal jawab, perbincangan dan sebagainya.

Salah satu ciri yang menunjukkan pengurusan kelas yang baik adalah semakin berkurangnya peraturan-peraturan formal termasuklah dendaan yang diaplikasi dalam kelas. Kesibukan di dalam kelas lebih tertumpu kepada aktiviti pembelajaran dan pengajaran sahaja. Walaupun dimaklumi peraturan perlu ada dan sentiasa dipatuhi tetapi ianya haruslah dianggap sebagai "keperluan" dan bukan ketetapan yang mesti dilaksanakan dan dipatuhi sahaja. Kehadiran kita ke kelas yang sentiasa tepat masa contohnya memberikan gambaran kepada pelajar bahawa peraturan bukan untuk dipatuhi tetapi sesuatu yang diperlukan. Justeru kehadiran awal ke kelas secara tidak langsung memberikan maklumat kepada pelajar bahawa masa itu emas, perlu digunakan sebaiknya, dan yang terpenting dapat menunjukkan yang kita sentiasa mematuhi peraturan dan sentiasa menunjukkan rasa hormat kepada pelajar dengan datang awal. Selain itu, tingkah laku yang baik, pengajaran kebersihan, nilai-nilai keagamaan, menghormati rakan sekelas dan orang lain, merupakan nilai-nilai yang perlu dipelajari disamping mempelajari tajuk-tajuk dalam mata pelajaran. Dengan itu matlamat pembelajaran akan sentiasa dikongsi bersama yang akhirnya akan memastikan kita dan juga pelajar-pelajar kita memberikan fokus yang lebih kepada pengajaran pembelajaran kelas. Malahan aktiviti-aktiviti yang lebih aktif dan interaktif dapat dilaksanakan dengan lebih lancar dan tersusun.

Masing-masing akan merasa seronok terlibat dalam proses pengajaran pembelajaran. Dan yang lebih bermakna kita dapat mengaitkan subjek yang dipelajari dengan pengalaman hidup sehari-hari. Justeru kita perlu sentiasa peka dan bersedia untuk mengimbas peraturan-peraturan dan harapan-harapan yang ditetapkan sama ada perlu dilakukan pengubahsuaian ataupun tidak. Keadaan-keadaan seperti kebebasan bergerak, membuat aktiviti sendiri, kadang-kadang perlu dipertimbangkan kerana ada kalanya boleh menggalakkan proses pembelajaran berlaku. Namun kebebasan tersebut perlu pula dilaksanakan dengan perancangan yang baik supaya matlamat asal pembelajaran tidak diabaikan.

Secara umumnya, dapat dikatakan pengurusan kelas yang baik boleh memastikan keperluan-keperluan psikologikal dapat dipenuhi. Boleh dikatakan banyak kejadian salah laku disiplin antaranya berpunca daripada kegagalan memenuhi keperluan-keperluan psikologikal tersebut (lihat Mohd Bukhari Mat Ghani, 2010; Khairil Mahali, 2006; Varathan a/l Pachaipan, 2001). Kadang-kadang kita sebagai guru terpaksa menangani pelajar yang sudah mempunyai masalah sejak awal sehingga tindakan-tindakan tertentu terpaksa diambil untuk mengatasinya.

Kesibukan kita mengatasi masalah disiplin itu pula kerap kali menyebabkan keperluan-keperluan pembelajaran pelajar tidak dapat ditangani dengan baik. Sedangkan jika dilihat berdasarkan keperluan individu kita perlu menilai apakah keperluan-keperluan pelajar kita telah dipenuhi. Apakah mereka telah mendapat perkara-perkara asas yang mereka perlukan seperti makan pakai, tempat tinggal, wang saku dan seumpamanya? Justeru mereka perlukan kesemua ini bagi membolehkan mereka merasa selesa dan gembira untuk mengikuti pembelajaran di sekolah. Makan pakai, wang, dan lain-lain kemudahan bukan bermakna perlu kepada sesuatu yang banyak atau kaya, tetapi mengikut keadaan dan kemampuan masing-masing. Apa yang penting walaupun sedikit dan sederhana, kesemua keperluan tersebut perlu dipenuhi. Dalam bahasa yang mudah dapat kita katakana bahawa sebelum individu dapat menikmati keperluan-keperluan psikologikal tersebut mereka perlu menikmati keperluan-keperluan biologikal yang dinyatakan tadi terlebih dahulu.

Pelajar-pelajar juga memerlukan perlindungan supaya mereka merasa tenteram dan aman semasa menjalani proses kehidupan, termasuklah semasa di rumah, pergi ke sekolah dan belajar. Kadang-kadang keperluan keselamatan dan kasih sayang ini tidak mereka perolehi semasa berada di rumah dan juga di sekolah. Keadaan di rumah tidak menunjukkan wujudnya ciri-ciri kasih sayang, sedangkan di sekolah kadang-kadang kita tidak prihatin dan tidak menunjukkan kasih sayang yang ikhlas kepada mereka. Fokus berlebihan kepada pengurusan disiplin sahaja akan mengakibatkan wujudnya prasangka sedemikian dalam kalangan anak-anak didik kita. Mereka akan dapat merasakan sama ada kasih sayang yang kita berikan sebagai ikhlas ataupun tidak, mungkin melalui cara kita melayan mereka semasa kita mengajar. Komen-komen dan cadanga-cadangan yang kita berikan sama ada berkaitan dengan subjek yang kita ajar ataupun sikap sebagai individu seharusnya diberikan dengan ikhlas dan konstruktif dan bukan untuk merendah atau menjatuhkan air muka mereka. Layanan seperti ini setidak-tidaknya akan menerbitkan rasa dihargai dan dihormati dalam diri anak-anak didik kita yang kelak akan lebih menghargai dan menghormati pengajaran pembelajaran kelas yang kita laksanakan.

Dengan lain perkataan, disiplin tidak semestinya dibentuk sebelum kelas bermula, tetapi boleh dibentuk semasa melaksanakan proses pengajaran pembelajaran di dalam kelas. Satu contoh yang biasa kita lihat ialah sikap kita terhadap kelas-kelas yang rendah pencapaian (kelas yang hujung-hujung) dan bermasalah. Kerap berlaku dalam kalangan kita yang tidak ikhlas mengajar apabila ditugaskan mengajar kelas-kelas sedemikian. Ketidakikhlasan kita dapat dilihat melalui sikap kita yang tidak bersetuju atau tidak gembira apabila mendapat kelas tersebut untuk diajar. Secara tidak kita sedari kita sebenarnya mengharapkan supaya tidak diberikan tugas untuk mengajar kelas berkenaan dan mengharapkan untuk diberikan kelas pengajaran yang lebih baik dan tidak bermasalah. Kesan daripada itu kita akan menjadi tidak ikhlas, kurang bersedia dan tidak berusaha untuk merancang suatu pengajaran yang boleh menarik perhatian pelajar kita.

Ada ketikanya kita tidak membuat persediaan langsung semasa memasuki kelas sehingga menjejaskan proses pembelajaran mereka. Sedangkan sebagai guru kita perlu memahami konsep pendidikan yang meliputi semua perkara dalam proses pembelajaran kerana ia merupakan suatu tanggungjawab yang perlu kita laksanakan selari dengan matlamat FPK. Ada ketikanya juga kita melewat-lewatkan waktu untuk masuk ke kelas, ataupun menggunakan strategi pengajaran yang tidak jelas dan seumpamanya. Ketidakikhlasan ini akhirnya akan menghasilkan sesuatu yang dapat kita jangkakan iaitu kelas kita semakin ketinggalan dan masih mempunyai masalah disiplin dan perlaksanaan peraturan dan hukuman lebih ketara berbanding proses pembelajaran yang aktif.

Mungkin satu cadangan yang boleh diberikan di sini, di mana dengan usaha dan kerjasama pihak pengurusan sekolah dengan guru-guru yang mengajar, merancang dan melaksanakan pendekatan pengajaran yang lebih menarik dan terancang. Program-program khusus yang menggunakan pelbagai pendekatan pengajaran dan pembelajaran yang menarik boleh difikirkan antaranya seperti penggunaan filem dan tayangan, lawatan, model, demonstrasi, main peranan dan seumpamanya. Apa yang penting peluang perlu diberikan secara individu supaya mereka dapat terlibat secara aktif dalam setiap aktiviti pengajaran pembelajaran yang dilaksanakan. Pendekatan secara individu ini pula dapat memberi peluang kepada anak-anak didik untuk menilai sendiri perkembangan pembelajaran mereka secara kendiri. Begitu juga dengan usaha mengadakan pertemuan dengan ibubapa juga boleh memastikan perkembangan pembelajaran anak-anak mereka dapat dibincangkan secara konstruktif dan kolaboratif.

Mengambil kira masalah disiplin bukan berpunca daripada sekolah semata-mata, ia perlu dinilai sebagai mempunyai kaitan dengan semua pihak termasuk ibubapa di rumah dan rakan sebaya. Sebagai guru mungkin kita boleh memikirkan 10 langkah berikut dalam usaha menangani masalah disiplin pelajar kita:

1. *Sentiasa menetapkan pelan disiplin sejak awal* – pelajar sentiasa peka kepada peraturan yang sentiasa digunapakai dan jika tidak dirancang dengan baik di awal tahun contohnya akan mendorong pelajar untuk 'memanipulasinya'.
2. *Kesamarataan dalam penguatkuasaan disiplin* – perlaksanaan peraturan dan hukuman perlu dilakukan secara saksama dan adil kepada semua pelajar supaya tidak menimbulkan rasa tidak puas hati dalam kalangan pelajar.

3. *Tangani gangguan disiplin semasa pengajaran secara minimum yang mungkin* – gangguan disiplin semasa pengajaran perlu dilakukan secara serta merta dan sesingkat yang mungkin supaya momentum pembelajaran tidak terganggu yang mana akan mengganggu minat belajar pelajar-pelajar yang benar-benar sedang belajar.

4. *Elakkan konfrontasi di hadapan kelas* – adalah lebih berhikmah jika masalah disiplin yang bersifat konfrontasi diselesaikan secara tertutup supaya isu 'hilang air muka' tidak berlaku.

5. *Tangani gangguan disiplin dengan sedikit humor* – gurauan pantas kadang-kadang boleh membantu pelajar yang bermasalah disiplin untuk kembali semula memberikan fokus kepada pembelajaran tetapi perlu dilakukan dengan hati-hati kerana tidak semua humor dianggap sebagai humor oleh semua pelajar.

6. *Sentiasa meletakkan ekspektasi tinggi kepada kelas* – ekspektasi tinggi yang diletakkan perlu sentiasa dinyatakan kepada pelajar supaya pelajar sentiasa peka kepada proses pencapaian ekspektasi tersebut berbanding untuk bertingkah laku masalah.

7. *Pelan lanjutan* – setiap kali merancang sesi pengajaran pembelajaran perlu dipastikan supaya aktiviti yang dilaksanakan tidak terlalu panjang atau terlalu singkat kerana jika terlalu singkat akan mewujudkan 'masa senggang tanpa aktiviti' yang akhirnya mendorong pelajar bertingkah laku masalah.

8. *Konsisten* – sentiasa konsisten dengan apa yang dilakukan dan dilaksanakan di dalam kelas kerana perlaksanaan yang tidak konsisten akan membentuk rasa 'tidak percaya' dan 'tidak hormat' dalam diri pelajar.

9. *Pastikan peraturan difahami* – adalah diakui bahawa mematuhi kesemua peraturan adalah sukar tetapi yang

paling penting pelajar dapat memahami yang boleh dan yang tidak boleh dilakukan setiap masa dan setiap keadaan.

10. *Memulakan hari pengajaran pembelajaran sebagai sentiasa baharu* – anggapan bahawa setiap pelajar bermasalah akan sentiasa bermasalah adalah tidak tepat kerana setiap hari kita perlu memulakan sesi pengajaran pembelajaran dengan ekspektasi-ekspektasi yang baru dan jelas.

Namun begitu, cadangan yang dikemukakan lebih bersifat alternatif di mana kesungguhan, keikhlasan disertai dengan kreativiti yang kita miliki adalah lebih menentukan. Dengan lain perkataan kita boleh mengusahakan pelbagai cara yang lebih sesuai dengan pelajar-pelajar yang kita ajar.

Banyak kajian menunjukkan usaha dan pendekatan sebegini bukan sahaja dapat meningkatkan pencapaian pelajar tetapi juga sikap mereka terhadap alam persekolahan yang akan berubah secara perlahan-lahan. Keyakinan diri, kawalan diri dan disiplin merupakan contoh yang dapat dilihat berubah secara perlahan-lahan. Perubahan-perubahan yang berlaku sebenarnya memberi gambaran bahawa kelas-kelas "pemulihan" bukan merupakan satu-satunya usaha yang boleh dan perlu dilaksanakan oleh kita dalam usaha menangani masalah disiplin dan sikap negatif dalam kalangan pelajar kita. Selari dengan teori keperluan Maslow, proses menangani masalah disiplin dan sikap terhadap pembelajaran mungkin dapat diusahakan melalui proses pengajaran

Modifikasi tingkah laku adalah suatu teknik yang digunakan untuk mengubah tingkah laku individu melalui penggunaan peneguhan positif dan peneguhan negatif supaya tingkah laku yang baik sahaja yang dilakukan dan bukan tingkah laku yang tidak baik. Sekiranya perubahan itu melibatkan tingkah laku negatif maka teknik modifikasi yang dilakukan adalah dalam usaha untuk individu itu memberhentikan tingkah laku negatif tersebut dan digantikan dengan tingkah laku positif. Teknik ini biasa menggunakan pendekatan penghilangan, hukuman ataupun terapi tertentu (rujuk Martin dan Pear, 2007) pembelajaran yang lebih terancang dan menarik seperti yang dicadangkan tadi. Apa yang penting keikhlasan dan kesungguhan kita dalam membantu pelajar kita dalam proses pembelajaran mereka.

Walaupun diakui ganjaran dan hukuman banyak mempengaruhi motivasi pelajar untuk belajar, masih banyak kajian masih perlu dilakukan untuk melihat fungsi ganjaran dan hukuman dalam membentuk dan mengekalkan disiplin dalam kalangan pelajar. Sebahagian daripada kita beranggapan bahawa ganjaran dan hukuman tidak lebih daripada proses mendidik pelajar melalui "pemberian dan penganugerahan". Rasa seronok apabila mendapat markah tinggi, hadiah, pujian dan keistimewaan atau rasa tidak seronok apabila mendapat markah rendah, dimarahi, didenda atau dirotan merupakan beberapa situasi yang diandaikan apabila dilaksanakan boleh memastikan pelajar berdisiplin dan suka untuk belajar. Walhal, bercakap tentang keperluan pelajar yang perlu dipenuhi supaya mereka lebih suka untuk belajar dan sentiasa berdisiplin, perasaan kepuasan diri yang dicapai oleh pelajar sebenarnya boleh memastikan matlamat tersebut dicapai tanpa perlu adanya ganjaran atau hukuman. Malahan, menunjukkan rasa kecewa dan tidak bersetuju kadang kala boleh menyebabkan pelajar merasa "terhukum". Dan yang terpenting mereka dapat memahami matlamat pembelajaran dan sentiasa berusaha untuk berdisiplin secara kendiri.

Salah satu pendekatan yang biasa dilakukan dalam menangani salah laku disiplin pelajar adalah "modifikasi tingkah laku". Kaedah ini dilaksanakan dengan cara kita mengenalpasti apakah jenis salah laku yang ingin diatasi dan kemudian menentukan apakah tingkah laku gentian yang perlu dibentuk. Biasanya kita akan mendekati pelajar yang bermasalah tersebut secara personal, dan ada pula bersama-sama dengan pelajar lain di dalam kelas mereka. Prinsip utama kepada modifikasi tingkah laku adalah usaha kita menunjukkan penerimaan secara "tidak ketara" apabila pelajar bermasalah tersebut menunjukkan tingkah laku yang diharapkan tadi, terutamanya kerana pada kebiasaannya mereka akan melakukan salah laku disiplin. Sedapat mungkin kita cuba abaikan mana-mana tingkah laku yang tidak baik yang masih ditunjukkan, terutamanya yang tidak mengganggu proses pembelajaran dalam kelas. Dengan cara ini, usaha positif yang telah kita lakukan dalam mengukuhkan tingkah laku yang baik dan bukan yang tidak baik yang biasanya berpunca daripada kurang perhatian dan penerimaan. Dengan lain perkataan keprihatinan dan usaha yang ditunjukkan oleh kita dalam usaha membantu pelajar merngubah tingkah laku mereka merupakan inisiatif kepada proses perubahan tingkah laku tersebut.

Menariknya, keberkesanan modifikasi tingkah laku boleh juga dilaksanakan dengan jayanya oleh pelajar itu sendiri yang berhasrat ingin mengubah tingkah laku dan sikap guru yang mengajar mereka! Katakan terdapat guru yang tidak prihatin, kasar dan tidak konsisten, suka bercakap kasar yang menyakitkan hati. Pelajar-pelajar boleh memberikan reaksi yang sesuai dengan sikap dan tingkah laku guru semasa di dalam kelas. Sekiranya guru tersebut mengajar dengan penuh dedikasi, positif dan prihatin pelajar-pelajar akan memberikan reaksi yang bersesuaian dan selari dengan tingkah laku guru tersebut seperti memberikan perhatian dengan pengajaran guru tersebut, menunjukkan sikap minat dan suka dengan pengajaran guru tersebut dan sentiasa berusaha

*Modifikasi tingkah laku tidak berkesan jika tingkah laku yang ingin diubah tidak difahami oleh kita dan juga pelajar. Oleh itu satu ujian perlu dilakukan supaya kita dan terutamanya pelajar dapat melihat tingkah laku tersebut dalam konteks tertentu. Salah satu ujian yang boleh dicadangkan adalah **Ujian Kefungsian Tingkah Laku PTK (P** = Punca-punca, **T** = Tingkah Laku, **K** = Kesan yang ditimbulkan). Pemerhatian perlu dilakukan kepada apa tingkah laku tersebut, apa kesan yang ditimbulkan, punca-punca berlakunya tingkah laku itu barulah kita fikirkan apakah teknik bersesuaian untuk mengubah tingkah laku tersebut.*

untuk terlibat secara aktif dalam aktiviti kelas yang dijalankan oleh guru tersebut.

Sebaliknya sekiranya guru tersebut menunjukkan sikap yang negatif dan tidak prihatin dengan pengajarannya pelajar-pelajar boleh memberikan reaksi yang selari seperti tidak ambil kisah, tidak tumpukan perhatian, dan tidak mahu terlibat dengan aktiviti yang dilaksanakan oleh guru tersebut. Pendekatan ini dinamakan pendekatan 'empati' di mana individu yang melakukan kesalahan atau kesilapan hanya akan dapat memahami dan mengubahnya setelah mereka sendiri merasai kesan yang ditimbulkan daripada kesilapan tersebut. Secara tidak langsung sebenarnya pelajar-pelajar sedang memperbaiki tingkah laku guru tersebut yang secara perlahan-lahan akan cenderung untuk bersikap lebih positif – kerana mendapat sambutan dan reaksi positif daripada pelajar yang diajar berbanding tingkah laku negatif yang ditunjukkan.

Namun begitu kita kerap terlepas pandang bahawa usaha atau tingkah laku kita yang mencuba mendisiplinkan pelajar kita kadang-kadang sebaliknya semakin memperkukuhkan tingkah laku salah mereka dan bukan mengurangkannya. Tindakan berleter, memarahi, melaksanakan peraturan kelas tanpa fleksibiliti seperti menyuruh pelajar duduk diam, berhenti bercakap, menyuruh pelajar terus melaksanakan tugasan yang diberi, melarang pelajar bertanya jawapan, atau berbuat bising kadang-kadang perlu tetapi hendaklah disertai dengan matlamat dan

Hukuman secara mudah boleh didefinisikan sebagai suatu usaha mengenakan sesuatu ke atas individu atau kumpulan, manusia ataupun haiwan, dengan tujuan memberikan kesan tidak selesa. Dalam konteks psikologi hukuman merujuk kepada usaha mengurangkan atau menghentikan sesuatu tingkah laku melalui rangsangan-rangsangan tidak selesa atau menyakitkan. Dalam konteks pendidikan hukuman kerap dikaitkan dengan usaha mendidik iaitu dengan mengenakan sesuatu kepada seseorang pelajar kerana telah melakukan sesuatu kesalahan. Usaha itu sebenaranya sebagai usaha untuk menghentikan tingkah laku tersebut daripada dilakukan. Oleh itu hukuman atau dendaan yang dikenakan seharusnya bertujuan untuk menghentikan tingkah laku negatif pelajar dan bukan untuk tujuan-tujuan lain.

objektif yang jelas dan terancang. Jika tidak tindakan kita bukan mengurangkan masalah disiplin tetapi malah menggalakkan lagi tingkah laku salah yang tidak kita ingini. Apa yang perlu kita fahami ialah tingkah laku bercakap bersama rakan, bertanya dan berbincang contohnya merupakan keperluan semasa pengajaran dan pembelajaran berlangsung. Hanya kita sebagai guru perlu membimbing bentuk-bentuk perlakuan tersebut supaya sentiasa sesuai dengan keperluan proses pengajaran pembelajaran yang dilaksanakan dan bukan sesuatu yang bertujuan mengganggu proses pengajaran dan pembelajaran. Dengan lain perkataan penyesuaian mengikut keadaan dan pengurusan kelas sangat membantu dalam menangani isu-isu sebegini.

Penggunaan dendaan, hukuman, buang sekolah, penahanan kelas, berdiri di luar kelas kadang-kadang tidak membantu dalam jangka masa yang panjang malah banyak mendatangkan keburukan berbanding kebaikan. Individu yang tidak dapat ditangani secara 'langsung' dan psikologikal sebenarnya memerlukan perhatian khusus untuk mengetahui punca sebenar mengapa mereka bertingkah laku sedemikian. Kebiasaannya pelajar akan dapat faham kesukaran dan kesibukan yang kita hadapi di sekolah setelah dirasionalkan dengan dendaan, ganjaran dan hukuman. Justeru kita perlu memahami tujuan sebenar mendenda atau menghukum pelajar sama ada untuk memuaskan hati kita, sekolah ataupun bertujuan untuk membantu pelajar kita belajar dan mematuhi disiplin – mencuba untuk mengubah tingkah laku mereka. Apa yang lebih buruk lagi adalah apabila pelajar kita menganggap apa yang kita lakukan kepada mereka semata-mata kerana kita tidak suka dengan mereka, dan hasilnya mereka akan memberi reaksi anti-sosial sebagai kesan daripada rasa tidak puas hati mereka atas ketidakadilan tersebut.

10.4 Pendidikan Nilai

Berbalik kepada isu penerapan nilai yang perlu diterapkan semasa proses pengajaran pembelajaran, kita seharusnya peka dengan kepentingan menerapkan nilai tersebut. Melaluinya pelajar akan dapat membentuk dan menghayati nilai murni yang wujud dalam diri yang kemudiannya digunakan dalam perhubungan mereka dengan orang lain, terutamanya semasa berada di sekolah. Ianya meliputi nilai-nilai yang telah dan sedang dipelajari sama ada semasa di rumah, dalam masyarakat dan juga di sekolah bagi membolehkan mereka menyesuaikan diri dengan lebih mudah. Walaupun pada dasarnya nilai moral merujuk kepada prinsip kepatuhan dan penerimaan, ianya berbeza menurut agama, budaya, kumpulan dan generasi. Justeru perkembangan nilai ini dianggap sangat universal yang berlaku dalam pelbagai konteks, ianya juga banyak bergantung kepada ekspektasi tiap masyarakat di mana pelajar itu berada.

Kita biasanya menyerap dan belajar secara perlahan-lahan prinsip-prinsip dan nilai-nilai daripada keluarga kita, jiran-jiran, sekolah, agama kita, rakan kita, tempat kita bekerja, media yang kita baca dan tonton. Proses tersebut terus berlangsung sehinggalah dewasa kita akan membentuk suatu kefahaman tentang nilai yang menjadi amalan kita setiap masa. Namun begitu kerap berlaku di mana kita akan mengamalkan nilai dan sikap secara tidak konsisten dalam banyak keadaan. Adakalanya kita jujur dan baik, tetapi dalam waktu yang lain kita bersikap tidak jujur dan kasar. Pendedahan kepada nilai yang pelbagai mengikut agama, budaya dan masyarakat mungkin merupakan antara penyebab kepada kepelbagaian tersebut.

Oleh kerana nilai yang diterima pakai berbeza-beza mengikut tempat dan keadaan, adalah baik bagi sekolah dan kita bukan sahaja untuk membentuk

Allah berfirman: "Pada hari ini telah Aku sempurnakan untuk kamu agamamu, dan telah Kucukupkan kepadamu nikmatKu, dan telah Kuredhai Islam itu menjadi agama bagimu (QS5: 3)

suatu nilai yang konsisten dalam diri pelajar kita supaya kelak sentiasa dapat menyesuaikan diri dalam kepelbagaian nilai di dunia. Dengan lain perkataan mereka akan berupaya menyesuaikan diri di mana sahaja mereka berada dan ke mana sahaja mereka pergi.

Malahan pendidikan agama yang diberikan bertujuan untuk menjadi panduan hidup kepada semua, meliputi bukan sahaja aspek nilai tetapi juga aspek pengetahuan dan kemahiran secara umum. Melalui proses pendidikan setiap individu akan dididik untuk menjadi penganut yang baik yang mengamalkan semua ajaran dan peraturan yang ditetapkan. Kita seharusnya mengambil kira perbezaan latar belakang agama pelajar-pelajar kita secara lebih serius kerana ianya memberi impak kepada budaya dan sikap mereka kepada pembelajaran. Tugas kita sebagai guru perlu memanfaatkan latar belakang agama pelajar-pelajar kita dalam pengajaran kita. Dengan ertikata yang lain sekolah tidak berfungsi mengubah pegangan dan norma yang telah menjadi amalan pelajar-pelajarnya. Oleh itu sebagai guru kita perlu memikirkan bagaimana kita dapat memainkan peranan mendidik dan mengembangkan potensi individu pelajar kita mengikut acuan dan pegangan masing-masing. Matlamat yang utama di sini adalah untuk memastikan pelajar-pelajar kita mampu dan berupaya bertindak dan membuat keputusan yang sesuai dengan agama dan budaya yang mereka amalkan. Justeru maklumat pendidikan dan pengalaman yang kita berikan kepada pelajar-pelajar kita menjadi satu keperluan kepada mereka supaya dapat bertingkah laku dan berkembang menjadi insan yang mereka inginkan.

Menurut Abdullah Nashih Ulwan (1990) pendidikan moral adalah pendidikan mengenai dasar-dasar moral dan kepentingan tingkah laku, kebiasaan yang perlu dimiliki dan dijadikan kebiasaan oleh individu sejak dari kecil lagi. Ini selari dengan maksud hadis Rasulullah SAW yang diriwayatkan oleh Al Baihaqi daripada Ibnu Abbas bermaksud "Di antara hak ibubapa terhadap anaknya adalah mendidiknya dengan budi pekerti yang baik dan memberinya nama yang baik." Pernyataan ini membawa makna bahawa proses pendidikan akhlak merupakan suatu tanggungjawab dan bukan sebagai pilihan. Sebagai ibubapa atau guru kita perlu memastikan anak-anak didik kita memperoleh pendidikan akhlak yang sewajarnya supaya dapat terbentuk di dalam diri mereka sebagai suatu tingkah laku atau kebiasaan. Menurut penulis itu lagi terdapat empat perkara utama dalam hal pembentukan akhlak kanak-kanak kecil yang perlu ditangani oleh setiap pendidik secara bijaksana iaitu sikap bercakap benar, sikap jujur seperti tidak mencuri, sikap berprasangka baik seperti tidak mencela, dan sikap mulia seperti tidak menyimpang. Oleh yang demikian menjadi tanggungjawab setiap pendidik untuk memastikan pendidikan yang diterapkan semasa mendidik selari dengan konsep pendidikan yang tepat dan jelas.

Sikap berbohong sebenarnya boleh menjadi perosak bukan sahaja kepada minda dan diri anak-anak tetapi juga kepada seluruh masyarakat. Malahan Rasulullah SAW pernah menyatakan berkenaan dengan sikap berbohong bahawa:

> *"Ada empat perkara apabila kesemuanya berada dalam diri seseorang, maka dapat dikatakan dia adalah seorang yang munafik. Dan apabila dia memiliki salah satu maka dia telah memiliki salah satu sifat kemunafikan sehinggalah di meninggalkannya iaitu: apabila dipercaya dia berkhianat, apabila bercakap dia berbohong, apabila berjanji dia tak tepati…"* (Hadis riwayat Buhkhari dan Muslim).

Justeru sebagai pendidik kita bertanggungjawab memastikan supaya tingkah laku tersebut tidak dibentuk oleh anak-anak didik kita. Salah satu pendekatan pendidikan yang biasa dilakukan adalah dengan menggunakan prinsip 'modelling' atau keteladanan dalam proses pendidikan kita. Kita perlu menunjukkan contoh teladan yang baik supaya anak-anak didik kita mampu menyerap dan mempelajari sesuatu yang baik yang sememangnya kita inginkan. Malahan dalam perlaksanaannya kita perlu benar-benar memahami dan sentiasa peka cara kita melakukannya.

Kadang-kadang kita terlepas pandang pendekatan kita memberikan kesan yang negatif kepada pemahaman anak-anak didika kita dalam mempelajari sifat jujur dan tidak berbohong. Ambil contoh semasa kita memujuk anak kita supaya berhenti dari menangis. Ada ketikanya kita menjanjikan , sesuatu seperti membelikan barang mainan atau makanan supaya mereka berhenti menangis tetapi hakikatnya kita hanya bertujuan untuk memastikan dia berhenti menangis sahaja. Lebih memburukkan keadaan jika janji tersebut tidak dipenuhi. Amalan ini lama kelamaan akan difahami, pertamanya 'ayah' hanya berbohong dan kedua, 'berbohong' dan 'tidak jujur' boleh dilakukan. Akhirnya mereka membentuk kefahaman seperti ini dan lama-kelamaan akan bertingkah laku sedemikian.

Namun begitu dalam hal menjanjikan 'hadiah' kita perlu pula melihat dan mempertimbangkannya dalam perspektif lain iaitu pembentukan sikap tidak ikhlas. Tidak dinafikan hadiah atau ganjaran yang diberi setiap kali tingkah laku dilakukan akan membentuk tingkah laku negatif berkaitan seperti tidak ikhlas dan hanya mengharapkan hadian jika dilakukan. Oleh itu kefahaman dan kemahiran pendidikan memilih dan melaksanakan pendekatan-pendekatan tertentu dalam memberikan contoh teladan adalah penting kepada pembentukan tingkah laku dalam diri anak-anak didik kita.

* **Peringkat 1 – Kepatuhan dan Hukuman**
  Peringkat terawal dalam perkembangan moral kanak-kanak yang kerap dilihat. Mereka melihat peraturan sebagai tetap dan pasti. Mematuhi peraturan adalah penting kerana ianya bermakna menghindari hukuman.

* **Peringkat 2 – Individualisme dan Pertukaran**
  Pada tahap ini kanak-kanak mengambil kira pandangan individu dan menilai tingkah laku berdasarkan kepada keperluan individu. Hubungan dua hala adalah sesuatu yang mungkin tetapi lebih merujuk kepada minat dan keperluan individu.

Sebagai perbandingan di sini dikemukakan proses perkembangan moral individu dan bagaimana ia berlaku. Menurut Kohlberg dan Gilligan (1971), perkembangan moral individu berasaskan peringkat yang saling berkait dan berlaku secara perlahan-lahan. Perkembangan pada setiap peringkat adalah sangat berkait rapat dengan perkembangan yang berlaku pada peringkat-peringkat sebelumnya. Namun begitu peringkat perkembangan tersebut adalah bersifat universal yang tidak berkait secara tetap dengan potensi individu sejak lahir ataupun pengaruh persekitaran. Peringkat perkembangan tersebut lebih

- **Peringkat 3 – Hubungan Interpersonal**
  Sering disebut sebagai konsep "budak baik" yang merujuk kepada usaha memenuhi ekspektasi dan peranan sosial. Penekanan adalah kepada pematuhan, berperilaku "baik" dan pengaruh-pengaruh perhubungan.

- **Peringkat 4 – Mengekalkan Peraturan Sosial**
  pada peringkat ini, individu mulai mempertimbangkan kepentingan sosial dalam membuat pertimbangan. Fokus lebih kepada mengekalkan peraturan dan arahan melalui cara mematuhi, melakukan tanggungjawab individu dan menghormati pihak berkuasa.

merujuk kepada perbezaan yang wujud dalam kalangan individu itu sendiri. Tidak seperti perkembangan kognitif yang lebih dikaitkan dengan usia, perkembangan moral lebih berkait dengan kedua-dua aspek iaitu perbezaan personality yang dimiliki dan juga situasi dan keadaan persekitaran di mana individu tersebut berkembang. Oleh itu adalah menjadi tugas kita dan sekolah untuk memastikan pelajar-pelajar kita mempunyai peluang untuk belajar dan berkembang serta persekitaran yang kondusif bagi membolehkan mereka memperkembangkan potensi diri mereka sesuai dengan tuntutan agama dan norma yang dimiliki. Dengan lain perkataan kita dan sekolah berperanan sebagai agen sosialisasi individu pelajar.

Kohlberg juga mengenalpasti enam peringkat perkembangan yang dikelaskan kepada tiga tahap. Tahap 1 dikenali sebagai tahap *Prakonvensional* yang meliputi peringkat 1 dan peringkat 2. Perkembangan ini dinilai oleh Kohlberg sebagai sangat penting setidak-tidaknya sehingga usia kanak-kanak 6 atau 7 tahun. Tingkah laku kanak-kanak pada peringkat 1 contohnya merupakan kesan daripada pengaruh yang dihasilkan daripada reaksi orang lain kepada mereka. Perlakuan patuh dan taat adalah merujuk kepada usaha mengelakkan hukuman ataupun reaksi yang tidak selesa daripada orang lain. Mereka merasa dunia dan orang lain adalah lebih kuat dan berkuasa daripada mereka. Justeru keadaan yang berlaku menunjukkan bahawa orang yang lebih kuat dan berkuasa kelihatannya lebih 'betul' ataupun 'benar'.

Kanak-kanak pada peringkat ini seharusnya diberikan reaksi yang lebih jelas, tepat dan konsisten berkenaan dengan tingkah laku yang mereka lakukan kerana proses pembelajaran mereka berkenaan dengan tingkah laku betul dan salah banyak dipengaruhi oleh proses pelaziman. Dengan kata lain reaksi 'tidak selesa' akan memberikan makluman bahawa tingkah laku tersebut tidak boleh atau tidak sesuai dilakukan. Begitu juga sebaliknya reaksi yang selesa memberi makluman bahawa tingkah laku tersebut boleh atau sesuai untuk dilakukan. Namun begitu kanak-kanak pada peringkat 1 ini dalam bertingkah laku lebih bertujuan mengelakkan hukuman dan tidak begitu memahami mengapa ianya salah ataupun betul. Apabila memasuki peringkat ke 2 kanak-kanak mulai terarah kepada memuaskan hati mereka dan juga untuk keseronokan.

- *Peringkat 5 – Perjanjian Sosial dan Hak Individu*
  pada peringkat ini individu mulai mengambil kira perbezaan nilai, pendapat, dan kepercayaan individu lain. Peraturan undang-undang adalah penting kepada masyarakat, tetapi setiap ahli masyarakat perlu akur kepada standard yang telah ditetapkan tersebut.

- *Peringkat 6 – Prinsip-prinsip Universal*
  Penaakulan moral individu adalah berdasarkan kepada prinsip-prinsip etika yang universal dan penaakulan abstrak. Individu akan mematuhi prinsip-prinsip yang dinyatakan walaupun ada ketikanya bertentangan dengan undang-undang dan peraturan.

Kesediaan untuk bertingkah laku seperti diarahkan oleh orang lain banyak berkaitan dengan rasa kepuasan yang akan mereka rasakan.

Tahap 2 yang dipanggil *konvensional* juga dibahagikan kepada 2 peringkat. Pada peringkat 3 kanak-kanak cenderung untuk melakukan tingkah laku yang mereka tahu menyenangkan orang lain. Mereka mulai memikirkan tingkah laku mereka yang mengambil kira asas-asas sosial. Memasuki peringkat 4 kanak-kanak mulai menerima hakikat bahawa mereka perlu mematuhi peraturan dan undang-undang untuk mengekalkan kestabilan dan keselamatan diri mereka dan juga persekitaran. Walaupun karakter kanak-kanak peringkat ini merangkumi usia sehingga awal remaja, orang dewasa juga masih mengekalkan karakter ini berkaitan dengan tingkah laku yang mereka lakukan.

Tahap 3 iaitu *pos konvensional* diakui oleh Kohlberg mulai terbentuk secara jelas semasa remaja walaupun ada ketikanya telah mula terbentuk pada peringkat operasi formal. Peringkat 5 menggambarkan kepercayaan individu bahawa tingkah laku moral merupakan kesan daripada persetujuan setiap orang untuk bertingkah laku baik demi kebaikan masyarakat. Undang-undang yang dilaksanakan lebih menjurus kepada menjaga kepentingan individu iaitu menjaga kepentingan bersama. Manakala peringkat 6 lebih berasaskan kepada prinsip-prinsip etika yang universal. Undang-undang dan peraturan akan dipatuhi dan dilaksanakan selagi ianya tidak bertentangan dengan prinsip-prinsip etika yang universal tersebut.

Prinsip ini menekankan tentang persamaan hak dan kehormatan setiap individu seperti yang dinyatakan dalam agama. Peraturan yang dinyatakan dalam agama bukan semata-mata untuk dipatuhi atau diikuti tetapi lebih kepada panduan hidup supaya kita dapat menjalani hidup dengan lebih teratur dan bertamadun. Kepatuhan kepada hukum hakam contohnya memberi gambaran bahawa dalam setiap keadaan ianya perlu dijadikan pegangan bagi memandu perjalanan hidup manusia. Suatu perkara yang menarik jika dikaitkan dengan perkembangan moral Kohlberg ini adalah isu moraliti individu. Kerap berlaku individu dihadapkan dengan persoalan moral dalam hidup sehari-hari. Adakalanya mewujudkan dilemma dalam diri sehingga memberikan tekanan kepada individu untuk membuat keputusan.

Persoalan membantu orang lain yang dalam kesusahan contohnya, memberi persoalan moral sama ada perlu atau tidak diberikan pertolongan. Ada ketikanya kita akan melihat apa yang dilakukan oleh orang tersebut, adakah mereka sihat tetapi malas untuk bekerja, ataupun mereka tidak berupaya untuk bekerja tetapi cenderung untuk mempunyai anak ramai sehingga tidak mampu untuk membiayai keluarganya yang ramai itu. Jadi ia akan mempengaruhi cara mana kita membuat keputusan samada ingin membantu atau sebaliknya.

Dalam Islam dinyatakan dengan jelas siapa yang perlu dibantu, cara mana bantuan boleh diberikan dan berapa kadarnya melalui pendekatan 'zakat'. Persoalan sama ada kita bekerja keras tungkus lumus setiap hari untuk memperoleh wang tidak timbul, tetapi lebih kepada tanggungjawab sosial yang perlu dilaksanakan oleh setiap orang. Walaupun orang yang ingin dibantu kita dapati malas atau kurang upaya, tanggungjawab utama kita adalah memberikan zakat atau hak orang lain daripada sebahagian yang kita miliki. Begitu juga dengan isu memakan daging yang tidak halal semasa sakit kerana doktor menyatakan hanya daging itu sahaja yang boleh mengubati penyakit yang sedang dihidapi. Kebenaran memakan hanya 'diharuskan' pada kadar yang dibenarkan untuk pengubatan. Oleh itu persoalan hukum hakam dan moral individu telah dinyatakan dengan jelas dan menjadi panduan hidup yang lebih konsisten dan bermakna.

Seperkara yang menarik berkenaan dengan perkembangan moral individu adalah pengaruh persekitaran yang ada di sekolah dan bagaimana ianya berperanan membentuk perkembangan moral pelajar-pelajar. Peraturan sekolah contohnya perlu memberi impak kepada pembentukan disiplin yang positif dalam kalangan pelajar. Di sekolah rendah contohnya, kanak-kanak biasanya akan mampu mematuhi peraturan sekolah kerana dengan mematuhinya mereka berasa selamat dan selesa. Sedangkan bagi remaja peraturan yang sedia ada adalah perlu yang memberi peluang untuk mereka memahami nilai dan tujuan peraturan tersebut dibuat supaya mereka boleh menyesuaikan diri dalam pelbagai keadaan.

Terdapat kajian yang menunjukkan bahawa ada pelajar-pelajar yang berjaya mengawal tingkah laku disiplin mereka dengan bantuan orang dewasa, terutamanya setelah mereka menyedari dan memahami perlunya mereka mematuhi standard bertingkah laku serta kesannya jika tidak mematuhi (H. Syarif Hidayat, 2013). Melalui bimbingan dan tunjuk ajar tersebut mereka lebih berupaya untuk mencapai kualiti tingkah laku individu yang tinggi kerana mereka dibantu untuk memahami makna tanggungjawab sosial. Manakala pelajar yang dididik secara sempit dan terlalu terikat dengan peraturan sekolah tanpa diberi galakan dan peluang untuk bertanya atau memahami peraturan-peraturan tersebut akan lambat menguasai tingkah laku-tingkah laku yang bersesuaian.

Kohlberg juga mencadangkan beberapa cara yang boleh dilakukan di sekolah dalam menggalakkan perkembangan moral dalam kalangan pelajar. Mereka boleh dibantu dan dibimbing untuk bertingkah laku secara konsisten. Sebagai contoh guru boleh menggalakkan perbincangan tentang moral dan nilai yang ditemui dalam kehidupan sehari-hari ataupun yang timbul semasa mempelajari subjek-subjek di dalam kelas. Sesuatu yang perlu digalakkan ialah percambahan fikiran dalam kalangan pelajar-pelajar. Isu-isu moral digalakkan untuk dibincangkan secara bersama-sama di dalam perbincangan kelas, samada sesama pelajar ataupun bersama dengan guru. Tujuan utama perbincangan tersebut adalah untuk menanamkan budaya membuat keputusan secara rasional yang memerlukan keupayaan pelajar melihat sesuatu daripada perspektif orang lain dan bukan untuk memaksa orang lain menerima pendapat kita. Pertukaran idea dan pendapat merupakan asas kepada perkembangan penaakulan logik dalam kalangan pelajar.

Ambil contoh mata pelajaran Pendidikan Islam dan Pendidikan Moral. Kedua-dua subjek ini diperkatakan dapat membantu pembentukan individu yang bersahsiah terpuji. Oleh itu dalam proses pembelajaran isu-isu keagamaan dan moral yang ada dalam masyarakat perlu dibincangkan secara kritikal dan bukan dihafal. Melalui pendekatan ini pelajar-pelajar akan dapat melihat isu-isu pembentukan sahsiah terpuji sebagai satu keperluan dan bukan sesuatu yang telah diwajibkan dalam kurikulum sahaja.

Pelbagai isu boleh dijadikan bahan perbincangan dan perlulah merupakan sebahagian daripada proses pengajaran pembelajaran. Kanak-kanak yang masih kecil pun boleh digalakkan untuk berfikir seperti yang kita lakukan semasa menyampaikan cerita-cerita kepada mereka. Kita mungkin boleh menggalakkan mereka berfikir dengan lebih mendalam berkenaan dengan cerita tersebut. Tidak hanya mendengar cerita tersebut, tetapi kita galakkan mereka memberi respon kepada cerita tersebut seperti menghendakki mereka mengemukakan kesimpulan cerita, bertanya soalan ataupun memberikan cadangan-cadangan sekiranya dalam cerita tersebut memerlukan sesuatu keputusan perlu dibuat. Dengan cara ini kita membantu mereka meletakkan diri mereka ke dalam cerita yang dibacakan. Segala pandangan dan cadangan yang mereka kemukakan perlu dihargai dengan cara memberi perhatian sepenuhnya. Ini merupakan suatu cara pendidikan moral yang boleh dilaksanakan dan sebagai guru kita boleh berperanan mempengaruhi proses perbincangan dan pertukaran idea dengan cara mengemukakan cadangan baru atau perspektif baru.

Seiring dengan perkembangan diri, kanak-kanak sentiasa dihadapkan dengan isu dan masalah yang kompleks samada semasa belajar dalam kelas, persekitaran sekolah, ataupun persekitaran di mana mereka tinggal. Subjek pelajaran di sekolah, surat khabar dan lain-lain media sebenarnya merupakan sumber utama bagaimana kanak-kanak mempelajari masalah seperti, 'Apa yang telah anda lakukan? Mengapa?' 'Wajarkah perkara tersebut dilakukan' Mengapa seorang pengedar syabu dihukum gantung sampai mati?'

dan seumpamanya yang merupakan perkara-perkara biasa yang ditemui dalam kehidupan sehari-hari kanak-kanak dan remaja.

Selain itu aktiviti main peranan juga boleh dilaksanakan. Kalau di sekolah, aktiviti drama tari, lakonan dan teater merupakan contoh yang baik yang boleh dilakukan untuk menggalakkan perkembangan moral dalam kalangan pelajar. Guru yang baik membolehkan perkembangan moral dipelajari melalui pelbagai cara dan menarik minat. Justeru sebagai guru kita perlu memastikan kelas pengajaran kita sentiasa menarik dan merangsang pembelajaran pelajar melalui aktiviti-aktiviti yang aktif dan positif demi membentuk perkembangan kognitif dan tingkah laku yang baik.

Suatu perkara yang mungkin menjadi masalah bagi setiap guru dalam konteks ini adalah kepelbagaian latar belakang pelajar-pelajar yang diajar. Mereka dibesar dan dididik dengan pelbagai cara dan pendekatan, samada secara demokratif, autoritarian, ataupun tak peduli. Keadaan akan bertambah kompleks apabila kita sukar untuk menerima kepelbagaian tersebut dan sentiasa berusaha untuk membetulkan dan mengarahkan perkembangan pelajar kita kepada gaya dan pendekatan yang kita senangi. Kerap berlaku, perlakuan kita baik secara sedar atau tidak sedar kita cuba memberi penekanan perkembangan pelajar kepada corak dan gaya kita tanpa mengambil kira kepelbagaian cara, kecenderungan, kepercayaan dan sifat yang dimiliki oleh pelajar-pelajar kita. Apa yang berlaku adalah 'pergeseran' kepentingan dan kecenderungan antara kita sebagai guru dan mereka sebagai pelajar. Pergeseran ini jelas terlihat melalui mod pembelajaran yang kita laksanakan, iaitu 'apa yang perlu difikir' dan bukan mod 'bagaimana untuk berfikir'. Sebagai guru kita perlu menyedari tugas kita yang perlu menggalakkan kebiasaan intelektual dan kemahiran sosial bagi membolehkan mereka mempelajari standard yang konsisten dan sesuai dalam bertingkah laku tanpa memisahkan diri dengan kepercayaan dan tingkah laku sedia ada yang sememangnya menjadi amalan dan budaya mereka.

10.5 Disiplin Di Rumah

Setiap hari kanak-kanak didedahkan dengan pelbagai perkara berkaitan dengan kehidupan. Semuanya berkaitan dengan usaha mendidik mereka menjadi insan yang bukan sahaja berdikari tetapi juga yang berguna kepada masyarakat. Tanggungjawab mengemas rumah, mengemas bilik tidur, luar rumah dan lain-lain merupakan suatu pendedahan yang berkaitan dengan disiplin. Melalui tanggungjawab ini mereka akan belajar bagaimana memastikan mereka sentiasa bertanggungjawab terhadap apa yang dilakukan. Kita biasanya akan mengenakan dendaan atau hukuman sekiranya tugasan-tugasan yang diberikan tidak dilakukan oleh anak-anak kita. Memarahi, memukul, mendenda dan seumpamanya merupakan antara tindakan susulan yang biasa kita kenakan supaya mereka boleh belajar dan memahami kenapa tingkah laku tersebut perlu dilakukan dan mengapa tidak boleh dilakukan.

Apa yang penting di sini adalah kita sebagai pendidik perlu memahami konsep disiplin secara menyeluruh sebagai perspektif pendidikan dan bukan semata-mata sebagai hukuman. Ibubapa yang bijak akan menggunakan dendaan dan hukuman itu sendiri sebagai suatu cara untuk mendidik anak-anak mereka dengan lebih efektif. Perhatikan contoh di sebelah di mana tingkah laku dendaan dikenakan benar-benar difahami oleh ibubapa dalam melaksanakannya. Malah beliau dengan sengaja menggunakan dendaan tersebut bukan sahaja untuk mendisiplinkan anaknya tetapi juga dalam masa yang sama memberikan kebaikan tambahan pada anaknya iaitu membina kekuatan otot dan untuk kesihatan. Ini yang sepatutnya kita fikirkan iaitu memberi dendaan dan hukuman bukan tempat

Seorang bapa mendenda anaknya kerana melakukan kesalahan tidak menyiapkan kerja rumah. Beliau mendenda anaknya menaiki dan menuruni tangga sebanyak 30 kali berturut-turut. Jumlah tersebut berbeza mengikut kesalahan yang dilakukan. Jika berat kesalahan tersebut maka jumlahnya akan menjadi lebih banyak.

untuk menunjukkan rasa marah atau kecewa tetapi sebagai proses mendidik dan sudah seharusnyalah dilakukan dengan memastikan matlamat pendidikan dapat dicapai sebanyak yang mungkin. Yang lebih penting adalah untuk menyampaikan mesej langsung berkenaan dengan kesalahan yang mereka lakukan supaya tidak diulangi ataupun dalam masa yang sama jika mampu memberikan faedah tambahan kepada anak tersebut.

Penguasaan kemahiran adalah penting bagi setiap pendidik supaya kita dapat melaksanakan tugas mendidik dengan lebih jelas dan terfokus. Penguasaan tentang bagaimana proses pembelajaran berlaku dalam kalangan anak-anak akan memudahkan pendekatan dan strategi yang ingin digunakan. Adakalanya pembentukan sesuatu tingkah laku itu lebih berkesan jika sentiasa mengambil kira pendekatan teori-teori pembelajaran. Oleh itu sebagai pendidik kita perlu bersedia untuk menambah dan melengkapkan pengetahuan dan kemahiran kita dalam proses mendidik anak-anak kita. Pembacaan buku-buku rujukan dan bahan-bahan panduan berkenaan dengan pendidikan anak boleh membantu kita untuk meningkatkan pengetahuan dan kemahiran mendidik anak kita.

Walaupun banyak penyelidik menyebutkan bahawa pemahaman moral berpunca daripada pengaruh ibubapa melalui pendidikan yang diamalkan, strategi mendisiplin dan gaya keibubapaan, namun penyelidik perkembangan struktural seperti Damon (1977) dan Colby dan Kohlberg (1987) mencadangkan bahawa perhubungan antara ibubapa dan anak-anak secara struktural menyebabkan proses pembentukan moral dalam diri terganggu. Keadaan ini menyebabkan pengaruh pembentukan moral dalam diri anak-anak lebih dipengaruhi oleh rakan sebaya dan juga alam persekolahan. Ini selari dengan pernyataan teori yang berasaskan sosial di mana kanak-kanak membentuk pengetahuan sosial termasuk isu-isu moral melalui pengalaman-pengalaman sosial yang mereka lalui dengan orang dewasa, rakan sebaya dan adik beradik. Justeru perkaitan antara interaksi-interaksi sosial dan penilaian sosial yang mereka lakukan memberikan asas pengalaman kepada pembinaan pengetahuan sosial (Turiel *et al,* 1991).

10.6 Permasalahan Disiplin Secara Umum

Kepada setengah-setengah orang mendisiplinkan anak atau pelajar merupakan tugas yang sangat sukar dan mencabar. Memang diakui proses membentuk tingkah laku merupakan proses jangka panjang dan berterusan. Kadangkala kita terlupa bahawa kerap kali berlaku kita mempraktikkan pendekatan yang kurang tepat semasa mendidik. Kecenderungan untuk mempunyai ekspektasi tidak sesuai semasa mendisiplinkan anak-anak merupakan antara contoh yang biasa berlaku. Bayangkan semasa mendisiplinkan mereka kita mengharapkan mereka melakukan sama seperti yang kita kehendaki. Sedangkan pada ketika itu kita lupa bahawa mereka masih lagi dalam peringkat pembelajaran dan proses memahami kehendak dan ekspektasi kita kadangkala tidak dapat mereka kuasai. Ambil contoh disiplin belajar dan mengulangkaji pelajaran di rumah. Kita sentiasa mengharapkan peringatan yang diberikan terus difahami dan dipatuhi dan tak perlu diperingatkan banyak kali. Sebenarnya penguasaan tingkah laku mengulangkaji pelajaran bukan sahaja berkenaan dengan tingkah laku menyemak dan membuat kerja rumah tetapi lebih jauh lagi sehingga berkait dengan kesan dan akibat. Mereka masih lagi belum mampu melihat perkaitan antara sentiasa membuat rujukan dan mengulangkaji pelajaran dengan kecemerlangan dalam akademik yang seterusnya mempengaruhi peluang mereka untuk mendapatkan pekerjaan yang baik dan bergaji tinggi. Sebab itu mereka perlu diperingatkan berkali-kali. Pembentukan kebiasaan tingkah laku inilah yang ada ketikanya menyebabkan kita rasa marah dan kecewa kerana tidak diikuti.

Kesan daripada keadaan demikian menyebabkan proses mendisiplinkan anak menjadi sesuatu yang mencabar. Tidak heran bila ramai antara kita mengatakan tugas mendisiplinkan anak boleh menyebabkan perasaan menjadi kacau, marah, terpaksa meninggikan suara, dan adakalanya boleh menyebabkan masalah darah tinggi sekiranya keterlaluan. Satu pendekatan yang mungkin boleh kita fikirkan bersama ialah disiplin positif. Cuba perhatikan pendekatan-pendekatan berikut:

1. *Memahami makna di sebalik tingkah laku disiplin* – yang penting kita perlu mengetahui bahawa dalam setiap keadaan anak-anak kita sebenarnya sentiasa mencuba yang terbaik. Oleh itu kita perlu mengetahui mengapa dia bertingkah laku sedemikian. Kadang-kadang ada ketikanya anak-anak didik kita bertingkah laku sesuatu kerana inginkan perhatian. Mungkin pada masa tersebut kita terlalu sibuk dengan kerja kita hingga terlupa perhatian kita terhadap mereka. Kesannya perlu difikirkan bukan sahaja tingkah laku yang dilakukan oleh anak-anak kita tetapi juga perubahan dan penyesuaian tingkah laku kita juga.

2. *Beri fokus kepada mengawal diri kita dan bukan hanya anak kita* – ramai penyelidik menyarankan supaya kita sentiasa mengawal diri kita supaya sentiasa menunjukkan contoh yang baik di hadapan anak-anak kita supaya boleh diikuti. Sebab itu biasa berlaku, jeritan di balas dengan jeritan, marah dengan marah, pukul dengan pukul dan seumpamanya.

3. *Sentiasa konsisten dengan ekspektasi kita* – kita perlu sentiasa konsisten dengan ekspektasi yang kita tetapkan kepada anak-anak kita. Sebagai contoh jika anak didik kita bertingkah laku yang tidak sepatutnya kita perlu memberitahu secara verbal dan juga fizikal bahawa tingkah laku tersebut tidak sepatutnya dilakukan. Jika berterusan maka kita perlu mengenakan dendaan atau hukuman-hukuman tertentu supaya mesej berkenaan tingkah laku tersebut dapat diterima dan difahami oleh mereka

4. *Beri perhatian kepada tingkah laku yang kita sukai berbanding tingkah laku yang tidak kita sukai* — anak-anak kita biasanya bertingkah laku tidak sesuai kerana inginkan perhatian. Berikan perhatian kepada tingkah laku yang positif yang mereka lakukan dan mengabaikan tingkah laku yang tidak sesuai seperti seolah-olah tidak melihat atau mengetahuinya. Mereka akan belajar mengenai keinginan kita supaya hanya tingkah laku yang positif sahaja yang akan mendapat perhatian.

5. *Pengarahan semula* — semakin kerap kita menghalang dan mengatakan jangan semakin tinggi kecenderungan anak-anak kita untuk melakukannya. Pengarahan semula tingkah laku boleh dilakukan dengan meminta mereka terlibat sama dalam aktiviti yang positif.

6. *Memanfaatkan kaedah 'kepenatan'* — kadang-kadang anak-anak kita boleh dibimbing dengan cara menunjukkan perkaitan kepada perkara berkaitan. Sebagai contoh katakan anak kita begitu meminta dan menjengkelkan sehingga kita rasa keletihan. Mungkin kita boleh katakan bahawa "sikap awak menyebabkan ayah/mak penat, dan mungkin menyebabkan ayah/mak tak ada tenaga lagi untuk membawa awak jalan-jalan."

7. *Jangan 'menyogok'* — kadang-kadang kita terlalu memikirkan supaya kita dapat memuaskan hati dan keinginan anak-anak kita dengan cara memberi apa yang mereka kehendaki tetapi kita lupa tindakan tersebut boleh membentuk perkara-perkara sampingan seperti ketidakikhlasan dalam bertingkah laku. Apa yang penting kepada anak-anak adalah masa yang kita sediakan untuk bersama-sama dengan mereka, berkongsi cerita, berkongsi kegembiraan dan lain-lain.

Dalam keadaan sebenar kita kerap melakukan kesilapan-kesilapan semasa membentuk disiplin dalam diri anak-anak didik kita. Setidak-tidaknya terdapat empat perkara yang nampak remeh tetapi kesannya besar yang sering kita terlepas pandang.

1. Tidak memberi perhatian yang betul dan bersesuaian terutamanya tingkah laku yang kita kehendaki dan yang tidak kita kehendaki
2. Kerap memikirkan kesan jangka pendek dan bukan jangka panjang yang melibatkan proses pembelajaran berterusan
3. Tidak menyediakan peraturan bertulis kerana ada ketikanya arahan verbal boleh mengelirukan anak-anak kita sehingga menyebabkan salah faham
4. Tidak mempunyai pelan disiplin yang jelas terutamanya yang berkaitan dengan proses menguasai tingkah laku yang kita harapkan.

10.7 Penutup

Berdasarkan perbincangan di atas jelas bahawa pembentukan disiplin diri merupakan sesuatu yang kompleks dan mencabar. Sepanjang masa anak-anak didik kita dihadapkan dengan sekurang-kurangnya dua pilihan utama iaitu tingkah laku positif dan tingkah laku negatif. Bimbingan dan tunjuk ajar secara berterusan boleh membantu bagaimana pemilihan tingkah laku tersebut boleh dilakukan. Penjelasan di atas juga setidak-tidaknya memberitahu kita bahawa proses mendisiplinkan anak tidak terhad hanya kepada pembentukan tingkah laku yang kita inginkan sahaja tetapi lebih jauh lagi. Sebagai pendidik ditegaskan sekali lagi pentingnya pengetahuan dan kemahiran-kemahiran dalam mendidik supaya apa yang kita cuba laksanakan dan terapkan semasa mendidik merupakan sesuatu yang diketahui dan dirancang. Bak kata pepatah 'sekiranya kita gagal untuk merancang sebenarnya kita merancang untuk gagal.'

Bab 11

MEMAHAMI DIRI KITA SEBAGAI PENDIDIK

11.1 Pengenalan

Buku ini sedikit sebanyak telah mendedahkan kita kepada pelbagai perkara berkaitan dengan perkembangan individu, bagaimana kita boleh memperkembangkannya ke tahap yang tinggi seperti yang kita harapkan. Kefahaman tentang perkembangan fizikal, psikologikal, sosial, agama dan lain-lain membolehkan kita bekerja dalam ruang lingkup pendidikan dengan berkesan. Tanpa mengira konteks pendidik di mana kita berada, samada di rumah, di sekolah ataupun dalam masyarakat, kita sebenarnya mempunyai tanggungjawab yang besar membantu proses perkembangan inidividu kanak-kanak. Kefahaman tentang perkembangan individu serta keperluan-keperluan yang diperlukan sepanjang proses perkembangan tersebut adalah penting bagi kita demi memastikan semua keperluan tersebut dapat kita sediakan atau penuhi.

Selain daripada memahami aspek perkembangan individu, seperkara yang tidak boleh kita lupakan adalah perkembangan kita sendiri sebagai individu. Sama seperti kanak-kanak yang cuba kita didik, kita juga memerlukan sesuatu dalam kehidupan kita. Justeru ekspektasi dan sikap kita sebagai individu pendidik memberi kesan kepada proses pendidikan yang kita laksanakan. Persepsi kita tentang siapa kita, apakah peranan kita, apakah tanggungjawab yang perlu kita laksanakan terhadap anak-anak didik kita memberi kesan secara langsung kepada tingkah laku kita dan cara mana kita bertingkah laku. Setiap hari kita dihadapkan dengan persoalan yang serupa, iaitu bagaimana kita membentuk sikap dan ekspektasi kita sebagai individu supaya menjadi individu yang positif dan bersedia untuk menjadi pendidik kelak. Perbincangan bab ini melihat kepada peranan kita sebagai pendidik, apakah keperluan-keperluan dan kemahiran yang perlu kita miliki sebelum kita mampu melaksanakan tugas sebagai pendidik yang berkesan dan bertanggungjawab.

11.2 Persepsi Individu Sebagai Pendidik

Kita tidak melihat kanak-kanak sekolah sebagai orang 'dewasa' kecil, individu yang perlu diurus dan diatur dalam apa juga yang mereka buat. Dengan lain perkataan kita perlu melihat kanak-kanak sekolah sebagai individu yang perlu di bentuk, ataupun seumpama kertas kosong yang perlu dicorak, ataupun seperti pasu bunga yang masih kosong untuk diisi dan ditanami. Dalam Islam juga telah dinyatakan dengan jelas bahawa anak-anak umpama kain putih yang perlu dicorak oleh penjaganya terutamanya ibubapanya. Adalah penting kita mempunyai kefahaman sebegini, kerana sebagai pendidik kita pelu mempunyai persepsi yang realistik berkenaan anak-anak didik kita, cara mereka berfikir dan bertingkah laku. Tanpa persepsi yang realistik ini kita akan menghadapi kesukaran untuk cemerlang mendidik.

Dalam masa yang sama kita juga perlu melihat diri kita secara realistik. Sebagai contoh kita sendiri merupakan individu yang datang dari pelbagai latar belakang dan budaya. Kita merupakan seorang individu yang sentiasa dididik untuk menjadi individu yang lebih baik daripada ibubapa kita. Pengalaman hidup serta cara mana kita dididik juga akan mempengaruhi kita membentuk persepsi terhadap diri kita. Konsep kendiri atau kefahaman tentang diri kita juga akan terbentuk melalui pengalaman yang kita lalui, sistem nilai kita, standard yang diamalkan, dan idea-idea berkaitan dengan tingkah laku yang ingin dan sentiasa kita amalkan. Ini kerana terdapat perbezaan yang ketara antara individu ideal yang ingin kita capai dengan individu sebenar kita.

Negara kita merupakan Negara berbilang kaum yang mengamalkan kepelbagaian latar belakang menambahkan lagi cabaran yang akan kita hadapi semasa menjadi pendidik. Adalah sesuatu yang sukar dan tidak sesuai apabila kita berusaha menekankan atau menerapkan nilai dan sikap-sikap kita kepada anak-anak didik kita tanpa menghiraukan latar belakang anak-anak didik kita.

Keadaan yang biasa kita lihat ialah pelajar yang datang dari status sosioekonomi rendah biasanya agak kurang terurus,

Individu ideal adalah gambaran berkenaan seseorang yang ingin dicapai oleh kita yang memiliki kesemua kriteria dan karakteristik tertentu yang sempurna. Individu sebenar pula adalah diri kita sendiri yang mempunyai kriteria dan karakteristik tersendiri. Konsep individu ideal diandaikan dapat menjadi dorongan kepada setiap individu untuk berusaha menjadi individu yang diidamkan. Namun begitu setiap individu perlu sentiasa realistik dalam menetapkan jenis individu ideal yang ingin dicapai supaya tidak berlaku kekecewaan jika tidak mampu dicapai.

kurang minat belajar, kurang kemudahan, dan sentiasa memerlukan dorongan untuk cemerlang dalam pendidikan (Ali Alazzar Mohd Mohd Ramly, 2012; Rusnani Saad, 2000). Berbeza dengan pelajar yang datang dari keluarga yang lebih berkemampuan biasanya cukup serba serbi dan mempunyai disiplin dan motivasi yang tinggi terhadap pendidikan. Sebagai pendidik kita perlu mengambil kira perbezaan ini. Terdapat satu peristiwa di mana seorang pendidik yang mengajar di pusat tuisyen berkata sebegini "saya tak mau mengambil pelajar selain daripada kelas A". Jika ini terjadi apa yang akan berlaku kepada proses pendidikan di sekolah. Kelas tuisyen sebenarnya sangat diperlukan oleh pelajar-pelajar yang tidak berada di dalam kelas A, kerana mereka memerlukan kelas dan latihan tambahan. Manakala pelajar kelas A sudah memiliki semuanya – motivasi, kefahaman, kemandirian, dan kepintaran.

Selain itu kita juga perlu memastikan supaya sentiasa mempunyai persepsi yang positif berkenaan dengan anak-anak didik kita tanpa mengira kekurangan atau kelebihan yang mereka miliki. Ini kerana setiap daripada mereka perlu belajar dan oleh yang demikian mereka perlu dibimbing. Kekurangan atau kelebihan yang mereka miliki seharusnya menjadi suatu cabaran kepada kita bagaimana memastikan tanggungjawab kita sebagai pendidik dapat dilaksanakan dengan berkesan dan ikhlas. Dengan lain perkataan kita perlu sentiasa mempunyai persepsi positif terhadap anak-anak didik kita dan menghindarkan persepsi negatif berkenaan dengan mereka.

Persepsi sebegini sangat penting terutamanya persepsi yang negatif yang tersembunyi dalam diri kita yang tidak kita sedari. Kesannya menyebabkan kita sukar untuk menyediakan persekitaran yang sesuai dan kondusif kepada 'semua' pelajar kita di dalam kelas dan bukan hanya kepada sekumpulan pelajar. Sekiranya kita dipengaruhi oleh sikap sebegini anak-anak didik kita akan merasakan diri mereka tidak penting, rendah penghargaan kendirinya, serta tidak mempunyai peluang untuk berjaya dalam pelajaran ataupun dalam kehidupan. Ini kerana setiap pelajar perlu dinilai dan ditangani sesuai dengan individu masing-masing dan bukan semata-mata berdasarkan latar belakang sosiobudaya.

Justeru persepsi ibubapa di rumah malah lebih kompleks lagi. Biasa berlaku di mana ada ibubapa yang 'favour' kepada anak-anak tertentu disebabkan oleh factor-faktor tertentu seperti cemerlang dalam akademik dan seumpamanya. Sebagai ibubapa kita seharusnya melihat kecemerlangan anak-anak sebagai suatu tanggungjawab dan bukan untuk dipilih. Oleh itu sebagai ibubapa kita perlu mempunyai sesuatu visi dan matlamat yang jelas berkenaan dengan arah ke mana anak-anak kita perlu dididik.

Ada ketikanya pengetahuan tentang latar belakang keluarga mempengaruhi cara kita bertingkah laku dan melayani pelajar-pelajar kita. Dalam banyak keadaan sistem pendidikan di negara kita banyak dipengaruhi oleh latar belakang sosioekonomi pelajar-pelajar. Dalam banyak keadaan ketidakupayaan kita memberi perhatian kepada semua pelajar akan membentuk perasaan tidak puas hati dan tidak yakin dengan status kita sebagai pendidik mereka. Hasilnya akan menyebabkan hilangnya rasa hormat dan yang lebih buruk akan menyebabkan berlakunya masalah-masalah disiplin. Tidak keterlaluan jika dikatakan kejayaan anak-anak bersekolah disebabkan oleh keupayaan ibubapa memberi dan menyediakan keperluan yang mencukupi kepada anak-anaknya dan bukan bergantung sepenuhnya kepada keupayaan anak-anak mereka secara individu! Yang pasti satu kajian menyeluruh perlu dilakukan untuk melihat samada pencapaian pelajar-pelajar kita dipengaruhi oleh keupayaan diri mereka secara individu ataupun kerana kemudahan yang mereka perolehi semasa proses belajar berlangsung.

Persepsi kita tentang diri kita sebagai pendidik tidak dinafikan mempengaruhi cara kita mengajar serta persekitaran yang kita bentuk di dalam kelas (Lihat kajian Nurul Amira Ahmad, 2009; Nazlina Narman, 2006). Ini kesan daripada konsep kendiri yang

Richardson (1996) menggariskan kepercayaan guru berasaskan kepada tiga sumber:
i. *Pengalaman peribadi*
ii. *Pengalaman tentang persekolahan dan pengajaran*
iii. *Pengalaman tentang pengetahuan formal*

kita miliki dan bentuk melalui pengalaman kita, pengalaman guru-guru lain, persepsi tentang kanak-kanak dan juga pendidikan. Jika dilihat daripada segi pendekatan yang kita amalkan semasa mengajar pelbagai cara dapat dikenalpasti. Ada di antara kita melihat diri kita sebagai seorang 'ahli falsafah' yang sentiasa merangsang pemikiran pelajar kita. Pendekatan ini kita harapkan akan dapat membantu pelajar kita membentuk kefahaman dalam diri pelajar-pelajar kita.

Pendekatan ini sebenarnya mempunyai kelebihan dan kelemahan yang tersendiri. Pendekatan yang berpusatkan kepada persoalan-persoalan untuk diselesaikan memang boleh merangsang pelajar-pelajar untuk berfikir. Namun begitu pendekatan ini lebih terfokus kepada perbincangan dan perdebatan sahaja berbanding memperoleh kesimpulan dan kefahaman-kefahaman tertentu. Kita terlalu melihat diri kita sebagai sumber kebijaksanaan dan ilmu pengetahuan yang mana mengakibatkan aktiviti-aktiviti kelas menjurus kepada aktiviti berpusatkan kita dan mengarahkan pemikiran pelajar kepada cara mana kita berfikir. Begitu juga sebagai ibubapa, kita perlu melihat proses pendidikan di rumah sebagai suatu proses penerokaan yang memberi ruang kepada anak-anak kita untuk belajar secara lebih kreatif dan proaktif.

Ada juga dalam kalangan kita yang melihat diri kita sebagai 'pengurus bandar' yang sentiasa menggalakkan setiap pelajar kita terlibat dalam pengajaran pembelajaran dengan sedikit pengawalan daripada kita. Biasanya kita tidak akan memberikan batasan dan kawalan kepada aktiviti yang dilaksanakan. Walaupun terdapat sedikit unsur demokrasi dalam pembelajaran yang kita laksanakan kadang-kadang menyebabkan pelajar memperoleh kefahaman pengetahuan secara tidak langsung. Keperluan pelajar kita harapkan dapat dipenuhi melalui kebebasan melakukan aktiviti di mana pelajar berpeluang mempelajari. Namun begitu pendekatan ini masih lagi terfokus kepada keperluan kita sebagai pendidik dan bukan pelajar. Pendekatan ini pula boleh menyebabkan fokus pembelajaran menjadi tidak terkawal dan kadang-kadang pula boleh menyebabkan pelajar tidak memahami apa kemahiran dan pengetahuan yang perlu mereka kuasai.

Selain itu kita juga kadang-kadang melihat diri kita sebagai model contoh untuk pelajar kita mencontohinya. Kita akan sentiasa berusaha berfungsi yang terbaik seperti samada sebagai pendidik, sebagai rakan, sebagai bapa, sebagai sahabat, dan juga sebagai ketua. Memang diakui bahawa dalam satu-satu masa kita perlu memainkan peranan yang pelbagai kepada pelajar kita. Namun begitu pendekatan ini akan cenderung mewujudkan suasana di mana peranan kita akan menjadi dominan berbanding pelajar. Oleh kerana kekuatan idea dan persepsi kita tentang diri kita sebagai model terbaik ianya secara tidak langsung akan menghilangkan peluang kepada pelajar kita untuk mengembangkan potensi mereka secara individu kerana penekanan kepada model yang kita mainkan yang terlalu dominan. Namun begitu tidak dinafikan persepsi ini mendorong kita berkecenderungan untuk memastikan kita sentiasa dapat menunjukkan model yang terbaik. Justeru kekurangannya adalah fokus utama kita lebih kepada memberikan model terbaik sedangkan fokus utama seharusnya kepada proses bagaimana pembelajaran itu berlaku dan dilakukan.

Begitu juga dengan persepsi sebagai seorang 'General' yang menekankan peraturan dan kepatuhan daripada pelajar-pelajar. Persepsi ini akan menghasilkan pendekatan yang lebih bersifat mengekalkan peraturan dan mengharapkan pelajar supaya lebih teratur dan terorganisasi dalam pembelajaran. Hakikatnya kita kadang-kadang lupa bahawa pelajar-pelajar sekolah masih lagi dalam proses belajar menjadi orang yang efisien dan terorganisasi. Oleh itu banyak perkara-perkara berkaitan dengan kemanusiaan yang kita mungkin terlepas pandang. Baik di sekolah mahupun di rumah, pendekatan ini perlu dilakukan secara berhati-hati dan terkawal. Kalau dilihat secara umum pendekatan ini akan mewujudkan suasana yang bersifat sehala dan tidak kondusif untuk pembelajaran. Kalau dilihat dalam perspektif pembelajaran konstruktivis yang menekankan bagaimana pembelajaran lebih dilakukan oleh anak-anak maka pendekatan ini perlu kepada pengubahsuaian tertentu supaya ia sesuai dan efektif untuk dilaksanakan.

Banyak kali kita mengumpamakan diri dan profesion pendidikan dengan pelbagai ungkapan. Dahulu kita kenal diri kita sebagai 'lilin' yang akan menerangi pelajar-pelajar kita dalam proses pembelajaran mereka. Sekarang ini kita mengistilahkan diri dan profesion kita sebagai 'kasturi' yang akan mengharumkan dan membimbing pelajar-pelajar kita dalam proses pembelajaran mereka. Kalau dulu lilin adalah merujuk pengorbanan pendidik yang tiada batas sekalipun sehingga memusnahkan dirinya, tetapi kini dengan istilah kasturi kita tidak lagi perlu berkorban jiwa dan raga kerana kasturi memberikan haruman yang akan menerangi proses pembelajaran pelajar kita tanpa perlu sampai memusnahkan diri kita. Dengan haruman itu juga kita akan sama-sama beroleh manfaat secara bersama-sama. Dengan lain perkataan kita perlu membentuk model tertentu yang kita bentuk daripada konsep kita sendiri yang berasaskan kepada pengalaman dan pengetahuan kita tentang keperluan dan potensi yang ada pada pelajar-pelajar kita. Kita juga perlu maklum bahawa tiada gaya pengajaran yang ideal yang terbaik tetapi kita perlu membentuk suatu gaya yang bersesuaian dengan personaliti kita serta mengambil kira keperluan pelajar-pelajar kita. Kadang-kadang kita perlu memikirkan kesesuaian untuk berfungsi sebagai pendidik yang authoritarian, atau yang autoritatif, atau yang demokratik, ataupun yang permisif tetapi yang paling penting adalah memberi manfaat kepada pelajar-pelajar kita.

Menjadi tanggungjawab kita semua untuk sentiasa melihat dan menilai semula jenis pendidik yang macam mana yang bersesuaian dengan kita dan bagaimana kita boleh memperoleh kepuasan serta kejayaan dalam mengajar di dalam kelas. Dengan kata lain untuk membolehkan kita menjadi seorang pendidik yang efektif perlu mampu dan berupaya melihat diri kita secara realistik, tentang keupayaan dan kebolehan kita, sentiasa menjadikan keperluan dan potensi pelajar sebagai tanggungjawab kita dan juga sentiasa berusaha merancang pengajaran dan pembelajaran kita berdasarkan keperluan pelajar kita.

11.3 Peranan Sebagai Pendidik

Setiap jenis pekerjaan mempunyai tekanan dan stress tertentu. Tekanan dan stress inilah yang secara tidak langsung mempengaruhi tahap kesihatan pekerja. Kerjaya sebagai pendidik juga mempunyai stress dan tekanannya yang tertentu dan sebagai seseorang individu yang ingin memulakan kerjaya sebagai pendidik perlu menyedari kemungkinan-kemungkinan tersebut. Secara fizikal kita perlu memaklumi tentang suasana kelas yang berbeza dengan suasana hidup kita sehari-hari, dengan susun atur dan persekitaran yang berlainan. Yang paling ketara adalah tahap kesihatan mental individu sebagai pendidik. Walaupun tidak terdapat secara spesifik bahawa individu telah mengalami masalah mental kerana bekerja sebagai pendidik, dapatan kajian yang menunjukkan tahap stress yang tinggi dalam kalangan pendidik merupakan petunjuk tentang pentingnya masalah kesihatan mental diambil perhatian (lihat kajian Zureimy Ahmad, 2009; Noor Arifah Simin, 2009; Teng Kie Yin, 2008; Agnes Anak Narawi, 2006). Ini kerana kita sentiasa terdedah kepada tekanan kerja, pencapaian pelajar, sasaran sekolah, ekspektasi ibubapa, masalah disiplin setiap hari semasa berada di sekolah. Justeru kesihatan mental yang baik akan mempengaruhi prestasi pengajaran kita di dalam kelas.

Sebagai manusia biasa kita dilahirkan mempunyai kemampuan dan kelebihan tersendiri. Berkaitan dengan stress dan tekanan di tempat kerja, ada antara kita yang mampu menangani tekanan dan stress dengan baik dan ada yang tidak mampu. Oleh kerana kita tidak mampu mengubah apa yang kita ada dan kita miliki, apa yang boleh kita lakukan adalah bagaimana kita boleh belajar menangani tekanan dan stress tersebut supaya tidak mempengaruhi prestasi kita semasa mengajar. Biasanya stress berlaku apabila keadaan sebenar di tempat kerja tidak selari dengan apa yang kita harapkan. Namun begitu ada antara kita yang mampu untuk melakukan penyesuaian supaya harapan kita dapat diselarikan dengan keadaan tempat kerja kita. Ini terutamanya kepada guru-guru yang baru mengajar yang walaupun telah melalui proses pengalaman mengajar di sekolah semasa mengikuti pengajian di kolej atau di universiti, proses memahami dan mengaplikasi kemahiran teori kepada konteks sebenar di dalam sekolah merupakan satu proses yang panjang dan mencabar.

Keadaan sekolah dan kelas yang sentiasa berubah, persekitaran baru, rakan-rakan baru, budaya dan kebiasaan, kadang-kadang boleh menyebabkan kita hilang pertimbangan dan keyakinan diri. Sebagai ibubapa kita sering menghadapi perkara yang serupa. Mendidik anak merupakan satu tanggungjawab dan amanah. Kesukaran mendidik dan membimbing kadang-kadang menyebabkan kita hilang sabar dan stress. Jika ini berlaku proses pembelajaran yang berlaku akan menjadi tidak harmoni dan lancar.

Penerimaan pengurusan sekolah, termasuklah pengetua, guru-guru senior, sebenarnya secara tidak langsung boleh memudahkan proses penyesuaian diri guru-guru baru di sekolah. Ada setengah sekolah yang melaksanakan aktiviti seperti mentor mentee, di mana pendidik yang berpengalaman membimbing guru yang baru ditempatkan mengajar menyesuaikan diri di sekolah dan kelas pengajaran. Proses peralihan inilah yang sangat perlu diperhatikan kerana guru-guru baru ini memerlukan bimbingan supaya semua harapan dan ekspektasi yang mereka bawa semasa mengikuti pengajian di kolej dapat diaplikasi dan disesuaikan di sekolah tanpa banyak masalah. Peluang untuk bertanya dan berkongsi pengalaman memeri ruang kepada guru-guru baru mempelajari selok belok pengajaran pembelajaran yang sebenarnya di sekolah. Dalam hal ini sebagai pendidik yang telah berpengalaman mereka perlu menunjukkan contoh dan teladan yang baik dan positif supaya memberi peluang kepada guru-guru baru mempelajari sesuatu yang positif pula. Melalui bimbingan dan teladan yang positif ini secara tidak langsung akan membantu guru-guru baru membentuk keyakinan diri yang tinggi terutamanya yang berkaitan dengan kemampuannya sebagai seorang pendidik terlatih. Manakala di rumah pula peranan dan bimbingan orang tua adalah penting terutamanya kepada ibubapa muda. Perkongsian idea dan pengalaman seharusnya menjadi satu fenomena biasa dalam keluarga dan bukan sesuatu yang berasingan.

Kadang-kadang kita menjadi pendidik bukan kerana minat yang mendalam tentang profesion tesebut. Kita memulakan hidup sebagai pelajar di sekolah pada peringkat awal, kemudian melanjutkan pelajaran ke kolej atau universiti, dan akhirnya kembali ke sekolah apabila bekerja sebagai pendidik. Oleh yang demikian apabila kita dihadapkan dengan suasana yang berbeza dan mencabar di sekolah kita mulai tidak selesa bekerja sebagai pendidik. Keadaan-keadaan seperti kelas yang besar, kawalan kelas yang sukar, pelajar tidak minat belajar, ekspektasi sekolah dan ibubapa yang tinggi, jadual waktu pengajaran yang padat serta ekspektasi jabatan yang tinggi secara tidak langsung boleh memberi tekanan kepada kita sebagai pendidik. Justeru kita akan hanya mampu menikmati dan menghayati kerjaya sebagai seorang pendidik sekiranya kita mampu menangani tekanan-tekanan tersebut. Ini kerana untuk menjadi seorang pendidik yang berjaya kita perlu mempunyai keyakinan dan keupayaan diri menangani tekanan supaya menjadi matang, mempunyai ketahanan diri supaya mampu menyerap segala cabaran serta mampu memberikan fokus kepada tugas kita dengan lebih baik.

Ini tidak bermakna individu yang menjadi pendidik bukan kerana minat pada peringkat awal tidak akan berjaya dalam kerjaya pendidik ini, tetapi kemampuan kita menyerap dan memahami keperluan kerjaya sebagai pendidik tanpa terlalu memikirkan keinginan peribadi akan membantu kita untuk berjaya dalam kerjaya tersebut. Dalam perkataan mudah kita perlu memikirkan semula motif dan tujuan sebenar kita menjadi seorang pendidik secara jujur berbanding hanya menjadikan profesion pendidik sebagai pilihan kedua atau terakhir, ataupun disebabkan kerana sudah tidak mempunyai pekerjaan. Terdapat ramai pendidik yang pada mulanya tidak mempunyai minat untuk menjadi guru tetapi setelah berkecimpung dalam profesion tersebut mula berminat dan akhirnya berjaya menjadi pendidik yang cemerlang.

Satu lagi perkara yang mungkin akan mengganggu peluang kita untuk menjadi seorang pendidik yang cemerlang adalah ketidakupayaan kita menyeimbangkan tanggungjawab kerja di sekollah dengan tanggungjawab kita sebagai individu dalam masyarakat. Tanggungjawab pada kedua-duanya adalah sangat penting kerana kedua-duanya saling mempengaruhi. Sekiranya kita terlalu memberi fokus kepada tanggungjawab di sekolah, perhubungan kita dengan masyarakat sekeliling akan terganggu. Begitulah sebaliknya jika kita hanya terlalu memberi fokus kepada tanggungjawab dalam masyarakat. Komitmen terhadap pekerjaan yang dilakukan mempengaruhi prestasi kerja yang kita lakukan (lihat kajian Mazlina Sulaiman, 2013; Mohd Shahrizan, 2013). Oleh kerana kedua-dua tanggungjawab saling berkait kita perlu memastikan ianya diberikan perhatian supaya kita dapat memberikan fokus yang lebih baik. Pelajar-pelajar kita berasal dari kawasan persekitaran. Kerjasama yang erat antara kita dan pihak sekolah akan memastikan sistem persekolahan dapat berjalan dengan lancar dan berkesan.

Namun begitu sekiranya keadaan masih lagi tidak berubah dan kita masih lagi merasa tidak selesa dan stress semasa menjalankan tugas kita sebagai pendidik, sudah tiba masanya kita memikirkan semula kesan yang akan kita timbulkan samada kepada diri kita sebagai individu mahupun pelajar yang kita ajar serta kedudukan kita di sekolah. Paling tidak kita perlu menilai dan mengenal pasti apakah sebab-sebab dan faktor yang menyebabkan kita sentiasa tertekan bekerja sebagai pendidik. Adakah ianya berkaitan dengan tekanan di sekolah seperti tekanan mengajar, masalah disiplin pelajar, pencapaian, ataupun kita berada dalam kerjaya yang salah. Seseorang yang gembira dan cemerlang dalam kerjayanya sebagai pendidik biasanya sentiasa menikmati hubungannya dengan pelajar-pelajarnya dan juga rakan-rakan sekerjanya. Sekiranya keadaan ini tidak wujud maka perlu dilakukan sesuatu supaya kesan yang lebih teruk yang ditimbulkan terutamanya kepada perkembangan diri pelajar-pelajar dapat dielakkan. Antara pilihan yang boleh difikirkan termasuklah bertukar ke daerah atau sekolah yang lain atau yang lebih berani dengan bertukar profesion kepada yang lain daripada perguruan.

Selain itu, tekanan juga boleh berlaku kepada guru-guru baru terutamanya apabila ditempatkan mengajar jauh di pedalaman, ataupun tidak di sekolah yang dipohon. Kemahiran menyesuaikan diri dengan persekitaran dan cabaran di sekolah di mana ditempatkan mengajar merupakan cabaran pertama yang perlu ditangani oleh kita. Scott, et al. (1960) menyatakan penyesuaian kerja sangat penting kerana ia meliputi penyesuaian individu dalam perkara-perkara seperti persekitaran di mana dia bekerja, peyesuaian terhadap perubahan-perubahan yang berlaku dan juga penyesuaian karakter-karakter diri secara peribadi terhadap persekitaran di mana dia berada. Sebab itu kebanyakan kita sering menjadikan permasalahan tidak ditempatkan di tempat pilihan sebagai salah satu sebab mengapa kita tidak bermotivasi atau tidak berprestasi.

Keadaan penyesuaian diri menjadi lebih kompleks apabila kawasan tempat kita mengajar merupakan kelompok masyarakat yang berbeza dengan kita, yang mana seolah-olah kita menjadi moniriti dalam kawasan tersebut. Mungkin usaha bergaul dengan masyarakat setempat boleh dijadikan sebagai usaha permulaan supaya kita boleh menyesuaikan diri dengan lebih mudah dan berkesan. Pergaulan ini secara tidak langsung akan membantu kita mengenali budaya dan kecenderungan masyarakat setempat dan yang paling penting memberi peluang kepada diri kita sendiri untuk diterima oleh masyarakat di mana kita mengajar. Guru-guru yang boleh berinteraksi dan menyesuaikan diri dengan masyarakat setempat biasanya akan mampu mencapai kepuasan diri dan kerjaya.

Akhir sekali, kita perlu melihat aspek pembelajaran sebagai suatu proses perkembangan professional dan juga pembelajaran sepanjang hayat. Pembelajaran semasa di kolej atau di universiti di mana kita belajar sebelum ditempatkan mengajar perlu kita lihat sebagai suatu proses latihan yang asas. Begitu juga dengan latihan-latihan yang kita ikuti semasa kita mengajar. Amalan yang biasa ialah kita sering menganggap kelulusan yang kita perolehi sudah memadai dan menjadi bukti bahawa kita sudah mahir dan kompeten dalam pengajaran dan pembelajaran. Cuma kita lupa bahawa dunia adalah dinamik dan sentiasa berubah. Ilmu yang kita dapati dan pelajari semasa belajar dulu belum tentu sesuai dan relevan untuk sepanjang masa. Pendekatan pengajaran, kaedah, strategi, bahan bantu biasanya perlu disesuaikan dengan keperluan semasa. Kajian Popoola, et al. (2010) menunjukkan sikap suka membaca dalam kalangan guru dapat meningkatkan efektiviti pengajarannya. Anggapan mengatakan guru-guru mempunyai minat dan motivasi untuk membaca dan menambah ilmu perlu dinilai semula kerana banyak kajian mendapati guru-guru tidak mempunyai minat membaca. Dengan lain perkataan budaya tidak suka membaca, terutamanya yang berkaitan dengan pendekatan atau kaedah baru pengajaran pembelajaran, akan mempengaruhi prestasi guru-guru semasa bekerja. Sekiranya sikap ini tidak kita nilai dengan sepenuhnya kita akan hanya melaksanakan tugas seharian kita sebagai seorang pendidik biasa yang hanya datang mengajar dan menganggap tugas kita sebagai rutin harian. Begitu juga keadaannya sebagai ibu atau bapa. Usaha meningkatkan pengetahuan dan kemahiran mendidik perlu sentiasa dilakukan dan diperbaharui melalui pembacaan dan perbincangan secara berterusan. Tanpa usaha ini kita akan berfungsi sebagai pendidik yang tidak mengikuti perkembangan semasa ataupun sudah kurang relevan kepada proses pembelajaran anak-anak kita.

11.4 Penutup

Pengalaman yang kita perolehi hanya sebagai maklumat tambahan dan hanya akan mematangkan kita dari aspek kepelbagaian pelajar serta keperluan-keperluan yang dimiliki, tetapi tidak kepada bagaimana menangani keadaan tersebut untuk meningkatkan prestasi dan mencapai objektif pengajaran pembelajaran. Lebih menyedihkan apabila kita sudah merasa 'complacent' dengan apa yang kita ada dan berpuashati dengan prestasi kita. Akhirnya akan mewujudkan suatu budaya pendidik yang hanya menjalankan tugas rutin harian dan tidak mempunyai keinginan dan minat untuk sentiasa meningkatkan kemampuan diri sebagai pendidik yang lebih baik. Keadaan akan menjadi lebih buruk apabila setiap kursus atau bengkel dalam perkhidmatan yang diikuti dianggap sebagai suatu proses untuk kenaikan pangkat sahaja ataupun telah diarahkan untuk mengikutinya. Kesannya kesedaran kendiri dan motivasi diri untuk meningkatkan prestasi tidak akan wujud sama sekali yang akhirnya akan memberi kesan kepada proses pencapaian matlamat dan objektif pendidikan secara keseluruhannya.

Sedikit panduan yang mungkin boleh kita fikirkan supaya kita jelas berkenaan apa yang kita lakukan dan keperluan-keperluan apa yang mesti kita miliki. Pertimbangan-pertimbangan ini perlu dilakukan secara jelas dan jujur kerana kita akan melakukan refleksi kepada pendekatan pendidikan yang kita amalkan selama ini. Amalan reflektif ini seharusnya menjadi amalan kita sepanjang masa supaya apa yang kita lakukan tidak lari dari yang kita harapkan.

Sebagai Ibubapa

Cuba imbas kembali apakah usaha yang telah kita jalankan dalam meningkatkan kemahiran kita sebagai ibubapa dalam proses menididika anak kita. Beberapa perkara mungkin boleh difikirkan seperti:

i.   Usaha mendapatkan bahan bacaan berkaitan
ii. Berkongsi masalah dengan anak-anak
iii. Berkongsi idea dengan ibubapa lain
iv. Penglibatan diri dengan PIBG (sekiranya mempunyai anak bersekolah)

Sebagai Guru

Imbas kembali perkembangan professional kita sejak habis dari belajar di kolej atau university hingga sekarang:

i. Bagaimana kita menilai matlamat kita menjadi pendidik?
ii. Adakah kita jelas dengan peranan kita sebagai pendidik?
iii. Buat perbandingan antara matlamat kita menjadi seorang guru dengan tingkah laku kita sepanjang bekerja sebagai guru.
iv. Nilai semula budaya membaca dalam diri kita. Adakah kita mempunyai satu budaya sentiasa mempertingkatkan pengetahuan kita melalu pembacaan?

Sejauh mana kita menjadikan budaya membaca dan berbincang tentang masalah pengajaran pembelajaran sebagai sebahagian daripada budaya kerja kita?

Bab 12

KONSEP MUHASABAH
DALAM PENDIDIKAN

12.1 Pengenalan

Tidak dinafikan bahawa psikologi pendidikan membantu
kita memahami dan menyedari peranan sebagai pendidik
dan juga merancang dan membina pendekatan terbaik yang
bersesuaian dengan matlamat yang ingin kita capai. Namun
begitu pendidikan tidak akan lengkap sekiranya tidak di sertai
dengan proses penilaian dan pentaksiran yang menguji pencapaian
matlamat yang kita tetapkan. Dalam pendidikan formal, apa yang
menarik untuk dikatakan di sini adalah fungsi pentaksiran secara
umum iaitu dilaksanakan untuk menilai keberkesanan sesuatu
proses pendidikan. Memang tidak dinafikan bahawa pencapaian
anak didik kita merupakan persoalan utama berkaitan dengan
keberkesanan pengajaran tersebut, tetapi ia seharusnya digunakan
sebagai indikator kepada proses penilaian keberkesanan tersebut.
Secara tidak langsung proses penilaian sebegini akan menganggap
pentaksiran sebagai suatu usaha mentaksir 'kesan pembelajaran
secara menyeluruh' anak-anak didik kita.

Saya melihat proses pentaksiran sebagai suatu aktiviti yang
dilakukan berasaskan kepada konsep muhasabah yang dinyatakan

dalam Islam. Suka saya jelaskan mengapa proses pentaksiran pendidikan perlu mengambil asas daripada konsep muhasabah adalah kerana prinsip keikhlasan. Dalam melakukan muhasabah kita tidak hanya dikehendaki menyemak dan menilai semula 'pencapaian' kita tetapi juga perlu disertai dengan keikhlasan. Gabungan dua elemen ini adalah perlu supaya proses muhasabah yang kita laksanakan lebih tepat, jelas, terperinci dan jujur supaya tindakan susulan dan penambahbaikan yang lebih tepat dapat dihasilkan.

Cuba bayangkan senario ini di mana matlamat yang kita tetapkan dalam suatu proses pembelajaran tidak tercapai. Apa yang perlu dilakukan adalah kita perlu melihat semula apakah kegagalan tersebut disebabkan oleh pendekatan atau kaedah yang digunakan untuk mereka menguasai matlamat tersebut supaya kita dapat mengenalpasti apakah masalah sebenar yang berlaku. Justeru apa yang perlu dicapai dan dikuasai oleh anak didik kita merupakan matlamat utama kepada proses pengajaran pembelajaran tersebut. Oleh itu dalam keadaan sebenar refleksi, penilaian semula, ujian, peperiksaan atau lain-lain cara penilaian perlu dinilai secara seimbang iaitu menilai pencapaian anak didik kita dan juga prestasi kita sebagai pendidik. Sekiranya kita gagal menggunakan proses penilaian tersebut untuk menilai kedua-dua pihak maka kita sebenarnya telah gagal memanfaatkan fungsi pentaksiran yang sebenarnya.

Dalam konteks fungsi pula, Islam telah menjelaskan pentingnya penilaian semula terhadap apa sahaja yang telah kita lakukan sekurang-kurangnya untuk dua kegunaan. Pertama, aktiviti refleksi kita lakukan untuk melihat semula pencapaian yang kita telah hasilkan dan juga yang gagal kita hasilkan. Kedua, dengan maklumat tersebut kita akan memikirkan strategi terbaik supaya apa yang kita harapkan dapat kita capai pada peringkat seterusnya. Sekiranya kita gagal melakukan refleksi tersebut kita juga gagal untuk melihat keberkesanan pendekatan atau strategi yang kita telah gunakan.

Sebagai ibubapa kita perlu memahami proses penilaian semula sebagai suatu keperluan kepada menilai keberkesanan proses mendidik anak-anak kita. Amat jarang diperkatakan fungsi pentaksiran dalam konteks pendidikan di rumah. Di dalam Islam banyak ditunjukkan kepentingan pentaksiran dalam hidup sehari-hari. Setiap individu diajar tentang pentingnya melakukan muhasabah yang harus dilakukan secara berterusan. Ini merupakan asas pentaksiran yang perlu dilakukan di rumah. Sebagai ibu atau bapa kita seharusnya maklum dan sentiasa mengamalkannya. Melalui kesedaran dan kefahaman ini kita akan sentiasa menyemak dan menilai adakah matlamat pendidikan anak-anak kita telah kita capai. Jika tidak dicapai kita perlu menyemak semula pendekatan dan strategi mendidik yang telah kita gunakan samada sesuai ataupun tidak sesuai, berkesan ataupun tidak. Proses muhasabah ini juga membenarkan kita mengubahsuai yang kita telah amalkan dan mencuba pendekatan-pendekatan baru yang lebih baik.

Perlu dinyatakan bahawa dalam perbincangan pentaksiran dan penilaian yang seterusnya ia mencakupi dua perspektif iaitu di sekolah dan di rumah. Untuk memudahkan pemahaman perbincangan sebagai pendidik samada di sekolah mahupun di rumah, proses penilaian dan pentaksiran yang dimaksudkan perlu dilihat sebagai suatu proses yang hampir sama. Perbezaan yang wujud tidak lebih kepada di mana ia dilakukan samada di rumah atau di sekolah, cara mana ia dilakukan, dan matlamat utama ia dilaksanakan. Sebagai perbandingan dinyatakan juga perbincangan dengan merujuk guru yang melaksanakan di sekolah dan ibubapa yang melaksanakannya di rumah. Dengan cara ini kita akan lebih mudah memahami aktiviti pentaksiran yang sebenarnya.

12.2 Pentaksiran Dalam Pendidikan

Secara amnya, penilaian dan pentaksiran dalam pendidikan terdiri daripada pelbagai bentuk. Ini termasuklah bentuk ujian dan penilaian yang bersifat informal dan juga formal. Kadang-kadang kita melaksanakan penilaian secara tidak formal seperti kuiz, ujian kelas, dan lain-lain ujian ringkas untuk menguji dan menilai setakat mana kefahaman anak didik kita tentang topik yang sedang kita ajar. Dan adakalanya kita melaksanakan ujian dan peperiksaan yang lebih formal seperti ujian bulanan dan peperiksaan semester untuk menguji tahap kefahaman dan penguasaan anak didik kita tentang keseluruhan tajuk yang telah kita ajar. Apapun bentuk yang kita lakukan kita perlu faham fungsi dan peranan penilaian dan pentaksiran yang kita gunakan supaya proses pentaksiran tersebut benar-benar mencapai matlamat dan tujuan diadakan.

Dalam perlaksanaannya di sekolah pentaksiran pendidikan mempunyai pelbagai fungsi dan peranan. Ianya bergantung kepada keperluan dan tujuan pentaksiran tersebut dilakukan. Sebagai guru kita perlu mengetahui secara jelas apa peranan dan fungsi pentaksiran tersebut, kenapa dilakukan dan bagaimana dilaksanakan. Sekiranya ia hanya diandaikan sebagai menilai pencapaian anak didik kita, kita tidak berpeluang memperbaiki proses pengajaran pembelajaran secara keseluruhan. Mari kita lihat satu persatu bagaimana pentaksiran pendidikan dilaksanakan di sekolah.

> *Di akhir pengajaran pelajar mampu...*
> - *Memberikan...*
> - *Menjelaskan...*
> - *Menghasilkan...*
> - *Mendemonstrasi...*

Mengukur Penguasaan

Pentaksiran ini merupakan jenis pentaksiran yang paling kerap kita lakukan untuk menilai berapa banyak pembelajaran yang telah dikuasai oleh anak didik kita ataupun peningkatan tahap pengetahuan, kefahaman, dan kemahiran yang diserap oleh mereka. Hasil pentaksiran seharusnya digunakan oleh kita untuk merancang pengajaran seterusnya. Dengan kata lain sebelum boleh melaksanakan pentaksiran kita perlu jelas apakah objektif pengajaran yang telah kita tetapkan. Objektif tersebut tidak harus tertumpu kepada penguasaan pengetahuan dan kemahiran tetapi perlu memastikan bagaimana mereka mempergunakan pengetahuan dan kemahiran tersebut dalam konteks sebenar. Pernyataan yang biasa kita lakukan dapat dilihat pada contoh di sebelah. Pernyataan sebegini sebenarnya mengambil kira pembelajaran pelajar bukan sahaja melalui ujian atau peperiksaan yang dilaksanakan, tetapi juga kesan pendidikan dan psikologi yang ditimbulkan. Hasil penilaian memberi peluang kepada kita mengetahui secara jelas apakah permasalahan yang dihadapi oleh anak didik kita, dan apakah yang diperlukan oleh mereka, samada yang berkaitan dengan topik-topik pembelajaran mahupun yang merujuk kepada bimbingan kepada individu-individu tertentu. Tanpa pentaksiran sebegini kita sukar untuk menentukan pelajar yang mana yang memerlukan bimbingan dan dorongan. Maklumat yang diperolehi juga memberi peluang kepada kita membina keyakinan diri dan meningkatkan kefahaman kita kepada pengajaran kita.

Selain itu kita juga berpeluang membuat pembetulan dan penambahbaikan kepada proses pengajaran pembelajaran kita. Sekiranya objektif pengajaran dianalisis dan dibina dengan tujuan untuk kefahaman dan kemampuan mengaplikasi pengetahuan yang dipelajari berbanding hanya menghafal fakta dan maklumat, pentaksiran akan menjadi panduan yang sangat penting kepada perancangan pengajaran kita dan juga memudahkan kita mempelbagaikan pendekatan pengajaran kita. Yang paling penting menjadikan proses pengajaran pembelajaran sesuatu yang efektif, berkesan, dan berkekalan. Justeru itu pentaksiran perlu dilihat sebagai sebahagian daripada proses pengajaran pembelajaran kita di sekolah.

Kita juga perlu melaksanakan pentaksiran secara berkala dengan tujuan untuk melihat sejauh mana anak didik kita telah berupaya menyerap dan menguasai topik-topik yang diajar ataupun bahagian-bahagian tertentu yang diajar. Dengan itu pentaksiran akan berfungsi sebagai proses peneguhan kepada pembelajaran mereka. Oleh itu pentaksiran seharusnya berkait rapat dengan objektif jangka panjang yang telah ditetapkan dalam kurikulum dan menekankan kepada kefahaman dan aplikasi pengetahuan tersebut berbanding hanya mengingat dan menyatakan semula maklumat pembelajaran.

Kebanyakan sekolah melaksanakan proses ujian dan peperiksaan mengikut bulan dan semester persekolahan. Apa yang penting adalah objektif mengadakan ujian dan peperiksaan tersebut dilaksanakan ditetapkan dengan jelas, tujuan mengadakan, bagaimana hasil laporan digunakan supaya prosedur yang sesuai boleh digunakan. Secara dasarnya proses pentaksiran ditetapkan kepada beberapa tujuan. Pertama, dilaksanakan untuk menilai kemajuan yang dicapai oleh pelajar dalam semua subjek yang dipelajari. Kedua, kadang kala keputusan ujian dan peperiksaan digunakan oleh guru-guru dan ibubapa sebagai perbandingan kemajuan seseorang pelajar atau anak mereka dengan pelajar lain. Sekiranya ini menjadi tujuan diadakan proses pentaksiran tersebut perlu dilaksanakan dengan hati-hati supaya tidak menimbulkan efek sampingan kepada proses pembelajaran mereka.

Ketiga, pada kebiasaannya ujian dan peperiksaan yang dilaksanakan pada penghujung semester atau tahun menyebabkan kita dan anak didik kita memberikan komitmen dan usaha yang tinggi untuk cemerlang. Ini kerana keputusan tersebut akan dijadikan sebagai indikator kepada keberkesanan proses pengajaran pembelajaran. Keempat, pentaksiran tersebut juga mungkin dilaksanakan dengan tujuan untuk membuat pengklasifikasian anak-anak didik kita yang biasanya dapat digunakan untuk menjangka pencapaian mereka pada tahun-tahun berikutnya. Kelima, pentaksiran juga dapat digunakan untuk menilai pelbagai pendekatan dan strategi pengajaran untuk dilaksanakan serta topik atau bahagian mana yang perlu diberi penekanan supaya proses pembelajaran mereka menjadi lebih komprehensif.

Oleh kerana terdapat pelbagai tujuan dan objektif dilaksanakan ujian atau peperiksaan, kita perlu memikirkan yang maklumat daripada ujian dan peperiksaan tersebut memenuhi keperluan yang kita tetapkan. Walaupun tugas guru, terutamanya guru kelas, menentukan prosedur ujian dan peperiksaan memenuhi kriteria dan tujuan sebenar mengadakannya bukan bermakna kita hanya mengambil mudah tujuan mengadakan ujian atau peperiksaan tersebut. Beberapa perkara boleh dijadikan panduan supaya kita dapat melaksanakan ujian dan peperiksaan dengan baik dan berkesan. Dan ini boleh didapati dengan mudah daripada buku-buku berkaitan dengan pentaksiran dalam pendidikan.

Sebagai pendidik kita perlu menyediakan dan jelas apakah objektif pembelajaran yang ingin anak didik kita capai. Kita perlu menyenaraikan dengan jelas apakah objektif pembelajaran atau hasil pembelajaran yang kita ingin mereka capai. Oleh itu kita akan merangka dan membina soalan-soalan dan latihan-latihan yang menjurus kepada pengaplikasian

Taksonomi adalah objektif pendidikan yang dibina berdasarkan kepada keupayaan pelajar untuk melakukan sesuatu kesan daripada proses pengajaran pembelajaran. Idea ini dicadangkan oleh Bloom sejak 1956. Objektif tersebut diorganisasi berdasarkan kepada kekompleksitian matlamat penguasaan yang ditetapkan. Penyusunan objektif in dirancang berdasarkan aras kesukaran tertentu (Rujuk B.S.Bloom, J.T.Hastings & G.F.Madaus (1971).

pengetahuan berbanding hanya ingatan dan hafalan. Taksonomi Bloom boleh membantu dalam menghasilkan soalan-soalan atau latihan-latihan yang perlu berasaskan tahap kesukaran. Ujian atau peperiksaan yang terancang boleh membantu kita menilai pencapaian dan penguasaan pelajar kita berdasarkan keputusan yang diperolehi. Setidak-tidaknya beberapa kesimpulan dan jangkaan boleh dihasilkan daripada keputusan yang diperolehi, seperti menilai penguasaan semasa pelajar dan juga membuat jangkaan prestasi yang akan datang.

Terdapat satu lagi kebimbangan berkenaan dengan ujian dan peperiksaan secara formal iaitu menganggap proses pembelajaran sebagai suatu proses untuk lulus peperiksaan atau ujian. Kesan daripada itu akan mengakibatkan baik kita mahupun pelajar yang kita ajar dan juga ibubapa melihat proses pengajaran dan pembelajaran sebagai suatu usaha untuk lulus. Setiap aktiviti ataupun objektif yang ditetapkan terfokus kepada bagaimana untuk mencapai keputusan yang cemerlanga dalam ujian atau peperiksaan tersebut. Sekiranya ini berlaku matlamat dan ojektif sebenar pendidikan tidak akan menjadi fokus dalam proses pengajaran pembelajaran. Justeru itu Bloom (1956) menyatakan bahawa taksonomi sebagai suatu proses perancangan kursus yang perlu memasukkan pentaksiran sebagai salah satu elemen penting dalam perancangan tersebut.

Beberapa pertimbangan dalam menentukan objektif dilaksanakan pentaksiran perlu difikirkan. Sekiranya pentaksiran tersebut dilakukan dengan tujuan menilai penguasaan objektif pembelajaran, pengetahuan dan kemahiran yang dinilai perlu dikenalpasti secara jelas yang mana menjurus kepada keupayaan mengaplikasi pengetahuan tersebut. Akan tetapi sekiranya pentaksiran tersebut digunakan untuk proses pengukuhan dan merumuskan pembelajaran yang dilaksanakan untuk kegunaan pembelajaran selanjutnya, pentaksiran tersebut perlu merangkumi keseluruhan pembelajaran yang dilaksanakan supaya ianya menjadi asas yang kukuh kepada pembelajaran seterusnya. Namun begitu sekiranya pentaksiran tersebut digunakan untuk menilai prestasi seseorang individu pelajar bagi menentukan prestasi mereka dibandingkan dengan pelajar lain, maklumat tambahan masih lagi diperlukan. Ini kerana pentaksiran berdasarkan hanya kepada hasil ujian dan peperiksaan kadang-kadang membawa kita kepada kesimpulan tentang prestasi pelajar yang kurang tepat. Maklumat-maklumat seperti rekod kemajuan pelajar sepanjang mempelajari tajuk-tajuk tersebut merupakan antara maklumat tambahan yang perlu digunakan. Dengan itu pentaksiran seseorang pelajar akan dapat dilakukan secara lebih komprehensif dan menyeluruh.

Satu lagi pertimbangan yang perlu diberikan perhatian ialah tajuk pembelajaran yang sama tetapi dipelajari oleh pelbagai tahap kebolehan pelajar dan diajar oleh guru yang berbeza. Kebiasaan yang berlaku adalah pelajar-pelajar dinilai berdasarkan soalan-soalan ujian dan peperiksaan yang sama. Mungkin antara tujuannya ialah ingin membuat perbandingan keupayaan setiap pelajar menguasai tajuk-tajuk pembelajaran yang diajar. Secara tidak langsung juga boleh dijadikan panduan melihat kemampuan dan keberkesanan setiap guru yang mengajar. Walaupun diakui tahap keupayaan dan kebolehan yang berbeza, pengujian yang sama memberi peluang perbandingan antara pelajar yang belajar dan guru yang mengajar dilakukan. Sekiranya ini menjadi fokus pentaksiran, pembinaan ujian dan peperiksaan yang ingin dilaksanakan perlu dilakukan secara bersama-sama oleh guru-guru yang mengajar. Walaupun tidak sampai kepada merancang setiap soalan yang ingin ditanyakan secara bersama, setidak-tidaknya perancangan objektif pendidikan yang ditetapkan perlu dirancang secara bersama-sama, termasuklah semasa merancang prosedur melaksanakan ujian atau peperiksaan tersebut.

Setengah-setengah kita mengamalkan pembahagian tugas semasa menyiapkan soalan-soalan tersebut, ataupun ada setengah tempat mengamalkan prinsip giliran. Setiap guru akan melaksanakan tugas menyediakan soalan berdasarkan tajuk yang ditugaskan ataupun giliran yang dikenakan kepada mereka untuk menyediakan soalan. Amalan ini perlu dilakukan dengan hati-hati kerana ianya boleh memberi kesan yang pelbagai. Seperti dinyatakan, prinsip ujian dan peperiksaan mempunyai tujuan dan fungsi yang tertentu. Kebiasaan kita membahagi tugas berdasarkan topik atau sistem giliran boleh menyebabkan proses penilaian objektif pendidikan yang ditetapkan terlepas pandang. Ada ketikanya soalan ujian dan peperiksaan disediakan oleh sebuah urusetia yang berusaha menjadikan ujian atau peperiksaan tersebut sebagai sesuatu yang piawai. Banyak perkara perlu diberi pertimbangan. Sekiranya ini berlaku, selain hanya memenuhi tugasan rutin, ianya juga menyebabkan persepsi kita terhadap ujian atau peperiksaan lebih kepada membanding prestasi semasa pelajar. Bukan bermaksud tidak mempercayaai keupayaan setiap guru yang mengajar, tetapi lebih kepada menjamin proses pencapaian matlamat pendidikan dilaksanakan secara komprehensif.

Satu lagi jenis peperiksaan ialah peperiksaan umum, yang digunakan untuk menilai penguasaan setiap pelajar dibandingkan dengan pelajar lain. Peperiksaan umum ini biasanya digunakan untuk tujuan pensijilan dan juga proses permohonan melanjutkan pelajaran. Selain itu hasil peperiksaan juga boleh digunakan oleh majikan atau pelajar itu sendiri dalam proses mencari pekerjaan. Secara tidak langsung sistem peperiksaan umum ini diterima pakai dalam semua keadaan, untuk melanjutkan pelajaran ataupun mencari pekerjaan. Perancangan peperiksaan seperti ini memerlukan pakar-pakar tertentu yang berkelayakan untuk merancang. Prosedur seperti merancang soalan, penentuan aras kesukaran, penentuan silibus dan kurikulum, proses perlaksaan peperiksaan sehinggalah kepada proses

> *Terdapat empat **Ujian Awam Kebangsaan**:*
>
> 5. *Ujian Penilaian Sekolah Rendah (**UPSR**) diadakan semasa tahun 6 sekolah rendah.*
>
> 6. *Penilaian Menengah Rendah (**PMR**) diadakan semasa tahun 3 sekolah menengah (sekarang diubah kepada Pentaksiran Berasaskan Sekolah – PBS).*
>
> 7. *Sijil Pelajaran Malaysia (**SPM**) diadakan semasa tahun 5 sekolah menengah.*
>
> 8. *Sijil Tinggi Persekolahan Malaysia (**STPM**) diadakan semasa tahun 6 sekolah menengah*

penandaan dan pemberian keputusan, perlu dilakukan secara teliti dan profesional. Dengan lain perkataan prosedur yang standard serta tahap keupayaan yang standard perlu ditetapkan supaya nilai yang dinyatakan memberi gambaran yang tepat tentang keupayaan seseorang pelajar. Pelajar yang dapat cemerlang dalam matematik contohnya, perlu menunjukkan keupayaan yang standard yang telah ditetapkan dan digunakpakai oleh semua. Begitu juga dengan subjek-subjek yang lain.

Suatu perkara yang biasa berlaku yang sentiasa menjadi permasalahan dalam peperiksaan umum sebegini ialah apabila proporsi pencapaian calon yang lulus atau gagal ditetapkan secara statistik sebelum peperiksaan sebenar dijalankan. Walau apapun keadaannya, pelajar-pelajar yang kita ajar yang akan menduduki peperiksaan umum tersebut perlu menyedari dan mengetahui terlebih dahulu silibus yang akan dipertanyakan dalam peperiksaan tersebut supaya proses pengajaran pembelajaran yang akan dilaksanakan selari dengan peperiksaan tersebut.

Apa yang perlu dimaklumi adalah peperiksaan umum tersebut diakui sebagai sesuatu yang standard dan digunapakai oleh semua dalam penilai prestasi dan keupayaan setiap pelajar secara perbandingan. Setidak-tidaknya ianya akan memberikan dorongan dan motivasi kepada semua, termasuk pelajar, guru, ibubapa, sekolah dan juga masyarakat, untuk berusaha mencapai yang terbaik dalam peperiksaan tersebut. Namun begitu sesuatu yang agak bahaya sekiranya tidak diberi pertimbangan yang sewajarnya adalah persepsi pembelajaran sebagai untuk lulus dan cemerlang dalam peperiksaan semata-mata. Kerap kali kita dengar keluhan guru-guru yang menyatakan kesuntukan masa untuk menghabiskan silibus semata-mata untuk memastikan semua topik yang dijangka akan ditanya semasa peperiksaan akan ditanya. Hasilnya proses

> *Pendidikan di Malaysia adalah suatu usaha yang berterusan ke arah memperkembang lagi potensi individu secara menyeluruh dan bersepadu untuk mewujudkan insan yang seimbang dan harmonis dari segi intelek, rohani, emosi dan jasmani berdasarkan kepercayaan dan kepatuhan kepada Tuhan. Usaha ini adalah bagi melahirkan rakyat Malaysia yang berilmu pengetahuan, berketerampilan, berakhlak mulia, bertanggungjawab dan berkeupayaan mencapai kesejahteraan diri serta memberi sumbangan terhadap keharmonian dan kemakmuran masyarakat dan negara –* **Falsafah Pendidikan Kebangsaan** *(FPK)*

pengajaran pembelajaran lebih terfokus kepada aktiviti-aktiviti seperti menjawab contoh-contoh soalan lepas dan seumpamanya.

Kewujudan pusat-pusat tiusyen yang seperti cendawan menambahkan lagi kerencaman tentang matlamat pendidikan tersebut. Tanggapan semua individu yang terlibat dalam proses pendidikan seperti pelajar, guru, ibubapa, pihak sekolah dan juga masyarakat yang menganggap pencapaian objektif pendidikan dinilai berdasarkan peratusan pencapaian semasa peperiksaan umum menjadikan proses pengajaran pembelajaran menjadi 'kaku', tidak inovatif, dan kurang pelbagai. Guru-guru baru terutamanya, akan sentiasa terikat menghabiskan silibus untuk memastikan semua topik diselesaikan tanpa mengambil kira proses, strategi, dan pendekatan yang digunakan. Amat malang sekiranya ini merupakan matlamat utama kepada proses pendidikan yang berlaku di sekolah dan juga di rumah kerana, ianya bertentangan sama sekali dengan matlamat yang telah ditetapkan dalam Falsafah Pendidikan Kebangsaan (FPK) iaitu pembangunan individu yang seimbang dalam semua aspek.

Fokus kepada peperiksaan yang keterlaluan akhirnya menghalang kepada kreativiti seseorang guru untuk berinovasi dalam pengajarannya. Walhal aktiviti yang memfokuskan kepada peperiksaan sekalipun sekiranya ditangani dan difahami dengan baik masih boleh mengaplikasikan kreativiti dalam pengajaran.

Seperkara yang perlu sentiasa diberikan perhatian adalah faktor-faktor lain yang turut mempengaruhi prestasi setiap pelajar dalam ujian atau peperiksaan. Tanpa mengira apa jenis ujian dan peperiksaan diambil, faktor-faktor seperti usaha setiap pelajar, kita sebagai guru dan ibubapa, faktor personaliti, tahap kerisauan semasa peperiksaan, tahap kesihatan, emosional, sosial dan lain-lain faktor yang berkaitan boleh mempengaruhi keputusan peperiksaan yang diambil. Oleh itu keputusan ujian dan peperiksaan yang diambil tidak seharusnya dianggap sebagai petunjuk prestasi yang sebenarnya tentang seseorang pelajar. Begitu juga dengan kesan psikologi dan sosial yang ditimbul daripada peperiksaan tersebut.

Seperti yang kita ketahui, peperiksaan umum biasanya distruktur sedemikian rupa supaya keputusan peperiksaan berada lebih pada Taburan Normal. Taburan sedemikian memberi makna bahawa setiap pelajar yang mengambil peperiksaan tersebut dikategorikan mengikut kemampuan dan merit tertentu masing-masing. Cuma kadang-kadang terdapat antara kita dan sekolah-sekolah yang terlalu mengambil keputusan peperiksaan tersebut sebagai satu-satunya cara menilai kemampuan pelajar. Dengan lain perkataan peperiksaan umum boleh juga dianggap sebagai suatu proses 'social engineering' yang mengklasifikasikan individu dalam masyarakat (dalam hal ini pelajar yang menduduki peperiksaan) kepada status tertentu, yang boleh dan yang tak boleh. Justeru itu ujian dan peperiksaan umum perlu dilihat sebagai suatu proses dan perlu digunakan secara bijaksana supaya proses mengklasifikasikan

Pentaksiran Berasaskan Sekolah (PBS) adalah merupakan salah satu komponen pentaksiran yang dikendalikan oleh pihak sekolah dan pentaksirannya dilaksanakan oleh guru-guru mata pelajaran secara berterusan dalam proses pengajaran dan pembelajaran.

PBS dirancang, ditadbir, diskor dan dilaporkan secara terancang mengikut prosedur yang ditetapkan oleh Lembaga Peperiksaan Malaysia (LPM).

Demi menjamin kualiti pelaksanaan PBS, mekanisme penyelarasan dan pemantauan akan dilaksanakan untuk meningkatkan kebolehpercayaan dan kesahan skor pentaksiran yang dilaksanakan di sekolah.

PBS di peringkat Penilaian Menengah Rendah (PMR) terdiri daripada 5 bentuk iaitu:

i) Projek
j) Kerja Kursus
k) Ujian Lisan Berasaskan Sekolah (ULBS)
l) Pentaksiran Lisan Berasaskan Sekolah (PLBS)
m) Modul

individu pelajar dilakukan dengan sempurna dan tepat, iaitu berdasarkan prestasi semasa mereka yang sebenarnya dan bukan berdasarkan hanya keputusan peperiksaan tersebut. sebab itulah sekarang ini sudah dimulakan suatu usaha yang disifatkan lebih komprehensif iaitu pentaksiran berasaskan sekolah (PBS). Walaupun usaha ini masih awal, ianya sudah menampakkan keperluan kepada pentaksiran yang lebih komprehensif dan menyeluruh dalam kalangan pelajar.

Ujian Diagnosis

Kita sudah membincangkan sedikit berkenaan dengan kegunaan pengujian untuk mengenalpasti atau mendiagnos masalah pembelajaran dalam kalangan pelajar secara individu ataupun kumpulan. Tidak dinafikan ada ketikanya ujian dan pentaksiran digunakan hanya untuk tujuan pengurusan tanpa mengambil kira keperluan mendiagnos, walaupun kita tahu melalui taburan keputusan peperiksaan tersebut masih boleh digunakan untuk menilai keberkesanan sesuatu proses pengajaran dan pembelajaran. Malah penilaian tersebut lebih komprehensif sifatnya kerana kita membuat perbandingan berdasarkan perbezaan pelajar, perbezaan kelas, perbezaan guru, perbezaan negeri dan juga perbezaan ibubapa. Yang terpenting di sini untuk kita sebagai pendidik ialah mengenalpasti seberapa cepat dan tepat yang boleh bahagian-bahagian pembelajaran yang sering bermasalah, samada topik tertentu, bahagian atau tajuk-tajuk yang dihadapi oleh individu pelajar kita. Contohnya, ada antara anak didik kita yang didapati menghadapi masalah dalam kemahiran membaca, maka mereka menghadapi masalah dalam peperiksaan tersebut dan mendapat keputusan yang tidak baik. Kadang-kadang mereka tidak mahir membaca kerana disebabkan masalah kemahiran mengenal huruf, ataupun tidak mempunyai strategi yang baik dalam membaca.

Begitu juga kalau kita lihat dalam subjek matematik yang mana terdapat ramai pelajar keciciran hanya disebabkan mereka tidak dapat memahami konsep matematik dengan jelas. Justeru strategi mengenalpasti masalah sebenar yang menjadi punca kepada kegagalan seseorang pelajar perlu difikirkan supaya proses mentaksir prestasi pelajar dilakukan secara sempurna. Dengan lain perkataan proses mendiagnos memberikan kita peluang mengenalpasti permasalahan sebenar yang dihadapi oleh pelajar jika dikaitkan dengan keputusan dalam peperiksaan supaya kita boleh merangka strategi dan tindakan susulan bagi mengatasi masalah tersebut.

Kita sebenarnya boleh merancang dan melaksanakan sendiri ujian kelas bagi mengenalpasti kebolehan semasa pelajar kita berkenaan dengan subjek yang kita ajar. Melalui ujian yang dijalankan tersebut kita boleh mendekati dan melihat sendiri apakah masalah sebenar yang dihadapi oleh pelajar kita. Setelah kita dapat melihat sendiri dan mengenalpasti permasalahan yang dihadapi oleh pelajar, kita boleh merancang proses pengajaran dan pembelajaran kita mengikut keperluan mereka. Oleh itu pendekatan dan strategi yang kita akan gunakan berkait langsung dengan keperluan pelajar kita. Sekiranya mereka menghadapi masalah pemahaman konsep matematik, maka kita akan memberi tumpuan pengajaran pembelajaran kita kepada penguasaan konsep matematik sebelum mengajar tajuk-tajuk yang lebih kompleks. Oleh itu diagnosis dalam pendidikan bolehlah dikatakan sebagai sesuatu yang penting dan juga suatu proses penilaian dan pentaksiran yang perlu sentiasa dilaksanakan secara berterusan dalam pengajaran pembelajaran.

Namun begitu ada ketikanya kita perlu menilai proses pentaksiran dalam perspektif yang berbeza iaitu apabila ianya berkaitan dengan kemampuan kita melaksanakan proses pentaksiran tersebut yang masih rendah dan fasiliti yang masih tidak mencukupi ataupun permasalahan pembelajaran yang terlalu kompleks yang tidak boleh hanya menggunakan hasil keputusan ujian atau peperiksaan umum. Proses diagnosis pada situasi sebegini memerlukan kesedaran dan kefahaman kita bahawa ada ketikanya pelajar kita memang memerlukan keperluan-keperluan khas dalam proses pembelajaran mereka.

Kerap kali kita terlepas pandang akan keadaan ini hanya kerana kesibukan kita mengajar atau kekangan masa dan membiarkan pelajar menghadapi kesukaran dalam pembelajaran secara bersendirian. Sekiranya ini berlaku pelajar tersebut semakin tercicir dan masalah pembelajaran mereka semakin berat. Banyak kajian mendapati kita dan juga sekolah kadang-kadang tidak peduli berkenaan dengan keperluan khas pelajar-pelajar kita. Malah amat jarang sekolah mengadakan ujian kemahiran membaca dalam kalangan pelajar-pelajarnya. Kemahiran membaca pula sebenarnya memang diakui boleh dijadikan sebagai diagnosis awal kepada kesukaran dan permasalahan dalam pembelajaran kerana ianya boleh menjadi punca kepada prestasi dan pencapaian pelajar yang rendah.

Sebenarnya terdapat banyak bahan rujukan di pasaran berkenaan dengan prosedur ujian diagnostik yang boleh kita perolehi dengan mudah. Garis panduan yang dicadangkan dalam buku-buku tersebut biasanya disertakan dengan contoh-contoh spesifik yang merupakan contoh sebenar yang membolehkan kita memperoleh sedikit idea dan panduan bagaimana melaksanakan ujian diagnostik yang baik kepada subjek yang kita ajar. Cadangan-cadangan latihan yang disertakan biasanya mudah diikuti dan diaplikasi dalam konteks pengajaran kita. Setelah kita mengenalpasti permasalahan pembelajaran pelajar kita melalui tugasan dan latihan yang dicadangkan barulah kita dapat merancang proses pembelajaran kita dengan lebih terfokus dan terancang. Yang jelas lebih awal kita lakukan ujian diagnostik tersebut adalah lebih baik kerana kita dapat mengenalpasti permasalahan lebih awal dan tidak menghadapi terlalu banyak kesukaran semasa pengajaran kelas kerana sudah dikenalpasti sejak awal. Yang penting di sini adalah kesediaan kita untuk menambah pengetahuan melalui pembacaan dan perbincangan serta kesediaan kita untuk melaksanakan ujian diagnostik tersebut.

Selain itu kita juga perlu mengenalpasti kemudahan-kemudahan yang dimiliki oleh sekolah kita dan juga keperluan-keperluan khusus berkaitan dengan kemahiran melakukan aktiviti diagnostik. Sekiranya sekolah kita tidak mempunyai kemudahan-kemudahan yang diperlukan kita perlu memikirkan bagaimana kekurangan tersebut boleh diatasi supaya proses diagnostik dapat dilaksanakan. Pada masa yang sama sekiranya permasalahan melaksanakan ujian diagnostik berkaitan dengan kemahiran kita melakukannya maka usaha mencari maklumat tambahan seperti membaca, mendapatkan bahan-bahan rujukan, ataupun mengikuti kursus dan bengkel sekiranya perlu kita lakukan. Ini kerana kepentingan melakukan ujian diagnostik yang sememangnya merupakan aktiviti berterusan yang perlu dilakukan semasa proses pengajaran pembelajaran yang tidak hanya dilakukan apabila sesuatu masalah timbul atau dikenalpasti.

Pentaksiran Kebolehan dan Bakat

Dalam proses menilai seseorang pelajar, sekiranya semua usaha dan aktiviti penambahbaikan telahpun dilakukan dan mereka masih lagi tidak menunjukkan peningkatan dalam prestasi dan keupayaan, mungkin penilaian tentang potensi keupayaan mereka untuk belajar boleh juga dilakukan. Sekiranya pelajar yang kita uji dan nilai tidak menunjukkan keupayaan untuk belajar maka kaedah-kaedah tertentu bolehlah difikirkan untuk dilakukan. Dalam keadaan ini bantuan daripada pakar psikolog pendidikan yang berkelayakan boleh digunakan untuk membantu kita menentukan apakah tindakan dan usaha yang lebih sesuai untuk kumpulan pelajar sebegini.

Pakar psikologi juga boleh membantu kita menentukan apakah jenis ujian psikologi yang boleh dilaksanakan untuk menilai keupayaan pelajar tersebut. Memandangkan pakar psikologi lebih memahami apakah jenis ujian yang boleh digunakan dan apakah makna daripada hasil ujian tersebut, maka kita sebagai guru tidak perlu untuk memahami bagaimana ujian tersebut dijalankan tetapi cuba memahaminya dengan bantuan pakar psikologi tersebut. Ini kerana ada ketikanya hasil ujian psikologi menunjukkan sesuatu yang masih tidak jelas, maka setidak-tidaknya bantuan daripada pakar ini membolehkan kita menentukan apakah maklumat tambahan yang perlu dicari untuk memahami permasalahan pelajar dengan lebih jelas dan tepat. Sebagai contoh dapat kita lihat daripada jenis data yang diberikan oleh pakar psikologi tersebut. Ada ketikanya mereka memberikan kita nilai skor ujian IQ pelajar bermasalah tersebut. Akan tetapi nilai skor tersebut tidak banyak membantu kita dalam memahami permasalahan sebenar pelajar kita kerana nilai tersebut tidak boleh memberikan makna samada skor yang rendah berkaitan dengan motivasi pelajar, ataupun permasalahan dalam bahasa pelajar, ataupun sesuatu yang berkaitan dengan masalah kesihatan yang dialami. Oleh itu maklumat tambahan masih perlu dicari supaya kita dapat memahami permasalahan yang dihadapi dengan lebih jelas.

Memandangkan negara kita masih tidak mempunyai kepakaran psikologi pendidikan yang boleh membantu dalam menilai permasalahan pelajar daripada perspektif psikologi maka kita perlu memahami sedikit sebanyak kemahiran tersebut supaya dapat membantu kita melaksanakannya. Dengan kesungguhan dan kesedaran yang tinggi kita boleh menambah kefahaman melalui pembacaan ataupun kursus-kursus tertentu supaya kita lebih mempunyai pilihan dan alternatif dalam mendapatkan maklumat yang lebih komprehensif berkenaan dengan pelajar kita.

12.3 Beberapa Teknik Pentaksiran Pendidikan

Pelbagai teknik dan pendekatan yang boleh digunakan semasa melaksanakan pentaksiran dalam pendidikan. Banyak buku sekarang ini mencadangkan pelbagai teknik dan kaedah dalam pentaksiran pendidikan. Kebanyakan memberikan panduan yang terperinci berkenaan proses pentaksiran pendidikan, bagaimana dilaksanakan, serta proses terperinci melaksanakannya (lihat Thomas P. Hogan. (2007). *Educational Assessment: A Practical Introduction.* Hoboken, NJ: John Wiley & Sons; Mohd Najib Ghafar. (1997). *Pembinaan dan Analisis Ujian Bilik Darjah.* Skudai, Johor: UTM.). Apapun jenis sumber yang digunakan sebagai guru kita perlu mengenalpasti keperluan, objektif dan tujuan melaksanakan pentaksiran tersebut kepada pelajar-pelajar kita.

Pengamatan Subjektif Guru

Secara sedar atau tidak sedar kita sentiasa melakukan penilaian dan pengamatan subjektif berkenaan pelajar-pelajar kita. Maknanya kita sentiasa membuat penilaian dan kesimpulan tentang keupayaan, kebolehan, personaliti, dan tingkah laku pelajar kita sepanjang kita bersama dengan mereka, mengajar dan belajar. Walaupun pendekatan ini agak sukar terutamanya dalam menentukan dengan tepat bagaimana kita boleh menilai pelajar kita, kita masih boleh menjadikannya sebagai suatu

*Minda kita boleh dikenali berdasarkan tahap-tahap tertentu. Banyak ahli psikologi menyatakan minda kita terbahagi kepada tiga yang utama iaitu minda sedar, minda separa sedar, dan minda tidak sedar. **Minda sedar** bermakna sesuatu perkara yang sedang kita fikirkan secara sengaja. **Minda separa sedar** bermakna sesuatu perkara yang berkaitan dengan sesuatu perkara yang sedang kita fikirkan tetapi belum diperlukan pada masa itu. **Minda tidak sedar** berkaitan dengan perkara-perkara atau maklumat yang kita simpan di dalam otak.*

maklumat tambahan. Minda separa sedar kita sentiasa berusaha memahami pelajar kita dengan mengumpul segala pengalaman semasa mengajar mereka dan menyimpannya sebagai maklumat tentang mereka, sehingga satu ketika kita mulai membina sesuatu jangkaan dan harapan berkenaan mereka. Cuma dalam banyak keadaan jangkaan dan harapan kita tentang pelajar kita tidak menjadi kenyataan, ataupun tidak tepat. Walaupun demikian, proses penilaian seperti inilah yang sentiasa kita lakukan, terutamanya dalam kehidupan sehari-hari, berkenaan dengan interaksi dan tingkah laku dalam hidup. Begitu juga yang berlaku semasa di dalam bilik darjah seperti yang dinyatakan tadi.

Sungguhpun demikian pentaksiran subjektif guru perlu dilaksanakan dengan hati-hati dan mempunyai matlamat yang jelas supaya proses penilaian tersebut dilakukan seobjektif yang mungkin yang tidak dipengaruhi oleh prasangka, persepsi, dan juga penilaian awal yang berdasarkan logikal kita dan tidak berdasarkan kepada pengamatan yang mendalam. Ini bagi membolehkan kita merangka aktiviti pengajaran dan pembelajaran yang lebih konstruktif untuk membantu mereka dalam proses pembelajaran. Beberapa contoh pentaksiran yang dilakukan tanpa kawalan dan pertimbangan yang tepat adalah seperti mudah menerima pandangan guru-guru lain tentang pelajar kita yang mungkin tidak tepat, menerima dan memberi 'label' kepada pelajar kita dengan sesuatu label yang tidak sesuai seperti 'malas', 'tidak pandai', 'bermasalah' dan seumpamanya.

Banyak kajian menunjukkan pengaruh melabel dan persepsi guru terhadap pelajar yang mempengaruhi cara mana mereka merancang proses pengajaran dan pembelajaran yang biasanya dipengaruhi oleh perkara-perkara seperti latar belakang keluarga, etnik, agama, dan mungkin juga jantina. Kadang kala kita juga cenderung memberikan label atau persepsi tentang pelajar kita berdasarkan perbandingan mereka dengan adik beradik yang berada di sekolah berkenaan. Kalau bagus adik atau abang atau kakak maka akan baguslah pelajar kita. Anggapan ini sebenarnya boleh mendatangkan kualiti pentaksiran yang rendah dan tidak tepat berkenaan pelajar kita. Anggapan seperti ini bukan sahaja mengundang sesuatu yang negatif berkenaan penilaian kita tentang pelajar tersebut malah kita mulai lupa tentang perbezaan yang wujud dalam kalangan individu. Setiap individu mempunyai kebolehan dan personaliti yang tersendiri. Malah kerap juga berlaku bukan sahaja di sekolah tetapi juga di rumah di mana ada pelajar yang disisihkan atau dianggap seperti lebih rendah berbanding adik beradik yang lain, yang mana akhirnya boleh menimbulkan kesan-kesan sampingan lainnya seperti aspek motivasi, rendah diri, estim kendiri yang rendah dan lain-lain kesan psikologikal.

Oleh itu, pentaksiran subjektif guru perlu dilakukan dengan penuh hati-hati dan dalam keadaan sedar supaya apa yang kita lakukan dapat digunakan dengan sebaiknya dan tepat berkenaan dengan penilaian tentang pelajar-pelajar kita. Walaupun pentaksiran sebegini dianggap sebagai suatu aktiviti dan proses yang universal, kita masih perlu memastikan setiap pertimbangan disokong oleh maklumat dan bukti-bukti yang benar dan jelas. Ini kerana pentaksiran ini terikat dengan kesilapan dan kekurangan, maka kita masih memerlukan maklumat tambahan supaya pentaksiran yang dibuat memang benar berkenaan dengan pelajar-pelajar kita dan bukan hanya berdasarkan andaian ataupun tafsiran semata-mata.

Ujian Sediaan Guru

Selain pentaksiran subjektif yan dinyatakan, kita juga boleh melakukan pelbagai jenis ujian yang kita bangunkan sendiri. Beberapa contoh pengujian yang boleh dilakukan termasuklah ujian-ujian lisan atau perbualan, ujian-ujian bertulis ringkas, ataupun latihan-latihan yang diberikan semasa di dalam kelas atau sebagai kerja rumah untuk melihat samada pelajar telah dapat menguasai objektif pembelajaran yang ditetapkan ataupun tidak. Apa yang penting ialah kita perlu memastikan apakah matlamat mengadakan penilaian-penilaian tersebut dan apakah maklumat yang kita perlukan semasa melakukannya. Sekiranya kemahiran-kemahiran tertentu yang ingin dinilai maka ujian yang disediakan perlulah berkaitan dengan kemahiran tersebut. Contoh mudah yang boleh kita lihat ialah semasa kita menilai kemahiran pelajar dalam melakukan servis pada enjin kenderaan dalam subjek automotif. Ujian yang biasa kita lakukan seharusnya boleh menilai samada pelajar mampu melakukan servis tersebut secara lisan, bertulis dan juga secara praktikal. Ini setidak-tidaknya dapat memberi peluang kepada pelajar untuk mendemonstrasi kemahiran mereka.

Soalan-soalan dalam peperiksaan biasanya memerlukan pelajar mengingat semula semasa menyelesaikan masalah yang diberi dan seharusnya dilakukan secara berterusan semasa proses pengajaran pembelajaran berlangsung. Bukan tujuan untuk menyatakan bahawa jenis soalan sebegini tidak boleh ditanyakan dalam peperiksaan akan tetapi perancangan yang lebih teliti perlu dilakukan terutamanya dalam menentukan kualiti dan aras kesukaran soalan yang diberikan (*Taksonomi Bloom boleh dijadikan panduan semasa menentukan aras yang bersesuaian untuk ditanyakan dalam peperiksaan*). Justeru sekarang ini banyak terdapat cadangan berkenaan kaedah penilaian yang dikatakan lebih komprehensif dalam menilai pelajar (beberapa kaedah ujian yang dicadangkan termasuklah ujian autentik, portfolio, buku scrap, dan seumpamanya). Dengan lain perkataan apapun tahap kebolehan pelajar yang kita ajar boleh kita nilai dengan menggunakan kaedah penilaian yang bersesuaian.

Ada juga penilaian yang dilaksanakan dengan memberikan peluang kepada pelajar untuk menunjukkan kebolehan mereka melalui ujian dengan baik dan berkesan. Peperiksaan dan ujian perlu dilihat sebagai proses berterusan untuk mengukuhkan penguasaan bidang dan subjek. Suatu perkara yang menarik untuk dibincangkan ialah keupayaan kanak-kanak untuk belajar matematik dalam konteks kehidupan sehari-hari mereka. Aktiviti seperti bercerita tentang pengalaman berbelanja di pusat membeli belah, barang yang dibeli, berapa harga dan jumlah yang kena bayar untuk mereka menguasai prinsip-prinsip tolak dan tambah dalam matematik. Dengan menggabungkan kehidupan sehari-hari ke dalam pembelajaran subjek matematik memberi kesan yang mendalam kepada minat dan kecenderungan kanak-kanak untuk mempelajari dan menguasai matematik.

Selain itu aktiviti tambahan seperti berlakon sebagai ibu atau bapat atau abang atau kakak yang sedang berbelanja di pusat membeli belah tersebut juga boleh merangsang mereka untuk melihat proses pembelian tersebut dalam pelbagai perspektif. Penilaian juga dapat dilakukan dengan memberi peluang kepada pelajar untuk melalui pengalaman melakukan ujian dengan cara 'open book'. Kaedah ini memberi peluang kepada pelajar untuk menggunakan peralatan dan kemudahan tertentu semasa melakukan eksperimen, ujikaji, serta menghasilkan laporan proses eksperimen tersebut. Setidak-tidaknya kita boleh memikirkan pelbagai kaedah pentaksiran selain daripada kaedah yang tradisional seperti soalan-soalan penulisan, ataupun berbentuk deskriptif esei sahaja. Justeru penyediaan pentaksiran bersesuaian perlu mengambil kira objektif pendidikan yang telah ditetapkan.

Setelah kita menentukan bagaimana proses pentaksiran akan dilaksanakan kita perlu juga memastikan proses penandaan dan penilaian keputusan dilakukan dengan efisien dan tidak terlalu mengambil masa yang lama. Penyediaan skema pemarkahan contohnya perlu mengambil kira pelbagai aspek seperti kekangan, kesahan dan kebolehpercayaan proses penandaan. Banyak kajian menunjukkan contohnya dalam ujian bersifat deskriptif esei, sering menghadapi masalah seperti kesahan dan ketekalan. Dua penanda berbeza biasanya menghasilkan hasil penandaan yang berbeza. Sebagai guru kita perlu mengambil kira semua perkara yang berkaitan yang boleh mempengaruhi kesahan dan ketekalan setiap pengujian yang kita laksanakan. Kecuali ujian objektif, ujian subjektif perlu memikirkan kaedah yang standard yang boleh digunapakai oleh semua penanda yang terlibat. Ini kerana bagi memastikan kita menghasilkan hasil pentaksiran yang standard terutamanya semasa membandingkan pencapaian pelajar. Oleh itu dimaklumi tentang kepentingan ujian yang disediakan guru dalam membantu proses penguasaan subjek yang dipelajari oleh pelajar. Ini kerana dapat mempengaruhi motivasi dan kecenderungan mereka untuk terus belajar.

Ujian Objektif

Ujian ini boleh dikategorikan sebagai suatu ujian yang lebih tepat dari segi pilihan jawapan yang diberikan oleh guru, lebih adil dan mudah untuk ditanda, serta memberi peluang kepada guru untuk mengaitkan objektif pembelajaran pelajar secara

*Rasional sesuatu kajian dapat menerangkan perkara-perkara berikut **kecuali***

A. *Sumbangan terhadap perkembangan keilmuan sejagat*

B. *Menjelaskan polisi-polisi sosial dan jenis tindakan yang boleh diambil*

C. *Memfokuskan kepada isu-isu terkini dan meninggalkan isu-isu lampau*

D. *Memenuhi dan memainkan peranan terhadap perkembangan masyarakat*

langsung dengan soalan yang ditanya di dalam sesuatu ujian (lihat contoh soalan objektif di bawah). Ujian ini juga lebih mudah untuk menguji pelajar mengingat semula pengetahuan pembelajaran yang dipelajari sebagai tanda adakah mereka telah dapat memahami ataupun menguasai konsep dan maklumat pembelajaran yang telah mereka pelajari. Proses ini kerap dilakukan untuk menilai kemampuan pelajar dalam satu-satu subjek dan kemahiran. Soalan-soalan disusun sedemikian rupa supaya dapat menguji pencapaian objektif pembelajaran serta mengukur setakat mana pelajar telah menguasai kemahiran dan objektif yang telah ditetapkan. Biasanya akan diwujudkan 'bank item' sebagai satu cara untuk mengorganisasi dan menyimpan soalan-soalan yang telah dibina dan dikeluarkan semasa ujian sebagai rujukan untuk ujian-ujian yang akan datang.

Pernyataan berbunyi "Mengenal pasti persepsi pelajar tentang pengajaran Sains dan Matematik dalam Bahasa Inggeris" adalah sesuai untuk

A. *hipotesis kajian*
B. *objektif kajian*
C. *persoalan kajian*
D. *pernyataan masalah*

Terdapat pelbagai bentuk bagaimana soalan objektik dibina dan cara menjawabnya. Yang paling umum dikenali sebagai soalan aneka pilihan yang merupakan soalan yang dibina dan disertakan dengan pilihan jawapan, biasanya terdapat 4 atau 5 pilihan jawapan. Calon perlu memilih jawapan yang paling tepat dan menanda jawapan mereka samada membulatkan ataupun menghitamkan di dalam kertas jawapan (OMR) yang disediakan (lihat contoh soalan di sebelah). Soalan jenis ini agak mudah kerana ianya bertanyakan tentang maklumat sesuatu perkara. Calon hanya dikehendaki mengingat semula maklumat atau perkara yang pernah dipelajari. Soalan berikut agak lebih mencabar dengan aras kesukaran (rujuk taksonomi Bloom sebelum ini berkenaan dengan aras kesukaran dalam membina item ujian)

Sesuatu kajian biasanya memfokuskan kepada isu-isu terkini dan meninggalkan isu-isu lampau.

Betul/Salah

yang lebih tinggi iaitu calon perlu menganalisis permasalahan yang diberikan.

Terdapat juga soalan yang memerlukan calon menjawab "betul" atau "salah" sebagai pilihan jawapan mereka. Soalan jenis ini dimulakan dengan memberi sesuatu pernyataan dan diikuti dengan pilihan jawapan "betul" atau "salah." Suatu kesalahan umum yang biasa dilakukan oleh pelajar ialah meneka jawapan. Salah satu cara yang boleh dilakukan untuk mengurangkan kecenderungan pelajar daripada meneka jawapan, kita boleh bertanyakan beberapa soalan dalam topik yang sama tetapi dalam bentuk yang berbeza-beza.

Tuliskan nombor pilihan jawapan yang sesuai daripada senarai pilihan yang diberikan untuk melengkap pernyataan yang diberikan.

Denggi berpunca daripada

_____

Kolesterol boleh menyebabkan

_____

1. Serangan jantung
2. Nyamuk aedes

Terdapat juga soalan yang memerlukan calon melengkapkan soalan yang diberikan dengan cara menggabungkan pilihan jawapan kumpulan 1 dengan pilihan jawapan kumpulan 2. Berikut contoh soalan yang boleh disediakan oleh guru berdasarkan jenis soalan sebegini.

Satu lagi bentuk soalan yang hampir menyamai bentuk soalan ini adalah soalan padanan. Pelajar perlu memadankan senarai pernyataan yang diberikan dengan senarai pilihan padanan yang sesuai sebagai jawapan pilihan mereka.

Ada juga jenis soalan yang memerlukan pelajar memberikan label pada diagram yang diberikan. Sebagai contoh soalan yang ingin melihat kefahaman pelajar tentang prinsip-prinsip mekanikal yang dipelajari seperti di bawah:

Apakah arah putaran roda X sekiranya roda Y diputar mengikut arah
putaran jam. Tunjukkan arah putaran tersebut dengan melukiskan anak
panah pada roda X.

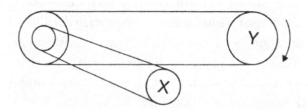

   Apapun bentuk dan jenis soalan objektif yang ingin kita bina
perlu dimaklumi bahawa matlamat utama memberikan ujian
objektif adalah untuk menilai pencapaian hasil pembelajaran yang
telah kita tetapkan. Justeru kita digalakkan untuk mempelbagaikan
bentuk ujian yang ingin kita laksanakan supaya maklumat tentang
penguasaan dan kefahaman pelajar yang kita ajar benar-benar
dapat diuji dan dinilai. Ini kerana walaupun soalan objektif sering
dikatakan boleh menilai kemahiran dan kefahaman pelajar dengan
lebih tepat dan objektif, sering juga berlaku di mana penilaian
secara komprehensif tentang kemampuan dan penguasaan
kemahiran subjek yang diajar secara menyeluruh gagal diperolehi.
Setidak-tidaknya pelajar perlu memahami fungsi ujian objektif
yang dilaksanakan sebagai suatu proses berterusan untuk menilai
perkembangan pembelajaran yang diikuti baik oleh guru yang
mengajar mahupun mereka sendiri.

Pentaksiran Berterusan

   Seperti dikatakan di awal perbincangan, Islam telah
menyatakan dengan jelas pentingnya proses muhasabah kepada
setiap individu dan ia perlu dilakukan sepanjang masa. Secara
jelas aktiviti muhasabah bukan aktiviti yang dilakukan secara
sekali sekala tetapi secara berterusan. Ini bertujuan untuk menilai
'pencapaian' kita selama ini. Dengan mengekalkan konsep yang

sama proses menilai penguasaan dan kemahiran pelajar semasa mempelajari sesuatu subjek perlu dilakukan sepanjang masa. Sebab itu dicadangkan sistem pentaksiran berterusan. Proses ini biasanya meliputi penyimpanan rekod kemajuan dan prestasi dalam latihan-latihan dan ujian-ujian yang dilalui. Namun begitu penyimpanan rekod ini tidak seharusnya sebagai penyimpanan data tentang gred dan markah semata-mata, tetapi perlu mengandungi komen-komen tentang kesukaran-kesukaran yang dihadapi, kekuatan-kekuatan tertentu, bakat dan juga lain-lain maklumat yang berkaitan.

Sebagai guru kita juga perlu memastikan rekod tersebut juga menganduni komen-komen yang kita buat berdasarkan pengamatan yang kita lakukan sepanjang masa. Matlamat utama selain daripada penyimpanan rekod dan fail, adalah juga tentang rekod peribadi setiap pelajar berkenaan dengan proses pembelajaran yang mereka lalui, dan terus digunakan sepanjang mereka belajar. Untuk memastikan data dan maklumat yang dikumpul sentiasa kemas kini dan tepat, kita perlu memastikan setiap hari catatan rekod kemajuan dan pembelajaran pelajar kita dilakukan demi memastikan tiada pelajar yang terlepas pandang. Beberapa minit adalah diperlukan untuk membolehkan kita melakukan aktiviti ini setiap hari.

Secara umumnya pentaksiran ini mempunyai matlamat jangka panjang. Kemampuan dan kebolehan pelajar dapat dinilai secara lebih komprehensif dan tepat terutamanya berkenaan dengan kepintaran, sikap, personaliti, trait serta segala keputusan berkenaan dengan melanjutkan pelajaran ataupun pemilihan kerjaya dapat dilakukan dengan lebih tepat dan menyeluruh. Dengan lain perkataan, pentaksiran berterusan tidak seharusnya merupakan senarai semak sahaja tetapi segala maklumat berkenaan dengan proses pembelajaran pelajar termasuklah ujian-ujian, latihan-latihan, peperiksaan, komen-komen, cabaran-cabaran, dan juga maklumat tentang potensi-potensi tertentu untuk meningkatkan kemahiran dan kemampuan. Justeru kesedaran kita sebagai guru untuk memastikan rekod prestasi dan kebolehan pelajar kita disediakan dengan lebih komprehensif dan sepenuh hati supaya dapat dijadikan sebagai bahan rujukan dan panduan dalam menilai mereka yang boleh dikongsi bersama dengan pelajar, ibubapa mereka dan juga orang-orang yang berkaitan.

Laporan Sekolah

Perkembangan anak didik kita di sekolah sebenarnya bukan milik sekolah semata-mata. Ini kerana mengambil kira mereka sebagai aset yang perlu dikembangkan secara bersama-sama. Oleh itu setiap antara kita yang berkaitan seperti guru-guru, ibubapa, adik beradik, dan juga masyarakat perlu mengambil tahu perkembangan mereka tanpa mengira di mana mereka berada. Dalam konteks sekolah terdapat laporan yang sentiasa dikeluarkan oleh pihak sekolah dalam bentuk bertulis. Laporan sekolah ini merupakan satu lagi laporan yang sangat bermanfaat dan penting kepada pemahaman pembelajaran pelajar. Selain kita sebagai guru yang sememangnya memerlukan maklumat ini, ini juga merupakan hak kepada setiap ibubapa untuk mengetahui dan memahami perkembangan pembelajaran dan diri anak-anak mereka. Sebagai guru kita perlu memastikan maklumat-maklumat perkembangan pelajar ini dikongsi bersama dengan ibubapa mereka supaya mereka dapat memahami dan mengetahui setakat mana anak mereka berkembang dan belajar, apakah masalah-masalah yang dihadapi serta lain-lain keperluan berkaitan dengan proses pembelajaran mereka di sekolah.

Tidak hanya memberikan maklumat perkembangan pelajar berdasarkan gred dan peratus kelulusan, ataupun perbandingan dengan pelajar-pelajar lain di dalam kelas atau tingkatan, kita perlu memastikan maklumat tentang kemajuan tersebut selengkap dan informatif yang mungkin. Ini sangat penting memandangkan masa yang ibubapa miliki untuk berbincang dan berkongsi masalah secara langsung dengan kita dan pihak sekolah. Perkataan-perkataan umum seperti "keputusan yang baik", "teruskan usaha", "keputusan yang cemerlang tingkatkan usaha", "masih banyak kelemahan perbanyakkan latihan", "syabas keputusan anda cemerlang", "banyakkan membaca" dan seumpamanya kadang kala tidak banyak memberikan maklumat terperinci tentang perkembangan belajar dan diri pelajar. Justeru maklumat yang lengkap dalam semua segi sangat diperlukan bagi memperoleh kefahaman tentang gambaran sebenar prestasi dan kemajuan pelajar.

Walaupun diakui tugas menghasilkan laporan yang lengkap dan informatif agak memakan masa dan memerlukan kesungguhan kita, maklumat yang akan kita hasilkan akan dapat mengelakkan kita daripada hanya terfokus kepada mencari kelemahan dan kesalahan pelajar kita dan meletakkan kejayaan dan kegagalan pelajar kita seratus peratus berpunca daripada mereka. Apa yang jelas laporan ini akan membolehkan kita melihat kemajuan pelajar kita dalam perspektif yang lebih komprehensif dan tepat, apa kemajuan yang telah dicapai, serta apakah usaha-usaha atau aktiviti susulan yang boleh diambil untuk membantu mereka maju dengan lebih baik lagi. Contoh sebuah perenggan dalam laporan seperti di bawah mungkin boleh memberikan gambaran dan idea bagaimana laporan sekolah tersebut boleh dihasilkan:

Sekolah Rendah

"Siti masih lagi menghadapi masalah untuk membaca tetapi telah bekerja keras pada semester ini dan sekarang sudah mulai boleh membaca dan menghayati cerita pendek, terutamanya apabila dia diberikan galakkan. Kemajuan Siti boleh dipertingkatkan lagi sekiranya Tuan/Puan dapat meluangkan masa selama beberapa minit setiap hari bersama dia untuk mendengar dia membaca cerita daripada buku yang saya pinjamkan kepada dia, dan juga berbincang dengan dia tentang apa yang telah dia baca. Saya juga mengalu-alukan perbincangan mengenai perkembangan kemahiran membaca Siti pada bila-bila masa yang Tuan/Puan selesa."

Sekolah Menengah

"Ahmad masih lagi menghadapi masalah dalam topik trigonometri dalam mata pelajaran matematik. Namun begitu dia telah bekerja keras semasa mempelajari topik tersebut dan saya dapati dia mempunyai potensi yang besar dalam mempelajari bukan sahaja topik tersebut tetapi juga mata pelajaran matematik secara umumnya. Kesungguhan dia yang sentiasa bertanya dan berbincang dengan saya berkenaan dengan latihan dan tugasan yang boleh dia lakukan untuk menguasai topik tersebut menunjukkan bukti tentang kebolehan Ahmad. Akan tetapi saya dapati dia tidak mempunyai kesediaan untuk bertanya dan berbincang dengan rakan-rakan di dalam kelasnya semasa belajar. Saya rasa dia mempunyai sedikit rasa malu atau kurang yakin apabila berbincang topik yang dipelajari tersebut. setelah bertanya saya dapati dia tidak selesa bertanya rakan sekelas apabila dia tidak dapat menyelesaikan tugasan latihan yang diberi. Saya dapati dia bukan tidak boleh belajar topik tersebut tetapi perlu memastikan diri dia supaya mampu berinteraksi dengan lebih mesra dengan kawan-kawan sekelasnya, terutamanya yang mempunyai kemahiran tinggi dalam mata pelajaran matematik. Saya sangat mengalu-alukan perbincangan dan perkongsian maklumat berkenaan dengan pembelajaran pelajar Ahmad pada bila-bila masa yang Tuan/Puan selesa".

Dengan lain perkataan kegagalan kita untuk memenuhi keperluan dan melayani kehendak pelajar, ibubapa secara tidak langsung boleh menggambarkan kita tidak menghargai profesion kita sebagai guru. Justeru kesungguhan dan kefahaman tentang tanggungjawab kita terhadap profesion kita sebagai guru adalah sangat penting demi memastikan kita dapat melaksanakan tugas mentaksir dan menilai perkembangan kemajuan belajar dan diri pelajar kita.

Dikemukakan di sini beberapa pertimbangan yang boleh kita fikirkan bagaimana kita boleh membantu proses perkembangan diri anak-anak kita. Diharapkan melalui aktiviti muhasabah ini ia akan menjadi suatu amalan dalam hidup kita sehari-hari terutamanya dalam proses mendidik mereka. Seperti yang kita maklum kerap berlaku kita terlepas pandangan banyak perkara terutamanya berkaitan dengan pendekatan dan kaedah yang kita gunakan semasa mendidik. Kesilapan ini sebenarnya perlu kita tangani dengan serius kerana proses perkembangan diri anak-anak kita berkaitan dengan masa. Sekiranya kita silap mendidik hari ini maka kesilapan tersebut amat sukar ditebus atau diperbaiki kerana mereka sudah menjadi dewasa.

Sebagai Ibubapa Di Rumah

1. Sebagai ibubapa, apakah prosedur yang kita amalkan di rumah dalam usaha menilai dan mentaksir perkembangan pendidikan dan diri anak-anak kita. adakah terdapat secara spesifik pendekatan yang kita amalkan
2. Apakah usaha-usaha yang kita lakukan dalam memahami kepentingan melaksanakan penilaian perkembangan pendidikan anak-anak kita. daripada buku-buku? Bertanya dengan guru-guru di sekolah anak kita?

Sebagai Guru Di Sekolah

1. Dalam sekolah yang anda ajar, cuba buat ringkasan berkenaan dengan prosedur pentaksiran yang paling kerap anda lakukan. Cuba lihat adakah prosedur tersebut berhasil menilai kemajuan pendidikan pelajar sesuai dengan apa yang ditetapkan. Cuba fikirkan juga cadangan-cadangan prosedur pentaksiran lain yang boleh anda lakukan di sekolah di mana anda mengajar, terutamanya prosedur yang

tidak diamalkan di sekolah anda mengajar. Cuba fikirkan apakah alasan dan rasional pengamalan pentaksiran umum yang biasa diamalkan di sekolah tersebut. Kongsi pengalaman anda berkenaan dengan amalan penilaian dan pentaksiran di sekolah anda dengan yang diamalkan di sekolah rakan anda, apakah perbezaan, kesukaran dan peluang yang boleh diperolehi.

2. Cuba ingat semula pentaksiran yang diamalkan semasa anda masih seorang pelajar. Perhatikan ketepatan, komprehensif atau tidak, adakah konstruktif atau tidak, dan bagaimanakah anda harapkan supaya prosedur pentaksiran tersebut diubah atau diubahsuai.

3. Perhatikan juga kemudahan dan kepakaran yang dimilikki di sekolah anda berkenaan dengan melaksanakan pentaksiran di sekolah. Adakah terdapat peluang atau kemudahan untuk meningkatkan kemahiran dalam melaksanakan pentaksiran?

12.4 Kepentingan Muhasabah Di Dalam Rumah

Sudah tentu kita tertanya-tanya apa pentingnya pentaksiran kepada kehidupan anak-anak kita di rumah. Kenapa sebagai ibubapa kita perlu mengambil kira perkara ini? Jawapan yang paling mudah dan tepat adalah kita kena kembali kepada keperluan konsep muhasabah dalam hidup sehari-hari. Dalam bahasa yang mudah dapat kita katakan bahawa kita perlu melihat dan menyemak semula proses pendidikan yang kita laksanakan di rumah. Sejauhmana keberkesanan proses pendidikan yang kita lakukan? Bagaimana proses pembelajaran tersebut berlaku? Apakah permasalahan yang dihadapi oleh kita sebagai pendidik dan anak-anak kita sebagai 'pelajar'? Ini merupakan persoalan-persoalan yang akan kita tanyakan supaya kita berpeluang menilai semula amalan kita dan mentaksirkannya untuk tujuan penambahbaikan. Tanpa kefahaman ini proses pembelajaran yang kita laksanakan di rumah akan menjadi tidak terstruktur dan mungkin juga tidak mempunyai matlamat yang jelas untuk dicapai.

Pengetahuan dan kefahaman yang jelas tentang apa pentingnya pentaksiran kepada tanggungjawab kita mendidik dan membesarkan anak akan membantu kita mencorakkan didikan dalam bentuk yang lebih jelas dan terfokus. Kita tahu apa yang perlu didedahkan, mengapa, berapa banyak dan berapa kerap. Malah kita akan mampu mengenalpasti samada hasil yang ditunjukkan oleh anak-anak kita selari ataupun tidak dengan apa yang kita harapkan. Selari dengan aktiviti pentaksiran yang berasaskan kepada konsep muhasabah usaha kita ini sebenarnya akan memberi ruang kepada kita menyemak semula adakah kita berada di landasan yang betul dalam melaksanakannya. Ini kerana setidak-tidaknya ada dua perkara yang perlu kita fikirkan semasa menilai dan mentaksir pendekatan pendidikan yang kita lakukan. Pertama, matlamat pendidikan berdasarkan apa yang kita inginkan dan kedua, matlamat pendidikan yang selari dengan kehendak Islam. Kadang-kadang kita lupa untuk melihat kenyataan matlamat ini sehingga kerap kali berlaku apa yang kita inginkan kita rasa selari dengan apa yang dikehendaki dalam Islam.

Cuba kita fikirkan secara teliti situasi yang berlaku dalam contoh di bawah.

"Langgang adalah seorang pelajar yang masih bersekolah dalam tingkatan empat. Kehidupan di rumahnya berjalan seperti biasa, seperti juga lain-lain remaja yang sebaya dengannya. Di sekolah dia merupakan seorang yang tidak mempunyai banyak masalah. Setiap hari dia belajar seperti biasa. Pulang dari sekolah dia akan tidur dan pada petangnya dia akan berkumpul di padang bersama dengan rakan-rakannya. Dia belajar menghisap rokok daripada rakannya di padang bolasepak tersebut. Selepas habis bermain dia akan 'melepak' di kedai mamak untuk

*menghilangkan dahaga bersama rakan-rakannya. Dia
akan menghabiskan minumannya walaupun pada ketika
itu azan maghrib sudahpun berlalu. Dia biasanya lewat
untuk bersolat maghrib di rumah. Selepas solat maghrib
dia akan duduk di dalam biliknya sendirian. Antara
aktiviti yang dilakukan di kala itu adalah 'chatting'
menggunakan 'facebook' ataupun 'tweeter.' Dia biasanya
akan keluar minum malam di kedai mamak pada jam
11 malam dan akan balik sekitar jam 12 malam. Selepas
pulang dia terus solat isyak dan tidur. Keesokan paginya
dia akan bangun sekitar jam 6 pagi untuk ke sekolah.
Ayahnya akan membangunkan dia setiap pagi untuk ke
sekolah. Itulah kehidupan sehari-hari Langgang sejak dari
tingkatan satu lagi.*"

Apa komen yang boleh kita berikan kepada Langgang. Mungkin inilah yang biasa berlaku dalam keluarga kita di mana perkembangan anak berjalan seperti kebiasaan. Matlamat sebenar perkembangan diri tidak dinyatakan dengan jelas. Sebab itu kehidupan sehari-hari yang dilalui oleh Langgang lebih kepada kebiasaan. Kadang-kadang kita terlupa antara dua matlamat tadi iaitu pertama, matlamat diri kita sendiri sebagai ibubapa dan kedua, matlamat membentuk Langgang menjadi seorang Muslim yang terbaik.

Senario di atas memberi gambaran bahawa muhasabah sangat penting dalam proses pendidikan di rumah. Amalan muhasabah sebenarnya memberikan kita kesempatan dan peluang untuk menyemak semula pendekatan yang kita amalkan terutamanya dikaitkan dengan matlamat yang ingin kita capai. Tidak semestinya apabila anak berjaya kita didik dan bekerja menjadi seorang doktor merupakan indikator yang pendekatan kita telah berjaya. Berapa ramai doktor yang kita lihat bukan merupakan doktor yang mengamalkan sahsiah terpuji, menghormati orang lain, mengamalkan prinsip kehidupan Islami yang sebenarnya. Ada yang kita lihat walaupun bekerja sebagai doktor dia menjadi seorang yang mementingkan diri sendiri, tidak menghormati orang lain, bersikap sombong dan memandang rendah orang lain, dan yang terpenting tidak mengamalkan kehidupan sebagai seorang Muslim yang sebenar. Kalau ini ingin dijadikan sebagai contoh maka tidak dinafikan bahawa setiap antara kita perlu mengamalkan budaya muhasabah secara menyeluruh supaya amalan dan pendekatan yang dilaksanakan dapat disemak semula dan dilakukan penambahbaikan.

12.5 Penutup

Perbincangan di atas menjelaskan bahawa proses pentaksiran seharusnya tidak dianggap sebagai aktiviti formal yang hanya dilaksanakan di sekolah. Dengan mengambil kira konsep muhasabah yang dikehendaki dalam Islam kita perlu melihat proses pentaksiran sebagai satu keperluan. Tidak kira di mana kita berada, apa peranan yang kita mainkan pentaksiran memang merupakan suatu aktiviti yang penting yang perlu dilakukan sepanjang masa. Tanpa aktiviti ini proses penambahbaikan tidak akan dapat dilakukan dengan berkesan. Justeru konsep muhasabah yang menekankan kepentingan ikhlas dalam melaksanakan proses penilaian dan pentaksiran memberi kita panduan apakah prinsip asas yang perlu ada semasa melaksanakannya. Mudah-mudahan dengan kefahaman ini dapat kita lakukan proses penilaian dan pentaksiran dengan lebih tepat, jelas, ikhlas dan berkesan.

Bab 13

PSIKOLOGI PENDIDIKAN DAN KANDUNGAN PEMBELAJARAN

13.1 Pengenalan

Kita sudah banyak membincangkan tentang bagaimana pelajar dididik dan diajar, di mana dan mengapa mereka dididik serta bagaimana matlamat pendidikan dicapai. Pelbagai aspek termasuk persoalan sifat semulajadi dan bakat yang dimiliki oleh pelajar juga dibincangkan dengan tujuan untuk memahami bagaimana proses pembelajaran berlaku dan bagaimana kita boleh membantu memastikan kesemua matlamat pendidian yang ditetapkan dapat dicapai. Namun kita tidak boleh lari dari membincangkan aspek yang tidak kurang pentingnya iaitu kandungan pembelajaran. Saya melihat kandungan pembelajaran sebagai sangat penting kerana ia seharusnya selari dengan matlamat pembelajaran yang ingin kita capai. Dalam konteks pendidikan formal kandungan pembelajaran termasuk di dalam ruang lingkup lebih spesifik iaitu kurikulum. Namun begitu untuk perbincangan buku ini kandungan pembelajaran akan dijadikan sebagai fokus utama kerana pada saya ia merujuk kepada kefahaman kita apa matlamat akhir pendidikan yang ingin kita capai, baik sebagai guru di sekolah ataupun sebagai ibubapa di rumah.

Seperti dikatakan tadi, kandungan pembelajaran sangat penting kerana ianya menggambarkan apakah matlamat akhir daripada proses pengajaran pembelajaran yang dilaksanakan yang perlu dicapai oleh pelajar. Apa yang penting di sini adalah kita perlu memahami kandungan pembelajaran secara tepat dan jelas sebelum kita boleh memikirkan aktiviti-aktiviti selanjutnya. Cuba lakukan aktiviti berikut supaya kita dapat menilai sejauh mana kita faham apa yang dimaksudkan dengan kandungan pembelajaran.

Apa yang kita faham, sebagai guru kandungan pembelajaran yang diajar merupakan pengetahuan dan kemahiran yang perlu dikuasai oleh setiap individu pelajar dan ujian dan peperiksaan pula adalah sebagai penanda aras kepada pencapaian kandungan pembelajaran tersebut. Dalam banyak keadaan, ahli panel yang terlibat dalam pembinaan kandungan pembelajaran datang dari pelbagai latar belakang. Ada ketikanya mereka tidak mempunyai pengalaman langsung berkenaan dengan semua lokasi persekolahan yang seperti kita ketahui mempunyai perbezaan yang pelbagai, samada dari segi kebolehan dan kepintaran mahupun dari segi konteks persekolahan. Justeru pembelajaran kandungan pembelajaran yang dibina perlu diselesaikan dalam

Cuba fikirkan perkara-perkara berikut:

Di Rumah

d. Apa yang kita faham tentang kandungan pembelajaran anak-anak?
e. Bagaimana kita tentukan kandungan pembelajaran tersebut?
f. Apakah asas-asas yang kita gunakan dalam menentukan kandungan pembelajaran yang perlu dipelajari oleh anak-anak kita?

Di Sekolah

a. Apa yang kita faham tentang kandungan pembelajaran di sekolah?
b. Berapakah kebebasan yang kita miliki dalam menyediakan kandungan pembelajaran di sekolah?
c. Pada pandangan anda siapakah yang sepatutnya menentukan kandungan pembelajaran tersebut?

masa-masa tertentu tanpa terlalu mengambil kira samada pelajar telah menguasai ataupun sebaliknya. Kesan daripada itu proses pengajaran pembelajaran lebih terfokus kepada bagaimana pelajar boleh lulus peperiksaan.

Dahulu semasa kemerdekaan proses pendidikan dilaksanakan secara sederhana dan mengalami pelbagai kekurangan. Manakala pendidikan pelajar lebih terfokus kepada menyediakan tenaga kerja yang secara spesifik. Kemahiran dan kebolehan pelajar tidak dinilai secara lebih terperinci dan komprehensif. Peluang untuk bersekolah pula boleh dikatakan hanya terbuka kepada keluarga yang berkemampuan, manakala yang tidak berkemampuan tidak bersekolah. Ibupapa pula tidak melihat sekolah sebagai suatu proses perkembangan diri yang sangat penting. Walaupun kerajaan berusaha bersungguh-sungguh untuk meningkatkan lagi kemudahan dan peluang pendidikan kepada semua rakyat, perjalanan pendidikan terus berjalan dalam suasana yang kekurangan. Kebanyakan proses pengajaran dan pembelajaran dilaksanakan oleh guru-guru yang walaupun tidak mendapat latihan pengajaran yang lengkap, dengan penuh dedikasi. Justeru itu kebiasaan yang berlaku adalah guru-guru ini akan mengajar dalam suasana yang serba kekurangan, kelas yang besar, serta peralatan yang tidak cukup. Apa yang diharapkan adalah pelajar-pelajar secara individu akan maju sendiri untuk melanjutkan pelajaran ke peringkat yang lebih tinggi.

Proses pembinaan kandungan pembelajaran pula, dengan lain perkataan melalui proses yang panjang. Guru-guru biasanya tidak mempunyai sumbangan yang banyak semasa pembinaan kandungan pembelajaran. Mulai daripada program latihan pendidikan yang diikuti sehinggalah di sekolah apabila ditempatkan mengajar, guru-guru tidak banyak terlibat dalam pembentukan kandungan pembelajaran. Yang biasa berlaku adalah guru-guru dilatih untuk menguasai kandungan pembelajaran yang akan menjadi bidang pengajaran mereka supaya mereka boleh menguasai subjek yang akan diajar apabila mengajar di sekolah kelak. Penentuan kandungan pembelajaran ditentukan oleh kerajaan yang telah menetapkan apakah matlamat dan objektif pendidikan negara. Dengan ketetapan tersebut pembinaan kandungan pembelajaran lebih tertumpu kepada bagaimana melahirkan pelajar yang seperti ditetapkan, kerana ianya berkaitan dengan memenuhi keperluan negara. Kita sebagai guru mungkin dapat dikatakan tidak mempunyai peranan yang ketara berkaitan dengan pembentukan kandungan pembelajaran tersebut.

Apa yang penting dinyatakan di sini ialah kepentingan kita sebagai guru yang mencuba melaksanakan pengajaran dan pembelajaran berdasarkan kandungan pembelajaran yang disediakan. Walaupun kita tidak terlibat secara langsung dalam proses pembinaan kandungan pembelajaran tersebut kefahaman kita tentang proses pembinaan kandungan pembelajaran, apakah kriteria-kriteria yang ditetapkan semasa membina, latar belakang psikologikal serta hasil pembelajaran yang diharapkan dan akan dapat membantu kita menjadi seorang guru yang lebih baik. Seperti dinyatakan terdahulu, pembelajaran akan lebih bermakna dan berkesan sekiranya orang yang belajar itu memahami apa yang diperlukan, pemahaman topik pembelajaran yang lebih menyeluruh dan apakah hasil pembelajaran yang perlu dicapai dalam pembelajaran tersebut.

Dengan lain perkataan, makna kandungan pembelajaran seharusnya mencakupi semua perkara termasuklah perancangan yang ingin dicapai oleh pelajar dan dilaksanakan di sekolah, subjek dan skop pembelajaran, perlaksanaan pentaksiran dan penilaian, struktur sosial di sekolah serta peluang untuk pelajar terlibat secara langsung dalam proses pembelajaran tersebut. Selain itu perkara-perkara lain yang seharusnya termasuk dalam makna dan konsep kandungan pembelajaran adalah semua aktiviti-aktiviti berkaitan bagaimana individu yang ada di sekolah, termasuk pelajar, guru, dan juga staf sokongan, belajar untuk belajar baik secara individu ataupun berkumpulan, serta merasai mereka sebahagian daripada alam persekolahan. Dengan mempunyai definisi dan konsep yang sedemikian menyebabkan semua individu merasa terlibat dan lebih bertanggungjawab dalam mencapai matlamat dan objektif yang telah ditetapkan dalam kandungan pembelajaran. Ini bermakna, kandungan pembelajaran tidak hanya berkaitan dengan pengetahuan formal sahaja tetapi juga semua aspek berkaitan seperti kualiti sosial dan sikap sebagai seorang individu ataupun kerap dikenal sebagai 'kandungan pembelajaran tersembunyi'. Justeru kefahaman tersebut membantu memastikan setiap individu yang terlibat dalam proses pengajaran pembelajaran melihat kandungan pembelajaran bukan sahaja sebagai tanggungjawab yang telah ditetapkan oleh orang lain tetapi juga mengakuinya sebagai suatu proses berterusan yang perlu dipelajari oleh semua orang.

Bagi seorang guru yang masih baru, kefahaman tentang definisi dan konsep kandungan pembelajaran yang baik dan jelas adalah penting. Seharusnya seorang guru perlu mempunyai kefahaman yang jelas berkenaan dengan pembinaan kandungan pembelajaran dan elemen-elemen yang berkaitan dengannya seperti rajah di bawah.

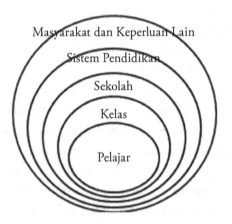

Perkaitan Antara Elemen Dalam Pembinaan
Kandungan pembelajaran

Masyarakat dalam perhubungan merupakan semua elemen termasuklah kawasan tempat tinggal pelajar, daerah, negeri dan juga pentadbiran negara di mana pelajar merupakan warganegara.

Manakala sistem pendidikan perlu menyediakan pelajar supaya menjadi warganegara dan insan yang berguna yang dapat membantu keluarganya dan juga di dalam kawasan di mana mereka tinggal. Untuk mencapai matlamat ini masyarakat perlu merancang dan membiayai pembinaan kandungan pembelajaran pendidikan supaya kandungan pembelajaran yang dibina itu nanti mengambil kira keperluan masyarakat. Dengan lain perkataan, pelajar yang akan dihasilkan daripada sistem pendidikan yang dibentuk seharusnya bukan sahaja bijak secara akademik tetapi juga dapat menyumbang kepada keluarga, masyarakat, dan negara. Memandangkan keperluan sesebuah masyarakat berbeza-beza, maka kandungan pembelajaran yang dibina mestilah mengambil kira keperluan setempat yang lebih realisitik berbanding kandungan pembelajaran yang terlalu ideal dan tidak sesuai dengan keperluan setempat.

Peringkat sekolah pula perlu memainkan peranan yang sesuai dan sepatutnya. Tidak keterlaluan kalau dikatakan sekolah merupakan tempat yang paling penting dalam memastikan pencapaian matlamat kandungan pembelajaran yang telah ditetapkan. Oleh itu sesiapa yang terlibat dengan pembinaan kandungan pembelajaran di sekolah seharusnya memahami dan menguasai apakah yang ingin dicapai dan dihasilkan, penekanan dan perincian yang perlu diberikan berdasarkan umur, persekitaran, dan kebolehan. Sekiranya ingin berjaya kandungan pembelajaran yang dibentuk tersebut perlu mengambil keadaan semasa dan juga keperluan dalam masyarakat. Sekolah yang berjaya biasanya mengambil kira perkara-perkara ini. Ini kerana kandungan pembelajaran sekolah yang dibina tanpa mengambil kira keperluan masyarakat dan juga kebolehan pelajar biasanya akan gagal dalam mencapai matlamat yang ditetapkan.

Keadaan yang sama juga berlaku kepada bilik darjah. Bilik darjah seperti diketahui merupakan tempat di mana semua matlamat umum yang ditetapkan dalam kandungan pembelajaran diterjemahkan ke dalam aktiviti pengajaran pembelajaran. Ia tidak sahaja melibatkan kandungan yang perlu disampaikan atau diajarkan kepada pelajar tetapi meliputi juga matlamat memperkembangkan diri pelajar, aspek sosial, dan juga sikap yang dinilai sangat penting dan diperlukan oleh masyarakat. Proses ini sebenarnya tidak boleh diperolehi melalui pembelajaran mata pelajaran semata-mata, tetapi melalui aktiviti dan interaksi yang dilakukan sepanjang proses pengajaran berlangsung. Justeru kemahiran guru dalam menyampaikan pengajaran adalah diperlukan supaya pelajar tidak hanya belajar tentang subjek tetapi juga semua aspek berkaitan seperti perkembangan sosial, emosional, sahsiah dan seumpamanya. Mereka bukan sahaja perlu menguasai kemahiran dalam subjek yang diajar tetapi perlu memahami dan menguasai *spirit* kandungan pembelajaran yang diajar dalam kelas. Kefahaman inilah yang akan mencorak dan menentukan samada matlamat yang ditetapkan dalam kandungan pembelajaran tersebut dapat dicapai ataupun tidak.

Elemen terpenting adalah pelajar itu sendiri. Sebagai pusat kepada proses pencapaian matlamat, pelajar merupakan kesinambungan generasi yang perlu dibentuk untuk meneruskan ketamadunan. Mereka merupakan asset yang perlu dipupuk, dididik dan dikembangkan sesuai dengan matlamat yang kita inginkan. Justeru keselarian antara perkembangan diri pelajar dengan kandungan pembelajaran yang dibentuk dan juga dengan proses pengajaran dan pembelajaran yang dilaksanakan akan menentukan sejauh mana pelajar mampu menerima tanggungjawab sebagai penerus ketamadunan tersebut. Yang jelas di sini adalah kandungan pembelajaran yang dibentuk perlu selari dengan matlamat dan keperluan masyarakat serta mengambil kira keperluan dan kebolehan pelajar keseluruhannya. Dengan lain perkataan, pengetahuan dan kefahaman tentang psikologi perkembangan dan psikologi pendidikan adalah penting kepada penggubal-penggubal kandungan pembelajaran supaya kandungan pembelajaran tersebut dapat dibina dengan mengambil kira bukan sahaja keperluan pelajar tetapi juga keperluan masyarakat secara keseluruhannya.

13.2 Kandungan Pembelajaran Dalam Pembinaan Sistem Pendidikan

Kita telah jelas bahawa pembinaan kandungan pembelajaran perlu selari dengan objektif yang diharapkan untuk dicapai pada akhir proses pembelajaran. Kita juga sedia maklum kepentingan objektif kandungan pembelajaran tersebut kepada proses pengajaran dan pembelajaran di dalam kelas. Ini menunjukkan bahawa objektif kandungan pembelajaran yang ditetapkan perlu difahami dan dihayati sebelum dapat dilaksanakan di dalam bilik darjah.

Objektif Kandungan pembelajaran

Dalam membina objektif kandungan pembelajaran kita seharusnya memikirkan beberapa perkara seperti berikut:

i.   Bidang pengetahuan yang penting yang perlu dikuasai oleh semua ahli masyarakat (terutamanya pelajar) supaya boleh menjadi individu yang seimbang dan berguna kepada agama, masyarakat, dan negara. Selain itu bidang pengetahuan khusus yang diperlukan oleh negara juga perlu mengambil kira keperluan negara yang sentiasa memerlukan warganegara yang boleh menyumbang dalam semua bidang dan sektor.

ii. Kemahiran intelektual dan kebiasaan yang perlu dikuasai oleh pelajar supaya mereka boleh bertindak dan membuat keputusan dengan penuh tanggungjawab terhadap dirinya dan juga masyarakat.

iii. Kualiti personal yang meliputi nilai-nilai keagamaan seperti integriti, kepatuhan, kerjasama, kemandirian dalam berfikir dan bertingkah laku, kesediaan menerima tanggungjawab yang kesemuanya sentiasa diperlukan untuk individu menjadi ahli masyarakat yang berguna. Usaha ini juga termasuklah pembentukan aspek tingkah laku dan sikap kerana kedua-duanya berkait rapat dengan bagaimana individu tersebut berinteraksi dan bergaul dengan orang lain – keluarga, jiran tetangga, masyarakat, dan lain-lain kumpulan manusia, termasuk juga hidupan-hidupan lain seperti flora dan fauna.

Keperluan ini menunjukkan betapa pentingnya pembinaan kandungan pembelajaran supaya tidak hanya terfokus kepada kandungan silibus dan pengetahuan subjek, tetapi kepada yang lebih luas lagi seperti pengalaman-pengalaman seharian, konteks realiti masyarakat, kehendak ibubapa, kehendak masyarakat dan dalam masa yang sama mengambil kira keperluan negara. Justeru proses pengajaran dan pembelajaran yang dilaksanakan di sekolah merupakan tempat yang paling penting kerana di situlah proses penterjemahan objektif kandungan pembelajaran yang dibin dilakukan.

Bidang Pengetahuan

Negara kita secara jelas menetapkan berapakah peratusan yang diperlukan oleh negara dalam aspek warganegara yang diinginkan. Samada bidang sains dan teknologi mahupun sains sosial, kesemuanya sentiasa diperlukan oleh negara dan masyarakat supaya komposisi individu yang terbentuk merupakan komposisi yang seimbang. Beberapa contoh mungkin boleh kita lihat seperti di bawah.

i. Bidang Bahasa dan Celik Huruf

Salah satu perkara penting yang perlu dipertimbangkan semasa membuat sistem pendidikan adalah bahasa yang akan digunakan dalam pembelajaran pelajar, bagaimana dan perkara-perkara berkaitan sekiranya bahasa yang ingin digunakan tidak sama dengan bahasa ibunda pelajar. Banyak kajian menunjukkan kepentingan bahasa kepada keberhasilan sesuatu sistem pendidikan. Tidak mengira di mana, dalam negara kita isu bahasa merupakan antara perkara pokok yang perlu ditangani secara terperinci. Bukan sahaja berkaitan dengan bahasa pembelajaran di sekolah berkemungkinan berbeza dengan bahasa ibunda yang digunakan di rumah, ianya juga berkaitan dengan permasalahan bangsa dan politik. Justeru penggunaan Bahasa Malaysia sebagai bahasa kebangsaan merupakan contoh terbaik mengapa isu penggunaan bahasa dalam pengajaran di sekolah perlu ditangani dengan bijaksana. Ini kerana penggunaan bahasa tersebut bukan sahaja untuk proses pembelajaran dan pengajaran di sekolah tetapi juga dinilai sebagai bahasa persatuan, yang menyatukan pelbagai bangsa yang ada dalam negara ini. Kita tidak mahu penggunaan bahasa Malaysia menyebabkan pelajar-pelajar lebih berusaha untuk menguasai bahasa tersebut dan bukan untuk menguasai ilmu yang diajarkan.

Dalam merangka kandungan pembelajaran pendidikan dalam konteks Malaysia kita seharusnya memikirkan bilakah masa yang paling sesuai untuk menetapkan penggunaan bahasa Malaysia secara sepenuhnya. Kita perlu mengambil kira pandangan daripada kajian-kajian lepas dan dalam masa yang sama mengambil kira juga kepentingan nasional yang ingin mewujudkan sebuah bangsa Malaysia yang bersatu padu. Kajian-kajian lepas banyak menunjukkan bahawa kemajuan pendidikan seseorang pelajar banyak dipengaruhi oleh bahasa yang digunakan semasa belajar. Penggunaan bahasa yang berbeza dengan bahasa yang digunakan di rumah diandaikan memberi kesan kepada proses pembelajaran pelajar. Mereka dikatakan seolah-olah belajar sesuatu mata pelajaran dengan menggunakan bahasa kedua. Banyak kajian menunjukkan pelajar-pelajar yang mampu dan cepat menyesuaikan diri dengan bahasa 'kedua' yang digunakan akan mampu mencapai keputusan yang cemerlang dalam pembelajaran.

Oleh kerana pembelajaran berkaitan dengan suasana dan persekitaran yang biasa yang dilalui sehari-hari, pendedahan menggunakan bahasa Malaysia perlu dilaksanakan seawal mungkin. Bermula daripada rumah, penggunaan dan pengenalan kepada perkataan-perkataan dalam bahasa Malaysia perlu dimulakan supaya kanak-kanak terbiasa dengan bahasa Malaysia tersebut. Jika ini mampu dilakukan oleh ibubapa di rumah apabila memasuki alam persekolahan kesukaran untuk menyesuaikan diri belajar dengan menggunakan bahasa kebangsaan (Bahasa Malaysia) akan berkurangan. Malahan jika kita mampu mendedahkan penggunaan bahasa kebangsaan seawal yang mungkin semasa di rumah lagi kepada kanak-kanak potensi mereka untuk menjadi pelajar yang 'bilingual' akan lebih besar ('bilingual' bermakna keupayaan menggunakan dua bahasa secara bersama dengan lancar). Apa yang penting di sini adalah pendedahan awal yang diberikan sehingga boleh membentuk minat dan motivasi untuk menggunakannya. Dengan lain perkataan kecenderungan untuk menggunakan kedua-dua bahasa, bahasa ibunda dan bahasa Malaysia, secara bersama dalam kehidupan sehari-hari akan memudahkan proses penguasaan bahasa-bahasa tersebut. Hanya bila tiba di peringkat yang lebih tinggi yang memerlukan ketepatan dan kualiti bahasa yang ingin digunakan maka barulah pendedahan dan pengajaran bahasa yang lebih tepat dan terperinci dilakukan.

Pertimbangan berkenaan dengan persepsi dan tanggapan taraf bahasa antara bahasa ibunda yang digunakan di rumah dan juga bahasa Malaysia yang digunakan di sekolah juga perlu dilakukan dengan teliti. Jika kita gagal menunjukkan berkenaan taraf kedua-dua bahasa tersebut serta fungsinya dalam konteks sehari-hari, ianya boleh mengakibatkan kesan-kesan yang negatif di kemudian hari. Contohnya jika kita kata bahasa kebangsaan akan menghilangkan bahasa ibunda, maka kesungguhan untuk menggunakan bahasa tersebut tidak akan diperolehi. Begitulah juga sebaliknya jika kita mengatakan penggunaan bahasa ibunda akan menghilangkan bahasa kebangsaan. Kefahaman penggunaan dan fungsi kedua-dua bahasa perlu difahami secara jelas supaya dapat disampaikan kepada pelajar dengan berkesan.

Kesukaran yang hampir sama juga boleh berlaku dalam proses menghasilkan buku-buku, terutamanya buku-buku teks yang akan digunakan. Penulis-penulis buku kadangkala semasa menulis hanya terfokus kepada kandungan yang ingin disampaikan kepada pelajar. Mereka seharusnya memahami secara jelas perkaitan antara keperluan mempelajari mata pelajaran di sekolah dengan menggunakan bahasa kebangsaan di samping terus mengamalkan bahasa ibunda. Justeru bahasa yang ingin digunakan perlu diteliti supaya ianya dapat memenuhi hasrat negara dan kerajaan.

ii. Bidang Matematik, Sains dan Teknologi

Setiap orang bersetuju kepentingan pembelajaran matematik dalam kehidupan sehari-hari. Setiap individu perlu memahami dan berupaya menggunakannya dalam kehidupan seharian seperti pengiraan mudah, mengukur kuantiti, wang ringgit, perbelanjaan, ataupun lain-lain perancangan yang melibatkan nombor-nombor. Secara umumnya objektif yang ingin dicapai dalam kandungan pembelajaran matematik adalah hampir serupa, cuma bergantung kepada matlamat pengaplikasian yang diharapkan daripada pelajar dalam konteks yang berbeza-beza mengikut keperluan. Walaupun di mana pelajar tersebut berada, di bandar atau luar bandar, matlamat dan objektif pembelajaran matematik tetap sama. Namun demikian sebagai guru kita perlu peka dengan latar belakang dari mana pelajar kita datang. Paling tidak kita perlu memilih contoh dan pendekatan yang sesuai dengan latar belakang mereka supaya mereka dapat melihat kepentingan dan peranan kandungan pembelajaran matematik kepada kehidupan sehari-hari mereka. Kadang-kadang ianya juga berkaitan dengan minat pelajar tersebut ingin menjadi apa kelak, kerana kerjaya yang diminati berkemungkinan memerlukan kemahiran matematik yang tinggi.

Dalam pada itu pembelajaran sains dan teknologi tidak kurang pentingnya. Di sini pelajar-pelajar akan dididik dan didedahkan dengan kemahiran melihat dunia dan persekitaran mereka dalam suasana saintifik. Justeru sifat ingin tahu pelajar, bagaimana kejadian alam, mengapa sesuatu kejadian berlaku sedemikian rupa, hubungan sebab akibat yang perlu dikembangkan dengan menggunakan ilmu sains dan teknologi. Namun begitu sebagai guru kita perlu memastikan tidak berlaku perbezaan yang ketara antara pelajar, samada bandar atau luar bandar, ataupun yang kurang prestasi dengan yang berprestasi, kerana mereka kelak akan memerlukan kemahiran dan ilmu yang dipelajari tersebut. Sebagai contoh walaupun pelajar itu belajar dan berasal dari kawasan pedalaman tidak bermakna kekurangan dari segi kemahiran yang diperolehi di sekolah membatasi peluang mereka untuk menceburi pelbagai bidang. Mungkin suatu kelebihan kepada pelajar yang di bandar kerana mereka telah terdedah dengan pelbagai cabaran dan bidang kerjaya, namun ini tidak seharusnya menjadi penghalang pelajar-pelajar yang berasal dari luar bandar untuk menikmati peluang yang sama. Kandungan pembelajaran yang dibentuk seharusnya memberi peluang perkara-perkara ini dipenuhi tanpa mengira di mana ianya diajarkan.

iii. Bidang Kebudayaan

Negara Malaysia merupakan negara berbilang kaum yang mewarisi pelbagai warisan bangsa seperti Melayu, Cina, India dan lain-lain. Sebagai pelajar mereka perlu tahu menghargai asal usul bangsa mereka, sejarahnya, geografi, bahan literatur, muzik dan lain-lain yang berkaitan. Cabaran utama kepada mata pelajaran kebudayaan seperti Sejarah, Geografi, Muzik, Literatur, Seni dan seumpamanya adalah kebanyakannya tidak diterima sebagai subjek utama dalam sistem penilaian pendidikan, lebih-lebih lagi kepada alam pekerjaan. Kebanyakan subjek ini diajarkan atas kesedaran keperluan perkembangan diri pelajar itu sahaja dan bukan dilihat sebagai suatu kesatuan sistem pendidikan di sekolah. Justeru itu proses pembelajaran yang dilaksanakan kerap kali mendapat 'layanan' kelas kedua, bukan guru dan ibubapa, malah yang lebih merunsingkan pelajar-pelajar itu sendiri. Mereka melihat subjek tersebut kurang penting terutamanya apabila dikaitkan dengan alam kerja kelak.

Subjek-subjek ini seharusnya dilihat sebagai suatu kesatuan dalam proses membentuk kemahiran dan keperibadian diri pelajar dan perlu di 'layan' sama seperti subjek-subjek yang lain. Malahan melalui subjek ini akan membantu pembentukan diri yang lebih menyeluruh, lebih mengenali asal usul bangsa dan negara, boleh menghormati orang lain dalam mencipta keharmonian, dan seterusnya membentuk tamadun kebudayaan negara yang lebih mantap. Oleh itu kita sebagai guru perlu memikirkan cara yang terbaik dalam menyampaikan dan mengajarkan subjek ini kepada pelajar.

Kemahiran Intelektual dan Kebiasaan

Dalam merancang penetapan matlamat pendidikan untuk kehidupan kita juga perlu memastikan matlamat yang jelas kemahiran intelektual yang kita mahu pelajar kuasai. Dalam perbincangan terdahulu telah ditunjukkan bagaimana had dan batas yang ada dalam diri manusia seperti kemahiran berfikir, menyelesai masalah dan membuat keputusan seseorang individu dipengaruhi oleh pengalaman hidup mereka termasuklah pengalaman pendidikan. Sebagai contoh, pengajaran kelas yang bersifat autoritarian yang memerlukan pelajar belajar perkara yang sama dengan cara yang sama, menerima pengajaran tanpa perlu banyak bertanya kebenaran pengajaran guru dan maklumat yang ada dalam buku teks, cenderung untuk melahirkan individu pelajar yang mematuhi peraturan tanpa banyak soal dalam hidup sehari-hari mereka. Akan tetapi sekiranya pengajaran dilaksanakan dalam suasana yang bebas bertanya, boleh menganalisis, membanding, menguji cuba dan mempunyai keyakinan yang tinggi dalam membuat keputusan, cenderung melahirkan individu yang sentiasa akan menggunakan pemikirannya dalam setiap apa yang dilakukan. Manakala sistem yang menggalakkan pembelajaran bagaimana untuk belajar pula akan memastikan individu yang sentiasa berusaha mempertingkatkan dirinya serta berfikir secara jelas dan bijaksana.

Dengan lain perkataan, tanpa mengira apa negara dan sistem yang diamalkan, biasanya mengharapkan sistem pendidikan diamalkan dapat membentuk individu yang berpengetahuan, berkeinginan untuk terus belajar dan belajar, menaakul dan bebas membuat penilaian dan keputusan berdasarkan fakta, serta berupaya menghindarkan segala sifat negatif seperti prejudis dan seumpamanya. Walaupun begitu, tanpa disedari matlamat ini sering dilupakan dan tidak dititikberatkan dalam proses perlaksanaan kandungan pembelajaran pendidikan. Malah kalau dilihat secara keseluruhan proses pentaksiran pun perlu mengambil kira perkembangan kemahiran intelek pelajar secara sebenarnya dan bukan hanya kemahiran yang diserap dan dikuasai.

Kemahiran intelektual dan kebiasaan inilah yang seharusnya menjadi antara fokus utama dalam kandungan pembelajaran pendidikan yang dibentuk. Melalui kesedaran ini sahajalah akan menggalakkan percambahan fikiran berlaku, prosedur pengajaran dipelbagaikan, pendekatan yang lebih positif dan interaktif, yang akhirnya membentuk individu pelajar yang gemar bertanya, menyelesaikan masalah dan mencari jawapan, melakukan eksperimen dan cuba mengamalkan, mampu menerangkannya kepada orang lain serta melihat sesuatu dalam bentuk-bentuk yang logical. Akan tetapi oleh kerana sistem pendidikan sedia ada lebih tertumpu kepada pengumpulan maklumat dan penguasaan kemahiran serta untuk lulus peperiksaan dengan cemerlang maka pendekatan pengajaran dan pembelajaran yang lebih bersifat kolaboratif dan konstruktif sukar untuk dilaksanakan. Justeru kesedaran yang tinggi berkenaan dengan matlamat pendidikan secara keseluruhan amatlah diperlukan daripada semua pihak supaya kandungan pembelajaran yang dibentuk benar-benar seperti apa yang diharapkan.

Kualiti Personal

Aspek ini mungkin merupakan cabaran yang terbesar sekali dalam setiap kandungan pembelajaran pendidikan yang dibentuk. Pada peringkat awal yang pasti, keluarga dan masyarakat memainkan peranan yang sangat penting kerana daripada situlah pelajar-pelajar itu datang. Daripada situlah juga kanak-kanak belajar berkenaan dengan cara bertingkah laku yang sesuai apabila berinteraksi dengan orang lain dan juga benda-benda. Mereka juga belajar tentang dorongan semulajadi yang perlu dikawal dan diasuh supaya dapat diekspresikan dalam bentuk yang boleh diterima. Walaupun setiap keluarga dan masyarakat memberi didikan dan pengajaran yang tidak serupa, maka menjadi tugas pendidikan formal pula menyampaikan dan menyesuaikan semua aspek yang dipelajari dimanfaatkan dalam kehidupan sehari-hari. Proses pengajaran dan pembelajaran yang dilaksanakan akan memberi peluang kepada individu pelajar belajar tentang hidup semasa mereka terlibat dalam organisasi sekolah, semasa mematuhi peraturan sekolah, semasa terlibat dalam aktiviti pembelajaran dan pengajaran.

Adalah mustahil untuk menyediakan peraturan yang boleh diterima pakai oleh semua orang (kecuali peraturan yang telah dianjurkan oleh Islam). Oleh itu sebagai orang dewasa kita perlu membimbing dan mendedahkan kepada pelajar kita apakah kualiti personal, sikap dan kebiasaan yang perlu pelajar-pelajar pelajari. Peraturan dan kebiasaan yang digunapakai dan berkesan dalam masyarakat perlu dihormati dan dihayati secara saksama semasa berada di sekolah. Dengan kata lain, sebagai guru kita mesti bersedia untuk membiasakan diri dengan persekitaran di mana kita mengajar supaya kita boleh mengajar dan membantu pelajar-pelajar kita membentuk suatu kefahaman yang tepat dalam pembentukan dirinya.

Kandungan Pembelajaran Tersembunyi

Kandungan pembelajaran tersembunyi merujuk kepada pengalaman-pengalaman yang kurang ketara dan biasanya tidak dirancang di dalam kelas dan bilik darjah. Ianya boleh dianggap sebagai refleksi kepada konsep-konsep, sikap, ekspektasi dan kepercayaan guru, lain-lain pegawai pendidikan dan juga pelajar, kita akan kerap terlepas pandang pengaruh kandungan pembelajaran tersembunyi ini. Oleh kerana agak mustahil untuk menghilangkan pengaruh kandungan pembelajaran tersembunyi ini, maka apa yang boleh dilakukan oleh kita sebagai guru adalah sentiasa memastikan kita sedar dan maklum kesan-kesan tersebut dalam proses pengajaran dan pembelajaran yang kita laksanakan. Beberapa persoalan seharusnya sentiasa dipertimbangkan semasa mengajar seperti apakah maklumat pendidikan dan pembelajaran yang telah kita sampaikan, serta adakah ianya bernilai kepada pelajar kita. Apakah mesej berkenaan sikap hormat menghormati sesama warganegara dalam masyarakat yang telah kita sampaikan? Adakah ianya benar dan jujur? Apa yang menyebabkan seseorang itu berjaya atau sebaliknya?

Adalah diharapkan buku ini dapat membantu kita dalam bertindak dan membuat keputusan serta sedar tentang kepentingan pendidikan secara keseluruhan bukan sahaja berkaitan dengan kecemerlangan dalam menyelesaikan dan menguasai silibus tetapi juga matlamat pendidikan secara keseluruhannya. Banyak yang diperkatakan berkenaan dengan kepentingan pendidikan kepada setiap individu yang bersekolah dan bukan yang berdasarkan keturunan ataupun bangsa dari mana mereka berasal. Bukan bermakna sekolah harus menyediakan dan membentuk individu yang cemerlang sahaja tetapi berfungsi sebagai tempat di mana individu pelajar berpeluang mengembangkan potensi diri ke tahap yang lebih tinggi melalui aktiviti-aktiviti yang dilalui semasa berada di sekolah.

13.3 Penutup

Pengisian kandungan pembelajaran adalah sangat dipentingkan. Ia merujuk kepada apakah pengetahuan dan kemahiran yang kita ingin anak didik kita capai. Kefahaman yang jelas berkenaan dengan apa dan mengapa mempengaruhi cara mana kita akan merancang dan pendekatan apa yang akan kita gunakan semasa mendidik. Kadang-kadang kita terlepas pandang bahawa apa sahaja maklumat pengetahuan dan kemahiran yang kita ingin mereka kuasai adalah merujuk kepada matlamat utama yang satu iaitu menjadi individu yang seimbang yang boleh menyumbang kepada kemaslahatan masyarakat dan beribadah kepadaNya. Keadaan ini menyebabkan matlamat pendidikan lebih terfokus kepada kecemerlangan akademik tanpa mengambil kira apakah matlamat sebenar kehidupan. Dengan kata lain perancangan tentang pengisian kandungan pembelajaran perlu kita fahami apa, mengapa, bagaimana dan berapa banyak supaya ia menjadi satu maklumat yang bersifat menyeluruh dan komprehensif.

Sebagai pendidik kita perlu menyedari hakikat ini dan sentiasa mengambil kira apakah keperluan-keperluan yang perlu kita miliki bagi membolehkan kita merancang kandungan pembelajaran dan mendidik anak didik kita dengan cara yang betul dan sistematik. Tanpa kemahiran dan pengetahuan yang jelas amat sukar bagi kita untuk menyediakan suatu proses pembelajaran yang efektif dan terarah. Berikut sedikit buah fikiran untuk kita fikirkan bersama supaya proses pendidikan yang kita laksanakan menjadi lebih jelas dan berkesan.

Sebagai Ibubapa

- Ada ketikanya pengetahuan dan kemahiran yang kita ajarkan tidak perlu diketahui oleh anak kita secara langsung apa, mengapa, kenapa dan bagaimana. Dan ada ketikanya juga pengetahuan dan kemahiran tersebut perlu dinyatakan dengan jelas kepada anak-anak kita.

- Cuba bayangkan setiap pengetahuan dan kemahiran serta pendekatan dan kaedah pendidikan yang kita amalkan di rumah mempunyai samada yang matlamat dan tujuan yang tersembunyi (di sebalik pendekatan yang kita lakukan) ataupun yang tidak tersembunyi?

- Cuba kita senarai dan fikirkan perkaitan antara matlamat yang nampak dengan matlamat yang tidak nampak. Sejauh mana ianya saling berkait?

Sebagai Guru

d. Lihat semula aplikasi dan pendekatan terdahulu. Setelah selesai membaca buku ini, adakah kita akan mengubah atau menambah baik kandungan pembelajaran kita?

e. Jika boleh lakukan dalam kumpulan kecil bincangkan kandungan pembelajaran tersembunyi:

- Apakah kandungan tersembunyi dalam setiap kandungan pembelajaran dan aktiviti pengajaran yang kita laksanakan?

Bab 14

PSIKOLOGI PENDIDIKAN
DAN KITA

Telah banyak diperkatakan berkenaan dengan proses pendidikan baik yang berlaku di sekolah mahupun di rumah ataupun di dalam masyarakat. Semuanya menerangkan tentang pentingnya ilmu pendidikan kepada pelaksana proses pendidikan tersebut. Tanpa menidakkan kepentingan lain-lain bidang ilmu, ilmu psikologi pendidikan secara khusus memberikan kita garis panduan bagaimana proses pendidikan perlu dilaksanakan. Baik berperanan sebagai guru yang mengajar pelajar-pelajar di sekolah ataupun ibubapa yang menjadi pembimbing kepada anak-anak di rumah, kita perlu memahami konsep pendidikan secara lebih menyeluruh. Mahu atau tidak kita perlu menerima dan melaksanakan amanah tersebut dengan hati yang terbuka dan ikhlas. Dengan cara ini kita akan lebih terfokus dalam melaksanakan tanggungjawab tersebut.

Dan jika ini menjadi penanda aras bermakna tanggungjawab kita sebagai pendidik tidak hanya terhad kepada pelajar-pelajar atau anak-anak sahaja tetapi kepada sesiapa sahaja yang berada dalam persekitaran di mana kita tinggal. Mereka ini termasuklah anak-anak jiran kita, anak-anak rakan, rakan-rakan kita dan sebagainya yang kita nilaikan sebagai mempunyai hubungan timbal balik — saling mempengaruhi dan berkait. Justeru amanah besar ini memerlukan kita meningkatkan pengetahuan dan kemahiran mendidik tertentu untuk memastikan proses pendidikan yang kita laksanakan lebih berkesan dan efektif. Sebagai ibubapa di rumah? Sebagai guru di sekolah? Mampukah kita menyediakan persekitaran pembelajaran yang bersesuaian dengan mereka? Alangkah ruginya jika kita gagal memanfaatkan keceriaan dan kegembiraan yang ada dalam diri kanak-kanak.

Pengetahuan dan kefahaman tentang perkembangan individu sangat penting kepada pemahaman kita berkenaan dengan kepelbagaian individu yang wujud. Melalui ilmu psikologi pendidikan membolehkan kita mengetahui apakah kriteria-kriteria yang membezakan antara satu tahap dengan tahap yang lain. Kefahaman tentang mengapa kanak-kanak usia 2 tahun berbeza dengan kanak-kanak usia 7 tahun, apa yang membezakan mereka, apa kriteria-

kriteria khusus kanak-kanak usia demikian dan lain-lain persoalan yang berkaitan dengan perkembangan individu akan dapat membantu kita merancang dan melaksanakan pendekatan pendidikan yang bersesuaian. Bukan tujuan untuk menidakkan pendekatan yang kita amalkan selama ini tetapi pengetahuan tentang psikologi pendidikan membolehkan kita memilih pendekatan yang paling sesuai untuk anak-anak didik kita. Sesuai di sini bermaksud pendekatan berkesan berdasarkan umur, iaitu memanfaatkan kebolehan dan kemahiran yang mereka miliki.

Kadang-kadang kita merasa pendekatan yang kita amalkan dalam mendidik adalah yang paling sesuai dan berkesan, tetapi sebenarnya anggapan tersebut kurang tepat. Kita seharusnya mengambil kira perbezaan-perbezaan yang wujud dalam kalangan anak-anak didik kita kerana setiap perbezaan akan mempengaruhi apakah pendekatan yang paling sesuai yang perlu digunakan.

Dalam perkataan yang mudah ialah pendekatan pendidikan perlu sesuai dengan keperluan pelajar.

Seperkara yang ingin diperkatakan di sini adalah berkaitan dengan tanggungjawab dan sikap kita terhadap peranan sebagai pendidik. Kesedaran dan kefahaman tentang tanggungjawab dan sikap sebagai pendidik sangat menentukan keberhasilan dan keberkesanan proses pendidikan yang kita laksanakan. Mungkin soalan utama yang perlu dikemukakan di sini adalah matlamat pendidikan yang ingin kita capai di akhir proses tersebut. Kalau guru di sekolah, apakah matlamat pendidikan yang kita tetapkan. Melahirkan pelajar yang cemerlang dalam akademik? Membentuk individu yang tinggi sahsiahnya? Ini merupakan persoalan-persoalan yang perlu kita kemukakan kerana ia akan mencorakkan keseluruhan proses pendidikan yang akan kita laksanakan. Kalau ibubapa di rumah, apa pula matlamatnya. Adakah ingin membentuk anak-anak yang cemerlang dalam akademik? Adakah ingin melahirkan anak-anak yang baik budinya? Adakah ingin melahirkan anak-anak yang tinggi agamanya? Ini juga merupakan persoalan yang harus kita jawab supaya proses pendidikan yang diamalkan di rumah tidak lari dari apa yang kita tetapkan.

Islam dengan jelas menetapkan bahawa proses pendidikan merupakan suatu proses berterusan untuk melahirkan seorang hamba Allah SWT yang bertakwa. Konsep matlamat individu bertakwa ini sebenarnya telah merangkumi keseluruhan daripada matlamat hidup manusia itu sendiri. Ketakwaan digambarkan sebagai insan yang sentiasa mematuhi apa yang disuruh dan menjauhi apa yang dilarang. Justeru itu agama Islam diturunkan supaya menjadi panduan kepada proses kehidupan termasuklah proses pendidikan.

Jika ditelusuri secara lebih mendalam, individu yang kuat beragama, memahami dan mengamalkannya secara tepat akan menjadi seorang individu yang berjaya di dunia dan di akhirat. Ini memberi makna bahawa tugas kita sebagai pendidik merupakan suatu amanah yang berat dan perlu dilaksanakan dengan seikhlas yang mungkin.

Dalam konteks mendidik ini kita perlu memastikan kita mempunyai pengetahuan, kefahaman, dan kemahiran-kemahiran tertentu supaya membolehkan kita melaksanakan tugas tersebut. Dengan melihat tugas mendidik sebagai suatu tanggungjawab dan amanah ia dapat mewujudkan suatu sikap positif dalam diri kita. Peningkatan pengetahuan dan kemahiran melalui pembacaan contohnya merupakan gambaran sikap yang positif seorang pendidik. Dengan cara ini kita akan sentiasa berusaha meningkatkan pembacaan dan seterusnya memperbaharui kemahiran kita. Memperbaharui di sini adalah sangat penting kerana untuk memastikan pendekatan pendidikan yang kita amalkan sentiasa segar dan sesuai dengan kehendak semasa.

Suatu sikap yang tidak sepatutnya menjadi amalan adalah sikap mudah puas dan merasa diri sudah lengkap. Ini boleh menyebabkan kita tidak berminat untuk membaca dan menambah pengetahuan kerana kita telah tahu segala-galanya. Yang lebih membimbangkan adalah kecenderungan kita untuk melihat pengalaman-pengalaman peribadi kita sebagai sesuai dan relevan untuk dilaksanakan. Banyak kajian telah dilakukan berkenaan dengan pendekatan pendidikan yang mengambil kira pentingnya sikap positif dalam menambah pengetahuan dan meningkatkan kemahiran sebagai pendidik. Bagaimana ingin kita jelaskan dalam kes yang dilaporkan pada 3 Jun 2014 berkenaan kes pergaduhan pelajar perempuan. Pelajar yang memakai tudung dan berpakaian sekolah lengkap didapati memukul rakan sekolahnya dengan ganas dan tidak berperikemanusiaan. Satu hal yang pasti adalah kejadian tersebut menunjukkan suatu kegagalan proses pendidikan yang dilakukan baik oleh guru di sekolah, ibubapa di rumah dan juga masyarakat seluruhnya.

Penyemakan dan penilaian semula semua pendekatan dan kaedah yang kita gunakan termasuk dalam proses mencapai matlamat adalah sangat penting dan perlu dilakukan setiap masa. Dengan mengambil kira keperluan-keperluan tertentu yang perlu kita miliki maka perlaksanaan proses pendidikan akan menjadi lebih jelas dan terarah. Pengetahuan dan kemahiran ilmu psikologi pendidikan inilah yang boleh menjadi 'alat' kepada proses pendidikan yang kita amalkan. Keyakinan tinggi terhadap anak-anak didik kita yang mereka berupaya untuk melakukan eksplorasi semasa mereka belajar perlu sentiasa ada di dalam diri kita. Perhatikan gambar ini dan fikirkan apa yang boleh diterangkan berkenaan keupayaan dan kecenderungan kanak-kanak untuk melakukan proses pembelajaran.

Perkembangan sains dan teknologi sekarang ini sebenarnya merupakan sesuatu kelebihan kepada kita. Kalau dulu kita perlu ke perpustakaan untuk mendapatkan buku, kita perlu ke kedai buku untuk membeli buku, kita perlu mendaftar masuk ke institusi pendidikan formal dan seumpamanya. Sekarang ini maklumat dikatakan berada di hujung jari dan boleh diperolehi sepanjang masa dan di mana-mana. Kita boleh membeli buku melalui sistem elektronik dalam talian. Kita juga boleh memuat turun 'e-book' yang lebih praktikal kerana boleh dibawa dengan menggunakan telefon bimbit. Semuanya ini memberi gambaran betapa peluang untuk meningkatkan pengetahuan dan kemahiran adalah lebih besar. Apa yang akan berlaku jika kita gagal melaksanakan tugas kita dalam mendidik. Amanah Allah yang diberikan kepada kita tidak akan mampu kita jaga dan kita didik sesuai seperti yang dikehendakkiNya.

Buku ini sekali lagi diharapkan dapat menjadi pencetus kepada revolusi minda ke arah yang lebih baik selari dengan apa yang digariskan oleh Islam iaitu "Bacalah!" yang bermakna ilmu. Maka menjadi tanggungjawab kita untuk sentiasa mempertingkatkan pengetahuan dan kemahiran kita dalam mendidik anak-anak didik kita. Wallahuallam.

Bibliografi

Abdul Aziz Yapak. (2007). Keberkesanan Rancangan Makanan Tambahan (RMT) di SK Sultan Idris II dan SK Bagan Baru. Projek Sarjana Muda. Fakulti Pendidikan, UTM. Tidak diterbitkan.

Abdullah Nashih Ulwan. (1990). *Pendidikan Anak Dalam Islam. Jilid I & II.* Bandung: Penerbit Asy-Syifa.

Adams, G.R., Day, T., Dyk, P.H., & Frede, E. (1992). On the dialectics of pubescence and psychosocial development. *Journal of Early Adolescence,* 12, pp. 348-365.

Agnes Anak Narawi. (2006). Stres di tempat kerja dan kecenderungan untuk meninggalkan profesion perguruan dalam kalangan guru sekolah rendah. Tesis Master. Fakulti Pendidikan, UTM. Tidak diterbitkan.

Aitchison, J. (1983). *The articulate mammal: An introduction to psycholinguistics.* New York: Universe.

Alexander, R.J. (2003). Talk in teaching and learning: International perspectives. In QCA (Ed.), *New perspectives on spoken English.* QCA (pp. 26-37).

Ali Alazzar Mohd Mohd Ramly. (2012). Perkaitan pengaruh status sosioekonomi dan persekitaran keluarga dengan pencapaian akademik dalam kalangan pelajar sekolah menengah. Tesis master. Fakulti Pendidikan, UTM. Tidak diterbitkan.

American Speech-Language Hearing Association. (2014). (diperolehi daripada: http://www.asha.org/public/speech/development/ the-advantages-of-being-bilingual/).

Anderson, C.A. (2000). Violent video games increase aggression and violence. Diperolehi daripada: http://psych-server.iastate.edu/ faculty/caa/abstract/2000-2004/00Senate.html

Aslin, R.N., Pisoni, D.P. & Jusczyk, P.W. (1983). Auditory development and speech perception in infancy. In P.H. Mussen, M.H. Haith, & J.J. Campos (Ed.), *Handbook of Child Psychology: Infancy and Developmental Psychology,* Vol. 2. New York: Wiley.

Azilah Abdul Rahman. (2010). Hubungan antara personaliti dan gaya pengajaran guru dengan pencapaian matematik PMR: Satu kajian di sekolah menengah daerah Kota Tinggi. Tesis sarjana. Fakulti Pendidikan, UTM. Tidak diterbitkan.

Baddeley, A.D. (2001). Levels of working memory. In M. Naveh-Benjamin, M. Moscovitch & H.L. Roediger (Eds.), *Perspectives on human memory and cognitive ageing: essays in honour of Fergus Craik (pp. 111-123).* New York: Psychology Press.

Baillargeon, R. (1999). Infants' physical world. *Current directions in psychological science,* 13(3), pp. 89-94.

Bandura, A. (1987). *Social foundations of thought and action: A social cognitive theory.* Englewood Cliffs, NJ: Prentice-Hall.

Banks, J.A. & Banks, C.A.M. (2006). *Multicultural education: Issues and perspectives.* USA: John Wiley & Sons.

Banks, M.S. & Salapatek, P. (1983). Infant visual perception. In P.H. Mussen (Ed.), *Handbook of child psychology.* New York: Wiley.

Baron, J. (1998). *Thinking and deciding.* New York: Cambridge University Press.

Barrett, J. & Williams, G. (1990). *Test your own aptitude.* London, England: Kogan Page.

Berk, L.E. (2005). *Child Development.* USA: Allyn & Bacon.

Berk, L.E. (2012). *Child Development.* USA: Pearson.

Bernstein, D.A., Clarke-Stewart, A., Roy, E.J., Srull, T.K. & Wickens, C.D. (1994). *Psychology.* Boston: Houston Mifflin Company.

Blakemore, C. (1977). *Mechanics of the mind.* New York: Cambridge University Press.

Bloom, B.S., Engelhart, M.D., Furst, E.J., Hill, W.H. & Krathwohl, D.R. (1956). *Taxonomy of educational objectives: The classification of educational goals.* New York: David McKay Company.

Bloom, B.S., Hastings, J.T., & Madaus, G.F. (1971). *Handbook of formative and summative evaluation of student learning.* University of Michigan: McGraw-Hill.

Bransford, J.D., Brown, A.L. & Cocking, R.R. (2000). *How people learn: Brain, mind experience and school.* Washington, DC: National Academy Press.

Bronfenbrenner, U. (1989). Ecological systems theory. In R. Vasta (Ed.), *Annals of child development,* pp. 187-249. Greenwich, CT: JAI Press.

Centers for Disease Control and Prevention (diperolehi pada 18 Mei 2014 from: http://www.cde.gov/physicalactivity/ everyone/ health/index.html).

Chomsky, N. (1957). *Syntactic structures.* The Hague/Paris: Mouton.

Clark, H.H. & Clark, E.V. (1977). *Psychology and language: An introduction to psycholinguistics.* New York: Harcourt Brace Jovanovich.

Colby, A. & Kohlberg, L. (1987). *The measurement of moral judgement.* New York: Cambridge University Press.

Cook, J.L. & Cook, G. (2005). *Child development: Principles and perspectives.* Boston: Allyn & Bacon.

Coombs, P. (1973). New paths to learning for rural children and youth. *International Council for Educational Development,* p.11.

Costa, P.T. & McCrae, R.R. (1992). *Revised NEO Personality Inventory and NEO Five-Factor Inventory Manual.* Odessa, FL: Psychological Assessment Resources.

Curtis, S. (1977). *Genie: A psychological study of a modern-day "wild child."* New York: Academic Press.

Damon, W. (1977). Conception of positive justice as related to the development of logical operations. *Child Development,* 46, pp. 301-312.

De Weerd, P. (2003). Attention, neural basis of. In L. Nadel (Ed.), *Encyclopedia of cognitive science, Vol. I,* pp. 238-246. London, England: Nature Publishing Group.

Donaldson, M. & Balfour, G. (1968). Less is more: A study of language comprehension in children. *British Journal of Psychology,* 59, pp. 461-471.

Dore, J. (1978). Conditions for the acquisition of speech acts. In I. Markova (Ed.), *The social context of language.* New York: Wiley.

Eaton, S.E. (2010). Formal, non-formal and informal learning: The case of literacy, essential skills and language learning in Canada. Calgary: Eaton International Consulting Inc.

Ericsson, K.A. (2003). The acquisition of expert performance as problem solving: Construction and modification of mediating mechanisms through deliberate practice. In J.E. Davidson & R.J. Sternberg (Eds.), *The psychology of problem solving* (pp. 31-83). New York: Cambridge University Press.

Farhati Hassim. (2010). Ciri-ciri personaliti pelajar dan perbezaannya berdasarkan jantina dan aliran akademik yang berlainan. Projek sarjana muda. Fakulti Pendidikan, UTM. Tidak diterbitkan.

Fischer, G. (2000). Lifelong learning – more than training. *Journal of Interactive Learning Research,* 11(3/4): pp. 265-294.

Galton, F. (diperolehi daripada en.wikipedia.org/wiki/Francis_Galton).

Ganchrow, J.R., Steiner, J.E. & Daher, M. (1983). Neonatal facial expressions in response to different qualities and intensities of gustatory stimuli. *Infant behaviour and development,* 6, pp. 189-200.

Gardner, H. & Hatch, T. (1989). From testing intelligence to assessing competencies: A pluralistic view of intellect. *Roeper Review,* 8, pp. 147-150.

Gardner, H. (2011). *Frames of mind: The theory of multiple intelligences.* New York: Basic Books.

Gardner, H. (1987). Developing the spectrum of human intelligences. *Harvard Education Review,* 57, pp. 187-193.

Gardner, H. (2000). *Intelligence reframed: Multiple intelligences for the 21ˢᵗ Century.* Basic Book Inc.

Gaya Hidup Sihat (diperolehi pada 18 Mei 2014 daripada: www. betterhealth.vic.au/).

Gazzaniaga, M.S., Ivry, R.B. & Mangun, G.R. (2002). *Cognitive neuroscience: The biology of the mind.* New York: Norton.

Guilford, J.P. (1967). *The nature of human intelligence.* New York: McGraw Hill.

Gutman, Zameroff, & Cole, (2003).

H. Syarif Hidayat. (2013). Pengaruh kerjasama orang tua dan guru terhadap disiplin peserta didik di SMP Negeri Kecamatan Jayakarsa – Jakarta Selatan. *Jurnal Ilmiah Widaya,* 1(12), pp. 92-99.

Halpern, D.F. (2003). *Thought and knowledge: An introduction to critical thinking.* Mahwah, NJ: Lawrence Erlbaum Associates.

Hardman, M.L., Drew, C.J. & Egan, M.W. (2005). *Human exceptionality: School, community and family.* USA: Allyn & Bacon.

Hetherington, E.M. & Kelly, J. (2002). *For better or for worse: Divorce reconsidered.* New York: Norton.

Hill, J. (2002). Biological, psychological and social processes in the conduct disorders. *Journal of child psychology and psychiatry,* 43(1), pp. 133-164.

Hirsh-Pasek, K., Treiman, R. & Schneiderman, M. (1984). Brown and Hanlon revisited: Mothers' sensitivity to ungrammatical forms. *Journal of Child Language,* 11, pp. 81-88.

Hogan, T.P. (2007). *Educational assessment: A practical introduction.* Hoboken, NJ: John Wiley & Sons.

Hunter, M.A. & Ames, E.W. (1988). A multifactor model of infants' preferences for novel and familiar stimuli. In C. Rovee-Collier & L.P. Lipsitt (Eds.), *Advances in Infancy Research,* Vol. 5, pp. 69-91. Norwood, NJ: Ablex.

Jarvis, P. (2009). *Towards a comprehensive of human learning.* London: Routledge.

Johnson, S.L., McPhee, L. & Birch, L.L. (1991). Conditioned preferences: Young children prefer flavors associated with high dietary fat. *Physiology and Behavior,* 50, pp. 1245-1251.

Jordan, E.A. & Porath, M.J. (2006). *Educational Psychology: A problem-based approach.* University of Virginia: Pearson/Allyn & Bacon.

Julian, T.W., McKenry, P.C. & McKelvey, M.W. (1994). Cultural variations in parenting: Perceptions of Caucasian, African-American, Hispanic, and Asian-American families. *Child development,* 63, pp. 1392-1403.

Kane, M.J. & Engle, R.W. (2002). Working-memory capacity and the control of attention: The contributions of goal neglect, response competition, and task set to Stroop interference. *Journal of Experimental Psychology: General,* 132, pp. 47-70.

Kavanaugh, R.D. & Jirkorsky, A.M. (1982). Parental speech to young children: Longitudinal analysis. *Merrill-Palmer Quaterly,* 28, pp. 297-311.

Khadijah Anisah Ramli. (2001). Tinjauan faktor-faktor stress di kalangan pelajar kolej Tun Fatimah UTM dan kesan-kesannya. Projek Sarjana Muda. Fakulti Pendidikan UTM. Tidak diterbitkan.

Kleiss, J., Lang, L., Mietus, J.R. & Tiapula, F.S. (1973). Toward a contextual definition of nonformal education. *Nonformal Education Discussion* papers, pp.3-6.

Knowles, M.S. (1975). *Self-directed learning: A guide to learners and teachers.* Englewood, Cliffs: Prentice Hall/Cambridge.

Kohlberg, L. & Gilligan, C. (1971). The adolescent as a philosopher: The discovery of the self in a post-conventional world. *Deadalus,* 100, pp. 1051-1086.

Kuhn, D. (1999). A developmental model of critical thinking. *Educational researcher,* 28(2), pp. 16-46.

Laurent, J., Swerdlik, M. & Ryburn, M. (1992). Review of validity research on the Stanford-Binet intelligence scale. *Psychological Assessment,* 4, pp. 102-112.

Lim Wan Sin. (2003). Keberkesanan penggunaan teknik peta konsep sebagai satu strategi pengajaran dan pembelajaran terhadap pencapaian pelajar dalam mata pelajaran kimia. Projek Sarjana Muda. Fakulti Pendidikan UTM. Tidak diterbitkan.

Martin, G. & Pear, J. (2007). *Behaviour modification: What it is and how to do it.* Upper Saddle River, NJ: Pearson Prentice Hall.

Maslow, A. (1970). *Motivation and personality.* New York: Harper & Row.

Mayer, R.E. & Moreno, R. (2003). Nine ways to reduce cognitive load in multimedia learning. *Educational psychologist,* 38(1), pp. 43-52.

Mazlina Sulaiman. (2013). Hubungan tekanan dengan komitmen dan kepuasan kerja dalam kalangan guru program pendidikan khas integrasi bermasalah pembelajaran di empat buah sekolah rendah daerah pontian. Tesis sarjana. Fakulti Pendidikan, UTM. Tidak diterbitkan.

Pressley, M. & McCormick, C.B. (1997). *Advanced educational psychology for educators, researchers, and policymakers.* New York: HarperCollins College Publishers.

Miller, J.G. (2002). Bringing culture to basic psychological theory-beyond individualism and collectivism: Comment on Oyserman et al. (2002). *Psychological bulletin,* 128, pp. 97-109.

Mohd Najib Abdul Ghafar. (1997). *Pembinaan dan analisis ujian bilik darjah.* Skudai, Johor: UTM.

Mohd Noor Awang. (2002). Aspek-aspek persekitaran rumah tangga yang mempengaruhi pencapaian akademik pelajar setinggan di SMK Kempas. Projek Sarjana Muda. Fakulti Pendidikan, UTM. Tidak diterbitkan.

Mohd Rozikin Mohd Mokhtar. (2008). Persepsi pelajar Kolej Tuanku Canselor UTM terhadap amalan pemakanan, amalan riadah, amalan pengurusan masa dan amalan persekitaran terhadap berat badan. Projek Sarjana Muda. Fakulti Pendidikan, UTM. Tidak diterbitkan.

Mohd Shahrizan Abdullah. (2013). Kepuasan kerja dan komitmen kerja dalam kalangan guru sukan dan permainan daerah Muar. Tesis sarjana. Fakulti Pendidikan, UTM. Tidak diterbitkan.

Moore, M.K. & Meltzoff, A.N. (2004). Object permanence after a 24-hr delay and leaving the locale disappearance: The role of memory, space and identity. *Developmental psychology,* 4(4), pp. 606-620.

Moreno, R. (2010). *Educational psychology.* USA: John Wiley & Sons.

Moris Anak Henry Manjat. (2006). Faktor jantina dan jawatan dalam pengaplikasian organisasi pembelajaran di sekolah-sekolah rendah neger Johor. Tesis sarjana. Fakulti Pendidikan, UTM. Tidak diterbitkan.

Murray, E.A. (2003). Temporal cortex. In L.Nadel (Ed.), *Encyclopedia of cognitive science,* vol. 4. Pp. 353-360. London, England: Nature Publishing Group.

Mussen, P.H., Conger, J.J. & Kagan, J. (1984). *Child development and personality.* New York: Harper & Row Publishers.

Nazlina Narman. (2006). Persepsi guru terhadap KBKK dalam pengajaran mata pelajaran matematik di sekolah menengah sekitar daerah Batu Pahat, Johor. Projek Sarjana Muda. Fakulti Pendidikan, UTM. Tidak diterbitkan.

Nelson, C.A. (2001). The development and neural bases of face recognition. *Infant and child development,* 10(1-2), pp. 3-18.

Noor Arifah Simin. (2009). Kajian tahap dan punca-punca stress dalam kalangan guru sekolah menengah daerah Pontian. Tesis sarjana. Fakulti Pendidikan, UTM. Tidak diterbitkan.

Nora Mislan. (2006). Impak kedudukan sekolah, penggunaan Bahasa ibunda dan jantina terhadap kesediaan membaca murid-murid darjah satu. Tesis sarjana. Fakulti Pendidikan, UTM. Tidak diterbitkan.

Nurul Amira Ahmad. (2009). Persepsi guru sains terhadap kaedah pembelajaran koperatif berdasarkan kemahiran social pelajar dan minat guru. Projek Sarjana Muda. Fakulti Pendidikan, UTM. Tidak diterbitkan.

O,Donnell, A., Reeve, J. & Smith, J.K. (2012). *Educational psychology: Reflection for action.* Denvers, MA: John Wiley & Sons.

Olson, G.M. & Sherman, T. (1983). Attention, learning, and memory in infants. In P.H. Mussen (Ed.), *Handbook of child psychology: Infancy and developmental psychobiology.* New York: Wiley.

Petrill S.A. & Wilkerson, B. (2000). Intelligence and achievement: A behavioural genetic perspective. *Educational psychology review,* 12, pp. 185-199.

Piaget, J. (1970). *Science of education and the psychology of child.* New York: Viking Press.

Piaget, J. (1979). *Piaget's theory of cognitive development: An introduction for students of psychology and education.* New York: Longman.

Pinker, S. (2004). *The blank slate.* New York: Basic Books.

Popoola, B.I., Ajibada, Y.A., Etim, J.S. Oloyedo, E.A. & Adeleke, M.A. (2010). Teaching effectiveness and attitude of reading of secondary school teachers in Osun State Nigeria. *The African Symposium,* 10(2), pp. 142-154.

Pressley, M. & Harris, K.R. (2006). Cognitive strategy instruction: From basic research to classroom instructions. In P.A. Alexander & P.H. Winne (Eds.), *Handbook of educational psychology (pp. 265-287).* Mahwah, NJ: Erlbaum.

Reeve, J. (1996). *Motivating others: Nurturing inner motivational resources.* Needham Heights, MA: Allyn & Bacon.

Revinathan, V.R.N. (1995). Persepsi pelajar-pelajar tingkatan empat terhadap faktor-faktor yang mempengaruhi penguasaan Bahasa Inggeris KBSM. Tesis Master. Fakulti Pendidikan UTM. Tidak diterbitkan.

Richardson, T.E. (1996). *Handbook of qualitative research methods for psychology and the social sciences.* Leicester: PBS Books.

Robinson-Riegler, B., & Robinson-Riegler, G. (2012). *Cognitive psychology: Applying the science of mind.* Boston: Pearson.

Rosch, E.H., Mervis, C.B., Gray, W.D. Johnson, D.M. & Boyes-Braem, P. (1976). Basic objects in natural categories. *Cognitive psychology,* 8, pp. 382-439.

Rusnani Saad. (2000). Pengaruh status sosioekonomi keluarga terhadap pencapaian pelajar dalam mata pelajaran Lukisan Kejuruteraan. Projek Sarjana Muda. Fakulti Pendidikan, UTM. Tidak diterbitkan.

Russell, M.J. (1976). Human olfactory communication. *Nature,* 260, pp. 520-522.

Scarr, S. (1992). Developmental theories for the 1990's: Development and individual differences. *Child Development,* 63, pp. 1-19.

Schon, D.A. (1983). *The reflective practitioner: How proefessionals think in action.* New York: Basic Books.

Schugurensky, D. (2000). The forms of informal learning: Towards a conceptualisation of the field. Diperolehi daripada: http://wikipedia.org/wiki/informal learning.

Schunk, D.H. (2004). *Learning theories: An educational perspective.* Upper Saddle River NJ: Merrill & Prentice Hall.

Scott, J.B., Davis, R.V., England, G.W., Lofquist, L.H., Banas, P.A., Hobert, R.D. & Weiss, D.J. (1960). A definition of work adjustment. *Bulletin No 30.* University of Minnesota.

Shemala Devi Doraisamy. (2011). Pengaruh faktor persekitaran terhadap tahap pemahaman jati diri pelajar tingkatan empat daerah Kluang. Tesis sarjana. Fakulti Pendidikan, UTM. Tidak diterbitkan.

Shulman, L. (1987). Paradigms and research programs in the study of teaching: A contemporary perspective. In M.C. Wittorck (Ed.), *Handbook of research on teaching (pp. 3-36).* New York: McMillan.

Siti Fatimah. (2009). Kepuasan bekerja dalam kalangan staf sokongan JPTK, Universiti Teknologi Malaysia. Projek Sarjana Muda. Fakulti Pendidikan, UTM. Tidak diterbitkan.

Sroufe, L.A, Engeland, B. & Kruetzer, T. (1990). The fate of early experience following developmental change: Longitudinal approaches to individual adaptation in childhood. *Child development,* 61(5), pp. 1363-1373.

Stanovich, K.E. (2003). The fundamental computational biases of human cognition: Heuristics that (sometimes) impair decision making and problem solving. In J.E.Davidson & R.J. Sternberg

(Eds.), *The psychology of problem solving* (pp. 291-342). New York: Cambridge University Press.

Sternberg, R.J. (2006). *Cognitive psychology.* Belmont, CA: Thomson Higher Education.

Sullivan, J.W. & Horowitz, F.D. (1983). The effects of intonationon infant attention: The role of the rising intonation contour. *Journal of Child Language,* 10, pp. 521-534.

Suraya Saleh. (2003). Pembangunan perisian pembelajaran berbantukan computer, sukan olahraga, pendidikan sukan suaian kategori cacat penglihatan. Projek Sarjana Muda. Fakulti Pendidikan, UTM. Tidak diterbitkan.

Suria Affandy Mohd Zain. (2002). Keberkesanan proses pengajaran dan pembelajaran Lukisan Geometrik serta pengaruhnya terhadap pencapaian pelajar tingkatan e sekolah menengah teknik di Terengganu. Fakulti pendidikan, UTM. Tidak diterbitkan.

Tamis-LeMonda, C.S., Bornstein, M.H., Cyphers, L., Toda, S. & Ogino, M. (1992). Language and play at one year: A comparison of toddlers and mothers in the United States and Japan. *International journal of behavioural development,* 14(1), pp. 21-43.

Tam Kui Ngor. (2006). Pengaruh persekitan sekolah terhadap masalah disiplin pelajar dan kaedah pengurusan disiplin. Tesis sarjana. Fakulti Pendidikan, UTM. Tidak diterbitkan.

Teng Kie Yin. (2008). Pengurusan stress dalam pekerjaan dalam kalangan guru-guru di SMK daerah Johor Bahru. Fakulti Pendidikan, UTM. Tidak diterbitkan.

TM Hasbi Ash Shiddieqy. (1986). *Pahala dan keutamaan ibadat do'a dan zikir.* Kuala Lumpur, Malaysia: Thinker's Library.

Tomlinson, C.A. (2005). Grading differentiation: Paradox or good practice? *Theory into practice,* 44(3), pp. 262-269.

Turiel, E. (1991). *The development of social knowledge: Morality and convention*. New York: Cambridge University Press.

Vernon, P.A. (1979). Speed of information processing and intelligence. *Intelligence*, 7, pp. 53-70.

Wadsworth, B. (1996). *Piaget's theory of cognitive and affective development*. Boston, MA: Allyn & Bacon.

Wahba, M.A. & Bridwell, L.G. (1976). Maslow reconsidered: A review of research on the need hierarchy theory. *Organisational behaviour and human performance*, 15(2), pp. 212-240.

Whitehurst, G.J. (1994). Outcomes of an emergence literacy intervention in Head Start. *Journal of Educational Psychology*, 86, pp. 542-555.

Wikipedia (2014). Diperolehi daripada http://id.wikipedia.org/wiki/ Pembelajaran.

Woolfolk, A. (2007). *Educational Psychology*. Boston: Allyn & Bacon.

Zulaiha Mohamad. (2001). Persepsi pelajar-pelajar rancangan aliran agama terhadap faktor-faktor yang mempengaruhi penguasan Bahasa Arab: Satu kajian di SMK Taman Skudai Bahru, Johor. Projek Sarjana Muda. Fakulti Pendidikan, UTM. Tidak diterbitkan,

Zuraimey Ahmad. (2009). Stress kerja dalam kalangan guru akademik d Johor. Fakulti Pendidikan, UTM. Tidak diterbitkan.